指导委员会

主　任　王其江
副主任　孙琬钟　张月姣　赵　宏　林中梁
委　员　（以姓氏拼音为序）
　　　　韩立余　孔庆江　李顺德　刘敬东　屈广清
　　　　石静霞　王传丽　吴　浩　徐崇利　杨国华
　　　　于　安　赵宏瑞　左海聪

编委会（以姓氏拼音为序）

陈咏梅　龚柏华　韩立余　贺小勇　刘敬东　石静霞
史晓丽　肖　冰　杨国华　余敏友　张乃根　赵　骏
朱榄叶　左海聪

秘书处

杨国华　石静霞　吕　勇　史晓丽　周小康

中国法学会资助出版

WTO Disptute Settlement Understanding

世界贸易组织争端解决规则与程序的谅解

主　编　杨国华
副主编　全小莲　胡建国　纪文华

北京大学出版社
PEKING UNIVERSITY PRESS

图书在版编目(CIP)数据

世界贸易组织争端解决规则与程序的谅解/杨国华主编. —北京:北京大学出版社,2019.8

(世界贸易组织法读本)

ISBN 978-7-301-30633-8

Ⅰ. ①世… Ⅱ. ①杨… Ⅲ. ①世界贸易组织—国际贸易—国际争端—处理—研究 Ⅳ. ①D996.1

中国版本图书馆CIP数据核字(2019)第161144号

书　　　名	世界贸易组织争端解决规则与程序的谅解 SHIJIE MAOYI ZUZHI ZHENGDUAN JIEJUE GUIZE YU CHENGXU DE LIANGJIE
著作责任者	杨国华　主编
责 任 编 辑	孙维玲
标 准 书 号	ISBN 978-7-301-30633-8
出 版 发 行	北京大学出版社
地　　　址	北京市海淀区成府路205号　100871
网　　　址	http://www.pup.cn
电 子 信 箱	sdyy_2005@126.com　　新浪微博:@北京大学出版社
电　　　话	邮购部 010-62752015　发行部 010-62750672 编辑部 021-62071998
印 刷 者	北京虎彩文化传播有限公司
经 销 者	新华书店
	730毫米×1020毫米　16开本　25.5印张　392千字 2019年8月第1版　2019年8月第1次印刷
定　　　价	79.00元

未经许可,不得以任何方式复制或抄袭本书之部分或全部内容。

版权所有,侵权必究

举报电话:010-62752024　电子信箱:fd@pup.pku.edu.cn

图书如有印装质量问题,请与出版部联系,电话:010-62756370

本书编写分工

第一编
　　全小莲(西南政法大学国际法学院副教授)

第二编
　　胡建国(南开大学法学院副教授)

第三编
　　杨国华(清华大学法学院教授、中国法学会世界贸易组织法研究
　　　　会常务副会长)
　　孙嘉珣(中国人民大学法学院博士研究生)

第四编
　　纪文华(商务部条约法律司处长)

总　　序

世界贸易组织(WTO)是全球范围内唯一一个在多边层面规范国家和地区间贸易规则的国际组织,也是世界上最有影响力的国际组织之一,目前已有一百六十多个成员。WTO拥有全面和完善的贸易协定体系,涵盖货物贸易、服务贸易和知识产权三大领域,达成的贸易协定和决定已有六十多个。WTO旨在通过推动各成员进行多边谈判、达成多边贸易协定和解决各成员之间的国际贸易争端,促进贸易自由化,以实现国际贸易流动的稳定性和可预见性,改善和提高各成员的国民福利。

中国法学会世界贸易组织法研究会是中国法学会所属的专门从事世界贸易组织法研究的全国性学术团体,2001年8月29日成立。研究会的宗旨是,推动全国法学工作者和法律工作者结合我国实际开展世界贸易组织法的理论和实务研究,为促进依法治国以及我国参与国际贸易规则的谈判和制定提供服务。研究会的主要活动包括:组织召开世界贸易组织法研究会学术年会、专题研讨会、座谈会和其他学术会议;向相关部门提供政策建议和咨询意见;设立世界贸易组织法科研项目;组织评选世界贸易组织法优秀学术论文;编辑和出版《WTO法与中国论丛》以及与世界贸易组织法有关的其他学术成果;组织和参与世界贸易组织法模拟竞赛;促进和推动世界贸易组织法教学和人才培养;根据需要开展相关法律服务等。

为加快构建开放型经济新体制,坚持世界贸易体制规则,2014年,《国务院办公厅关于进一步加强贸易政策合规工作的通知》发布,要求国务院各部门、地方各级人民政府及其部门建立贸易政策合规工作审查机制,确保制定的有关或影响货物贸易、服务贸易以及与贸易有关的知识产权的规章、规范性文件和其他政策措施符合《马拉喀什建立世界贸易组织协定》及其附件和后续协定、《中华人民共和国加入议定书》和《中国加入工作组报告书》的规定。2015年,国家发展改革委、外交部、商务部联合发布了《推动共建丝绸之路经济带和21世纪海上丝绸之路的愿景与行动》,贸易自由化是其重要组成部分,而在WTO多边规则基础上进一步推动"一带一路"建设是我国政府尊重和恪守国际规则的必然选择。此外,自2001年我国加入WTO以来,世界贸易组织法成为我国法学研究和法律教育的重要组成部分,在将其纳入国际经济法教学内容的同时,许多高校还专门开设了独立的"世界贸易组织法"课程。

为服务"一带一路"建设,满足贸易政策合规工作的需要,加强WTO人才培养工作,让更多的人了解和掌握WTO多边贸易规则,中国法学会世界贸易组织法研究会组织从事WTO研究和实务工作的专家学者,编写了世界贸易组织法读本系列,供政府、企业、高校和有志于多边贸易规则和"一带一路"规则体系研究的人士选用。

本读本系列的编写集中了全国各地的专家力量,分别由我国长期从事WTO研究的权威人士担任主编,力求在理论联系实际、以案说法的基础上,全面和准确地阐述世界贸易组织法规则、多边贸易规则与区域贸易规则的关系、WTO的作用,充分反映WTO谈判和发展的动向。尽管各位主编为本读本系列的编写倾注了很多精力,但是错误在所难免,欢迎广大读者提出宝贵意见,以便再版时加以完善。

中国法学会世界贸易组织法读本指导委员会
2018年1月18日

本书使用的部分中英文全称与简称对照表

中文全称	英文全称	简称
世界贸易组织	World Trade Organization	WTO
《马拉喀什建立世界贸易组织协定》	Marrakesh Agreement Establishing the World Trade Organization	《WTO 协定》
争端解决机构	Dispute Settlement Body	DSB
《关于争端解决规则与程序的谅解》	Understanding on Rules and Procedures Governing the Settlement of Disputes	DSU
《服务贸易总协定》	General Agreement on Trade in Services	GATS
1994年《关税与贸易总协定》	General Agreement on Tariffs and Trade 1994	GATT 1994
《补贴与反补贴措施协定》	Agreement on Subsidies and Countervailing Measures	SCM 协定
《卫生与植物卫生措施协定》	Agreement of Sanitary and Phytosanitary Measures	SPS 协定
《技术性贸易壁垒协定》	Agreement on Technical Barriers to Trade	TBT 协定
纺织品监督机构	Textiles Monitoring Body	TMB
《贸易政策审议机制》	Trade Policy Review Mechanism	TPRM
《与贸易有关的投资措施协定》	Agreement on Trade-Related Investment Measures	TRIMS 协定
《与贸易有关的知识产权协定》	Agreement on Trade-Related Aspects of Intellectual Property Rights	TRIPS 协定

目　录

第一编　WTO争端解决机制概述

一、历史演进 /005
　　（一）GATT时期的争端解决机制 /005
　　（二）乌拉圭回合谈判及其发展 /007

二、管辖权 /008
　　（一）管辖权的性质 /008
　　（二）管辖范围 /009

三、诉诸争端解决程序的主体和争端类型 /010
　　（一）争端解决案件的参与者 /010
　　（二）争端类型 /011

四、负责争端解决的组织和机构 /014
　　（一）争端解决组织和机构概述 /014
　　（二）专家组 /015
　　（三）上诉机构 /018
　　（四）行为守则 /020

五、磋商 /022
    （一）提起磋商 /022
    （二）进行磋商 /023
    （三）磋商的结果 /024

六、专家组程序 /025
    （一）启动专家组程序 /025
    （二）书面陈述和实质性会议 /026
    （三）专家组审议和中期审议 /027
    （四）通过专家组报告或提起上诉 /028

七、上诉审议 /029
    （一）启动上诉审议 /029
    （二）书面陈述和口头听证会 /031
    （三）交换意见和审议 /031
    （四）上诉机构报告的通过 /032

八、监督执行程序 /033
    （一）合理执行期 /033
    （二）执行之诉 /034
    （三）补偿和报复 /034
    （四）DSB 持续监督制度 /036

第二编　争端解决裁决的执行

一、WTO 裁决执行机制的运行情况 /039
    （一）WTO 合理期限制度的运行情况 /039
    （二）WTO 执行审查制度的运行情况 /040
    （三）WTO 补偿制度的运行情况 /042
    （四）WTO 报复制度的运行情况 /044

（五）DSB 持续监督制度的运行情况 /046

二、WTO 裁决的执行情况、存在的问题及原因 /047
    （一）WTO 裁决的执行情况 /047
    （二）WTO 裁决的执行存在的问题 /066
    （三）WTO 裁决的执行存在问题的原因 /069

三、中国执行 WTO 裁决的机制和具体情况 /071
    （一）中国执行 WTO 裁决的机制 /071
    （二）中国执行 WTO 裁决的具体情况 /073

第三编 争端解决程序详解

第 1 条 范围和适用 /091

第 2 条 管理 /097

第 3 条 总则 /101

第 4 条 磋商 /114

第 5 条 斡旋、调解和调停 /124

第 6 条 专家组的设立 /127

第 7 条 专家组的职权范围 /136

第 8 条 专家组的组成 /140

第 9 条 多个起诉方的程序 /145

第 10 条 第三方 /149

第 11 条 专家组的职能 /154

第 12 条 专家组程序 /159

第 13 条 寻求信息的权利 /169

第 14 条 机密性 /174

第 15 条 中期审议阶段 /175

第 16 条 专家组报告的通过 /179

第 17 条 上诉审议常设上诉机构 /181

上诉审议的程序 /181

上诉机构报告的通过 /182

第 18 条　与专家组或上诉机构的联系 /193

第 19 条　专家组和上诉机构的建议 /196

第 20 条　DSB 决定的时限 /199

第 21 条　对执行建议和裁决的监督 /200

第 22 条　补偿和中止减让 /208

第 23 条　多边体制的加强 /219

第 24 条　涉及最不发达国家成员的特殊程序 /221

第 25 条　仲裁 /223

第 26 条　GATT 1994 第 23 条第 1 款(b)项所述类型的非违反之诉 /225

GATT 1994 第 23 条第 1 款(c)项所述类型的起诉 /225

第 27 条　秘书处的职责 /229

第四编　新回合争端解决机制谈判

一、1997—2001 年：多哈回合前 DSU 审议进展情况回顾 /251

（一）1997 年：DSU 审议的启动 /251

（二）1999 年：DSU 审议在西雅图部长会议上无果而终 /254

（三）2000—2001 年：DSU 审议的停顿和潜行 /255

二、2002—2018 年：多哈回合 DSU 谈判进展概况 /257

（一）多哈授权和谈判的组织 /257

（二）2002—2003 年：从多哈会议到坎昆会议 /259

（三）2004—2005 年：从七月框架到香港部长会议 /261

（四）2006—2016 年：敬业的主席，未竟的使命 /263

（五）2016 年至今：新主席，新征程！新轮回？ /268

三、多哈回合 WTO 争端解决机制谈判：内容和范围 /270
　　（一）谈判内容、范围及其演变 /270
　　（二）DSU 总则部分 /273
　　（三）磋商阶段 /276
　　（四）斡旋、调解和调停程序 /280
　　（五）专家组阶段 /281
　　（六）上诉审议机构 /293
　　（七）DSB 裁定执行阶段 /302
　　（八）补偿和中止减让阶段 /313
　　（九）综合性问题 /327

四、结语 /332

附　录

1. Understanding on Rules and Procedures Governing the Settlement of Disputes /337
2. WTO 争端解决案件简称 /377

第一编
WTO 争端解决机制概述

WTO争端解决机制是迄今为止"最多产"的国家间争端解决机制。自1995年1月1日至今①，已有561个案件诉诸WTO争端解决程序。其中，约有20%的案件争端通过磋商等方法解决。② 在被推进至专家组程序的案件中，WTO争端解决机制形成专家组报告238份③、上诉机构报告147份④。而在同一时期，位于荷兰海牙的国际法院仅为75个诉讼程序⑤作出判决或指示，另对6个咨询案发布了咨询意见⑥。位于德国汉堡的联合国国际海洋法法庭(ITLOS)自1994年11月16日成立至今，总计仅受理案件25个，其中包括2个咨询案。⑦ 即使是WTO争端解决机制的前身——1994年《关税与贸易总协定》(GATT 1994)的争端解决机制也显"逊色"，在其存续的47年间总共通过了132份争端解决报告。

　　WTO争端解决机制是多边贸易体制的核心支撑力量，也是

---

① 统计时间截至2018年8月13日。数据来源：https://www.wto.org/english/tratop_e/dispu_e/dispu_status_e.htm，2018年8月16日访问。

② See Peter Van den Bossche, Denise Prévost, *Essentials of WTO Law*, Cambridge University Press, 2016, p.325.

③ 统计时间截至2018年8月10日，当日专家组散发了"欧盟能源项目案"(DS 476)的专家组报告。数据来源：http://www.worldtradelaw.net/databases/wtopanels.php，2018年8月16日访问。

④ 此数字包含同一案件的DSU第21条第5款执行审查程序(以下简称"第21.5条程序")的上诉机构报告。统计时间截至2018年4月15日，当日上诉机构发布了"印尼钢铁产品案(中国台北诉)"(DS 490)的上诉机构报告。数据来源：https://www.wto.org/english/tratop_e/dispu_e/ab_reports_e.htm，2018年8月16日访问。

⑤ 按照国际法院的统计方法，已审案件的裁决解释程序、裁决复核与修正程序属于新的诉讼程序，需要单独计数。考虑到某些案件在法院作出裁决后又触发了申请解释、修正或者复核裁决的诉讼程序，所以诉讼程序数量高于通常意义上所说的案件数量。

⑥ 统计时间自WTO成立时起，至2018年5月29日止，当日国际法院就"马来西亚申请解释2008年5月23日白礁岛案裁决案"作出指示，表示案件当事方已达成和解协议，并指示书记官将该案从法院的待审案件列表中移除。数据来源：http://www.icj-cij.org/en/list-of-all-cases，2018年8月16日访问。

⑦ 统计时间自ITLOS成立时起，至2018年8月13日止。数据来源：https://www.itlos.org/cases/list-of-cases/，2018年8月16日访问。

WTO对全球经济稳定发展的独特贡献。① 如果没有争端解决机制,以规则为基础的WTO体系的运行效果可能要大打折扣,因为这些规则将面临无法得到有效执行的风险。现行的WTO争端解决机制虽非尽善尽美,但较之GATT的争端解决机制已有大幅度改进,争端解决效率也大幅度提升,而且使得贸易体系更加安全、可预见性更强,保障了WTO在全球贸易自由化进程中的核心地位。因此,WTO争端解决机制也被誉为"WTO皇冠上的明珠"。②

---

① See Understanding the WTO: Settling Disputes, A Unique Contribution, https://www.wto.org/english/thewto_e/whatis_e/tif_e/disp1_e.htm, visited on Aug. 16, 2018.
② See Peter D. Sutherland, Concluding the Uruguay Round—Creating the New Architecture of Trade for the Global Economy, 24 *Fordham International Law Journal* 15 (2000).

一、历 史 演 进

《关于争端解决规则与程序的谅解》(Understanding on Rules and Procedures Governing the Settlement of Disputes, DSU)是建立 WTO 争端解决制度的基础性法律文件。不同于 GATT 仅将争端解决制度体现在其两个条文中,DSU 作为乌拉圭回合谈判的成果,以独立的法律文件形式成为 WTO 规则体系的组成部分。由 DSU 确立的 WTO 争端解决机制虽然从 1995 年开始运行,但它的起源可向前追溯至 GATT 时期的争端解决机制。

(一) GATT 时期的争端解决机制

GATT 时期的争端解决机制主要规定在 GATT 1947 第 22 条和第 23 条两个条文中。前者规定了通过磋商解决贸易争端的方法。这里的"磋商"是指运用外交手段,通过谈判解决争端。后者则规定了具有准司法性的争端解决方法。依据该条,如果有关缔约方在合理期限内不能就争端达成满意的解决办法,则可以提交缔约方全体处理。缔约方全体对此应立即进行研究,并应向有关缔约方提出适当的建议,或酌情对此问题作出裁决。GATT 1947 第 23 条的规定虽然创立了第三方贸易争端解决模式,但并未规定争端解决的具体程序。缔约方全体具体参与争端解决工作的实践[1]也不统一。

自东京回合开始,缔约方全体着力总结以往的实践,力图建立一个比

---

[1] 实践中,曾出现过"大会主席"(the president of the GATT Conference)、"工作小组"(working parties)或者"专家组"(panel)等代表缔约方全体从事争端解决工作的不同方式。

较完整的争端解决机制。1979年,缔约方达成《1979年谅解》[①],进一步充实了争端解决机制的内容。一方面,将争端解决的程序扩充为"通知""协商""申诉与裁决""监督"四个环节。另一方面,对缔约方全体的调解与裁决作了比较详细的规定。此后,缔约方又分别在1982年[②]、1984年[③]通过两份重要决定,不断对该机制进行完善。

尽管如此,GATT时期的争端解决机制仍然存在一些固有的缺陷和不尽合理之处:

第一,适用范围较为狭窄。由于GATT集中调整货物贸易,不调整服务贸易和知识产权等其他领域,相应地,GATT争端解决机制无法解决服务贸易争端和与贸易有关的知识产权争端。同时,还有一些特定部门的产品长期游离于GATT的规则框架之外,如纺织品和农产品。GATT的争端解决机制同样无法适用于关于这些产品的贸易争端。

第二,不成体系。GATT第七轮多边贸易谈判(东京回合)在非关税壁垒方面制定了一系列协定,其中《海关估价协定》《反倾销协定》和《技术性贸易壁垒协定》三个文件规定了单独的争端解决程序,要求缔约方在诉诸GATT 1947第22条和第23条之前应当首先适用各协议单独的争端解决程序。此外,东京回合所签订的协议为诸边协议,仅对加入的缔约方生效。这意味着,同一事项的争端如果涉及加入上述三个协议的缔约方,则所适用的争端解决程序不同。这些各自为政的程序导致争端解决机制不成体系。

第三,缺乏应有的法律地位和组织机构保障。由于GATT只是一个临时适用的多边关税协定,很多缔约方没有履行国内条约批准程序。这虽然有利于条约的尽快生效和实施,但也极大地削弱了GATT的法律地位和权威性。同时,根据缔约方全体决议设立的理事会和其他机构缺乏坚实的法律基础。此外,由于缺乏专门的组织机构保障,争端解决体系运行的稳定性和效率也受到影响。

---

① The Understanding on Notification, Consultation, Dispute Settlement and Surveillance, adopted on 28 November 1979, BISD 26S/210.

② The Decision on Dispute Settlement, contained in the Ministerial Declaration of 29 November 1982, BISD 29S/13.

③ The Decision on Dispute Settlement of 30 November 1984, BISD 31S/9.

第四,决策程序的效率不高。GATT 的争端解决程序采用"全体一致"的表决机制。这种决策程序虽然更显民主,但效率不高。例如,仅凭被诉方的反对就可以阻挠专家组的设立或者阻止对其不利的结论生效。在 20 世纪 80 年代,这种全体一致的表决机制使得 GATT 的争端解决机制变得效率低下,违反多边贸易规则的行为得不到有效的制约。

(二) 乌拉圭回合谈判及其发展

1986 年 9 月至 1994 年 4 月,GATT 缔约方进行了旨在全面改革多边贸易体制的乌拉圭回合谈判,希望建立一个能够迅速有效解决争端的争端解决机制。在谈判中,缔约方之间对于新的争端解决机制应当是外交性的还是以规则为导向存在较大分歧。时任 GATT 总干事邓克尔提出建设一个较为严格的、具有较强司法性的争端解决机制,并以此为基础形成了"邓克尔草案"。在乌拉圭回合结束时,各方在该草案的基础上达成 DSU,建立了 WTO 争端解决程序。

DSU 对 GATT 的争端解决机制进行了发展与完善,具体包括:第一,DSU 将 GATT 时期不成体系、各自为政的多个争端解决程序整合成为统一的争端解决机制,其适用范围也扩大至服务贸易、与贸易有关的知识产权等领域以及纺织品、农产品等长期游离于争端解决机制之外的特殊产品。第二,在专家组的设立等特定事项上,实行"反向一致"的决策方式。反向一致决策,是指只有当全体成员都反对某项决议的通过时,该决议才不能通过。即只要不是全体反对,就应当通过。该决策方式主要适用于争端解决机构(Dispute Settlement Body,DSB)审议的四种事项,即专家组的设立、专家组报告的通过、上诉机构报告的通过和对报复请求的授权。第三,增加了上诉程序。DSU 在 DSB 中增设上诉机构,对专家组报告中的法律问题和专家组所作的法律解释进行审查。第四,强化了执行和报复程序。DSU 对执行程序规定了明确的时限,并通过增加交叉报复等内容加大裁决的执行力度。上述变化使得争端解决机制的法律确定性和强制执行力大幅度增加,成为确保多边贸易体制安全性和可预见性的核心力量。

二、管 辖 权

（一）管辖权的性质

WTO争端解决机制的管辖权是强制性的。如起诉方提出设立专家组的请求，则专家组最迟应在此项请求首次作为议题被列入DSB议程的会议之后的下一次DSB会议上设立，除非在此次会议上DSB经协商一致决定不设立专家组。被诉方可以反对设立专家组，但仅可反对一次。即只要起诉方申请，案件审理工作就可以被启动和推进，不需要被诉方通过单独的声明或协议来承认或接受争端解决机制的管辖权。所以，从法律上讲，被诉方必须接受WTO争端解决机制的管辖。

WTO争端解决机制的管辖权是排他性的。当成员希望纠正其他成员违反WTO规则的行为，或希望纠正其他造成自身依据WTO规则所应享有的合法权益抵消或减损的情形，或寻求纠正妨碍"适用协定"①的任何目标实现的情形时，它们应当援用并遵守DSU的规则与程序。"美国贸易法第301节案"（DS 152）专家组报告也特别指出：援用DSU的规则与程序是WTO成员解决争端时的应然义务，DSU第23条第1款排除任何其他争端解决机制对WTO权利和义务的适用。②

WTO争端解决机制的管辖权是诉讼性的。除诉讼活动外，国际法院还有提供法律咨询的重要职能，对法律咨询事务的管辖权又称"咨询管辖权"。国际法院作出的咨询意见虽然没有法律拘束力，但对于有关问题的解决以及国际法的发展都具有重要的影响。由于WTO争端解决机制的管辖权中并不包含咨询管辖权，因此无论是专家组还是上诉机构都不能脱离解

---

① 此处的"适用协定"指的是DSU第1条第1款所指的附录1所列各项协定。
② 参见"美国贸易法第301节案"（DS 152）专家组报告第7.43段。

决某一特定争端的前提,通过澄清 WTO 规则已有条款的含义进行"造法"。也就是说,WTO 争端解决机制的管辖权仅可用于解决特定案件,专家组和上诉机构不能就特定案件争端解决以外的某个问题提供法律咨询意见。

(二) 管 辖 范 围

WTO 争端解决机制的管辖范围涉及两个不同但密切相关的问题:WTO 争端解决机制可以审理哪些"争端"? 成员的哪些"措施"可以被诉诸 WTO 争端解决机制?

关于可以审理的"争端",DSU 第 1 条第 1 款规定:"本谅解的规则与程序应适用于按照本谅解附录 1 所列各项协定(本谅解中称'适用协定')的磋商和争端解决规定所提出的争端。"DSU 附录 1 所列的应适用的协定包括四类:第一类是《马拉喀什建立世界贸易组织协定》(《WTO 协定》);第二类是多边贸易协定,包括多边货物贸易协定[如《关于实施 1994 年关税与贸易总协定第 6 条的协定》(以下简称《反倾销协定》)等]、《服务贸易总协定》(GATS)和《与贸易有关的知识产权协定》(TRIPS 协定);第三类是 DSU;第四类是诸边贸易协定,如《民用航空器贸易协定》《政府采购协定》《国际奶制品协定》《国际牛肉协定》等。《贸易政策审议机制》(TPRM)并未被列入其中,所以 WTO 成员间与 TPRM 有关的争端不能通过 WTO 争端解决机制来解决。

DSU 可以审查的"措施"的范围,在 WTO 争端解决的实践中是一个比较复杂的问题。除了成员的中央政府采取的正在生效的行政行为以外,在 WTO 争端解决实践中已经明确可以适用 DSU 的措施有:第一,可归因于成员的私主体的行为或做法;第二,在争端解决过程中因已经到期或者被撤销而失效的措施;第三,立法文件本身(与法律的执行或适用相对应);第四,裁量性立法(与强制性立法相对应);第五,成员不成文的范式或规则,包括未被列入法律的政策或实践;第六,成员采取的延续性做法或者成员一贯的、系统性的行为或者实践;第七,由若干不同法律文件组成的措施;第八,成员的地区和地方政府采取的措施。[①]

---

① See Peter Van den Bossche, Werner Zdouc, *The Law and Policy of the World Trade Organization: Text, Cases and Materials*, 4th edition, Cambridge University Press, 2017, pp. 441-451.

三、诉诸争端解决程序的主体和争端类型

（一）争端解决案件的参与者

WTO 争端解决案件的参与者既包括案件的当事方，即起诉方和被诉方，也包括非当事方的 WTO 成员，即专家组程序中的第三方和上诉程序中的第三参与方。此外，WTO 争端解决机制中还活跃着非政府组织、法律顾问和辅助人员等其他参与者。

1. 当事方

只有 WTO 成员政府才可以提起或被提起某个争端解决案件。提起申诉的成员被称为"申诉方"或"起诉方"，被提起申诉的成员被称为"被申诉方"或"被诉方"。除以上当事方成员以外，任何国际组织和非政府组织，包括 WTO 及其法律实务部门在内，即使对争议事项有广泛的利益，也无权以自己的名义将争议事项诉诸 WTO 争端解决机制；任何个人、公司都不能直接启动 WTO 争端解决程序。在很多案件中，国际贸易从业者是直接遭受损失的主体，而且这些损失是由其他 WTO 成员造成的。即便如此，它们也不能直接提起争端解决案件。

2. 非当事方成员

争端当事方之外的其他 WTO 成员可以按照 DSU 的规定加入案件的磋商，可以作为第三方参与专家组程序和上诉程序。如果其他 WTO 成员对争端事项拥有实质的利益，可以申请加入磋商；如果被诉方不同意其他 WTO 成员加入磋商，该成员可要求与被诉方直接磋商，提起新的独立的争端解决申请。在专家组程序中，专家组可听取第三方的意见，第三

方可向专家组提交书面陈述。在上诉程序中,尽管专家组程序中的第三方不能对专家组报告提起上诉,但仍能以"第三参与方"的身份向上诉机构提交书面陈述,并被给予听取其意见的机会。不过,未在专家组阶段成为第三方的其他WTO成员不能参与上诉审议。

3. 间接参与者

公司、个人、民间社会团体及其他主体可以间接参与WTO争端解决。贸易利益受损的国际贸易从业者可以游说本国政府向WTO争端解决机构提交案件。公司、个人、民间社会团体及其他主体可以向专家组或上诉机构提交"法庭之友意见"①。DSU并未规定"法庭之友"制度,但DSU第13条规定专家组有寻求信息的权利。在争端解决实践中,上诉机构据此认为专家组有接受或不接受这些"法庭之友意见"的自由裁量权②,但没有考虑或接受、采纳此种意见的义务。

私人法律顾问经常代理成员的争端解决案件,作为政府代表团的成员参加听证会。律师事务所常常参与准备争端当事方的书面陈述。除律师事务所以外,1999年11月1日,29个WTO成员签订了《设立世界贸易组织法律咨询中心协定》,成立法律咨询中心,向发展中国家成员和不发达国家成员提供法律援助,以帮助它们参与争端解决。法律咨询中心作为非政府组织,通过提供法律服务的方式间接参与争端解决。

(二) 争 端 类 型

WTO争端解决机制中存在三种可以诉诸争端解决程序的争端类型,即违反之诉、非违反之诉和其他情况之诉。其中,违反之诉是争端常态,非违反之诉目前应用得较少,迄今为止还没有涉及其他情况之诉的裁决。此外,货物贸易、服务贸易和知识产权等不同领域对于争端类型的规定有所不同。

---

① 法庭之友,拉丁语为 amicus curiae,英语为 a friend of the court,法律名词,最初源自罗马法,后为英美习惯法所继承。一般认为,"法庭之友"是指在特殊案件中为法院提供中立建议之人。

② 参见"美国虾案"(DS 58)上诉机构报告第 99—110 段。

1. 违反之诉

在货物贸易争端解决中,最常见的申诉类型是 GATT 1994[①] 第 23 条第 1 款(a)项规定的违反之诉。违反之诉不仅要求存在"利益的抵消或减损",而且要求此种抵消或减损是由"另一成员不履行在 GATT 1994 下的义务"造成的。据此,违反之诉的成立条件包括:第一,被诉方没有履行 GATT 1994 或其他适用协定下的义务;第二,该行为导致起诉方在该协定下的利益被抵消或减损。DSU 第 3 条第 8 款规定,只要被诉方不履行义务,利益的抵消或减损就会被"推定"成立。但是,SCM 协定第 4 条等不以"利益的抵消或减损"为要件的情况不适用此种推定。

TRIPS 协定第 64 条规定了相同的违反之诉。在服务贸易领域,GATS 虽然也规定了违反之诉,但内容有所不同。根据 GATS 第 23 条第 1 款,如 WTO 成员认为另一成员未能履行 GATS 下的义务,则该成员可诉诸 WTO 争端解决机制。据此,GATS 不以"利益的抵消或减损"为违反之诉的构成要件。

2. 非违反之诉

GATT 1994 第 23 条第 1 款(b)项规定的申诉类型被称为"非违反之诉"。只要另一成员的措施导致"利益的抵消或减损",即使这种措施与 GATT 1994 并不冲突,也可以被挑战。在 WTO 的服务贸易和与贸易有关的知识产权领域,也允许提出这种类型的申诉。允许在"非违反"的情况下提起争端解决程序,是为了保证成员(应当从协定中获得)的利益不受(谈判时没有预见到而未作出相应规定的)措施的影响。非违反之诉是

---

① GATT 1994 是 WTO 管辖的一项多边贸易协定,是 GATT 缔约方乌拉圭回合多边贸易谈判对 1947 年《关税与贸易总协定》进行较大修改、补充后形成的。GATT 1994 主要包括四部分内容:第一,1947 年《关税与贸易总协定》的各项条款及其九个附件,以及《WTO 协定》生效之前所实施的法律文件核准更正、修正和修改的文本及附件,但不包括《临时适用议定书》。第二,在《WTO 协定》生效之前,根据 1947 年《关税与贸易总协定》所谈成的有关关税减让的议定书和加入议定书以及 1947 年《关税与贸易总协定》作出的决定。第三,有关解释 1947 年《关税与贸易总协定》条款的六项谅解。第四,1994 年《关税与贸易总协定马拉喀什议定书》。资料来源:https://www.wto.org/english/docs_e/legal_e/06-gatt_e.htm,2018 年 8 月 16 日访问。

争端解决的次要手段,应当谨慎使用。① 起诉方须"提供详细的理由,以支持就一项不与适用协定产生抵触的措施而提出的任何起诉"②。

在服务贸易领域,GATS 第 23 条第 3 款规定了非违反之诉,但并无相关案例。在与贸易有关的知识产权领域,TRIPS 协定规定在它生效的五年内不适用非违反之诉,在此期限内由 TRIPS 理事会讨论非违反之诉适用的范围和模式,并形成建议,提交部长级会议表决通过。但是,由于成员间存在较大分歧,迄今未能形成关于非违反之诉的决议。

3. 其他情况之诉

GATT 1994 第 23 条第 1 款(c)项规定的第三种申诉类型被称为"其他情况之诉"。其他情况之诉可适用于导致"利益的抵消或减损"的任何情况。但是,根据 DSU 第 26 条第 2 款,起诉方只有在被诉方不存在违反或不违反的情况而自己根据协定应得的合法利益仍然受到损害时,才能提起其他情况之诉。起诉方不仅需要证明存在"利益正在被抵消或减损",还需要证明不存在违反或不违反的情况。GATS 中没有规定其他情况之诉。TRIPS 协定虽然规定了其他情况之诉,但由于部长级会议无法就其适用的范围和模式达成一致,因此仍然处于未定状态。

鉴于其他情况之诉的特殊性,其专家组和上诉机构报告的通过、被诉方不执行时报复的授权都不适用"反向一致"。在 GATT 时期,有几起涉及其他情况之诉的案件,但这些案件都未形成专家组报告。在 WTO 争端解决中,至今没有起诉方提起其他情况之诉。

---

① 参见"日本胶卷案"(DS 44)专家组报告第 10.36 段和第 10.37 段。
② DSU 第 26 条第 1 款。

四、负责争端解决的组织和机构

(一) 争端解决组织和机构概述

DSB 负责管理适用协定项下的磋商与争端解决,由所有 WTO 成员的代表组成。DSB 一般每月召开例会,也可以应成员要求召开特别会议。DSB 还应视需要召开会议,以在 DSU 规定的时限内行使职权。DSB 的决策机制是协商一致,即若在会议上没有成员正式反对拟议的决定,则视为经协商达成一致。但是,如前所述,请求设立专家组、通过专家组报告、通过上诉机构报告以及请求授权报复这四种事项适用反向一致的决策方式。

尽管 DSB 对最终的争端解决有决定性的权力,但在个案中,DSB 的作用比较有限,一般包括三个方面:第一,通知全体 WTO 成员;第二,在多边层面监督有关裁决和建议的执行,向违反 WTO 规则的成员施加压力,以使其遵守规则;第三,为 WTO 成员提供讨论争端解决体系适用中出现的问题的政治性场所。因此,DSB 的作用主要是外交性和政治性的,成员在 DSB 会议上的发言不具有法律效力。[1]

事实上,DSB 和总理事会是"一套班子"。《WTO 协定》明确规定,总理事会应召开会议,履行 DSB 的职责。同时,DSB 可以有自己的主席,由 WTO 各成员协商一致任命。DSB 主席的职能主要是为成员传递信息、主持会议、召集并介绍议事日程上的议题、给予代表团发言的权利、提交问题供成员作出决定和宣布决定等。DSB 主席还负责将成员的会议记

---

[1] See Peter Van den Bossche, Werner Zdouc, *The Law and Policy of The World Trade Organization: Text, Cases and Materials*, Cambridge University Press, 2017, p.502.

录提交 DSB。

WTO 总干事和秘书处负有辅助 DSB 进行争端解决的重要职责。WTO 总干事在某些情况下也可以参与争端解决：依其职权对争端解决案件进行斡旋、调解和调停；应最不发达国家成员的请求，对在磋商阶段未能解决的争端进行斡旋、调解和调停。此外，如果争端当事方无法就专家组的组成达成一致，则总干事有权在案件当事方的任何一方请求下指定专家组成员。同样地，在合理执行期仲裁和报复水平仲裁中，若当事方无法就仲裁员达成一致，则总干事有权任命仲裁员。

WTO 秘书处下设秘书长办公室和法律司、规则司、贸易政策审议司、知识产权司、市场准入司、服务贸易司、技术合作司、农业与商品司等业务部门，以及行政司、语言服务和文件司等支持服务部门。秘书处及其下设部门虽然并非专门的争端解决机构，但也从事与争端解决相关的工作。例如，法律司负责向 WTO 争端解决专家组和 WTO 其他机构、成员及秘书处提供及时的秘书服务和技术性支持，提供法律方面的信息与建议，协助组成专家组，负责发布争端解决的文书，负责开展与 WTO 法和争端解决程序有关的培训等。规则司主要负责协助正在进行的谈判和磋商，监督并积极辅助反倾销、反补贴、保障措施以及与贸易有关的投资措施等方面的 WTO 规则的执行，并负责向 WTO 争端解决案件的专家组提供执行方面的辅助。知识产权司、服务贸易司、农业与商品司也在各自负责的专门贸易领域向有关的争端解决案件的专家组提供法律信息和建议。[①] 应当注意的是，WTO 秘书处与上诉机构秘书处并非同一机构，也不存在上下级隶属关系。上诉机构秘书处是上诉机构的组成部分，仅在争端解决案件的上诉阶段辅助上诉机构工作。

（二）专　家　组

专家组是根据个案当事方的请求一案一设的争端解决机构，也是争端案件第一审级的审理机构。为个案确定专家组需经过专家组设立和专

---

① See Understanding the WTO, https://www.wto.org/english/thewto_e/whatis_e/tif_e/tif_e.htm, visited on Aug. 18, 2018.

家组组成两个环节。确定下来的专家组在其职权范围内审理案件,其裁决以专家组报告的形式发布。

1. 专家组的设立

在具体案件中,由申诉方向 DSB 申请为争端解决设立专家组,此项请求被称为"专家组请求"。专家组请求的功能有二:一是确定争端的范围,进而确定专家组的管辖范围;二是履行通知被诉方和第三方的正当程序义务。因此,专家组请求是 WTO 争端解决的重要文件。根据 DSU 第 6 条第 2 款的要求,专家组请求必须以书面形式提出,指明是否已进行磋商、确认争议中的措施并提供一份足以明确陈述问题的起诉的法律根据概要。

专家组请求的通过遵循反向一致原则。如起诉方提出请求,则专家组最迟在此项请求被作为一项议题列入议程的会议之后的 DSB 会议上设立,除非在该会议上包括起诉方在内的全体成员以协商一致的方式决定不起诉。在实践中,在起诉方关于设立专家组的请求首次被列入议程的 DSB 会议上,被诉方往往反对设立专家组。此时,DSB 会将起诉方的请求列入下一次例会或应起诉方请求召开的特别会议议程。只要起诉方在第二次会议上坚持其立场,则设立专家组的请求就会被通过,专家组就会在这次会议上设立。

2. 专家组的组成

专家组设立后,还需要确定专家组成员的具体人选,这个程序被称为"专家组组成"。专家组通常由三名专家组成,特殊情况下由五名[①]专家组成。专家组成员应为具备资质的独立个人。DSU 明确要求专家组成员以专家身份参与争端解决,而不代表成员政府。因此,WTO 成员不应当对专家给出指示或命令,也不应当对专家施加影响。从实践来看,虽然也有学者和贸易法律师成为专家组成员,但专家组成员绝大多数是现任或者退休的政府贸易官员或者是有法律背景的驻日内瓦外交官。

专家组一旦设立,当事方应当尽快就专家组组成达成一致,先由

---

① 在 WTO 的争端解决实践中,尚未出现过由五名专家组成的专家组。

WTO秘书处提名专家组成员候选人,再由当事方对候选人发表评论。DSU要求,当事方如无令人信服的理由,不得反对秘书处的提名。然而,在实践中,当事方往往在无充分理由的情况下反对秘书处最初的提名,除非当事方认为其建议的专家组成员候选人可能持有对其有利的立场。因此,专家组组成是复杂而易引发争议的问题。为避免迟迟无法组成专家组而导致的程序拖延,DSU规定,如果自专家组设立之日起20天内无法就专家组组成达成一致,则争端的任意一方都可以向WTO总干事申请,由总干事决定专家组组成。近年来,大多数案件的专家组组成都是由总干事确定的。[1]

组成后的专家组在WTO秘书处的协助下与当事方共同商定案件的工作程序和时间表。在多个起诉方针对同一被诉方的相同事项提出设立专家组请求的情况下,DSB应尽量设立单一专家组审查这些申诉;如果设立单一专家组并不可行,需要设立多个专家组,则专家组成员应当相同。

3. 专家组的职权范围

职权范围是专家组审理案件的法律基础,也限定了专家组的管辖范围。根据DSU第7条第1款,有标准职权的专家组按照争端各方引用的适用协定的有关规定,审查争端各方提交DSB的事项并提出调查结果,以协助DSB提出建议或作出裁决。同时,争端各方自专家组设立之日起20天内可以对上述专家组职权另行约定。争端解决机构也可授权其主席在遵守有关规定的前提下与争端各方磋商,确定专家组的职权范围,由此确定的职权范围应散发全体成员。如议定的不是标准的职权范围,则任何成员均可在争端解决机构中提出与此有关的任何问题,有关方面应作出说明或解释。此外,提交DSB的争端事项应由两种要素组成,即具体争议措施和申诉的法律基础。专家组既要客观审查案件的事实问题,也要审查规则是否适用、是否存在违反规则的情形等法律问题。

专家组的审查不得超出其职权范围,即不能审查未被列入专家组请

---

[1] 从2013年到2015年,由总干事确定专家组组成的案件占总案件的比例分别为72%、92%和62.5%。See Peter Van den Bossche, Werner Zdouc, *The Law and Policy of The World Trade Organization: Text, Cases and Materials*, Cambridge University Press, 2017, p.671, fn.306.

求的事项。因此,DSU要求起诉方的设立专家组请求明确指明被诉方违反何种适用协定的规定或者起诉方的利益发生何种抵消或减损,但不要求其在该请求中囊括相关论据。当事方通常在随后的案件审理中提交进一步的法律论据。专家组可以选择接受或拒绝当事方的论证,也可以给出自己的论证并作出法律推理,以得出调查结论和执行建议。在专家组程序进行过程中,起诉方不得起诉新的措施或者提出新的主张。即使发现设立专家组的请求确有遗漏,也不能通过之后的书面陈述或专家组的口头声明加以补充,但可以另案处理。

在争端解决实践中,专家组还可以运用司法经济原则。当一项争议措施违反了多项协定下的义务时,专家组可以不去逐一审查起诉方提出的所有法律主张。在"美国羊毛衬衫案"(DS 33)中,上诉机构明确指出,在这种情况下,专家组可以仅审查解决争端所必需的主张,只要不导致"仅解决了部分争端事项"即可。[1]

(三) 上 诉 机 构

DSU第17条第1款规定,应设立常设上诉机构以审理专家组案件的上诉。DSB于1995年2月设立了上诉机构。WTO争端解决机制是少有的提供上诉审议并设立了上诉机构的国际争端解决机制。

1. 上诉机构成员和上诉组织方式

与专家组不同,上诉机构是常设机构,由七名上诉机构成员组成。DSU第17条第3款规定,上诉机构应由具有公认权威并在法律、国际贸易和各适用协定所涉主题方面具有公认专门知识的人员组成。他们不附属于任何政府,也不能接受与其作为上诉机构成员的职责相悖的职务或参与任何与其在上诉机构中的职务相悖的专业活动。上诉机构成员必须广泛代表WTO成员的利益。因此,在任命上诉机构成员时,应当考虑地域分布、发展水平和法系等因素。上诉机构成员的任期为四年,可连任

---

[1] 参见"阿根廷进口措施案(欧盟诉)"(DS 438)上诉机构报告第5.190段、"加拿大小麦出口和谷物进口案"(DS 276)上诉机构报告第133段。

一次。因此,一名上诉机构成员最长可任职八年。[①] DSU 并不要求上诉机构成员常驻日内瓦,仅要求在上诉机构任职的所有人员随时待命,并应随时了解争端解决活动和 WTO 的其他有关工作。DSB 在《设立上诉机构的决定》中指出:"WTO 体系的成功很大程度上取决于上诉机构的适当组成,具有最高水平的人员应当为它服务。"[②]DSU 第 2 条第 4 款进一步规定,上诉机构成员的遴选和连任适用协商一致原则,由 DSB 作出决定。

在处理争端个案时,上诉机构并非像国际法院一样全庭听审并裁决。上诉机构对上诉审议的听审和裁决是由三名成员组成的审判庭进行的。根据《上诉审议工作程序》[③]第 6 条第 2 款,上诉机构成员轮流担任审判庭的成员。在这个过程中,需体现随机性和不可预测性,并使所有成员都有机会服务于上诉审议。审判庭的组成不实行国籍回避,但是上诉机构成员不得参与审议可能导致利益冲突的争端。根据《上诉审议工作程序》第 7 条第 2 款,上诉机构审判庭三名成员应选出一名主持工作的成员,负责协调案件审理程序、主持听证会并协调起草上诉机构报告。

审判庭独立地对上诉案件进行审议并作出裁决。但是,上诉机构从设立伊始便保持着审判庭与所有上诉机构成员交换意见的传统。这种沟通和交流对于保障上诉机构裁决的质量和一致性、将独立意见限制在有限数量内做出了重要贡献。审判庭内部应尽量在协商一致的基础上作出决定,若无法达成一致,也可以采用多数决。根据 DSU 第 17 条第 11 款,上诉机构成员个人可以发表独立意见,但必须匿名发表。独立意见在上

---

① 实践中,存在上诉机构成员实际任期超出八年的情况,这往往是由于新的上诉机构成员遴选未能按期结束或继续完成已近尾声的案件审理工作所导致的。

② Recommendations by the Preparatory Committee for the WTO, approved by the Dispute Settlement Body on 10 February 1995, Establishment of the Appellate Body, 10 February 1995, WT/DSB/1, dated 19 June 1995, para. 4.

③ 《上诉审议工作程序》是关于上诉机构的审议程序。1996 年,上诉机构第一次起草它的工作程序。2004 年 10 月 7 日,上诉机构主席致函 WTO 争端解决机构主席,表示上诉机构将对现有的《上诉审议工作程序》进行修订,修订的范围包括修改上诉通知的内容要求、增加其他上诉通知的有关规定、调整上诉程序时间表三个方面。修订后的工作程序文件 WT/AB/WP/5 于 2005 年 1 月 1 日生效。2010 年 7 月 27 日,DSB 上诉机构向各成员散发了标题为《上诉审议工作程序》的工作文件(WT/AB/WP/W/11)。该文件附上了经修订的 WTO 争端解决机制《上诉审议工作程序草案》,于 2011 年 9 月 15 日正式生效。综合历次修订的合并版《上诉审议工作程序》的编号为 WT/AB/WP/6。

诉机构报告中非常罕见。

上诉机构成员每年在成员中间选出一名主席。主席应当把握上诉机构的整体方向,负责监督上诉机构的内部运行情况,并履行任何上诉机构成员可能同意托付的职责。如前所述,独立于 WTO 秘书处的上诉机构秘书处为上诉机构提供法律和行政事务上的支持。

2. 上诉审议的范围

上诉机构的审查范围仅限于专家组报告涉及的法律问题和专家组作出的法律解释。上诉机构不能对案件的事实问题作出裁决,也不能审查新的事实证据或对已有证据进行再审查。专家组是否对有关事实进行了客观评估以及某一问题是否属于法律问题,均属于法律认定问题,是上诉机构有权审查的事项。但是,上诉机构完成法律分析极大地依赖于专家组报告对事实的认定。在专家组对必要事实运用司法经济原则不予审查时,上诉机构将很难完成分析。即便如此,上诉机构也无权将案件发回重审。上诉机构有义务对"所有"提起上诉的法律问题和法律解释进行审议并给出处理意见。应当注意的是,上诉机构反复重申司法经济原则也适用于上诉程序,因为专家组对某项上诉请求运用司法经济原则不予审查也属于进行了审议并给出处理意见。[①]

通过对案件的审理,上诉机构可维持、修改或撤销专家组的调查结论和最终结论。在修改和撤销时,可以仅修改专家组的原因,不撤销专家组报告中的结论。但是,在一些案件中,上诉机构的审理范围超出了专家组的法律考察和结论,为的是"完成法律分析"。导致这种情形的原因一般有两种:一是上诉机构仅对上诉请求给出处理意见将可能导致争议仍然无法解决;二是专家组认为某项协议的条款不适用,但上诉机构持相反立场。

(四) 行 为 守 则

争端解决程序中的专家组成员、上诉机构成员、仲裁员、专家或者其

[①] 参见"美国陆地棉案"(DS 267)上诉机构报告第 761 段至第 762 段。

他参与争端解决程序的人员必须以公正和独立的方式履行职责,DSB 为此专门制定了《DSU 行为守则》①。有关人员应保持独立和公正,避免直接或间接的利益冲突,并应遵守争端解决程序的保密性规定。为保证 WTO 争端解决机制的独立和公正,《DSU 行为守则》要求有关人员必须披露所有既有的或者潜在的利益、关系,人们合理地期待知晓的事项,以及可能对人的独立性或公正性产生影响或者引起合理怀疑的事项。此项披露义务包括财务信息、职业和其他方面的重要利益,也包括公开发表的与争端相关的个人观点、雇佣关系和家庭利益等。

在专家组程序中,若当事方认为某专家组成员违反《DSU 行为守则》,则可申请取消其专家组成员资格。DSB 主席将与 WTO 总干事、相关 WTO 机构主席商议确定是否存在违反《DSU 行为守则》的情况。如确实存在,则该专家组成员将被替代。实践中,从未出现过专家组成员因被认定严重违反《DSU 行为守则》而被取消资格的情况。但是,在极个别案件中,曾经有专家组成员在当事方表达了对潜在利益冲突的关切之后主动请辞。例如,在"俄罗斯猪案(欧盟诉)"(DS 475)的专家组组成后,先后有两名专家组成员递交了辞呈。②

在上诉机构程序中,上诉机构成员所应当遵守的纪律以及存在严重违反《DSU 行为守则》时的处理与专家组成员基本一致。不同之处在于,上诉机构成员是否存在违反《DSU 行为守则》以及采取何种适合的措施由上诉机构自身而非 DSB 主席来决定。

其他有关人员如存在对《DSU 行为守则》的严重违反,DSB 主席应视情况正式取消对被质疑人员的任命,或令其停止参与案件审理。

---

① WT/DS/RC/1,11 December 1996,Rules of Conduct for the Understanding on Rules and Procedures Governing the Settlement of Disputes.
② 参见"俄罗斯猪案(欧盟诉)"(DS 475)秘书处关于替换专家组成员的通知(WT/DS 475/4 & WT/DS 475/4)。

五、磋　　商

如前所述，相对于司法方式而言，DSU 更鼓励成员通过自愿协商的方式解决争端。WTO 争端解决程序以磋商为起点。通过磋商，当事方可交换信息并对案件进行评估，进一步缩窄分歧的范围。在很多案件中，WTO 成员通过磋商便达成各方满意的解决办法。即使无法通过磋商解决争端，磋商本身也为当事方提供了界定和限制彼此间争议范围的机会。因此，无论是对于起诉方、被诉方还是争端解决机制整体而言，磋商都是有益的。同时，通过磋商解决争端的成本显然更低，更有利于长期贸易关系的发展。

（一）提　起　磋　商

任何认为自己在 WTO 规则下的利益为其他 WTO 成员的措施所抵消或受到减损的成员，均可以向该成员提出磋商请求。相关 WTO 成员应当对所提出的交涉给予积极的考虑，并提供充分的磋商机会。在货物贸易争端中，申诉方可以依据 GATT 1994 第 22 条第 1 款或第 23 条第 1 款提起磋商。在服务贸易争端中，提起磋商的依据为 GATS 第 22 条第 1 款或第 23 条第 1 款。成员可以自主选择依据哪一条款提出磋商请求，但这种选择将影响其他成员是否能够加入磋商。

磋商请求是正式启动磋商的必要文件。在进行正式磋商之前，各相关成员往往会预先对争端事项进行非正式讨论。然而，此种非正式讨论不能替代 DSU 规定的磋商程序。为进入磋商程序，起诉方应将磋商请求通知被诉方、DSB 以及有关理事会和委员会。磋商请求应以书面形式提交，并说明请求的理由，包括确认所争论的措施，以及指出申诉的法律根据。磋商是保密的,仅在当事方和第三方之间进行,秘书处及其他WTO成员不参与磋商。随后审理此案的专家组有权审查某项诉讼请求是否经过磋商,但无权要求当事方披露磋商的具体内容。所以,若在磋商过程中真实讨论过的内容未被列入磋商请求的范围,就很难被认定为是经过磋商的。

(二)进行磋商

磋商程序的要义在于通过外交手段解决争端,所以当事方对于磋商进行的方式有着充分的自由裁量权。DSU对于进行磋商的强制性规定很少,主要是要求被诉方对磋商请求应当给予积极的考虑,并提供充分的磋商机会。在个别案件中,曾经有被诉方提出磋商不充分、起诉方未进行诚意磋商等主张,但专家组认为磋商的充分程度不属于专家组审查的事项。[1]

除非双方另有约定,否则被诉方应在收到请求之日起10天内对该请求作出答复,并应在收到请求之日起不超过30天的期限内进行诚意磋商。如被诉方未在收到请求之日起10天内作出答复,则起诉方可直接请求设立专家组。若在60天内磋商未能达成解决办法,则起诉方也可请求设立专家组。倘若磋商各方共同认为磋商已不能解决争端,则磋商可提前结束。在紧急情况下,各相关成员应在收到请求之日起不超过10天的期限内进行磋商,在20天内通过磋商解决争端,否则起诉方可请求设立专家组。

如前所述,起诉方提起磋商请求所依据的法律不同对于磋商的进程也有不同的影响。根据DSU第4条第11款,对于依据GATT 1994第22条第1款及其他适用协定的相应规定所提起的磋商请求,其他WTO成员可以申请加入磋商。认为自己在其中有实质贸易利益的WTO成员可以在磋商请求散发之日起10天内向磋商成员和DSB进行通报。如果被诉方认为此种实质贸易利益确实存在,则此成员应当加入磋商。此处

---

[1] 参见"韩国含酒精饮料案(欧共体诉)"(DS 75)专家组报告第10.19段、"美国禽肉案(中国诉)"(DS 392)专家组报告第7.35段。

的"散发",是指 DSB 以 WTO 文件的形式发放。DSB 在收到磋商请求的通知后,往往过一段时间才正式发放。但是,其他 WTO 成员不得加入依据 GATT 1994 第 23 条及其相应规定所提起的磋商。这种区别与第 23 条的性质有关,该条规定的是为受影响的成员与采取措施的成员提供直接沟通渠道的磋商,有明显的双边属性,未受影响的 WTO 成员没有加入磋商的必要。

(三)磋商的结果

若磋商成功并达成各方满意的解决办法,则此方案必须向 DSB 以及有关理事会、委员会通报。此时,根据 DSU 第 3 条第 6 款,任何成员都可以提出与此有关的任何问题。同时,磋商所达成的解决办法本身必须符合 WTO 的法律规定。

若磋商未能在 60 天内取得成功,或者被提出请求的 WTO 成员自收到磋商请求之日起 10 天内未予答复,则申诉方有权请求 DSB 为本案设立专家组。在很多案件中,起诉方并没有在 60 天期限届满后马上提出设立专家组的请求,而是为磋商再留出一些时间。此外,即使案件进入专家组审理阶段,DSU 也鼓励争端各方继续进行谈判。例如,专家组有义务定期与争端各方协商,并给予它们足够的谈判机会。在案件审理过程中,应起诉方请求,专家组也可以中止审理程序,以使各方有机会继续通过谈判达成解决办法。

六、专家组程序

如前所述,如果磋商未能解决争议,则起诉方可以决定将案件推进至WTO争端解决程序的下一阶段,即专家组程序。专家组程序是WTO争端解决机制的核心程序之一。DSU第12条是关于专家组程序的核心规则。其中,第12条第1款要求专家组应当遵守DSU附录3的工作程序。经与当事方商议,这个工作程序也可以进行调整,但实践中专家组一般只接受起诉方和被诉方都同意的调整。专家组程序一般由启动专家组程序、书面陈述和实质性会议、专家组审议和中期审议、通过专家组报告或提起上诉等环节组成。

(一) 启动专家组程序

在组成后一周内,专家组应当在DSU附录3建议的工作时间表的基础上,为本案确定自己的时间表。同时,专家组还应该给出本案详细的工作程序。在此之前,专家组应与争端各方举行组织会议以商定时间表和工作程序。在各方对工作程序的制定或修改达不成一致意见的情况下,专家组有权最后确定工作程序。

DSU第12条第10款要求,在审查针对发展中国家成员的起诉时,专家组应给予该发展中国家成员充分的时间以准备和提交论据。因此,发展中国家成员被诉案件的工作程序和时间表应当体现这种特殊待遇。

专家组可随时应起诉方请求中止工作,期限不超过12个月。如发生此种中止,则专家组程序各环节的时限应按中止工作的时间顺延。如专家组的工作已中止12个月以上,则设立专家组的授权即告终止。

（二）书面陈述和实质性会议

一般来说，起诉方和被诉方在专家组程序中都需要向专家组提交两份书面陈述：第一份书面陈述和"反驳性"书面陈述（即第二份书面陈述）。这两份书面陈述都应当被提交至秘书处，以便立即转交专家组和其他争端方。起诉方和被诉方应当在第一份书面陈述中举出案件事实以及进行相应的论证，并在第二份书面陈述中回应对方的主张和证据。提交书面陈述是当事方的合法权利，专家组有义务接收书面陈述并适当考虑其中的内容。

起诉方应首先提交其第一份书面陈述，除非专家组经与争端各方协商后决定各方应同时提交。专家组常常还会要求当事方提交书面陈述的概要，以便于撰写专家组报告中的事实和论点部分。在双方都提交了第一份书面陈述之后，专家组会召开第一次实质性会议。

实质性会议常被称为"听证会"或"开庭"。按照工作程序的安排，会议开始时，先由起诉方发言。起诉方一般宣读事先拟好的口头陈述，申明自己的主张和论证。之后，应诉方进行口头陈述，对自己所采取的措施进行辩护并对原告的观点进行辩驳。双方口头陈述的书面稿一般在会后经改定后提交专家组。双方发言之后，就进入"答问"阶段。双方可以互相提问，可以现场作答，也可以在会后作书面答复。在这个阶段，专家组可以随时提问，有时还会发布书面的问题单并要求当事方回答。对专家组和对方的书面问题，当事方都必须书面答复并应同时提交对方。

第一次实质性会议后，双方根据对方的发言和问题以及专家组的问题准备第二份书面陈述。第二份书面陈述应同时提交专家组。之后，专家组通常会召开第二次实质性会议。经过第一次会议，双方已经明确陈述了自己的观点、论据并进行了论证，对专家组所关注的问题也已心中有数，因此第二次会议的目的主要是有针对性地展开辩论。

专家组实质性会议是不公开的，当事方和其他利害关系方均须经专家组邀请才能参加。理论上，专家组可以不邀请当事方和其他利害关系方开庭，仅凭书面审理就作出裁决，但实践中每个案件都召开了听证会。其间，专家组被禁止与当事方进行任何形式的单方接触。专家组各成员的意见和提交专家组的文件是保密的,但当事方可以对外公布自己的立场。WTO成员应对当事方指定为保密的信息进行保密处理,无须当事方说明保密理由。一方认为其书面陈述应保密,但另一方请求提供非保密概要的,应当提供。

如前所述,任何WTO成员只要认为其有与案件有关的实质性利益并及时通报DSB,都应当有机会被专家组聆讯并向专家组提交书面陈述。一般情况下,这些由专家组邀请的第三方只能参加第一次听证会并在特定环节表达其观点,而且只能收到当事方的第一份书面陈述。但是,在某些案件中,第三方寻求维护其权利也能成功获得授权,如参加两次听证会并在两次会议上发表评论等。对于第三方的授权属于专家组自由裁量的范围,只要不违反正当程序和迅速解决争议等原则和规定,均可由专家组酌情决定。

(三)专家组审议和中期审议

专家组在与当事方召开了两次实质性会议后,就开始审议和起草专家组报告的工作。根据DSU第14条的规定,专家组的审议是保密的。专家组报告的起草工作也是基于争端各方此前提交的申明和信息,在争端各方不在场的情况下进行的。但是,争端各方在此环节有两次书面评论机会。第一次是在完成专家组报告草案的描述部分(包括事实和论据)之后,专家组应向争端各方提交此部分内容并设定回复期限,各方应在此期限内提交书面意见。第二次是在收到争端各方书面意见后,专家组应向争端各方提交一份中期报告,除涵盖上述描述部分以外,还包括专家组的调查和结论。在专家组设定的期限内,争端各方可就中期报告再次提交书面评论。如果在征求意见期间未收到任何一方的意见,则中期报告应被视为最终报告并迅速散发各成员。如果争端各方提交了评论意见,则在最终报告中应体现中期审议阶段的讨论情况。

争端各方在中期审议阶段通常会修正一些技术性错误或者含糊不清的表述,专家组基本上不会因为争端各方的书面评论而实质性改动其在中期报告中的结论,但也有个别例外情况。为了使专家组保留修改其结论的可能性,对于中期报告的保密就变得十分重要。如果其结论已经为公众所知晓,那么专家组将会拒绝对报告进行实质性修改。实践中,曾有两个非政府组织出于向专家组施加政治压力的目的,提前在其网站上公开了相关案件的中期报告,此举受到专家组的严肃批评。

(四)通过专家组报告或提起上诉

专家组报告是专家组以书面形式向 DSB 报告其调查结果、说明事实情况、阐述 WTO 规则有关条款的适用性以及调查结论的法律文件。专家组报告还应当对专家组作出的裁决和建议提供基本理由,以帮助有关成员理解其在 WTO 规则下的义务,以作出履行裁决或提出上诉的决定。专家组应当在协商一致的基础上形成专家组报告,对于裁决和建议有不同意见的专家可以发表独立意见,但须匿名发表。专家组应在中期审议结束后两周内将最终报告提交 WTO 各成员。

专家组报告首先应当散发给争端各方,在完成翻译工作①之后再散发给全体 WTO 成员。散发给全体 WTO 成员的专家组报告尚处于效力待定状态。为使各成员有充裕的时间考虑专家组最终报告,DSB 在报告散发给各成员的 20 天内不得通过该报告在散发后的 60 天内,DSB 应当基于反向一致原则通过该专家组报告,除非案件的当事方通知 DSB 其上诉决定或者 DSB 全体一致反对。当事方上诉的,DSB 将不对专家组报告进行表决,留待上诉机构完成审议并签发报告之后一并通过。

从专家组组成和议定职权范围之日起至 DSB 审议通过专家组报告之日止,一般不应超过 6 个月,而且无论如何不应超过 9 个月。在涉及易腐货物等有紧急情况的案件中,专家组应力求在 3 个月内将其报告提交争端各方。如专家组不能按上述期限提交报告,则应书面通知 DSB 迟延的原因和提交报告的预期时间。

---

① WTO 有三种官方语言:英语、法语和西班牙语。

七、上诉审议

上诉审议,又称"上诉机构程序"或"上诉程序",是争端解决机制的第二审或终审阶段。上诉审议是基于上诉申请而启动的程序,也是乌拉圭回合的主要创新之一。如前所述,上诉审议工作应当遵守《上诉审议工作程序》,此程序不应与DSU附录3中规定的专家组工作程序相混淆。首先,二者的法律地位不同。前者是上诉机构根据DSU第17条第9款的授权起草的文件,后者是全体WTO成员通过的DSU的组成部分。其次,二者的适用范围不同。前者适用于上诉审议,后者仅适用于专家组程序。最后,二者的应用方式不同。前者是上诉机构的标准工作程序,一般不需要再在具体案件中制定特殊的工作程序;后者是专家组的建议工作程序,每个组成后的专家组都需要为自己审理的案件制定单独的工作程序和相应的时间表。上诉审议包括启动上诉审议、书面陈述和口头听证会、交换意见和审议、上诉机构报告的通过等环节。

(一) 启动上诉审议

如前所述,专家组报告在散发后的60天内应当基于反向一致原则获得通过,除非案件的当事方通知DSB其上诉决定。在一些案件中,争端各方达成程序协议并请求DSB延长这一60天的期限。一般来说,各方申请延期的理由是考虑到上诉审议排期中的困难、合理安排工作量,而DSB通常会支持此种理由。

自专家组报告散发给全体WTO成员时起至专家组报告被DSB通过时止,专家组程序的起诉方或被诉方都可以提起上诉。当事方如果上诉，应当书面通知 DSB，并向 WTO 秘书处提交上诉通知。上诉通知应当对上诉性质进行简要说明，包括：(1) 明确指出专家组报告中涉及的法律问题或专家组的法律解释的错误；(2) 列出专家组错误地适用和解释的适用协定条款的清单；(3) 列出专家组报告中包含这些错误的段落的指示性清单。同时，上诉通知也限定了上诉机构在该具体案件中的审查范围。因此，在上诉通知中清楚、充分地表明上诉主张是非常重要的。

上诉机构根据上诉通知组成该案的审判庭，并依据《上诉审议工作程序》所规定的期限确定合适的工作表。工作表须列明提交文件的精确日期，上诉机构须于当事方提起上诉之日起 1 至 2 天内与各方会商该工作表。在个别情况下，如果严格遵守该程序可能导致显失公平，则上诉方、被上诉方和第三参与方可以申请调整工作表。

在原起诉方提起上诉后，其他争端方如果决定依据《上诉审议工作程序》第 23 条提起交叉上诉，则必须提交"其他上诉通知"，该通知须符合与上诉通知同样的要求。上诉方和其他上诉方都应在提交上诉通知的同时提交书面陈述，该书面陈述应当进一步阐述其主张的法理基础。这使得上诉通知和"其他上诉通知"不再具有提前向其他参与上诉者预告上诉主张的功能，但它们仍应清晰地、言简意赅地说明上诉的内容，并且仍然具有限定上诉机构在该案中审查范围的法律效力。

上诉方可以在案件审理的任意阶段通知上诉机构撤回上诉。收到撤回上诉的通知后，上诉机构应通知 DSB。撤回具有正式终止上诉审议的效力。在有些案件中，上诉方出于替换新的上诉通知的目的撤回原上诉。对于此种做法，上诉机构指出，只要不妨碍争端的公平、迅速和有效解决，而且案件当事方不违反善意原则，此种替换应被允许。①

上诉方在提交上诉通知后还可以进行修正。当上诉方或其他上诉方提出修正申请时，审理该案的审判庭可予以批准。但是，此类批准应当考虑到最长不得超过 90 天的审限要求以及争端解决的公平性和正当程序的要求。

---

① 参见"欧共体沙丁鱼案"(DS 231) 上诉机构报告第 138 段、脚注 31。

(二) 书面陈述和口头听证会

与专家组程序不同,在上诉程序中,当事方仅各自提交一份书面陈述,而且仅召开一次口头听证会。上诉方在书面陈述中应当指出上诉的具体依据,并与上诉通知同时提交。被上诉方在收到上诉方的书面陈述后如有意愿进行辩驳,则应在 18 天内准备自己的书面陈述。被上诉方书面陈述应当详细说明是否反对上诉方的主张、法律基础为何以及在何种程度上同意或不同意专家组的结论等。

上诉机构一般应当在提交上诉通知后 30 天内召开口头听证会,为各方提供一个提出主张并进行辩论的机会,以澄清上诉的法律问题。在听证会上,先由上诉方、被上诉方和第三参与方依次进行陈述。之后,各方回答审判庭的上诉机构成员提出的具体问题。最后,各方都有机会进行总结发言。上诉机构口头听证会的内容不包含事实问题,集中于法律解释和适用,辩论性也更强。

在提交上诉通知之日起 21 天内向 DSB 通报参与口头听证会的意愿并提交书面陈述的第三参与方,有权提交书面陈述并参与口头听证会。未能满足上述条件的第三参与方,在上诉机构审判庭的许可下也可以参加口头听证会。审判庭作出决定时应当考虑正当程序要求。此外,即使出现某个成员不提交书面陈述或者不出席口头听证会的情况,上诉机构依然可以作出报告。此时,上诉机构应在听取其他参加方的意见后,作出其认为适当的决定,包括驳回上诉。近年来,口头听证会一般会在 2 至 3 天内结束。当然,复杂案件需要更长的时间,如"欧共体及成员国大型飞机案"(DS 316)和"美国大型民用飞机案"(DS 317)就分别持续了 9 天和 8 天。

(三) 交换意见和审议

如前所述,负责审理上诉案件的审判庭在完成上诉机构报告之前,将就上诉所涉及的问题与其他上诉机构成员交换意见。考虑到上诉所涉及问题数量多、难度高,此种交换意见通常会在审判庭首次内部审议之后的

2 天至 3 天内进行。这种交流机制使得《上诉审议工作程序》第 4 条所规定的"合议原则"得以实现,并且保障了上诉机构裁决的一致性和连贯性,对提高多边贸易体制的安全性和可预见性做出了重要贡献。

在交换意见之后,审判庭继续内部审议工作并起草上诉机构报告。在早期,上诉机构报告的篇幅较短,而且无段落编号。随着时间的流逝,由于上诉的专家组调查和法律解释数量增多以及上诉的问题日趋复杂,上诉机构报告的篇幅越来越长。迄今为止最长的一份报告是上诉机构于 2011 年发布的"欧共体及成员国大型飞机案"(DS 316)上诉机构报告,[①]长达 645 页。

(四)上诉机构报告的通过

上诉机构的裁决通常应努力在审理该案的审判庭成员协商一致后作出决定,如未能协商一致,则应以多数意见为依据作出决定。上诉机构报告定稿后,由审判庭的成员而非全体上诉机构成员签署。在报告散发前,上诉机构的全部内部审议过程应保密。上诉机构审判庭不进行中期审议。

在上诉机构报告散发给 WTO 成员后的 30 天内,DSB 应在其会议上以反向一致的方式决定是否通过报告。在会议上,WTO 成员可以发表不同意见,但不影响上诉机构报告的通过。上诉机构报告与被支持、调整或者推翻的专家组报告一同通过。自上诉方提交上诉通知时起至上诉机构报告获通过时止,上诉审议程序通常应在 60 天内完成,在任何情况下都不能超过 90 天。在上诉程序超过 60 天时,上诉机构应通知 DSB 延迟的原因以及散发报告的预计时间。迄今为止,在大多数上诉中,上诉机构都能在提交上诉通知后 90 天内散发报告;在几个特殊的案件中,经各方同意,上诉机构在 90 天后散发了报告。此外,在上诉审议中,也允许审判庭成员在上诉机构报告中发表独立意见,但须匿名发表。

---

① 该案从 2004 年 10 月提起磋商请求至 2018 年发布执行之诉上诉机构报告,历时 14 年,至今尚未执行完毕。这里,最长的上诉机构报告是指原审的上诉机构报告,而非执行之诉的上诉机构报告。

八、监督执行程序

专家组报告或上诉机构报告一经通过,DSB 根据该报告所作出的建议和裁决即对争端各方具有约束力,争端各方应当无条件接受并迅速予以执行。目前,WTO 框架下裁决的监督执行程序由合理执行期、执行之诉、补偿和报复以及 DSB 持续监督制度四个部分组成。

(一) 合理执行期

被裁定违反 WTO 规则的被诉方应迅速执行专家组和上诉机构在其报告中作出的建议和裁决。如果不可能立即执行,则该成员应确定一个执行的合理期限。DSU 第 21 条第 3 款规定了三种确定合理期限的办法,依次为:(1) 有关成员提议的期限,只要该期限获 DSB 批准;如未获批准,则为(2) 争端各方在通过建议和裁决之日起 45 天一致同意的期限;如未同意,则为(3) 在通过建议和裁决之日起 90 天内通过有约束力的仲裁确定的期限。

根据迅速执行原则,在依据 DSU 第 21 条第 3 款(c)项进行的合理执行期仲裁中,合理期限应该是成员的法律体系下能执行 DSB 建议和裁决的可能的最短期限。这个最短期限应当是成员在其正常程序下充分利用所有可能的灵活性执行裁决真正需要的时间,如果成员需要通过修改国内立法执行裁决,则另当别论。成员须证明所提议的执行期限及其延期是合理的,主张的合理执行期越长,举证责任越重。一般来说,仲裁员裁决的合理期限为 6 个月至 15 个月不等,双方协商同意的执行的合理期限为 4 个月至 18 个月不等。执行的合理期限从专家组报告通过之日开始计算。

（二）执 行 之 诉

败诉方为遵守 DSB 的建议和裁决而采取的执行措施也可能与 WTO 规则不符。因此，当事方之间就执行措施的合法性产生争端时，任何一方都可以根据 DSU 第 21 条第 5 款提起执行之诉。该程序又称"第 21.5 条程序"。DSU 所规定的磋商、设立专家组和上诉审议的程序都适用执行之诉。

负责执行之诉审查的专家组有时被称为"一致性专家组"。执行之诉的专家组时应尽量由原审的专家组成员组成。为了防止负有执行义务的成员以违反 WTO 规则的方式执行裁决，执行之诉的专家组不仅要详细审查执行措施是否纠正了被裁定违反 WTO 规则的事项，还要全面审查执行措施与适用协定的一致性。因此，执行之诉的专家组可能需要审查原审中没有涉及的新事实和新主张。对于执行之诉的专家组报告，当事方也可以上诉。上诉机构审议执行之诉的工作程序和要求与原审相同。

（三）补偿和报复

补偿和中止减让或其他义务（又称"报复"）属于 DSB 建议和裁决在合理期限内未被执行时可适用的临时措施。WTO 争端解决机制的宗旨是促使成员确保自己的措施符合 WTO 规则，以及积极解决国际贸易争端。因此，补偿和中止减让或其他义务并非 WTO 成员追寻的终极目标，而仅是促使败诉方回归正途的辅助手段。DSU 第 22 条规定了补偿和中止减让或其他义务的具体规则。

1. 补偿

补偿不是对败诉方措施已经造成的损失所提供的赔偿，而是对败诉方在合理执行期内未能修改或者取消措施、继续损害其他成员利益而提供的赔偿。具体而言，补偿的是从合理执行期届满到真正执行这段时间所抵消或减损的利益。补偿一般不以现金方式进行，而是在贸易机会、市场准入等方面给予受到影响的成员相当于其所受损失的赔偿。DSU 规定补偿是自愿的,须在败诉方和受到影响的成员间通过谈判达成双方满意的解决办法。DSU 对于补偿的方式、数量和所涉及的领域没有任何限制,仅要求争端当事方协商达成的补偿措施也要符合 WTO 规则。实践中,应用补偿的案件较少。

2. 报复

在合理执行期届满后的 20 天内,若争端双方未能就补偿问题达成一致,则胜诉方可请求 DSB 授权中止其对败诉方承担的关税减让或其他义务。这实际上是对败诉方不执行报告的报复措施。报复的实施方式是允许一成员针对另一成员选择性地适用报复措施,其本质是以设置贸易壁垒的方式救济胜诉方在贸易壁垒下受到妨碍的权利,有悖于 WTO 促进贸易自由化的理念。因此,报复措施是一种例外,不应当被普遍使用。

报复的方式分为平行报复、跨领域报复和跨协定报复三种。申请报复的成员应当首先寻求平行报复,只有在不可行或没有效力时才能依次寻求跨领域报复和跨协定报复。首先,申请报复的成员应当在其利益受到损害或丧失的相同部门内寻求中止减让,即平行报复。所有的货物贸易都属于同一个部门。服务贸易在 GATS 中被分为 11 个大类,TRIPS 协定涉及的知识产权共有 8 个方面。如果报复措施和败诉方措施属于同一个服务贸易大类或者属于同一方面的知识产权,就属于在同一部门内的报复。其次,如果胜诉方认为在同一部门内报复的做法不可行或没有效力,则可寻求中止同一协定下其他部门的减让或其他义务。如果报复措施和败诉方措施分属不同服务贸易大类或不同方面的知识产权,则为跨领域报复。最后,如果跨领域报复也不可行或没有效力,而且情况十分严重,则可在另一适用协定下实行中止减让或其他义务,即跨协定报复。例如,败诉方措施违反货物贸易领域的 GATT 1994,则胜诉方在服务贸易领域的 GATS 或知识产权领域的 TRIPS 协定下采取报复措施,就是跨协定报复。

报复需在申请并经 DSB 批准之后才能实施。申请报复授权的成员应当向 DSB 陈述理由,并由 DSB 转达 WTO 有关理事会。DSB 应在合理执行期结束后的 30 天内在反向一致的基础上作出中止减让或其他义务的授权。请求授权报复的成员还应当提出具体的报复方式和水平。如果不执行裁决的成员反对报复的水平或者认为起诉方未能遵守 DSU 第 22 条第 3 款所规定的原则和程序,则可以依据 DSU 第 22 条第 6 款提起仲裁。这种仲裁被称为"第 22.6 条程序",又称"报复水平仲裁"。报复水平仲裁应当尽量由原专家组进行;若不可行,则由总干事指定仲裁员。无论如何,报复水平仲裁不能撤销报复授权,而且应当在合理执行期结束后 60 天内完成。在裁决作出前,已经获得报复授权的成员不得采取报复措施。仲裁裁决是最终裁决,当事方应当接受,并且不得寻求第二次仲裁。仲裁裁决应迅速通知 DSB。

在执行之诉程序和报复水平仲裁程序之间存在一个顺序问题,但 DSU 没有明确规定两种程序的先后顺序关系。DSU 仅要求报复水平仲裁应在合理期限届满之日起 60 日内结束,而第 21.5 条程序往往无法在此之前完成,这就可能导致 DSB 在判断执行措施是否合规的裁决作出之前就要作出是否给予报复授权的决定。"欧共体香蕉Ⅲ案"(DS27)就遭遇了这个问题。在实践中,争端各方通常会签订关于第 21.5 条程序和第 22.6 条程序顺序问题的专门备忘录,即顺序协议。争端各方同意同期启动第 21.5 条程序和第 22.6 条程序,然后暂停第 22.6 条程序的适用,直到第 21.5 条程序结束。WTO 成员对于这种做法持较为一致的肯定态度。但是,由于种种原因,在 DSU 改革谈判中,通过修改 DSU 来解决顺序问题的尝试都没能成功。

(四) DSB 持续监督制度

DSB 负责监督专家组和上诉机构报告的执行,直至报告被执行完毕。在专家组和上诉机构报告获通过后,任何成员都可以随时在 DSB 提出有关执行的问题。执行问题应在合理执行期确定的 6 个月后被列入 DSB 议程,并应保留在 DSB 议程中直到该问题得到解决。在 DSB 会议召开前至少 10 天,有关成员应向 DSB 提交一份关于执行建议和裁决进展的书面情况报告。DSB 在监督建议和裁决执行的过程中,对于影响发展中国家成员利益的事项应当给予特殊的考虑。在 DSB 会议上进行的监督具有持续性。但是,实践表明,这种对被诉方施加外交压力的方法效果有限。

第二编
争端解决裁决的执行

从各成员执行WTO裁决的情况看,尽管存在一些问题,但绝大多数裁决最终都得到了执行。其中,中国初步建立了执行WTO裁决的国内机制,执行记录良好。本编第一部分阐述WTO裁决执行机制(合理期限制度、执行审查制度、补偿制度、报复制度和持续监督制度)的运行情况。① 第二部分在考查WTO裁决执行的总体情况与国别情况的基础上,探讨WTO裁决的执行存在的问题及原因。第三部分介绍中国执行WTO裁决的机制,以及中国在12个具有代表性的案件中执行WTO裁决的具体情况。

---

① 本编涉及的大多数信息和数据基于编者的长期跟踪和统计,并参考了www.worldtradelaw.net的相关统计。

一、WTO 裁决执行机制的运行情况

（一）WTO 合理期限制度的运行情况

DSU 第 21 条第 3 款规定了三种确定合理执行期的制度。实践中，争端双方一般通过谈判就合理执行期达成协议。如果争端双方未能达成协议，则通过第 21 条第 3 款(c)项所规定的仲裁（以下简称"第 21.3(c)条仲裁"）[①]确定合理执行期。截至 2019 年 1 月底，第 21.3(c)条仲裁员共发布了 37 份仲裁裁决。

DSU 第 21 条第 3 款(c)项规定了仲裁员确定合理执行期的指南：合理执行期通常不应超过 15 个月；根据案件的"特殊情势"，合理执行期可以缩短或延长。当前的实践是，由被诉方证明自己提出的合理执行期的正当性，15 个月已经成为最长期限。

中国主要通过与当事方谈判确定合理执行期，有时也通过第 21.3(c)条仲裁确定合理执行期。在"中国取向电工钢（GOES）案"（DS 414）中，中美双方没有就合理执行期达成协议，美国提起第 21.3(c)条仲裁，仲裁员确定了 8 个月 15 天的合理执行期。在"美国反补贴措施案（中国诉）"（DS 437）中，中美双方没有就合理执行期达成协议，中国提起第 21.3(c)条仲裁，仲裁员确定了 14 个月 16 天的合理执行期。在"美国反倾销方法案（中国诉）"（DS 471）中，中美双方未能就合理执行期达成协议，中国提起第 21.3(c)条仲裁，仲裁员确定了 15 个月的合理执行期。

实践中，第 21.3(c)条仲裁员通常由 WTO 总干事指派一名现任或卸

[①] DSU 第 21 条第 3 款(c)项合理期限仲裁的执行者简称"第 21.3(c)条仲裁员"。

任的上诉机构成员担任,33份①合理期限仲裁裁决的质量较高,基本形成了确定合理执行期的案例法。但是,在"美国虾Ⅱ案(越南诉)"(DS 429)中,专家组主席西蒙·法本布鲁姆(Simon Farbenbloom)被指派为仲裁员,这打破了由现任或卸任的上诉机构成员担任第21.3(c)条仲裁员的惯例。在"美国洗衣机案"(DS 464)中,专家组主席克劳迪亚·奥罗斯科(Claudia Orozco)被指派为仲裁员。在"美国反补贴措施案(中国诉)"(DS 437)中,并非该案专家组成员的法本布鲁姆再次被指派为仲裁员。未来,WTO总干事指派谁为第21.3(c)条仲裁员值得关注。

(二) WTO 执行审查制度的运行情况

截至2019年1月底,共有41个案件启动了第21.5条程序。其中,"欧共体香蕉Ⅲ案"(DS 27)、"巴西飞机案"(DS 46)、"加拿大奶制品案(美国诉)"(DS 103)、"美国FSC案"(DS 108)、"欧共体及成员国大型飞机案"(DS 316)和"美国金枪鱼Ⅱ案(墨西哥诉)"(DS 381)还启动了第二轮执行审查程序。在"美国石油管产品反倾销措施案"(DS 282)中,第21.5条程序专家组程序被无限期中止。在"印度专利案(美国诉)"(DS 50)中,第21.5条程序专家组一直没有设立。目前,"欧共体及成员国大型飞机案"(DS 316,第二轮执行之诉专家组审理中)、"美国大型民用飞机案"(DS 353,第二次申诉审理中)、"泰国香烟案(菲律宾诉)"(DS 371,第一个执行之诉上诉审理中和第二个执行之诉专家组审理中)②、"印度农产品案"(DS 430,专家组审理中)、"美国碳钢案(印度诉)"(DS 436,专家组审理中)、"美国反补贴措施案(中国诉)"(DS 437,上诉审理中)、"哥伦比亚纺织品案"(DS 461,上诉审理中)、"俄罗斯猪案(欧盟诉)"(DS 475,专家组审理中)的执行审查程序仍在进行过程中。此外,"印度太阳能元件案"(DS 456)仍未组建专家组,"中国浆粕案"(DS 483)仍处于第21.5条程序

---

① 在4个案件的合理期限仲裁中,由于争端双方达成了协议,仲裁员仅仅报告了相关案件的程序进展,没有作出裁决。

② 针对泰国相关措施,菲律宾连续启动了两个第21.5条程序,这不同于通常的第一轮和第二轮执行审查程序。该案涉及被诉方泰国针对最初争议措施连续采取不同执行措施的情况。第一轮和第二轮执行审查程序分别涉及被诉方针对最初争议措施采取的第一轮执行措施以及第一轮执行措施被裁违法后被诉方再次采取的执行措施。

磋商阶段。

截至 2019 年 1 月底,第 21.5 条程序专家组共发布了 41 份报告,其中"欧共体香蕉Ⅲ案"(DS 27)4 份、"巴西飞机案"(DS 46)2 份、"加拿大奶制品案(美国诉)"(DS 103)2 份、"美国 FSC 案"(DS 108)2 份、"美国金枪鱼Ⅱ案(墨西哥诉)"(DS 381)3 份,涉及 34 个案件。在"美国 DRAMS 反补贴调查案"(DS 296)和"美国不锈钢案(墨西哥诉)"(DS 344)中,由于争端双方达成了满意的解决办法,执行专家组虽提交报告,但没有作出最终裁决。上诉机构共发布了 23 份第 21.5 条程序上诉报告。DSB 通过了 37 份第 21.5 条程序专家组报告和 23 份上诉机构报告,涉及 30 个案件。除争端双方达成满意的解决办法的 2 个案件外,专家组或上诉机构共在 28 个案件中对被诉方是否完全执行了 WTO 裁决给出了说法。如不考虑第二轮执行措施,除在"美国虾案"(DS 58)中裁定被诉方遵守了 DSB 建议和裁决、在"美国针叶木材Ⅵ案"(DS 277)中推翻了专家组裁决但未完成分析外,其余 26 个案件的被诉方都被专家组或上诉机构裁定没有遵守或没有完全遵守 DSB 建议和裁决。在"巴西飞机案"(DS 46)和"美国金枪鱼Ⅱ案(墨西哥诉)"(DS 381)中,被诉方第二轮执行措施被裁定执行了相关的 DSB 建议和裁决。

中国在"欧共体紧固件案(中国诉)"(DS 397)中提起了第一个第 21.5 条程序。2015 年 8 月 7 日发布的执行专家组报告裁定欧盟[①]没有完全执行本案 DSB 建议和裁决。2016 年 1 月 18 日发布的上诉机构报告确认了专家组的裁决和结论。2016 年 2 月 27 日,欧盟公布撤销紧固件反倾销措施的条例,本案获得最终解决。在"美国反补贴措施案(中国诉)"(DS 437,第 21.5 条程序上诉审理中)中,由于认为美国采取的执行措施仍未执行本案 DSB 建议和裁决,中国提起了第二个第 21.5 条程序。

在"中国取向电工钢(GOES)案"(DS 414)中,美国对中国提起了第一个第 21.5 条程序。2015 年 7 月 31 日发布的执行专家组报告裁定中国没有完全执行 WTO 裁决。2015 年 8 月 31 日,专家组报告获得 DSB 通过。由于涉案措施已于 2015 年 4 月 10 日终止,案件获得解决。在"中国

---

① 由于 WTO 成员欧盟经历了从"欧共体"到"欧盟"的转变,因此本书在涉及相关案件时,会出现在案件名称中使用"欧共体"而在具体展开时使用"欧盟"的情形。

肉鸡产品案"(DS 427)中,由于认为中国采取的执行措施仍未执行本案 DSB 建议和裁决,美国提起了第二个第 21.5 条程序。2018 年 1 月 28 日,执行专家组裁定中国没有完全执行本案裁决。2018 年 2 月 27 日,中国商务部应申请终止美国白羽肉鸡"双反"税,案件获得解决。在"中国浆粕案"(DS 483)中,加拿大对中国提起了第三个第 21.5 条程序,双方目前仍处于磋商阶段。

(三) WTO 补偿制度的运行情况

DSU 允许被诉方通过给予补偿的方式临时不执行 DSB 建议和裁决。但是,在实践中,WTO 补偿机制运用得较少。WTO 补偿主要表现为贸易补偿,即给予新的市场准入机会。有时,被诉方也会给予金钱补偿。在实践中,补偿经常偏离最惠国待遇要求。

在"日本含酒精饮料 II 案(欧共体诉)"(DS 8)中,根据日本与起诉方达成的协议,为了使日本获得更长执行期限以修改涉案的酒税法,日本同意自 1998 年 4 月 1 日起就有关商品分阶段消除关税。

在"土耳其纺织品案"(DS 34)中,根据争端方达成的协议,土耳其同意:(1) 自 2001 年 6 月 30 日或协议签署之日起,消除适用于印度纺织品类别 24 和类别 27 的数量限制;(2) 自 2001 年 9 月 30 日起,根据协议附件描述的适用税率削减关税。直至土耳其消除自 1996 年 1 月 1 日以来针对印度纺织品和服装产品类别 19 适用的所有数量限制时止,补偿一直有效。因此,土耳其只向起诉方印度提供了贸易补偿:首先是增加配额,其次是消除数量限制并给予歧视性的关税削减。土耳其提供补偿的部门是纺织品和服装,与其违反措施的适用对象相同。土耳其的补偿期限不固定,直到完全履行 DSB 建议和裁决。

在"美国版权法第 110(5)节案"(DS 160)中,合理执行期于 2001 年 12 月 31 日到期。由于美国未能在合理执行期内遵守本案 DSB 建议和裁决,美国和欧盟于 2002 年 3 月达成了一项安排。美国同意在 2004 年年底修改其法律,以遵守 DSB 建议和裁决。同时,美国同意每年向欧盟支付 121.99 万欧元,以补偿 2002—2004 年欧盟版权持有人因美国《版权法》第 110(5)节而遭受的损失。澳大利亚等国后来质疑该补偿安排的歧视性质。美国至今没有修改涉案法律条款，也没有继续向欧盟提供任何补偿。

"欧共体荷尔蒙案"(DS 26,DS 48)一直悬而未决。由于欧盟未能在合理执行期内执行 DSB 建议和裁决，美国和加拿大自 1999 年以来一直对欧盟实施贸易报复。2009 年 5 月 13 日，欧盟与美国签署了一项暂时性解决荷尔蒙争端的谅解备忘录。根据该安排，自 2009 年 8 月 3 日起，欧盟承诺提供额外的高质量非荷尔蒙牛肉免税配额，头三年每年 2 万吨，第四年开始增至 4.5 万吨。在头三年，美国将维持现有的已经降低报复水平的制裁，但承诺不会实施新的轮换报复。美国将在第四年消除所有制裁。由于许多 WTO 成员在农业委员会和 DSB 中对欧盟补偿的歧视性表达了严重关注，欧盟表示该配额将会在非歧视的基础上适用。2011 年 3 月 17 日，欧盟与加拿大也达成了关于荷尔蒙案的谅解备忘录。根据这份谅解备忘录，补偿分为三个阶段：第一阶段，欧盟增加加拿大高质量牛肉的免税进口配额至 1500 吨，加拿大则中止对于某些欧盟产品采取的报复措施；第二阶段，欧盟进一步增加加拿大高质量牛肉的免税进口配额至 3200 吨，加拿大继续中止报复措施；如果进入第三阶段，欧盟维持第二阶段的 3200 吨免税进口配额，加拿大则终止报复措施。

在"美国陆地棉案"(DS 267)中，美国面临巴西的报复威胁。2010 年 4 月 6 日，巴西和美国口头达成一项临时性协议。巴西承诺暂缓实施报复措施，而美国作出三项承诺：第一，修改出口贷款担保计划；第二，为巴西棉花产业设立总额为 1.473 亿美元的技术援助基金（数额等于营销贷款计划和反周期贷款计划给予美国棉花生产商的补贴，期限截至下一份农业法案通过或者美巴双方达成双方满意的解决办法，以较早者为准）；第三，评估巴西新鲜牛肉能否进口，将会宣布巴西圣卡塔琳娜州为无口蹄疫区，以允许巴西肉类出口。2010 年 4 月 21 日，双方达成正式协议。

在"中国出版物及音像产品案"(DS 363)中，中国没有执行与院线电影有关的 DSB 建议和裁决。经过多轮谈判，2012 年 2 月 18 日，中国与美国达成了《中美双方就解决 WTO 电影相关问题的谅解备忘录》（以下简称《中美电影协议》）。《中美电影协议》主要包括四个方面的内容：(1) 中国将在原来每年引进美国电影 20 部配额的基础上增加 14 部 3D 或 IMAX 电影大片配额；(2) 美方票房分账比例从原来的 13% 升至 25%；

(3)增加中国民营企业发布进口片的机会;(4)中美合拍片将享受中国大陆和香港合拍片同等待遇,在中国大陆放映不受引进片配额限制。

在"美国丁香香烟案"(DS 406)中,美国与印尼达成了补偿协议,但没有将协议内容通报 DSB。

(四) WTO 报复制度的运行情况

截至 2019 年 1 月底,起诉方共在 31 个案件(以案号计算,43 个争端)中提出了报复授权请求,开启了 WTO 报复程序。第 22.6 条程序仲裁小组在 12 个案件中作出了 22 份仲裁裁决。其中,"美国大型民用飞机案(第二次申诉)"(DS 353)报复仲裁程序仍处于中止状态,等待第 21.5 条程序的结果。"欧共体及成员国大型飞机案"(DS 316)、"印度农产品案"(DS 430)、"哥伦比亚纺织品案"(DS 461)和"美国反倾销方法案(中国诉)"(DS 471)报复仲裁程序仍在进行之中。

许多案件的报复程序与第 21.5 条程序一同开启,但是在执行审查报告通过之前被中止,如"欧共体及成员国大型飞机案"(DS 316)和"美国大型民用飞机案(第二次申诉)"(DS 353)。部分案件未经第 21.5 条程序就直接进入报复阶段。这类案件包括"欧共体荷尔蒙案"(DS 26,DS 48)、"欧共体香蕉Ⅲ案"(DS 27)、"美国 1916 年法案案(欧共诉)"(DS 136)、"美国抵消法案(伯德修正案)案(澳大利亚等诉)"(DS 217)、"欧共体生物产品批准和销售案(美国诉)"(DS 291)、"美国丁香香烟案"(DS 406)、"哥伦比亚纺织品案"(DS 461)、"印度农产品案"(DS 430)、"印度太阳能元件案"(DS 456)、"俄罗斯猪案(欧盟诉)"(DS 475)、"美国洗衣机案"(DS 464)、"美国反倾销方法案(中国诉)"(DS 471)、"印尼进口许可体系案(美国诉)"(DS 478)等。这类案件主要是因为被诉方在合理执行期内没有采取任何执行措施,或者争端双方事先没有达成关于第 21.5 条程序与第 22.6 条程序关系的顺序协议。值得注意的是,近年来,争端双方达不成顺序协议,原告转而直接提出报复授权请求的情况日益增多。

截至 2019 年 1 月底,第 22.6 条程序仲裁小组确定的报复金额最高为 40.43 亿美元("美国 FSC 案(欧共体诉)"(DS 108)),最低为 0("美国 1916 年法案案"(DS 136))。

实践中,厄瓜多尔在"欧共体香蕉Ⅲ案"(DS 27)、巴西在"美国陆地棉案"(DS 267)、安提瓜和巴布达在"美国博彩案"(DS 285)中都获得了交叉报复授权,可以针对被诉方采取知识产权报复。知识产权报复的出现在一定程度上改变了发达国家与发展中国家实力不对等的状况。但是,发展中国家在其国内实施知识产权报复仍然面临一系列障碍。厄瓜多尔、巴西、安提瓜和巴布达均一直没有实施知识产权报复。此外,在"巴西飞机案"(DS 46)、"加拿大飞机案"(DS 70)、"美国金枪鱼Ⅱ案(墨西哥诉)"(DS 381)和"美国COOL案(加拿大诉)"(DS 384)中,起诉方都获得DSB报复授权,但并未采取报复措施。

到目前为止,起诉方共在4个案件中实际采取过报复措施:"欧共体香蕉Ⅲ案"(DS 27)、"欧共体荷尔蒙案"(DS 26,DS 48)、"美国FSC案"(DS 108)和"美国抵消法案(伯德修正案)案(澳大利亚等诉)"(DS 217)。

1999年4月9日,"欧共体香蕉Ⅲ案"(DS 27)仲裁小组发布报告,裁决美国的报复数额为1.914亿美元。1999年4月19日,美国对欧盟价值1.914亿美元的八类商品加征了100%的关税。在选择报复产品清单时,美国官员希望对支持欧共体香蕉制度的欧盟国家产品征收关税。2001年4月,美国和欧盟就香蕉争端达成了协议。作为协议的一部分,美国同意自2001年7月1日起中止报复性关税。

1999年7月12日,"欧共体荷尔蒙案"(DS 26,DS 48)第22.6条程序仲裁报告发布,仲裁小组确定美国和加拿大的报复数额分别为1.168亿美元和1130万加元。1999年7月26日,DSB授权美国和加拿大采取报复措施。美国、加拿大均对欧盟采取了报复措施。欧盟与美国、加拿大后来达成补偿协议。

2002年8月30日,"美国FSC案"(DS 108)第22.6条程序仲裁报告发布,仲裁小组裁决的报复金额超过40亿美元。应欧盟请求,DSB于2003年5月7日授权欧盟采取报复措施。2004年3月1日,欧盟对进入欧盟市场的一系列美国产品征收了5%的进口税,税率每月增加1%。欧盟实际上只对小部分欧美贸易采取了报复措施。目前,欧盟已经撤销了报复措施。欧盟的报复迫使美国国会三次修改涉案法律,最终执行了本案裁决。

2004年8月31日,"美国抵消法案(伯德修正案)案(澳大利亚等诉)"(DS 217)仲裁小组针对巴西、加拿大、智利、欧盟、印度、日本、韩国和墨西哥八个起诉方分别发布了裁决。鉴于美国仍然没有撤销或修改其《2000年持续倾销与补贴抵消法案》(又称《伯德修正案》),2004年11月10日,巴西、欧盟、印度、日本、韩国、加拿大和墨西哥请求DSB授权报复。DSB于同年11月26日向上述七个起诉方授权报复。2004年12月6日,智利也请求DSB授权报复。DSB于同年12月17日进行了授权。虽然八个起诉方都获得了报复授权,但是只有欧盟、加拿大、日本三个起诉方对美国实际实施了报复措施。虽然美国两次修改涉案法律,但是仍未完全执行本案DSB建议和裁决。欧盟、日本的报复措施持续至今。

(五) DSB 持续监督制度的运行情况

如果起诉方认为被诉方没有完全执行特定案件的DSB建议和裁决,可以要求被诉方每月继续提供执行情况报告,但被诉方可能表示不同意并拒绝提供。无论如何,起诉方可以要求将特定案件的执行问题列入DSB月度例会议程,并在DSB会议上就此发表看法。一些案件久拖未决,经常被列入DSB议程,如"美国版权法第110(5)节案"(DS 160)、"美国拨款法第211节案"(DS 176)、"美国热轧钢案"(DS 184)、"美国抵消法案(伯德修正案)案(澳大利亚等诉)"(DS 217)、"欧共体生物产品批准和销售案(美国诉)"(DS 291)等。

DSB会议上的监督尽管具有持续性,但实际上流于形式,未能起到对被诉方施加压力,促使其迅速执行或遵守DSB建议和裁决的作用。实践表明,DSU第21条第6款规定的提交执行情况报告的机制在许多案件中变成一种纯粹的例行手续。关于这类执行情况报告的细节,该条款没有施加任何要求。被诉方需向DSB提交一份执行情况报告,但相关成员提交的报告一般仅指出被诉方遵守了DSB建议和裁决,并没有任何进一步的细节。由于其他成员很少提出质疑,被诉方的执行情况报告更像是没有任何意义的例行文件。此外,DSB执行监督的对象过于狭窄,仅限于监督被诉方的执行行为,不监督被诉方与起诉方达成的补偿安排或者其他双方满意的解决办法,也不存在监督起诉方实施DSB授权的报复的制度。

二、WTO 裁决的执行情况、存在的问题及原因

(一) WTO 裁决的执行情况

1. WTO 裁决的总体执行情况

研究表明,对于已经通过专家组/上诉机构报告的案件,超过 80%的裁决已被执行,其中一半案件的裁决在合理执行期内得到执行。就剩余案件而言,合理执行期到期日与实际执行日之间相差的时间从几周到数年不等。例如,"欧共体荷尔蒙案"(DS 26,DS 48)、"欧共体香蕉Ⅲ案"(DS 27)、"美国 FSC 案"(DS 108)、"美国抵消法案(伯德修正案)案(澳大利亚等诉)"(DS 217)以及美加软木系列争端和美国归零系列争端历经多年终获解决。尽管执行裁决的时间在某些案件中可能是一个问题,但核心事实是裁决通常都得到执行。① 从长期来看,几乎所有报告最终都得到执行,只有少数几个案件一直留在 DSB 监督议程上。

截至 2019 年 1 月底,WTO 成员总共发起了 577 个案件。按争议措施统计,22 个 WTO 成员②需要在 148 个案件中执行 WTO 裁决(详见下文的国别分析)。这一数据排除了以下几类案件:被诉方完全胜诉

---

① See John H. Jackson, William J. Davey & Alan O. Sykes, Jr., *Legal Problems of International Economic Relations: Cases, Materials and Text*, 6th edition, West Academic Publishing, 2013, pp. 300-301.

② 欧盟和/或成员国被诉的案件都计入欧盟,下同。

的案件①、DSB通过专家组和上诉机构报告时涉案措施已经到期的案件②和"美国持续中止案"(DS 320)。在合理执行期已经结束或者没有合理执行期的大约140个案件中,将近半数案件的被诉方在合理执行期内完全执行了WTO裁决,或者争议措施在DSB通过专家组和上诉机构报告后迅速到期或被撤销。其余案件包括以下几种情况:(1) 少数案件的执行情况无法得知;(2) 在合理执行期后执行完毕,即拖延执行完毕;(3) 在合理执行期内虽然采取了执行措施,但受到起诉方的质疑,或者被第21.5条程序专家组和上诉机构裁定没有执行或者没有完全执行DSB建议和裁决,或者与起诉方达成了双方满意的解决办法;(4) 迄今仍未采取任何执行措施的案件。③

2. WTO成员执行WTO裁决的情况

截至2019年1月底,共有42个WTO成员被起诉过,其中22个成员曾经或正在面临WTO裁决的执行问题,④其余成员尚未面临WTO裁决的执行问题。如无特殊说明,本部分内容仅涉及2019年1月底之前的执行情况。此外,由于被诉方在一些案件中没有详细通报执行措施,因此无法全面评估相关案件的执行情况。

---

① 共11个案件:"危地马拉水泥Ⅰ案"(DS 60)、"欧共体电脑设备案(美国诉)"(DS 62)、"欧共体石棉案"(DS 135)、"美国贸易法第301节案"(DS 152)、"美国出口限制案"(DS 194)、"美国URAA第129(c)(1)节案"(DS 221)、"美国纺织品原产地规则案"(DS 243)、"美国不锈钢日落复审案"(DS 244)、"美国轮胎案(中国诉)"(DS 399)、"阿根廷金融服务案"(DS 453)、"美国税收激励案"(DS 487)。
② 共9个案件:"美国羊毛衬衫案"(DS 33)、"危地马拉水泥Ⅱ案"(DS 156)、"美国特定欧共体产品案"(DS 165)、"美国钢铁保障措施案(欧共体诉)"(DS 248)、"韩国商业船舶案"(DS 273)、"欧共体商业船舶案"(DS 301)、"美国禽肉案(中国诉)"(DS 392)、"中国汽车案"(DS 440)、"美国动物案"(DS 447)。
③ 例如,"美国版权法第110(5)节案"(DS 160)、"美国拨款法第211节案"(DS 176)、"美国博彩案"(DS 285)、"美国丁香香烟案"(DS 406)等。
④ 例如,阿联酋(被诉1次)、巴基斯坦(被诉3次)、巴林(被诉1次)、巴拿马(被诉1次)、厄瓜多尔(被诉3次)、哥斯达黎加(被诉1次)、哈萨克斯坦(被诉1次)、马来西亚(被诉1次)、摩尔多瓦(被诉1次)、摩洛哥(被诉1次)、南非(被诉5次)、尼加拉瓜(被诉2次)、沙特阿拉伯(被诉1次)、特立尼达和多巴哥(被诉2次)、危地马拉(被诉2次)、委内瑞拉(被诉2次)、乌拉圭(被诉1次)、亚美尼亚(被诉1次)等。

(1) 美国

美国总共被诉153次,在52个案件中面临执行问题(不包括美国胜诉的案件、DSB通过报告时争议措施已经到期的案件以及"美国持续中止案"(DS 320))。这里按照涉案措施的性质全面考查美国执行WTO裁决的情况。其中,涉及贸易救济立法或做法的案件被归入贸易救济类案件。

① 国会或州立法

在"美国FSC案"(DS 108)中,美国国会多次修改立法,最终执行完毕本案裁决。

在"美国1916年法案案(欧共体诉)"(DS 136)中,美国拖延执行,最终撤销争议法律。

在"美国版权法第110(5)节案"(DS 160)中,美国给予欧盟金钱补偿,为期三年。但是,美国至今仍未修改涉案法律条款。

在"美国拨款法第211节案"(DS 176),美国至今尚未修改涉案法律条款。

在"美国抵消法案(伯德修正案)案(澳大利亚等诉)"(DS 217)中,美国在遭受报复后两次修改涉案法律条款,但至今仍未完全执行本案裁决。欧共体和日本至今仍在进行报复或者保留报复的权利。

在"美国陆地棉案"(DS 267)中,美国在合理执行期内部分执行了本案裁决。对于其他裁决,美国后来与巴西达成了补偿协议。

在"美国博彩案"(DS 285),美国至今尚未修改涉案法律条款。

在"美国大型民用飞机案(第二次申诉)"(DS 353)中,美国在合理执行期内采取了执行措施。欧盟表示质疑,提起第21.5条程序。2017年6月9日发布的执行专家组报告裁定美国没有执行本案DSB建议和裁决。目前,本案处于第21.5条程序上诉审理阶段。

在"美国丁香香烟案"(DS 406)中,美国在合理执行期内没有采取任何执行措施。印尼直接请求报复,后争端双方达成了满意的解决办法。

② 行政规章

在"美国汽油案(委内瑞拉诉)"(DS 2)中,美国环境保护局在合理执行期内修改了涉案行政规章,美国按时执行完毕相关DSB建议和裁决。

在"美国虾案"(DS 58)中,美国按时执行完毕本案裁决。

在"美国金枪鱼Ⅱ案(墨西哥诉)"(DS 381)中,美国在合理执行期内采取了执行措施,但墨西哥表示质疑并提起第21.5条程序。第21.5条程序专家组和上诉机构裁定美国没有执行本案DSB建议和裁决。此后,美国第二次修改了本案争议措施。2019年1月11日通过的本案第二轮执行专家组和上诉机构报告裁定美国完全执行了本案裁决。

在"美国COOL案(加拿大诉)"(DS 384)中,美国在合理执行期内采取了执行措施,后被执行专家组和上诉机构裁定其执行措施与WTO规则不符。2015年12月21日,加拿大和墨西哥均获得DSB的报复授权。2016年2月26日,美国农业部撤销了COOL要求。

③ 贸易救济

在"美国内衣案"(DS 24)中,涉案措施在专家组和上诉机构报告通过后一个多月到期。

在"美国DRAMS案"(DS 99)中,美国商务部在合理执行期内修改了《联邦规章法典》相关条款,按时执行完毕。同时,美国商务部在合理执行期内修改了反倾销措施,但受到质疑;后双方通过磋商达成满意的解决办法结案。

在"美国铅铋钢Ⅱ案"(DS 138)中,美国的执行情况不详。

在"美国小麦面筋案"(DS 166)中,争议保障措施在合理执行期结束时到期。

在"美国羊肉案(新西兰诉)"(DS 177)中,美国在合理执行期内终止了争议保障措施。

在"美国不锈钢案"(DS 179)中,美国按时执行完毕,美国商务部在合理执行期内发布了反倾销在调查程序的终裁,修改了最终反倾销税率。

在"美国热轧钢案"(DS 184)中,美国按时执行了部分DSB建议和裁决,涉案的《1930年关税法》条款尚未修改。

在"美国棉纱案"(DS 192)中,美国在DSB通过专家组和上诉机构报告后迅速撤销了争议措施。

在"美国碳管案"(DS 202)中,争议保障措施在合理执行期结束六个月后到期。

在"美国钢管案"(DS 206)中,美国在延长的合理执行期结束后不久执行完毕。

在"美国对某些欧共体产品的反补贴措施案"(DS 212)中,关于确认同一实体的方法,美国按时执行完毕。对于涉案反补贴措施,美国在合理执行期内采取了执行措施,但被判定没有完全执行。后来,美国认为日落复审决定执行了执行专家组裁决。

在"美国碳钢案"(DS 213)中,美国在 DSB 通过专家组和上诉机构报告后迅速撤销了引起争议的反补贴税令。

在"美国针叶木材Ⅲ案"(DS 236)、"美国针叶木材Ⅳ案"(DS 257)、"美国针叶木材Ⅴ案"(DS 264)、"美国针叶木材Ⅵ案"(DS 277)四个案件中,美国没有在合理执行期内完全执行相关 DSB 建议和裁决。美国和加拿大最终通过达成双方满意的解决办法结案。

在"美国石油管产品日落复审案"(DS 268)中,美国在合理执行期结束后采取了执行措施,但被判定没有完全执行本案裁决。

在"美国石油管产品反倾销措施案"(DS 282)中,美国似乎没有采取任何执行措施。虽然墨西哥发起第 21.5 条程序,但本案不了了之。

在"美国归零案(欧共体诉)"(DS 294)中,关于最初调查中的归零做法,美国在合理执行期内执行了相关裁决;关于涉案反倾销措施,美国拖延执行。

在"美国归零案(日本诉)"(DS 322)中,关于最初调查中的归零做法,美国按时执行完毕;关于复审中的归零做法和涉案反倾销措施,美国虽执行完毕,但超过了规定的执行期限,即拖延执行完毕。

在"美国虾案(厄瓜多尔诉)"(DS 335)中,美国在合理执行期内撤销了争议反倾销措施。

在"美国虾案(泰国诉)"(DS 343)中,美国在合理执行期内公布的反倾销措施没有使用归零做法。

在"美国不锈钢案(墨西哥诉)"(DS 344)中,关于复审中的归零做法,美国拖延执行完毕;关于最初调查中的反倾销措施,美国按时执行完毕;关于具体的反倾销复审,以双方同意的解决办法结案。

在"美国海关保税指令案"(DS 345)中,美国在合理执行期内执行完毕。

在"美国继续归零案"(DS 350)中,美国拖延执行完毕。

在"美国反倾销和反补贴措施案(中国诉)"(DS 379)中,美国拖延采取执行措施。

在"美国橙汁案(巴西诉)"(DS 382)中,美国在合理执行期内采取了执行措施,执行了大部分裁决。对于其他问题,美巴后来达成了双方满意的解决办法。

在"美国 PET 袋反倾销措施案"(DS 383)中,美国在合理执行期内执行了本案裁决。

在"美国归零案(韩国诉)"(DS 402)中,美国在合理执行期内执行了本案裁决。

在"美国虾案(越南诉)"(DS 404)中,美国在合理执行期内修改了行政复审中的归零做法。对于涉案反倾销措施,美国目前尚未采取任何措施。在"美国虾Ⅱ案(越南诉)"(DS 429)中,第 21.3(c)条仲裁员确定了 15 个月的合理执行期,于 2016 年 7 月 22 日到期。2016 年 7 月 18 日,越南和美国通报 DSB,双方在"美国虾案(越南诉)"(DS 404)和"美国虾Ⅱ案(越南诉)"(DS 429)争端中达成了双方满意的解决办法,但没有通报协议内容。

在"美国虾和锯片案"(DS 422)中,美国在合理执行期内执行了本案裁决。

在"美国碳钢案(印度诉)"(DS 436)中,美国在合理期限内采取了执行措施。2017 年 6 月 5 日,印度提出第 21.5 条程序磋商请求。截至目前,执行专家组尚未发布报告。

在"美国反补贴措施案(中国诉)"(DS 437)中,美国在合理期限内采取了部分执行措施。2018 年 3 月 21 日公布的执行专家组报告裁定美国没有完全执行本案的 WTO 裁决。目前,本案正在进行第 21.5 条程序的上诉程序。

在"美国反补贴和反倾销措施案(中国诉)"(DS 449)中,美国在延长的合理执行期内采取了执行措施。

在"美国洗衣机案"(DS 464)中,合理执行期于 2017 年 12 月 26 日到期。美国商务部在合理执行期内采取措施执行了与反补贴措施有关的 WTO 裁决,但目前尚未针对与反倾销措施有关的 WTO 裁决采取任何行动。2019 年 2 月 8 日,第 22.6 条程序仲裁小组作出裁决,授权韩国针对涉案的洗衣机反倾销和反补贴措施采取价值 8480 万美元的报复措施;关于规则本身违反 WTO 规则的情况,仲裁小组确定了一个计算报复数额的公式。

在"美国反倾销方法案(中国诉)"(DS 471)中,第 21.3(c)条仲裁员确定的合理执行期于 2018 年 8 月 22 日结束,但美国没有采取任何行动。2018 年 9 月 9 日,中国请求 DSB 授权 70 亿美元的报复。

在"美国 OCTG 案(韩国诉)"(DS 488)中,争端双方协商确定的合理执行期于 2019 年 1 月 12 日结束,后又经协商延长至 2019 年 7 月 12 日。

(2) 欧盟及成员国

欧盟总共被诉 85 次,欧盟成员国总共被诉 15 次。其中,波兰、捷克、克罗地亚、罗马尼亚、斯洛伐克、匈牙利在加入欧盟之前总共被诉 11 次,均未面临 WTO 裁决的执行问题。欧盟在 22 个案件中面临执行问题。

在"欧共体商标与地理标识案(美国诉)"(DS 174)、"欧共体管子和套件案"(DS 219)、"欧共体关税优惠案"(DS 246)、"欧共体食糖出口补贴案(澳大利亚诉)"(DS 265)、"欧共体鸡块案(巴西诉)"(DS 269)、"欧共体 IT 产品案(美国诉)"(DS 375)、"欧共体海豹产品案(加拿大诉)"(DS 400)、"欧盟鞋案(中国诉)"(DS 405)、"欧盟生物柴油案(阿根廷诉)"(DS 473)、"欧盟生物柴油案(印尼诉)"(DS 480)中,欧盟都按时执行了相关 DSB 建议和裁决。

在"欧共体沙丁鱼案"(DS 231)中,欧盟与起诉方秘鲁在合理执行期结束后通过达成双方满意的解决办法结案。在"欧共体 DRAM 芯片反补贴措施案"(DS 299)中,欧盟在合理执行期结束后采取了执行措施。

在"欧共体荷尔蒙案"(DS 26,DS 48)、"欧共体香蕉Ⅲ案"(DS 27)、"欧共体床上用品案"(DS 141)、"欧共体及成员国大型飞机案"(DS 316)、"欧共体紧固件案(中国诉)"(DS 397)中,欧盟的执行措施都受到正式质疑。在上述五个案件中,欧盟都被裁定没有执行相关 DSB 建议和裁决。

在"欧共体生物产品批准和销售案(美国诉)"(DS 291)中,欧盟没有采取任何执行措施,本案仍在 DSB 议程上。

截至目前,"欧共体特定海关事项案"(DS 315)、"欧共体鲑鱼案(挪威诉)"(DS 337)、"欧共体禽肉案(美国诉)"(DS 389)的执行情况不详。

在"欧盟禽肉案(中国诉)"(DS 492)中,DSB 于 2017 年 4 月 25 日通过了专家组报告。争端双方确定的合理执行期于2018年7月19日到期。2018年11月30日,双方签署了和解协议。

(3) 中国

中国总共被诉43次,涉及30项措施。中国在11个案件中面临执行问题。在"中国汽车案(美国诉)"(DS 440)中,由于涉案措施在专家组报告通过之前已被终止,中国无须采取任何执行措施。

① 非贸易救济

在"中国汽车部件案(欧共体诉)"(DS 339)和"中国电子支付服务案"(DS 413)中,中国在合理执行期内撤销了涉案措施。

在"中国知识产权案"(DS 362)中,中国在合理执行期内通过修改《著作权法》第4条和《知识产权海关保护条例》第27条执行了WTO相关裁决。

在"中国出版物及音像产品案"(DS 363)中,中国通过修改相关争议措施执行了部分WTO裁决。对于与院线电影有关的裁决,中国与美国达成了《中美电影协议》。

在"中国原料案(美国诉)"(DS 394)和"中国稀土案(美国诉)"(DS 431)中,中国在合理执行期内取消了针对争议原材料的出口税和出口配额,执行了WTO裁决。

② 贸易救济

在"中国X射线设备案"(DS 425)和"中国高性能不锈钢无缝钢管HP-SSST案(日本诉)"(DS 454)中,虽然中国商务部启动了再调查程序,但由于申请人撤案,中国商务部决定终止涉案反倾销措施。

在"中国取向电工钢(GOES)案"(DS 414)中,中国在合理执行期内发布了执行本案的WTO裁决,下调了反倾销税和反补贴税。美国于2014年1月13日提起第21.5条程序。2015年7月31日发布的执行专家组报告裁定中国没有完全执行WTO裁决。由于无人提出到期复审请求,本案涉案措施已于2015年4月10日终止。

在"中国肉鸡产品案"(DS 427)中,中国在合理执行期内公布了再调查结果,调整了针对美国白羽肉鸡产品征收的反倾销税和反补贴税。美国于2016年5月10日提起第21.5条程序。2018年1月18日发布的执行专家组报告裁定中国没有执行本案DSB建议和裁决。2018年2月27

日,由于美国提出撤案申请,中国商务部决定终止美国白羽肉鸡"双反"税。

在"中国浆粕案"(DS 483)中,专家组裁定涉案反倾销措施违反了《反倾销协定》和 GATT 1994 相关条款。中国在合理期限内发布了再调查结果,决定继续征收反倾销税。2018 年 9 月 11 日,加拿大提出第 21.5 条程序下的磋商请求。

从总体来看,中国执行 WTO 裁决的情况良好。中国仅在"中国出版物及音像产品案"(DS 363)中与美国达成了补偿协议。中国的执行措施在"中国取向电工钢(GOES)案"(DS 414)、"中国肉鸡产品案"(DS 427)和"中国浆粕案"(DS 483)中受到了起诉方的正式质疑。

(4) 阿根廷

阿根廷总共被诉 22 次,涉及 15 项措施。阿根廷在 7 个案件中面临执行问题。

在"阿根廷纺织品与服装案"(DS 56)中,专家组和上诉机构裁定阿根廷违反了 GATT 1994 第 2 条和第 8 条。阿根廷拖延半年执行完毕本案裁决。

在"阿根廷鞋案(欧共体诉)"(DS 121)中,专家组和上诉机构裁定阿根廷违反了《保障措施协定》第 2 条和第 4 条。争议保障措施在 DSB 通过专家组和上诉机构报告后很快到期。

在"阿根廷皮革案"(DS 155)中,专家组裁定阿根廷违反了 GATT 1994 第 10 条第 3 款(a)项和第 3 条第 2 款第 1 句。第 21.3(c)条仲裁员确定本案的合理执行期为 12 个月零 12 天。阿根廷的执行情况不详。欧共体、阿根廷向 DSB 通报了顺序协议。

在"阿根廷瓷砖案"(DS 189)中,专家组裁定阿根廷违反了《反倾销协定》相关条款。争端双方确定了 5 个月的合理执行期。阿根廷在合理执行期结束 19 天后撤销了争议反倾销措施。

在"阿根廷罐头桃子案"(DS 238)中,专家组裁定阿根廷违反了 GATT 1994 和《保障措施协定》相关条款。争端双方确定了 8.5 个月的合理执行期。阿根廷在合理执行期内撤销了争议保障措施。

在"阿根廷禽肉反倾销税案"(DS 241)中,专家组裁定阿根廷违反了《反倾销协定》相关条款。截至目前,本案的执行情况尚不可知。

在"阿根廷进口措施案（欧盟诉）"（DS 438）中，专家组和上诉机构裁定阿根廷违反了 GATT 1994 相关条款。争端双方确定了 11 个月零 5 天的合理执行期，于 2015 年 12 月 31 日结束。阿根廷在合理执行期内采取了执行措施。

（5）印度

印度总共被诉 25 次，涉及 16 项措施。印度在 5 个案件中面临执行问题。

在"印度专利案（美国诉）"（DS 50）中，专家组和上诉机构裁定印度违反了 TRIPS 协定相关条款。美国与印度确定了 15 个月的合理执行期，后欧共体与印度确定的合理执行期的截止日期与之相同。印度在合理执行期内修改了涉案的《1970 年印度专利法》。

在"印度数量限制案"（DS 90）中，专家组和上诉机构裁定印度违反了 GATT 1994 第 11 条第 1 款和第 18 条第 11 款以及《农业协定》第 4 条第 2 款。针对不同商品，争端双方确定了不同截止日期的合理执行期。印度在合理执行期内取消了涉案的数量限制措施。

在"印度汽车案（欧共体诉）"（DS 146）中，专家组裁定印度违反了 GATT 1994 第 3 条第 4 款和第 11 条第 1 款。争端各方确定了 5 个月的合理执行期。印度在合理执行期内废除了涉案的贸易平衡要求和本地化要求。

在"印度农产品案"（DS 430）中，专家组和上诉机构裁定印度违反了 SPS 协定相关条款。本案合理执行期于 2016 年 6 月 19 日结束。由于认为印度没有执行 DSB 建议和裁决，美国于 2016 年 7 月 7 日提出报复授权请求。印度在合理执行期之后采取了一系列执行措施。2017 年 4 月 6 日，印度请求设立第 21.5 条程序专家组。本案目前处于第 21.5 条程序专家组审理阶段。

在"印度太阳能元件案"（DS 456）中，合理执行期于 2017 年 12 月 14 日到期，印度于同日通知 DSB，印度已经停止采取与 DSB 建议和裁决不一致的任何措施。美国认为印度没有执行裁决，于 2017 年 12 月 19 日提出报复授权请求。2018 年 1 月 23 日，印度请求设立第 21.5 条程序专家组，专家组目前尚未组建。

(6) 加拿大

加拿大总共被诉 23 次,涉及 17 项措施。加拿大在 10 个案件中面临执行问题。

在"加拿大期刊案"(DS 31)中,专家组和上诉机构裁定加拿大违反了 GATT 1994 相关条款。争端双方确定了 15 个月的合理执行期。加拿大在合理执行期内撤销了争议措施。

在"加拿大飞机案"(DS 70)中,专家组和上诉机构裁定加拿大授予的禁止性补贴与 SCM 协定第 3 条第 1 款(a)项和第 3 条第 2 款不符。专家组建议加拿大在 90 天内撤销争议补贴。加拿大在合理执行期内采取了执行措施。巴西表示质疑,提起第 21.5 条程序。执行专家组和上诉机构裁定加拿大没有完全执行本案裁决。

在"加拿大奶制品案(美国诉)"(DS 103)中,专家组和上诉机构裁定加拿大违反了 GATT 1994 和《农业协定》相关条款。争端各方确定了 14 个月零 4 天的合理执行期。美国和新西兰后来提起第 21.5 条程序。执行专家组和上诉机构裁定加拿大没有完全执行本案裁决。争端各方后来通过达成各方满意的解决办法结案。

在"加拿大药品专利案"(DS 114)中,专家组裁定《加拿大专利法》相关规定违反了 TRIPS 协定相关条款。第 21.3(c)条仲裁员确定了 6 个月的合理执行期。加拿大在合理执行期内采取了执行措施,没有受到进一步质疑。

在"加拿大汽车案(日本诉)"(DS 139)中,专家组和上诉机构裁定加拿大违反了 GATT 1994 和 GATS 相关条款。第 21.3(c)条仲裁员确定了 8 个月的合理执行期。加拿大在合理执行期内采取了执行措施,没有受到进一步质疑。

在"加拿大专利保护期案"(DS 170)中,专家组和上诉机构裁定《加拿大专利法》第 45 节违反了 TRIPS 协定第 33 条。第 21.3(c)条仲裁员确定了 10 个月的合理执行期。加拿大在合理执行期内修改了《加拿大专利法》,执行了本案裁决,没有受到进一步质疑。

在"加拿大飞机信用与担保案"(DS 222)中,专家组裁定加拿大授予的出口补贴违反了 SCM 协定第 3 条第 1 款(a)项。专家组建议加拿大在 90 天内撤销争议补贴。加拿大在合理执行期内没有采取执行措施。巴西启动报复程序,获得每年2.248亿美元的报复授权。但是,巴西一直没有采取报复措施。

在"加拿大小麦出口和谷物进口案"(DS 276)中,专家组和上诉机构裁定加拿大违反了GATT 1994第3条第4款。争端双方确定了10个月零5天的合理执行期。加拿大在合理执行期内采取了执行措施,没有受到进一步质疑。

在"加拿大可再生能源案"(DS 412)中,专家组和上诉机构裁定加拿大违反了GATT 1994相关条款。争端各方确定了10个月的合理执行期。加拿大在合理执行期结束后采取了执行措施,没有受到起诉方的进一步质疑。

在"加拿大焊接管案"(DS 482)中,专家组裁定加拿大违反了《反倾销协定》相关条款。争端双方确定了14个月的合理执行期,于2018年3月25日到期。2018年1月10日,加拿大通知DSB,通过修改法律并修正关于倾销和损害威胁的仲裁裁决,加拿大执行了本案DSB建议和裁决。

(7) 巴西

巴西总共被诉16次,涉及11项措施。巴西在3个案件中面临执行问题。

在"巴西飞机案"(DS 46)中,专家组和上诉机构裁定巴西授予的禁止性补贴违反了SCM协定第3条第1款(a)项,巴西需要在90天内撤销争议补贴。由于认为巴西采取的执行措施没有执行本案裁决,加拿大提起第21.5条程序。在执行专家组和上诉机构裁定巴西的执行措施仍旧与SCM协定不符后,巴西再次修改了争议补贴措施。加拿大第二次提起第21.5条程序。执行专家组裁定巴西第二轮执行措施符合SCM协定。

在"巴西翻新轮胎案"(DS 332)中,专家组和上诉机构裁定巴西违反了GATT 1994第11条第1款,而且不能根据GATT 1994第20条(b)项或(d)项获得正当性。第21.3(c)条仲裁员确定本案合理执行期为12个月。巴西在合理执行期结束后近9个月采取了执行措施。

在"巴西税收案"(DS 472)中,2019年1月11日通过的专家组和上诉机构报告裁定涉案措施违反了GATT 1994、TRIMS协定和SCM协定相关条款。

(8) 日本

日本总共被诉 15 次,涉及 12 项措施。日本在 4 个案件中面临执行问题。

在"日本含酒精饮料Ⅱ案(欧共体诉)"(DS 8)中,专家组和上诉机构裁定日本酒税法违反了 GATT 1994 第 3 条第 2 款。第 21.3(c)条仲裁员确定了 15 个月的合理执行期。后日本与争端各方达成了补偿协议,为了使日本获得更长实施期限以修改酒税法,日本同意自 1998 年 4 月 1 日起就有关商品分阶段消除关税。

在"日本农产品Ⅱ案"(DS 76)中,专家组和上诉机构裁定日本违反了 SPS 协定相关条款。争端双方确定了 9 个月零 12 天的合理执行期。日本在合理执行期内采取了部分执行措施。日本后来与美国达成了双方满意的解决办法。

在"日本苹果案"(DS 245)中,专家组和上诉机构裁定日本违反了 SPS 协定相关条款。争端双方确定了 6 个月零 20 天的合理执行期。由于认为日本没有执行本案裁决,美国提起第 21.5 条程序。第 21.5 条程序专家组裁定日本仍然违反 SPS 协定相关条款。美国和日本后来达成了双方满意的解决办法。

在"日本 DRAM 案(韩国诉)"(DS 336)中,专家组和上诉机构裁定日本违反了 SCM 协定相关条款。第 21.3(c)条仲裁员确定了 8 个月零 2 周的合理执行期。由于认为日本没有执行本案裁决,韩国提起第 21.5 条程序。执行专家组应韩国请求,根据 DSU 第 12 条第 12 款中止工作超过 12 个月,故第 21.5 条程序终止。

(9) 韩国

韩国总共被诉 18 次,涉及 15 项措施。韩国在 4 个案件中面临执行问题。

在"韩国含酒精饮料案(欧共体诉)"(DS 75)中,专家组和上诉机构裁定韩国违反了 GATT 1994 第 3 条第 2 款。第 21.3(c)条仲裁员确定的合理执行期为 11 个月零 2 周。韩国在合理执行期内修改了涉案的酒税法和教育税法,在非歧视基础上对所有蒸馏酒精饮料统一征收 72% 的酒税和 30% 的教育税。

在"韩国奶制品案"(DS 98)中,专家组和上诉机构裁定韩国违反了

《保障措施协定》相关条款。争端双方确定了 5 个月零 10 天的合理执行期。韩国在合理执行期内取消了涉案保障措施。

在"韩国涉及牛肉的各种措施案(美国诉)"(DS 161)中,专家组和上诉机构裁定韩国违反了 GATT 1994 和《农业协定》相关条款。争端各方确定了 8 个月的合理执行期。韩国在合理执行期内采取措施,执行了本案 DSB 建议和裁决。

在"韩国商业船舶案"(DS 273)中,专家组裁定韩国提供的禁止性补贴违反了 SCM 协定第 3 条第 1 款(a)项和第 3 条第 2 款。由于争议措施在 DSB 建议和裁决通过之前已经到期,韩国无须采取任何执行措施。

在"韩国纸制品案"(DS 312)中,专家组裁定韩国违反了《反倾销协定》相关条款。争端双方确定了 8 个月的合理执行期。韩国在合理执行期内公布了新的反倾销措施。印尼表示质疑,提起第 21.5 条程序。执行专家组裁定韩国没有充分执行本案 DSB 建议和裁决。案件后续发展尚不可知。

(10)澳大利亚

澳大利亚总共被诉 16 次,涉及 10 项措施。澳大利亚在 3 个案件中面临执行问题。

在"澳大利亚鲑鱼案"(DS 18)中,第 21.3(c)条仲裁员确定给予澳大利亚 8 个月的合理执行期。澳大利亚在合理执行期结束前后采取了相关执行措施。加拿大表示质疑,提起第 21.5 条程序。执行专家组裁定澳大利亚没有在合理执行期内执行本案 DSB 建议和裁决。加拿大和澳大利亚后来达成了双方满意的解决办法。

在"澳大利亚车用皮革 II 案"(DS 126)中,澳大利亚应在 90 天内撤销争议补贴。据此,接受涉案补贴的澳大利亚 Howe 公司返还了 806.5 万澳元的拨款。美国随后提起第 21.5 条程序。专家组裁定澳大利亚未能执行本案 DSB 建议和裁决。美国和澳大利亚后来达成了双方满意的解决办法。根据协议,Howe 公司应向澳大利亚政府再返还 720 万澳元。

在"澳大利亚苹果案"(DS 367)中,争端双方确定了 10 个月的合理执行期。澳大利亚在合理执行期内采取了执行措施,根据新的针对新西兰苹果的进口政策,颁发了新西兰苹果进口许可。

(11) 墨西哥

墨西哥总共被诉 15 次,涉及 13 项措施。墨西哥在 6 个案件中面临执行问题。

在"墨西哥糖浆案"(DS 132)中,争端双方确定了将近 7 个月的合理执行期。墨西哥在合理执行期内修改了争议反倾销措施。美国表示质疑提起第 21.5 条程序。专家组和上诉机构都裁定墨西哥没有完全执行本案 DSB 建议和裁决。截至目前,墨西哥的后续执行情况尚不可知。

在"墨西哥电信案"(DS 204)中,争端双方确定了 12 个月的合理执行期。墨西哥拖延 1 个多月,执行完毕本案 DSB 建议和裁决。

在"墨西哥大米反倾销措施案"(DS 295)中,针对墨西哥大米反倾销措施和《对外贸易法》,争端双方分别确定了 8 个月和 12 个月的合理执行期。墨西哥在拖延 20 多天后撤销了大米反倾销措施。在合理执行期结束时,墨西哥正式公布了《修改、补充和撤销〈对外贸易法〉部分条款的法令》。

在"墨西哥软饮料税案"(DS 308)中,争端双方确定了 10 个月零 7 天的合理执行期。墨西哥在合理执行期内撤销了争议措施。

在"墨西哥钢铁管道案"(DS 331)中,争端双方确定了 6 个月的合理执行期。墨西哥在合理执行期的最后一天撤销了争议反倾销措施。

在"墨西哥橄榄油案"(DS 341)中,墨西哥在 DSB 建议和裁决通过后不到 2 个月就撤销了争议措施。

(12) 智利

智利总共被诉 13 次,涉及 9 项措施。智利在 2 个案件中面临执行问题。

在"智利含酒精饮料案(欧共体诉)"(DS 87)中,2000 年 1 月 12 日通过的专家组和上诉机构报告裁定智利违反了 GATT 1994 第 3 条第 2 款。第 21.3(c)条仲裁员确定本案合理执行期为 14 个月零 9 天,于 2001 年 3 月 21 日到期。此后,智利国会通过了酒精饮料税法修正案,但对皮斯科酒仍维持 27%的现行税率,相同税率将于 2003 年 3 月 21 日适用于其他酒精饮料,这些酒精饮料的税率将会逐渐降低到 27%。智利虽在合理执行期内修改了税法并使之生效,但没有立即消除争议措施与 WTO 的不符性,而是逐级降低税率,直至合理执行期结束 2 年后才完全实现对 DSB

建议和裁决的遵守。

在"智利价格限制体系案"(DS 207)中,DSB 于 2002 年 10 月 23 日通过了专家组和上诉机构报告。专家组和上诉机构裁定智利违反了《农业协定》第 4 条第 2 款。第 21.3(c)条仲裁员确定本案合理执行期为 14 个月,于 2003 年 12 月 23 日到期。智利于 2003 年 9 月 25 日公布了新的法律,确定了新的价格固定制度。2004 年 5 月 19 日,阿根廷提起第 21.5 条程序。2007 年 5 月 22 日,DSB 通过了第 21.5 条程序专家组和上诉机构报告。专家组和上诉机构裁定智利采取的执行措施仍旧违反了《农业协定》第 4 条第 2 款。截至目前,案件的后续发展尚不可知。

(13) 印尼

印尼总共被诉 14 次,涉及 5 项措施和 1 项行动。印尼在 4 个案件中面临执行问题。

在"印尼汽车案(欧共体诉)"(DS 54)中,1998 年 7 月 23 日通过的本案专家组报告裁定印尼违反了 GATT 1994、TRIMS 协定和 SCM 协定相关条款。第 21.3(c)条仲裁员确定本案合理执行期为 12 个月,于 1999 年 7 月 23 日到期。1999 年 6 月 24 日,印尼发布了新的汽车政策(1999 年汽车政策),按时执行了本案 DSB 建议和裁决。

在"印尼进口许可体系案(新西兰诉)"(DS 477)中,2017 年 11 月 22 日通过的专家组和上诉机构报告裁定涉案措施违反了 GATT 1994 相关条款。争端各方确定的合理执行期于 2018 年 7 月 22 日到期。但是,争端各方同意,2019 年 6 月 22 日之前美国和新西兰不会启动进一步的诉讼。

在"印尼鸡案"(DS 484)中,2017 年 11 月 22 日通过的专家组报告裁定涉案措施违反了 GATT 1994 相关条款。争端双方确定的合理执行期于 2018 年 7 月 22 日到期。2018 年 7 月 27 日,争端双方将顺序协议通报 DSB。印度西尼亚在合理执行期结束后提交了 6 份执行状况报告。

在"印尼钢铁产品案(中国台北诉)"(DS 490)中,2018 年 8 月 27 日通过的专家组和上诉机构报告裁定争议措施违反了 GATT 1994 第 1.1 条。争端各方协商确定的合理执行期于 2019 年 3 月 27 日到期。

(14) 土耳其

土耳其总共被诉 11 次,涉及 9 项措施。土耳其在 2 个案件中面临执行问题。

在"土耳其纺织品案"(DS 34)中,DSB 于 1999 年 11 月 19 日通过了专家组和上诉机构报告。专家组和上诉机构裁定土耳其违反了 GATT 1994 和《纺织品与服装协定》相关条款。争端双方确定了 15 个月的合理执行期,于 2001 年 2 月 19 日到期。2001 年 7 月 6 日,争端双方将一份双方满意的解决办法通报 DSB,其核心内容是双方达成了补偿协议。

在"土耳其大米案"(DS 334)中,DSB 于 2007 年 10 月 22 日通过了专家组报告。专家组裁定土耳其违反了《农业协定》第 4 条第 2 款和 GATT 1994 第 3 条第 4 款。争端双方确定了 6 个月的合理执行期,于 2008 年 4 月 22 日到期。2008 年 5 月 7 日,土耳其和美国将顺序协议通报 DSB。在 2008 年 10 月 21 日召开的 DSB 会议上,土耳其表示其遵守了 DSB 建议和裁决。截至目前,从公开渠道无法得知土耳其如何执行了本案 DSB 建议和裁决。

(15)俄罗斯

俄罗斯总共被诉 9 次,涉及 8 项措施。俄罗斯在 3 个案件中面临执行问题。

在"俄罗斯猪案(欧盟诉)"(DS 475)中,2017 年 3 月 21 日通过的专家组和上诉机构报告裁定俄罗斯涉案措施违反了 SPS 协定相关条款。争端双方确定了 8 个月零 15 天的合理执行期,于 2017 年 12 月 6 日到期。俄罗斯在合理执行期内采取了执行措施,但欧盟认为俄罗斯没有执行本案 WTO 裁决。2018 年 2 月 2 日,欧盟提起第 21.5 条程序之执行程序。截至目前,本案执行专家组仍在审理中。

在"俄罗斯商业车辆案"(DS 479)中,2018 年 4 月 9 日通过的专家组和上诉机构报告裁定俄罗斯涉案措施违反了《反倾销协定》相关条款。2018 年 6 月 14 日,涉案反倾销措施到期。

在"俄罗斯关税待遇案"(DS 485)中,2016 年 9 月 26 日通过的专家组报告裁定俄罗斯涉案措施违反了 GATT 1994 第 2 条。争端双方确定了 7 个月零 15 天的合理执行期,于 2017 年 5 月 11 日到期。2017 年 6 月 8 日,俄罗斯通知 DSB,称其已经遵守本案 DSB 建议和裁决。

(16)多米尼加

多米尼加总共被诉 7 次,涉及 3 项措施。多米尼加在 2 个案件中面临执行问题。

在"多米尼加香烟进口与销售案"(DS 302)中,DSB 于 2005 年 5 月 19 日通过了专家组和上诉机构报告。专家组和上诉机构裁定多米尼加违反了 GATT 1994 相关条款。争端双方确定了长达 24 个月的合理执行期,于 2007 年 5 月 19 日到期。截至目前,从公开渠道无法得知多米尼加如何执行了本案 DSB 建议和裁决。

在"多米尼加保障措施案(哥斯达黎加诉)"(DS415)中,DSB 于 2012 年 2 月 22 日通过了专家组报告。2012 年 4 月 21 日,多米尼加撤销了涉案保障措施。

(17) 菲律宾

菲律宾总共被诉 6 次,涉及 4 项措施。菲律宾仅在"菲律宾蒸馏酒案(欧共体诉)"(DS 396)中面临执行问题。2012 年 1 月 20 日,DSB 通过了专家组和上诉机构报告。专家组和上诉机构裁定菲律宾违反了 GATT 1994 相关条款。争端各方确定了 13 个月零 6 天的合理执行期,于 2013 年 3 月 9 日到期。菲律宾国会于 2012 年 12 月 11 日通过了《酒精和烟草产品消费税重组法》,并由总统于 2012 年 12 月 19 日签批。2012 年 12 月 28 日,菲律宾国内收入局公布了该法实施细则。新法及其实施细则删除了原材料区分,采用从量税和从价税制度。具体而言,从 2013 年 1 月 1 日开始,征收相当于零售净价(不包括消费税增值税)15%的从价税。从 2015 年 1 月 1 日开始,从价税税率将上涨到 20%。除从价税外,从 2013 年 1 月 1 日开始,将会征收每升 20 菲律宾比索的从量税。后续调整从 2016 年 1 月 1 日开始。新的税收制度采用了同样适用于所有蒸馏酒的统一税收制,消除了已被专家组和上诉机构认定的菲律宾税收制度中法律上和事实上的歧视。因此,可以认为菲律宾按时执行了本案 DSB 建议和裁决。

(18) 秘鲁

秘鲁总共被诉 6 次,涉及 6 项措施。秘鲁仅在"秘鲁农产品案"(DS 457)中面临执行问题。2015 年 7 月 31 日,DSB 通过了本案专家组和上诉机构报告。专家组和上诉机构裁定秘鲁违反了《农业协定》和 GATT 1994 相关条款。由于无法就合理执行期达成协议,危地马拉于 2015 年 10 月 1 日提出第 21.3(c)条仲裁请求。2015 年 12 月 16 日,第 21.3(c)条仲裁员确定了 7 个月零 29 天的合理执行期,于 2016 年 3 月 29 日到期。秘鲁于 2016 年 3 月 29 日提交的第一份执行状况报告表明,秘鲁已经修改了存在争议的价格波幅制度。2016 年 4 月 11 日,危地马拉和秘鲁将顺序协议通报 DSB。

(19) 哥伦比亚

哥伦比亚总共被诉 6 次,涉及 6 项措施。哥伦比亚在 2 个案件中面临执行问题。

在"哥伦比亚入境港案"(DS 366)中,2009 年 5 月 20 日,DSB 通过专家组报告。专家组裁定哥伦比亚违反了 GATT 1994 和《海关估价协定》相关条款。第 21.3(c)条仲裁员确定的合理执行期为 8 个月零 15 天,于 2010 年 2 月 18 日到期。哥伦比亚在合理执行期内采取了大量执行措施,巴拿马后来没有提出质疑。因此,可以认为哥伦比亚执行了本案 DSB 建议和裁决。

在"哥伦比亚纺织品案"(DS 461)中,2016 年 6 月 22 日 DSB 通过的专家组和上诉机构报告裁定哥伦比亚违反了 GATT 1994 相关条款。仲裁确定的合理执行期于 2017 年 1 月 22 日到期。哥伦比亚在合理执行期内采取了执行措施。由于认为哥伦比亚没有执行本案 DSB 建议和裁决,巴拿马于 2017 年 2 月 9 日径直提出了报复授权请求。同日,哥伦比亚提起第 21.5 条程序。巴拿马于 2017 年 3 月 7 日也提起第 21.5 条程序。2018 年 10 月 5 日发布的执行专家组报告裁定哥伦比亚执行了本案裁决。2018 年 11 月 20 日,巴拿马提起上诉。

(20) 埃及

埃及总共被诉 4 次,涉及 4 项措施。其中,埃及仅在"埃及钢筋案"(DS 211)中面临执行问题。2002 年 10 月 1 日,DSB 通过本案专家组报告。专家组裁定埃及违反了《反倾销协定》相关条款。争端双方确定了 9 个月的合理执行期,于 2003 年 7 月 31 日到期。埃及调查当局于 2003 年 7 月 30 日向土耳其当局和利害关系方提交了反倾销调查最终报告。随后,埃及宣布其完全执行了本案 WTO 裁决。

(21) 泰国

泰国总共被诉 4 次,涉及 4 项措施。泰国在 2 个案件中面临执行问题。

在"泰国 H 型钢案"(DS 122)中,专家组和上诉机构报告于 2001 年 4 月 5 日通过。专家组和上诉机构裁定泰国违反了 GATT 1994 第 6 条和《反倾销协定》相关条款。争端双方确定了 6 个月零 15 天的合理执行期,于 2001 年 10 月 20 日到期。泰国采取了执行措施,改变了采取反倾销措施的理由。波兰质疑泰国的执行措施,并与泰国签订了顺序协议。2002 年 1 月 21 日,争端双方通知 DSB,它们已达成一项协议,本案 DSB 建议和裁决的执行问题不应再留在 DSB 议程上。

在"泰国香烟案(菲律宾诉)"(DS 371)中,DSB 于 2011 年 7 月 15 日通过专家组和上诉机构报告。专家组和上诉机构裁定泰国违反了 GATT 1994 相关条款。争端双方针对不同措施分别确定了 10 个月和 15 个月的合理执行期,分别于 2012 年 5 月 15 日和 10 月 15 日到期。泰国在合理执行期结束后采取了执行措施。2016 年 5 月 4 日,由于认为泰国没有执行本案 DSB 建议和裁决,菲律宾提起第 21.5 条程序。2018 年 11 月 12 日发布的执行专家组报告裁定泰国没有遵守本案 WTO 裁决。2019 年 1 月 9 日,泰国提起上诉。此外,2017 年 7 月 4 日,菲律宾针对泰国在 2016 年 5 月 4 日之后采取的相关措施再次提起第 21.5 条程序,执行专家组报告目前尚未发布。

(22) 乌克兰

乌克兰总共被诉 4 次,涉及 4 项措施。乌克兰仅在"乌克兰客车案"(DS 468)中面临执行问题。2015 年 7 月 20 日,DSB 通过本案专家组报告。专家组裁定乌克兰违反了 GATT 1994 第 19 条第 1 款(a)项和《保障措施协定》相关条款。2015 年 9 月 10 日,乌克兰国际贸易部际委员会通过第 SP-335/2015/4442-06 号决议,撤销针对乘用车的保障措施,从 2015 年 9 月 30 日开始生效。

(二) WTO 裁决的执行存在的问题

争端解决机制对 WTO 裁决的有效执行做出了重要贡献。例如,争端解决机制可以有效地确定合理执行期,发生执行争议时可以通过第 21.5 条程序加以解决,贸易报复受到更加严密的约束等。尤为重要的是,WTO 各成员可在这套执行机制框架下处理 WTO 裁决执行中的各种问题。此外,这套机制的许多立法缺漏已由实践加以填补。例如,通过顺序协议处理第21.5条程序与报复程序的关系问题,通过顺序协议、争端解决案例法处理第21.5条程序的有关问题,通过合理期限程序协议给第21.3(c)条仲裁员充足的裁决时间等。

从实践来看,WTO裁决的执行仍然存在一定的问题,主要表现在以下几个方面:

1. 执行有时带给起诉方的利益有限

最典型的例子是保障措施案件。尽管起诉方在WTO争端解决中成功质疑了许多保障措施,但是由于专家组和上诉程序所耗费的时间,保障措施往往在报告通过前后就已经到期。

反倾销、反补贴措施案件是另一种典型的例子。例如,在许多反倾销案件中,被诉方在执行DSB建议和裁决时可能会重新考虑倾销或损害问题,最终导致反倾销税率没有什么变化。

2. 拖延执行或不完全执行较为普遍

截至目前的WTO裁决执行实践表明,尽管大多数案件的DSB建议和裁决最终都得到了执行,但在合理期限内执行完毕以及涉案措施在DSB通过专家组/上诉机构报告后迅速到期或撤销的案件不足50%。真正既没有得到执行又没有提供补偿的案件相对少见。其他案件的执行情况主要包括以下几种:(1)被诉方在合理执行期结束后不久采取执行措施,执行完毕;(2)被诉方虽然在合理执行期内采取了执行措施,但仍然不符合DSB建议和裁决或者涵盖协定条款,起诉方只能提起第21.5条程序以解决争议,耗时且费力;(3)被诉方虽然执行了主要的DSB建议和裁决,但留下一些较小的不符性,起诉方与被诉方最终达成了双方满意的解决办法结案,或者起诉方接受这样一种不完美的执行结果。

3. 被诉方没有详细地通报执行措施或达成的协议

按照DSU第21条第6款的要求,在合理执行期确定6个月后,DSB建议和裁决的执行问题应当被列入DSB会议议程,被诉方需要在每次会议召开前至少10天向DSB提交执行情况报告。实践中,被诉方提交的执行情况报告往往流于形式,不会详述所采取的执行措施。执行情况报告通常仅仅提及所采取的执行措施的名称并简要描述内容,或者仅仅提及执行措施的内容而没有提及执行措施的名称。在很多案件中,被诉方采取最终执行措施后便不再提交执行情况报告,因此被诉方采取的执行措施是什么也就无法知晓。

在争端双方就WTO裁决的执行问题达成协议(包括执行进展安排、补偿协议、其他解决办法等)的情形下,一些案件的当事方会向DSB通报达成了协议,但很少通报协议的具体内容。一些案件的当事方甚至不会向DSB通报是否达成了协议。

4. 不公平问题仍旧存在

不公平问题主要包括以下几个方面:(1)从效果来看,大国之间的报复或报复威胁相对有效。例如,美欧之间的报复措施都迫使对方修改了涉案的争议措施("欧共体香蕉Ⅲ案"(DS 27)、"美国 FSC 案"(DS 108)、"美国抵消法案(伯德修正案)案(澳大利亚等诉)"(DS 217))或者提供了补偿("欧共体荷尔蒙案"(DS 26,DS 48));巴西则在"美国陆地棉案"(DS 267)中对美国的报复威胁成功迫使美国与之签订了补偿协议。发展中小国的报复威胁则往往并不有效。例如,尽管知识产权报复的出现有可能改变发达国家与发展中小国的实力失衡关系,但是安提瓜和巴布达在"美国博彩案"(DS 285)中的知识产权报复威胁至今没有收到任何效果。(2)报复措施打击了被诉方国内无辜的主体。例如,从被诉方国内来看,导致涉案措施存在的产业并不受报复措施的影响,而与涉案措施没有什么关系的产业却会受到报复措施的不利影响。(3)由于WTO体制下的救济是面向未来的,不会为过去的损害提供任何补救措施,因此导致起诉方利益不能得到充分的救济。同时,受到涉案措施不利影响的起诉方生产商、出口商得不到任何救济,特别是在反倾销、反补贴案件中通常无法获得反倾销税、反补贴税的返还。

（三）WTO 裁决的执行存在问题的原因

影响 WTO 裁决执行的因素是多方面的，既有多边因素又有双边、国内因素，既有制度因素又有政治经济因素。从多边制度因素来看，主要有以下几个原因：

1. WTO 救济面向未来的特征

WTO 救济的这一特征又被称为"前瞻性""既往不咎"或"没有追溯性"。这一特征带来如下后果：第一，被诉方可以策略性地采取具有短期性质的措施，此类措施被专家组/上诉机构裁定违反 WTO 规则后迅速到期或撤销，被诉方不需要为此承担任何法律后果；第二，被诉方会尽量争取更长的免费合理执行期；第三，被诉方会拖延执行；第四，即使当事方达成补偿协议或者起诉方采取报复措施，起诉方通常也只能针对涉案措施的未来不符性获得救济。但是，WTO 体制短期内很难改变救济面向未来的特征，也许可以在计算补偿或报复额时考虑合理执行期结束后起诉方遭受的损害。

2. DSB 对于 WTO 裁决执行的监督较弱

从本质上看，DSB 例会对 WTO 裁决执行的监督提供了一个 WTO 各成员通过互动施加多边压力的平台，但 DSB 本身并无执行 WTO 裁决的权力和手段。DSB 持续监督机制在 WTO 裁决中起到多大作用，在很大程度上取决于各成员的互动，而这又离不开各成员获取的被诉方有关执行情况的具体信息。由于 DSU 没有对执行情况通报提出具体要求，因此导致被诉方提供的执行情况信息严重不足，不利于各成员评估被诉方的执行情况。

3. WTO 补偿的自愿性质和最惠国待遇要求

WTO 补偿的自愿性质和最惠国待遇要求容易导致报复成为不得不采取的最终选择。是否提供补偿最终取决于被诉方；一旦被诉方提供补偿，则该补偿应符合最惠国待遇要求。这在一定程度上导致补偿使用较少。近年来,各成员似乎越来越多地通过达成补偿协议解决争议,如"欧共体荷尔蒙案"(DS 26,DS 48)、"美国陆地棉案"(DS 267)、"中国出版物及音像产品案"(DS 363)和"美国丁香香烟案"(DS 406)等。不过,这些补偿协议基本上没有遵守最惠国待遇要求。

WTO裁决执行的问题并不是通过改进执行机制的程序就能轻易解决的。有些问题是结构性的,如发达国家与发展中小国的实力对比关系;有些问题深植于多边贸易体制,如救济面向未来的特征、争端解决程序所需的较长时间与某些贸易措施的短期性质之间的矛盾;有些问题深植于国内体制,如在涉及美国国会立法的案件中,如果没有报复等外力推动,则美国国会基本上不会采取任何行动。这些问题在可预见的将来是难以解决的。总体来说,现有的WTO裁决执行机制运转良好,除少数程序性问题(如第21.5条程序与报复程序的关系、第21.3(c)条仲裁合理执行期与第22.6条程序报复仲裁的时间保证、报复中止和终止制度等)需要进行立法加以完善外,能够作出改进以促进WTO裁决遵守情况的方面并不多。

三、中国执行 WTO 裁决的机制和具体情况

(一) 中国执行 WTO 裁决的机制

从本质上讲,执行 WTO 裁决依赖于相关成员国内相关机构(主要是立法机关和行政机关)采取特定执行行动,撤销或修改涉案争议措施。通常来说,WTO 成员国内相关机构根据其国内立法或行政程序即可完成对 WTO 裁决的执行。但是,出于提供法律依据、便利内部协调、加强立法控制等原因,少数 WTO 成员通过立法建立了执行 WTO 裁决的国内机制。例如,美国通过《1994 年乌拉圭回合协定法》(URAA) 第 123 节和第 129 节建立了执行 WTO 裁决的国内机制,其中第 123 节适用于撤销或修改涉案的美国行政机关规章或做法,第 129 节适用于撤销或修改涉案的贸易救济措施。又如,为了执行"欧共体床上用品案"(DS 141) 的 WTO 裁决,欧盟理事会于 2001 年 7 月 23 日专门通过了第 1515/2001 号理事会条例(全称为《关于 WTO/DSB 通过涉及反倾销和反补贴事项的报告后共同体可能采取的措施的理事会条例》,后经修改变成 2015 年 3 月 11 日第 2015/476 号条例),对于欧盟如何执行涉及具体反倾销和反补贴措施的 WTO 裁决(包括并非针对欧盟的反倾销和反补贴措施的 WTO 裁决)作出了制度性安排。

中国建立相关机制的背景与欧盟类似。2012 年 11 月 16 日,WTO 争端解决机构通过了"中国取向电工钢(GOES)案"(DS 414)专家组和上诉机构报告。专家组和上诉机构裁定中国"双反"措施违反了《反倾销协定》、SCM 协定相关条款。2013 年 5 月 3 日,第 21.3(c)条仲裁员发布裁

决,裁定本案合理执行期为8个月零15天,至2013年7月31日结束。为了使执行"中国取向电工钢(GOES)案"(DS 414)的WTO裁决有法可依,也为了能在合理执行期内执行WTO裁决,中国商务部于2013年7月29日发布了《执行世界贸易组织贸易救济争端裁决暂行规则》(下称《暂行规则》),建立了中国执行贸易救济争端WTO裁决的国内机制。同年7月31日,商务部发布了《关于取向性硅电钢执行世贸裁决的公告》,在合理执行期内修改了已被裁决违反WTO规则的取向性硅电钢"双反"措施。此后,商务部在"中国X射线设备案"(DS 425)、"中国肉鸡产品案"(DS 427)、"中国高性能不锈钢无缝钢管HP-SSST案(日本诉)"(DS 454)和"中国浆粕案"(DS 483)中,根据《暂行规则》启动执行程序或采取执行措施。

《暂行规则》总共8条,主要内容包括:

(1) 明确授权。《对外贸易法》《反倾销条例》《反补贴条例》等法律、行政法规并未明确授权商务部或其他部委为了执行与反倾销、反补贴、保障措施有关的不利WTO裁决而采取相关措施。《暂行规则》在很大程度上旨在使商务部或其他部委执行WTO贸易救济争端裁决的行为有法可依,具有"自我授权"的性质。《暂行规则》第2条规定:"世界贸易组织争端解决机构作出裁决,要求我国反倾销、反补贴或者保障措施与世界贸易组织协定相一致的,商务部可以依法建议或者决定修改、取消反倾销、反补贴或保障措施,或者决定采取其他适当措施。"

(2) 适用范围。《暂行规则》适用于中国执行WTO反倾销、反补贴和保障措施争端裁决。《暂行规则》只适用于针对中国具体贸易救济措施作出的不利WTO裁决,不适用于针对中国贸易救济法律或做法作出的不利WTO裁决,也不适用于针对其他WTO成员具体贸易救济措施作出的裁决。

(3) 可以采取的措施。对于修改或取消反倾销税、反补贴税或保障措施税等关税措施,商务部可以向国务院关税税则委员会提出建议,并根据其决定发布公告。同时,商务部可以自行决定修改或取消价格承诺、承诺、数量限制等措施,或者决定采取其他适当措施。

(4) 程序规定。执行程序主要包括:第一,再调查。再调查并不具有强制性,而是由商务部自行决定的。决定进行再调查的,商务部应当发布公告或者以其他方式通知案件利害关系方。再调查可以采用问卷、抽样、听证会、现场核查等方式。在得出再调查结果之前,商务部应当将所依据的基本事实披露给利害关系方,并给予合理时间提出评论意见。第二,公布或通知执行措施。不论是国务院关税税则委员会决定采取措施,还是商务部自行采取措施,都必须发布公告或者以其他方式通知利害关系方。

(二) 中国执行 WTO 裁决的具体情况

1. "中国汽车部件案(欧共体诉)"(DS 339)

本案涉及中国对于汽车零部件进口采取的有关措施,包括《汽车产业发展政策》(发改委 2004 年第 8 号令)、《构成整车特征的汽车零部件进口管理办法》(海关总署、发改委、财政部、商务部 2005 年第 125 号令)和《进口汽车零部件构成整车特征核定规则》(海关总署公告 2005 年第 4 号)。这些措施规定,如果进口汽车零部件在整车中的比例超过门槛标准,则按照整车征收关税。2006 年 3 月 30 日,欧共体和美国分别请求与中国进行磋商。2006 年 4 月 13 日,加拿大请求与中国进行磋商。

2008 年 7 月 18 日,专家组发布报告,裁定中国相关措施违反了 WTO 有关规则。2008 年 9 月 15 日,中国提起上诉。2008 年 12 月 15 日,上诉机构发布报告,推翻了专家组的部分裁决。2009 年 1 月 12 日,DSB 通过本案专家组和上诉机构报告。专家组和上诉机构认为,中国涉案措施违反了 GATT 1994 第 3 条第 2 款第 1 句和第 3 条第 4 款,而且不能根据第 20 条(d)项获得正当性。

2009 年 2 月 27 日,中国和欧共体、美国、加拿大分别通知 DSB,它们就本案合理实施期限达成了协议:自 DSB 通过专家组和上诉机构报告之日起,执行期限为 7 个月零 20 天,于 2009 年 9 月 1 日到期。

2009 年 8 月 15 日,工信部、发改委共同发布第 10 号令,决定自 2009 年 9 月 1 日起停止实施《汽车产业发展政策》中涉及汽车零部件进口的相关条款。

2009 年 8 月 28 日,海关总署、发改委、财政部和商务部共同发布第 185 号令,决定自 2009 年 9 月 1 日起废止《构成整车特征的汽车零部件进口管理办法》。

2009年8月31日,海关总署发布2009年第58号公告,决定自2009年9月1日起废止《进口汽车零部件构成整车特征核定规则》。

鉴于这些法律规定于2009年9月1日生效,中国宣布履行了DSB建议和裁决。

2. "中国知识产权案"(DS 362)

本案涉及中国《著作权法》第4条第1款、《知识产权海关保护条例》及其实施办法相关条款以及中国刑法有关知识产权犯罪刑事门槛的相关规定。2007年4月10日,美国请求与中国进行磋商。

2009年1月26日,专家组发布最终报告。专家组裁决中国《著作权法》第4条第1款、海关措施违反了TRIPS协定有关条款,但裁决中国知识产权犯罪的刑事门槛没有违反TRIPS协定。2009年3月20日,DSB通过了专家组报告。

2009年6月29日,中国和美国通知DSB,它们已经达成协议,中国执行本案DSB建议和裁决的合理执行期为专家组报告通过后12个月,于2010年3月20日到期。

2010年2月26日,《全国人民代表大会常务委员会关于修改〈中华人民共和国著作权法〉的决定》(主席令2010年第26号)公布,于2010年4月1日生效。该法第4条被修改为:"著作权人行使著作权,不得违反宪法和法律,不得损害公共利益。国家对作品的出版、传播依法进行监督管理。"

2010年3月24日,《国务院关于修改〈中华人民共和国知识产权海关保护条例〉的决定》(2010年第572号令)公布,于2010年4月1日生效。原条例第27条第3款被修改为:"被没收的侵犯知识产权货物可以用于社会公益事业的,海关应当转交给有关公益机构用于社会公益事业;知识产权权利人有收购意愿的,海关可以有偿转让给知识产权权利人。被没收的侵犯知识产权货物无法用于社会公益事业且知识产权权利人无收购意愿的,海关可以在消除侵权特征后依法拍卖,但对进口假冒商标货物,除特殊情况外,不能仅清除货物上的商标标识即允许其进入商业渠道;侵权特征无法消除的,海关应当予以销毁。"

2010年3月3日,海关总署公布了《中华人民共和国海关关于〈中华人民共和国知识产权海关保护条例〉的实施办法》(2009年第138号令)。该实施办法第33条重复了旧版实施办法第30条,仅在第2款开头增加了"海关拍卖侵权货物,应当事先征求有关知识产权权利人的意见"之规定。《关于没收侵犯知识产权货物依法拍卖有关事宜》(海关总署公告2007年第16号)仍然有效。

3. "中国出版物及音像产品案"(DS 363)

本案涉及中国的以下措施:(1)限制院线电影、家用视听娱乐产品(如录影带和DVD)、录音制品和出版物(如书籍、杂志、新闻报纸和电子出版物)等产品贸易权的某些措施;(2)限制外国服务提供者分销出版物的措施、家用视听娱乐产品市场准入措施或对它们进行歧视的某些措施。2007年4月10日,美国请求与中国进行磋商。

2009年8月12日,专家组报告被分发给各成员。专家组裁决中国有14项措施违反了《中华人民共和国加入议定书》、GATS和GATT 1994相关条款。2009年9月22日,中国对专家组报告提出上诉。2009年12月21日,上诉机构如期发布了报告,支持专家组裁决。2010年1月21日,DSB审议通过本案上诉机构报告和经上诉机构报告修改的专家组报告。

2010年7月12日,中国和美国通知DSB,双方就中国实施DSB建议和裁决的合理执行期达成了协议,即自DSB通过专家组和上诉机构报告之日起14个月,于2011年3月19日到期。

早在2008年2月21日,新闻出版总署就公布了新的《电子出版物出版管理规定》(2008年第34号令),删除了与中国GATS承诺(分销权)不符的旧版《电子出版物管理规定》第62条。该规定于2008年4月15日开始实施。

2011年3月19日,国务院公布了修订后的《出版管理条例》(2011年第594号令)和《音像制品管理条例》(2011年第595号令),修改了与中国贸易权、分销权承诺不符的旧版条例的相关条款。这两个修订的条例都是自公布之日起施行。

2011年3月21日,《文化部关于实施新修订〈互联网文化管理暂行规定〉的通知》(文市发〔2011〕14号)发布。该通知第14条宣布废止《文化部关于实施〈互联网文化管理暂行规定〉有关问题的通知》(文市发〔2003〕27号),并规定"《文化部关于网络音乐发展与管理的若干意见》(文市发〔2006〕32号)与本通知不一致的,依照本通知执行"。该通知第12条规定:"设立从事互联网音乐服务的中外合作经营企业的具体办法由文化部另行制定。"此修订实际上允许外资以中外合作经营企业形式从事互联网音乐服务,废除了旧版通知禁止外资从事互联网音乐服务的规定。通过修订,中国执行了本案与互联网音乐服务有关的WTO裁决。目前,美国要求中国尽快公布外资从事互联网音乐服务的市场准入管理办法。

2011年3月25日,新闻出版总署发布《订户订购进口出版物管理办法》(2011年第51号令),修改了与中国反倾销承诺、GATT 1994第3条第4款不符的旧版管理办法第3条和第4条。同日,新闻出版总署和商务部共同发布《出版物市场管理规定》(2011年第52号令),修改了与中国分销权承诺、GATT 1994第3条第4款不符的旧版管理规定第16条,并废止了与中国分销权承诺、GATT 1994第3条第4款不一致的《外商投资图书、报纸、期刊分销企业管理办法》。

2011年4月6日,新闻出版总署和商务部共同发布《音像制品进口管理办法》(2011年第53号令),修改了与中国贸易权承诺不符的旧版管理办法第7条和第8条。

2011年12月24日,发改委和商务部共同发布《外商投资产业指导目录(2011年修订)》(2011年第12号令),修改了与中国贸易权、分销权承诺不符的相关规定。

目前,中国尚未修改与院线电影贸易权问题有关的两个规定:《电影管理条例》和《电影企业经营资格准入暂行规定》。因此,中国没有执行本案与院线电影有关的WTO裁决。此外,中国也未修改《关于文化领域引进外资的若干意见》(文化部等五部委2005年联合制定),但违反WTO规则的第1条和第4条大部分内容已在其他文件中被实质性修改。

经过多轮谈判,2012年2月18日,中国与美国正式签订了《中美电影协议》。该协议主要包括四个方面的内容:(1)中国将在原来每年引进美国电影20部配额的基础上增加14部3D或IMAX电影大片配额;

(2)美方票房分账比例从原来的13%升至25%;(3)增加中国民营企业发布进口片的机会;(4)中美合拍片将享受中国大陆和香港合拍片同等待遇,在中国大陆放映不受引进片配额限制。

2015年9月25日,中国电影集团公司与美国电影协会签署了《分账影片进口发行合作协议》。作为习近平访美的重要成果之一,《分账影片进口发行合作协议》是自2012年《中美电影协议》签订以来,两国电影领域合作的又一重要协议,是中美电影企业以《中美电影协议》为基础签署的一份具体商业合同。据悉,为了进一步落实《中美电影协议》的规定,中国电影集团公司与美国电影协会历经三年多的艰苦谈判,最终基本达成了中美《分账影片进口发行合作协议》以及适用于中国电影集团公司今后所有许可合同的标准条款。①

4.「中国原料案(美国诉)」(DS 394)

本案涉及中国对于9种原材料(焦炭、矾土、氟石、碳化硅、镁、锰、金属硅、锌和黄磷)实施的出口配额、出口关税、配额分配管理等措施。2009年6月23日,美国和欧盟分别请求与中国进行磋商。2009年8月21日,墨西哥请求与中国进行磋商。

2011年7月5日,专家组报告被散发给各成员。专家组裁定中国多项措施违反了WTO规则。中国于2011年8月31日提起上诉。美国、欧盟和墨西哥也分别提起上诉。2012年1月30日,上诉机构将报告散发给各成员。2012年2月22日,DSB通过专家组和上诉机构报告。专家组和上诉机构认为:

(1)中国对焦炭、矾土、氟石、镁、锰、金属硅和锌七种涉案产品征收的出口关税超过《中华人民共和国加入议定书》附件6所规定的范围,违反了《中华人民共和国加入议定书》第11条第3款。

(2)中国通过一系列涉案措施对某些形态的焦炭、矾土、氟石、碳化硅实行的出口配额以及对某些形态的锌实行的出口禁止违反了GATT 1994第11条第1款关于普遍取消数量限制的规定。

---

① 参见高庆秀、郑道森:《中美再签电影协议背后:"美方步步紧逼,我们必须赢得时间"》,http://toutiao.com/i6199397391807119874/,2018年8月16日访问。

(3) 中国未能证明其耐火级矾土的出口配额是 GATT 1994 第 11 条第 2 款(a)项下为防止或缓解"严重短缺"而"临时实施"的措施。

(4) 中国不能援引 GATT 1994 第 20 条(g)项的规定为其对某些形式的氟石实行的出口关税进行抗辩；中国不能援引 GATT 1994 第 20 条(b)项的规定为其对某些形式的镁、锰、锌实行的出口关税以及对焦炭和碳化硅实行的出口配额进行抗辩。

(5) 中国要求出口商提供以往出口实绩和最低资本以获得配额分配的做法违反了《中华人民共和国加入议定书》第 1 条第 2 款、第 5 条第 1 款，以及与之一同解读的《中国加入工作组报告书》第 83 段和第 84 段。

(6) 中国未能公布锌出口配额的分配总量和分配程序的做法违反了 GATT 1994 第 10 条第 1 款；通过评估配额申请人经营业务管理能力直接分配出口配额的方式违反了 GATT 1994 第 10 条第 3 款(a)项。

2012 年 5 月 24 日，美国、欧盟、墨西哥分别通知 DSB，它们同意中国实施 DSB 建议和裁决的合理执行期为 10 个月零 9 天，于 2012 年 12 月 31 日到期。

2012 年 12 月 10 日，《国务院关税税则委员会关于 2013 年关税实施方案的通知》(税委会〔2012〕22 号)，公布了《2013 年关税实施方案》。涉案的 7 种出口产品(本案仅涉及某些形态的锰、镁、锌)没有出现在"出口商品税率表"之中。《2013 年关税实施方案》自 2013 年 1 月 1 日起实施。

2012 年 12 月 31 日，商务部、海关总署共同发布《2013 年出口许可证管理货物目录》(2012 年第 97 号公告)。根据该目录第 1 条第 3 款、第 10 条的规定，对于涉案的焦炭、碳化硅、矾土、氟石不再实行出口配额管理，而是实行出口许可证管理，企业凭出口合同申请出口许可证，无须提供批准文件；对于涉案的锌则不再实行出口许可证管理。新目录自 2013 年 1 月 1 日起实施。

5. "中国电子支付服务案"(DS 413)

本案涉及中国对外国电子支付服务提供者采取的一系列措施，共涉及中方 19 项措施。2010 年 9 月 15 日，美国请求与中国进行磋商。

2012 年 7 月 16 日，专家组报告被散发给各成员。2012 年 8 月 31 日，DSB 通过专家组报告。专家组认定中国 9 项措施违反了 GATS 相关条款。

2012年11月21日,中美双方确定了11个月的合理执行期,至2013年7月31日结束。

2013年6月28日,中国人民银行发布2013年第7号公告,宣布废止下列3个涉案规范性文件:(1)《中国人民银行关于统一启用"银联"标识及其全息防伪标志的通知》(银发〔2001〕57号);(2)《中国人民银行关于印发〈银行卡联网联合业务规范〉的通知》(银发〔2001〕76号);(3)《中国人民银行关于规范和促进银行卡受理市场发展的指导意见》(银发〔2005〕153号)。同时,下列2个涉案规范性文件自本公告发布之日起失效:(1)《中国人民银行关于印发〈2001年银行卡联网联合工作实施意见〉的通知》(银发〔2001〕37号);(2)《中国人民银行关于进一步做好银行卡联网通用工作的通知》(银发〔2003〕129号)。2013年7月5日,《中国人民银行关于简化跨境人民币业务流程和完善有关政策的通知》发布,其中第2条第5款宣布不再执行3个涉案规范性文件中与港澳有关的相关条款要求:(1)中国人民银行公告〔2003〕第16号第6条;(2)中国人民银行公告〔2004〕第8号第6条;(3)《中国人民银行关于内地银行与香港和澳门银行办理个人人民币业务有关问题的通知》(银发〔2004〕254号)第3、4、17条。值得注意的是,《银行卡业务管理办法》第64条在与《银行卡联网联合业务规范》一起理解时被认定违反了GATS第17条(国民待遇)。但是,由于《银行卡业务管理办法》第64条仅仅规定"中华人民共和国境内的商业银行(或金融机构)发行的各类银行卡,应当执行国家规定的技术标准",因此中国无须修改这一条款。中国已经在合理执行期内全面履行了本案DSB建议和裁决。

值得注意的是,专家组裁定中国在《中华人民共和国服务贸易具体承诺减让表》中就电子支付服务作出了模式三(商业存在)市场准入承诺,没有违反GATS第16条市场准入义务。在执行WTO裁决的意义上,中国没有义务执行专家组的前述中间裁决。

为了更好地履行中国已经作出的WTO承诺,2015年4月22日,《国务院关于实施银行卡清算机构准入管理的决定》(国发〔2015〕22号)发布,决定对银行卡清算机构实施准入管理,并规定了成为银行卡清算机构应当符合的条件和程序、对银行卡清算机构的业务管理要求以及对外资银行卡清算机构的管理规定等事项。该决定自2015年6月1日起施行。不过,该项决定及后续配套规定都不是中国为了实施"中国电子支付服务案"(DS 413)专家组裁决而采取的执行措施。

6. "中国取向电工钢(GOES)案"(DS 414)

本案争议措施为中国对美国产取向性硅电钢(GOES,又称"取向电工钢")征收反倾销税和反补贴税,具体涉及中国商务部《关于原产于美国和俄罗斯的进口取向性硅电钢反倾销调查及原产于美国的进口取向性硅电钢反补贴调查的最终裁定》(2010年第21号公告)及其附件。2010年9月15日,美国请求与中国进行磋商。

2012年6月15日,专家组报告被散发给各成员。中国于2012年7月20日提起上诉。2012年10月18日,上诉机构如期向各成员散发了报告。2012年11月16日,DSB通过上诉机构报告和经上诉机构修改的专家组报告。专家组和上诉机构裁定中国"双反"措施违反了《反倾销协定》和SCM协定相关条款。

2013年5月3日,第21.3(c)条仲裁员发布仲裁裁决,裁定本案合理执行期为8个月零15天,至2013年7月31日结束。

2013年7月29日,中国商务部公布了《执行世界贸易组织贸易救济争端裁决暂行规则》(2013年第2号令),对于中国如何执行WTO贸易救济裁决作出了规定。

2013年7月31日,中国商务部发布了《关于取向性硅电钢执行世贸裁决的公告》(2013年第51号公告),在合理执行期内修改了被裁决违反世贸规则的"双反"措施。相比引起争端的反倾销税和反补贴税,新的反倾销税和反补贴税有所下降。

由于对中国执行本案裁决的情况不满意,美国于2014年1月13日提起第21.5条程序。2015年7月31日发布的执行专家组报告裁定中国没有完全执行WTO裁决。由于没有国内产业请求发起期终复审,涉案措施已于2015年4月10日终止。2015年8月31日,专家组报告获得DSB通过。

7. "中国 X 射线设备案"(DS 425)

本案争议措施为中国对原产于欧盟的进口 X 射线安全检查设备征收反倾销税,具体涉及中国商务部 2011 年 1 月 23 日发布的《关于原产于欧盟进口 X 射线安全检查设备反倾销调查最终裁定的公告》(2011 年第 1 号公告)。2011 年 7 月 15 日,欧盟请求与中国进行磋商。

2013 年 2 月 26 日,专家组报告被散发给各成员。2013 年 4 月 24 日,DSB 通过本案专家组报告。专家组裁定中国涉案反倾销措施违反了《反倾销协定》相关条款。

经过谈判,争端双方确定本案合理执行期为 9 个月零 25 天,于 2014 年 2 月 19 日到期。

2014 年 1 月 10 日,中国商务部发布《关于执行 X 射线安全检查设备反倾销措施世贸组织争端裁决的立案公告》(2014 年第 1 号公告),决定进行再调查以执行 WTO 裁决。

2014 年 2 月 19 日,因申请人撤案,中国商务部发布《关于终止对原产于欧盟的进口 X 射线安全检查设备征收反倾销税的公告》(2014 年第 9 号公告),决定终止征收反倾销税。

8. "中国肉鸡产品案"(DS 427)

本案争议措施为中国针对美国白羽肉鸡产品征收反倾销税和反补贴税。相关措施是中国商务部分别于 2010 年 8 月 29 日和 9 月 26 日发布的《关于对原产于美国的进口白羽肉鸡产品反补贴调查的最终裁定的公告》(2010 年第 52 号公告)和《关于对原产于美国的进口白羽肉鸡产品反倾销调查最终裁定的公告》(2010 年第 51 号公告)。2011 年 9 月 20 日,美国请求与中国进行磋商。磋商未能解决争议。

2011 年 12 月 8 日,美国请求 DSB 设立专家组。2012 年 1 月 20 日,DSB 设立专家组。欧盟、日本、挪威、沙特阿拉伯、泰国、智利和墨西哥保留各自的第三方权利。2012 年 5 月 14 日,美国请求总干事组建专家组。2012 年 5 月 24 日,总干事组建了专家组。专家组报告于 2013 年 8 月 2 日被散发给各成员。专家组裁定,中国针对美国白羽肉鸡产品采取的"双反"措施与《反倾销协定》诸多条款不一致。

2013年9月25日,DSB通过专家组报告。2013年12月19日,中国和美国向DSB发出通知,同意中国执行本案专家组裁决的合理执行期为9个月零14天,于2014年7月9日结束。

2013年12月25日,中国商务部发布《关于白羽肉鸡"双反"措施世贸组织争端裁决的立案公告》(2013年第88号公告),决定重开案卷进行再调查。2014年7月8日,中国商务部发布《关于对原产于美国的进口白羽肉鸡产品反倾销和反补贴措施再调查的公告》(2014年第44号公告),调整了针对美国白羽肉鸡产品征收的反倾销税和反补贴税。

2014年7月15日,中国和美国将DSU第21条和第22条顺序协议通报DSB。

2016年5月10日,美国提出第21.5条程序磋商请求。2016年5月27日,美国请求设立执行专家组。2016年6月22日,DSB设立执行专家组。2016年7月18日,执行专家组设立,组成人员由原专家组成员构成。

2016年8月22日和9月26日,中国商务部分别发布2016年第41号和第40号公告,决定将相关反补贴措施和反倾销措施延长至2021年。

2018年1月18日,执行专家组发布报告,裁定中国没有执行本案DSB建议和裁决。

2018年2月27日,中国商务部发布2018年第5号公告,由于申请人提出撤销申请,中国商务部决定终止针对美国白羽肉鸡产品征收"双反"税。

9. "中国稀土案(美国诉)"(DS 431)

本案争议措施为中国针对稀土、钨、钼三种原材料采取出口税、出口配额以及配额管理措施。2012年3月13日,美国、欧盟和日本分别请求与中国进行磋商。磋商未能解决争议。

2012年6月27日,美国、欧盟和日本请求DSB设立专家组。2012年7月23日,DSB设立单一专家组,审查美国、欧盟和日本的起诉。巴西、加拿大、哥伦比亚、印度、韩国、挪威、阿曼、沙特阿拉伯、中国台北、越南、阿根廷、澳大利亚、印尼、秘鲁、俄罗斯和土耳其共16个WTO成员保留各自的当事方权利。美国、欧盟和日本也分别保留在其他两个案件中的当事方权利。

2012年9月12日,美国、欧盟和日本请求总干事组建专家组。2012年9月24日,总干事组建了专家组。专家组报告于2014年3月26日被散发给各成员。专家组裁定:(1)中国出口税措施与《中华人民共和国加入议定书》第11条第3款不一致,而且中国不能援引也不能根据GATT 1994第20条(b)项获得正当性。(2)中国出口配额措施与GATT 1994第11条第1款、并入《中华人民共和国加入议定书》的《中国加入工作组报告书》第162段和第165段不一致,而且不能根据GATT 1994第20条(g)项获得正当性。(3)中国对稀土和钼出口企业施加的贸易权限制与《中华人民共和国加入议定书》第5段、并入到《中华人民共和国加入议定书》的《中国加入工作组报告书》第83(a)段、第83(b)段、第83(d)段、第84(a)段以及第84(b)段不一致,而且不能根据GATT 1994第20条(g)项获得正当性。

2014年4月8日,美国抢先提起上诉。2014年4月18日,中国也提起上诉。2014年8月7日,上诉机构发布报告。上诉机构维持了专家组最终裁决,但推翻了专家组的一项中间裁决(GATT 1994第20条(g)项施加了公正无偏性要求)。

2014年8月29日,DSB通过本案专家组和上诉机构报告。2014年12月8日,中国与美国、欧盟和日本分别达成了合理执行期协议,同意中国执行本案专家组和上诉机构裁决的合理执行期为8个月零3天,于2015年5月2日到期。

关于出口配额措施,2014年12月31日,中国商务部、海关总署共同发布《2015年出口许可证管理货物目录》(2014年第94号公告)。根据第1条第3款、第10条的规定,对于涉案的稀土、钨及钨制品、钼等三种产品不再实行出口配额管理,而是实行出口许可证管理,企业凭出口合同申领出口许可证,无须提供批准文件。新目录自2015年1月1日起实施。

关于出口税措施,2015年4月14日,《国务院关税税则委员会关于调整部分产品出口关税的通知》(税委会〔2015〕3号)发布,取消稀土、钨、钼等产品的出口关税,自2015年5月1日起实施。

至此,中国已经完全执行了本案DSB建议和裁决。

10. "中国汽车案"(DS 440)

本案争议措施为中国对原产于美国的某些汽车征收反倾销税和反补贴税,具体涉及中国商务部2011年5月5日发布的《关于原产于美国的部分进口汽车反倾销调查和反补贴调查的终裁公告》(2011年第20号公告)和同年12月14日发布的《关于对美部分进口汽车实施反倾销和反补贴措施的公告》(2011年第84号公告)。2012年7月5日,美国请求与中国进行磋商。

2014年5月23日,专家组报告被散发给各成员。2014年6月18日,DSB通过本案专家组报告。专家组裁定中国涉案反倾销措施违反了《反倾销协定》相关条款。

在专家组报告被散发给各成员之前的2013年12月13日,中国商务部发布《关于终止对美部分进口汽车产品双反措施的公告》(2013年第85号公告)。公告内容如下:

"2011年12月14日,商务部发布年度第84号公告,决定对原产于美国的排气量在2.5升以上的进口小轿车和越野车征收反倾销税和反补贴税,实施期限2年,自2011年12月15日起至2013年12月14日止。

"2013年6月18日,商务部发布年度第43号公告,宣布上述反倾销反补贴措施将于2013年12月15日终止。自该公告发布之日起,国内产业或代表国内产业的自然人、法人或有关组织可在该措施终止日60天前,以书面形式向商务部提出期终复审申请。

"在规定时限内,商务部未收到期终复审申请,商务部亦决定不主动发起期终复审调查。鉴此,自2013年12月15日起,对原产于美国的排气量在2.5升以上的进口小轿车和越野车终止征收反倾销税和反补贴税。"

由于本案争议措施已于2013年12月15日终止,因此中国无须采取任何执行措施。

11. "中国高性能不锈钢无缝钢管HP-SSST案"(DS 454,DS 460)

本案涉及中国对日本和欧盟高性能不锈钢无缝钢管(HP-SSST)征收的反倾销税。争议措施规定于中国商务部《对原产于欧盟和日本的进口相关高性能不锈钢无缝钢管反倾销调查的初步公告》（2012年第21号公告）和《关于对原产于欧盟和日本的进口相关高性能不锈钢无缝钢管反倾销案最终裁决的公告》（2012年第72号公告）。

2012年12月20日，日本请求与中国进行磋商。2013年1月15日，欧盟请求加入磋商。2013年4月11日，日本请求设立专家组。2013年4月24日，DSB决定暂缓设立专家组。2013年5月24日，DSB设立专家组。欧盟、印度、韩国、俄罗斯和美国保留各自的第三方权利。后来，沙特阿拉伯和土耳其也保留各自的第三方权利。2013年7月17日，日本请求总干事组建专家组。2013年7月29日，总干事组建了专家组。

2013年6月13日，欧盟请求与中国进行磋商。2013年6月27日，日本请求加入磋商。2013年8月16日，中国请求设立专家组。2013年8月30日，DSB设立专家组。印度、日本、韩国、土耳其和美国保留各自的第三方权利。后来，俄罗斯和沙特阿拉伯也保留各自的第三方权利。2013年9月11日，争端双方协议组建了专家组。"中国高性能不锈钢无缝钢管HP-SSST案（日本诉）"(DS 454)和"中国高性能不锈钢无缝钢管HP-SSST案（欧盟诉）(DS 460)"专家组组成人员相同。

2015年2月13日，针对这两个案件的同一个专家组报告被散发给WTO各成员。专家组裁定，争议措施违反了《反倾销协定》第2条第2款第2项、第2条第4款、第3条第1款、第3条第4款、第3条第5款、第6条第5款、第6条第5款第1项、第6条第7款和附件I-7、第6条第9款、第7条第9款、第12条第2款、第12条第2款第2项。同时，争议措施也违反了《反倾销协定》第1条和GATT 1994第6条。

2015年5月20日，日本提起上诉。2015年5月26日，中国提起上诉。2015年10月14日，上诉机构报告被散发给WTO各成员。上诉机构推翻了专家组的部分裁决。2015年10月28日，DSB通过了"中国高性能不锈钢无缝钢管HP-SSST案"(DS 454, DS 460)专家组和上诉机构报告。

2015年11月25日，中国通报了实施本案DSB建议和裁决的意图，但表示需要一个合理期限。2016年2月19日，日本和中国通报DSB，双方确定了9个月零25天的合理执行期，于2016年8月22日到期。

2016年6月20日，为了执行本案DSB建议和裁决，中国商务部发布

2016年第30号公告,即《关于执行高性能不锈钢无缝钢管世贸组织争端裁决的立案公告》,决定开始对本案进行再调查。

2016年8月22日,中国商务部发布2016年第34号公告,即《关于终止对原产于欧盟和日本的进口高性能不锈钢无缝钢管适用的反倾销措施的公告》。公告表明,再调查期间,原反倾销案申请人代表国内产业向调查机关提出撤销原反倾销措施的申请。经审查,调查机关同意其撤销原反倾销措施的申请。经国务院关税税则委员会同意,决定自2016年8月22日起终止对原产于欧盟和日本的进口高性能不锈钢无缝钢管适用的反倾销措施。本案至此获得完全解决。

12. "中国浆粕案"(DS 483)

本案涉及中国对加拿大浆粕进口产品征收反倾销税。相关措施规定于中国商务部2013年11月6日公布的《关于对原产于美国、加拿大和巴西进口浆粕的反倾销初裁决定》(2013年第75号公告)及其附件(初裁)和2014年4月4日公布的《关于原产于美国、加拿大和巴西的进口浆粕反倾销终裁的公告》(2014年第18号公告)(终裁)。

2014年10月15日,加拿大请求与中国进行磋商。2015年2月12日,加拿大请求设立专家组。2015年2月23日,DSB决定暂缓设立专家组。2015年3月10日,DSB设立专家组。智利、欧盟、日本、韩国、挪威和美国保留各自的第三方权利。后来,巴西、新加坡和乌拉圭也保留各自的第三方权利。2015年4月15日,加拿大请求总干事组建专家组。2015年4月27日,总干事组建了专家组。

2015年10月27日,专家组主席通知DSB,由于秘书处缺乏可以使用的经验丰富的律师,专家组预计2016年年底向争端双方散发最终报告。

2017年4月25日,专家组报告被散发给WTO各成员。专家组裁定,争议反倾销措施违反了《反倾销协定》第3条第1款、第3条第2款和第3条第5款,同时也违反了《反倾销协定》第1条和GATT 1994第6条。

2017年5月22日,DSB通过专家组报告。2017年6月1日,加拿大和中国通知DSB,双方同意中国实施本案DSB建议和裁决的合理期限为

11个月,于2018年4月22日到期。在2017年6月19日的DSB例会上,中国向DSB通报了自己实施本案DSB建议和裁决的意图,并确认了与加拿大达成的合理期限协议。①

2017年8月25日,为了执行本案DSB建议和裁决,中国商务部发布2017年第43号公告,即《关于执行"中国—对原产于加拿大的进口浆粕反倾销措施"世贸组织争端裁决的立案公告》,决定对本案进行再调查。

2018年4月20日,中国商务部发布《关于原产于美国、加拿大和巴西的进口浆粕反倾销措施再调查裁定的公告》(2018年第37号公告),决定"继续按照商务部2014年第18号公告内容实施反倾销税"。2018年5月2日,中国、加拿大将顺序协议通报DSB。2018年9月11日,加拿大提出第21.5条程序磋商请求。

---

① 争端双方在被诉方通报实施本案DSB建议和裁决的意图之前就如此迅速地达成合理期限协议,在WTO争端解决历史上非常罕见。

第三编
争端解决程序详解

本编结合案例,对 DSU 全部条款及"特殊和附加规则"中的主要条款进行了详细解释。①

---

① 条款译文主要参照对外贸易经济合作部国际经贸关系司译:《世界贸易组织乌拉圭回合多边贸易谈判结果法律文本》(中英文对照),法律出版社 2000 年版。少量译文有调整;对部分注释予以保留,以"(原注)"的形式表示。

第1条

范围和适用

1. 本谅解的规则与程序应适用于按照本谅解附录1所列各项协定(本谅解中称"适用协定")的磋商和争端解决规定所提出的争端。本谅解的规则与程序还应适用于各成员间有关它们在《马拉喀什建立世界贸易组织协定》(本谅解中称《WTO协定》)规定和本谅解规定下的权利和义务的磋商和争端解决。此类磋商和争端解决可单独进行,也可与任何其他适用协定结合进行。

2. 本谅解的规则与程序的适用应遵守本谅解附录2所确定的适用协定所含特殊或附加规则与程序。在本谅解的规则与程序与附录2所列特殊或附加规则与程序存在差异时,应以附录2中的特殊或附加规则与程序为准。在涉及一个以上适用协定项下的规则与程序的争端中,如审议中的此类协定的特殊或附加规则与程序之间产生抵触,而且如果争端各方在专家组设立20天内不能就规则与程序达成协议,则第2条第1款中规定的争端解决机构(本谅解中称"DSB")主席在与争端各方磋商后,应在两成员中任一成员提出请求后10天内,确定应遵循的规则与程序。主席应按照以下原则,即在可能的情况下使用特殊或附加规则与程序,并应在避免抵触所必需的限度内使用本谅解所列规则与程序。

一、DSU 的适用范围

DSU 适用于两种情况:

第一种是按照附录1所列适用协定[①]中的磋商和争端解决规定所提出的争端。每个适用协定都有磋商和争端解决的规定,适用于有关本协

[①] 附录1所列适用协定包括:
(A)《WTO 协定》;
(B) 多边贸易协定:附件1A多边货物贸易协定、附件1B《服务贸易总协定》,附件1C《与贸易有关的知识产权协定》,附件2《关于争端解决规则与程序的谅解》;
(C) 诸边贸易协定:附件4《民用航空器贸易协定》《政府采购协定》《国际奶制品协定》《国际牛肉协定》。

定项下成员权利和义务的争端。例如,SCM 协定第 7 条第 1 款规定,如果一成员认为另一成员的补贴措施对其国内产业造成了损害,就可要求进行磋商。SCM 协定第 7 条和第 30 条还对双方的争端解决问题作出了规定。因此,根据这些规定所提出的争端应当适用 DSU。①

第二种情况是成员之间就《WTO 协定》和 DSU 中的权利和义务的争端进行的磋商和争端解决。DSU 附录 1 所列适用协定包括《WTO 协定》和 DSU 本身,其中《WTO 协定》中涉及成员的权利和义务,却没有关于磋商和争端解决的规定;DSU 也涉及成员的权利和义务,但并没有对这些权利和义务规定磋商和争端解决程序。因此,关于这两个协定中权利和义务的磋商和争端解决也适用 DSU。②

与其他具体协定相比,《WTO 协定》和 DSU 属于成员总的权利和义务,常常体现在其他具体协定中。因此,这种磋商和争端解决可以单独进行,也可以与其他适用协定结合进行。③

《乌拉圭回合多边贸易谈判结果最后文件》包括《WTO 协定》及其附件、部长宣言和决定以及《关于金融服务承诺的谅解》等。对于《WTO 协定》及其附件,DSU 附录 1 没有提及 TPRM,这应当理解为 DSU 不适用于 TPRM,或者说不能根据这一协定提起争端解决。DSU 也没有提及众多部长宣言和决定,而这些宣言和决定显然对成员的权利和义务也作出

---

① 在"欧共体香蕉Ⅲ案"(DS 27)中,专家组还审查了《洛美公约》的内容,因为 GATT 缔约方全体提到了这个公约,并且这个公约与本案有关。详见"欧共体香蕉Ⅲ案"(DS 27)专家组报告第 7.98 段。

② 在"印度专利案(欧共体诉)"(DS 79)中,专家组认为:"DSU 第 1 条第 1 款第 2 句明确指出,DSU 的规则与程序适用于有关 DSU 下成员权利和义务的争端。"详见"印度专利案(欧共体诉)"(DS 79)专家组报告脚注 96。

在"阿根廷禽肉反倾销税案"(DS 241)中,阿根廷反对巴西将全部书面陈述公之于众的决定。阿根廷要求专家组对此决定是否符合 DSU 第 18 条第 2 款表达观点。作为案件的第三方,美国认为 DSU 第 18 条第 2 款在专家组审查范围之外,专家组不应对此条款的解释表达观点。专家组认为:"根据 DSU 第 1 条第 1 款,DSU 的条款适用于所有 WTO 争端解决程序……因此,DSU 的条款适用于所有的案件,不论在成员建立专家组的请求中是否提出。……我们对 DSU 第 18 条第 2 款的裁决对于解决本案程序性问题是必要的。对 DSU 第 18 条第 2 款的裁决符合 DSU 第 1 条第 1 款。"详见"阿根廷禽肉反倾销税案"(DS 241)专家组报告第 7.12 段。

③ 例如,在"美国贸易法第 301 节案"(DS 152)中,欧共体等指责《美国贸易法》"301 条款"违反 DSU 第 3 条、第 21 条、第 22 条和第 23 条关于争端应当多边解决的规定,以及《WTO 协定》第 16 条第 4 款关于成员应使其法律与 WTO 相关规定一致的规定。同时,欧共体还认为美国的这一法律违反了 GATT 1994 的有关规定。详见"美国贸易法第 301 节案"(DS 152)专家组报告第 1.4 段。

了规定。合理的理解是,这些宣言和决定大多与单个适用协定有关,当就单个适用协定援用 DSU 时,也就捎带上了这些宣言和决定。《关于金融服务承诺的谅解》已经被有关成员列入其服务贸易承诺减让表,自然应适用 DSU 的规定。

值得一提的是,在欧盟参与的案件中,请求专家组或上诉机构审查双边协定的情况尤为多见,但由于双边协定并不属于适用协定,因此 DSB 均判定双边协定并不在 DSB 的审查范围内。①

另外,在审查 DSU 的适用范围时,DSB 并不会根据 WTO 机构之间的分工来判断 DSB 对争议事项是否具有管辖权,而仅仅考查争议事项是否在 DSU 第 1 条所规定的适用范围内。在"印度数量限制案"(DS 90)中,印度对专家组的结论提起上诉,认为根据 GATT 1994 第 18 条第 2 款,专家组应该审查印度国际收支平衡(BOP)限制的管辖权。印度认为,BOP 措施属于 BOP 委员会和总理事会的专属管辖范围,专家组应该妥当考虑在 WTO 规则中强调的"机构平衡"原则,审查 BOP 限制的管辖权的能力不是"全无限制的"。上诉机构裁决认为:"我们注意到 GATT 1994 在 DSU 附录 1 中,因此有关 GATT 1994 第 18 条第 2 款的争议也在 DSU 范围内。……附录 2 没有任何有关 BOP 限制的特殊或附加规则与程序。因此,DSU 可全部适用于现有争端。"②

二、抵触

1. 适用协定与 DSU 相抵触③

如上所述,各适用协定都有磋商和争端解决条款。有些协定只是简单地援引 DSU。例如,《原产地规则协定》第 7、8 条规定,有关原产地问题的磋商和争端解决,适用 DSU 的规定。

同时,也有一些协定不仅援引了 DSU 的规则与程序,而且规定了自

---

① 具体案件包括"欧共体禽肉案"(DS 69)、"欧共体商业船舶案"(DS 301)、"欧共体及成员国大型飞机案"(DS 316)。参见"欧共体禽肉案"(DS 69)上诉机构报告第 79 段,"欧共体商业船舶案"(DS 301)专家组报告第 7.131 段,"欧共体及成员国大型飞机案"(DS 316)专家组报告第 7.89 段。

② "印度数量限制案"(DS 90)上诉机构报告第 85—86 段。

③ DSU 第 1 条第 2 款使用了"差异"(difference)一词,从下文所引 WTO 实践来看,应与"抵触"(conflict)同义。但是,在同一条款中,对 DSU 与适用协定使用"差异",而对于适用协定之间却使用"抵触",是有些误导性的。

己的特殊或附加规则与程序。① 例如,《反倾销协定》第17条第4—7款就将争端提交DSB、专家组的职责以及信息披露等问题作出了规定。这些规定是结合具体协议特点作出的特殊规定。在DSU与这些特殊规定相抵触的情况下,特殊规定应优先适用。

DSB在判断一个条款是否属于特殊或附加规则与程序时,唯一的参考便是DSU附录2。在"美国陆地棉案"(DS 267)中,专家组认为,《农业协定》的任何条款都不在DSU附录2中,这个事实本身就是有意义的。"专家组考虑《农业协定》第13条的条件是否满足时,不能预见到适用协定中包括特殊争端解决要求。《农业协定》的条件是否满足应该适用DSU的规则与程序。DSU附录2中规定的特殊或附加规则与程序包含一些特定的、明确的规定,这一事实表明若起草者想要把某个规则设定为特殊或附加规则与程序,他们就会明确地这么做。因此,如果他们没把《农业协定》中的任何条款包括在附录2中,说明他们没想把《农业协定》中的任何条款设定为一项特殊或附加规则与程序。"②

在"危地马拉水泥Ⅰ案"(DS 60)中,上诉机构指出,DSU的规则与程序、适用协定的特殊或附加规则与程序应同时适用。只有在两者不相容,即遵守一个规定就会违反另一个规定的情况下,才应优先适用特殊或附加规则与程序。上诉机构进一步指出,两者共同构成争端解决程序整体,只有在特殊情况下才存在优先适用的问题;不能认为特殊或附加规则与程序取代了DSU的规定。③

---

① 详见DSU附录2列出的适用协定所含特殊或附加规则与程序。该附录中的规则与程序清单仅包括部分内容与此有关的条款。诸边贸易协定中的任何特殊或附加规则与程序由各协定的主管机构确定,并通知DSB。
② "美国陆地棉案"(DS 267)第21.5条程序专家组报告第7.5段。
③ 参见"危地马拉水泥Ⅰ案"(DS 60)上诉机构报告第65—67段。
在本案中,墨西哥没有指控危地马拉的最终反倾销税(因为磋商在最终措施之前进行),没有接受价格承诺,也没有证明临时保障措施有重要影响,而只是指控调查发起的条件和通报出口成员政府等程序性问题(《反倾销协定》第5条第2、3、5款)。危地马拉因此认为墨西哥没有在设立专家组请求中明确提及本案涉及的措施,专家组无权审理此案。但是,墨西哥认为,双方已经就调查发起、临时措施实施和最后调查阶段等进行了磋商,因此设立专家组的请求是适当的。专家组认为,虽然DSU第6条第2款要求确定措施和法律根据概要,但《反倾销协定》第17条第5款所说的"事项"没有要求确定具体案件涉及的措施(即该条第4款所说的最终反倾销税、接受价格承诺或有重要影响的临时措施),并且应优先适用。上诉机构指出,两者之间并不存在抵触,应同时适用;专家组认为墨西哥不必指明具体措施是错误的。参见"危地马拉水泥Ⅰ案"(DS 60)上诉机构报告第72—80段。
从本案可以看出,仅指控程序性问题而不指明具体措施,是不符合DSU第6条第2款所规定的设立专家组请求要件之一的"确定具体措施"的。

在判断 DSU 的规则与程序同适用协定的特殊或附加规则与程序是否相抵触时,DSB 并未提出统一标准,而是采取逐案逐条判断的方法。在"危地马拉水泥 I 案"(DS 60)中,上诉机构认为《反倾销协定》第 17 条整体与 DSU 之间并不存在抵触。同样在抵触问题上作出判断的还有以下几个案件:

在"美国热轧钢案"(DS 184)中,上诉机构认为,《反倾销协定》第 17 条第 6 款(i)项和(ii)项第 1 句与 DSU 之间不存在抵触,第 17 条第 6 款(ii)项第 2 句属于补充了 DSU,而并非代替了 DSU。① 在"美国 FSC 案"(DS 108)中,上诉机构并没有明确指出 SCM 协定第 4 条第 2 款是否与 DSU 相抵触,但强调对 DSU 第 4 条第 4 款和 SCM 协定第 4 条第 2 款应该共同理解并适用,因此根据 SCM 协定提出的禁止性补贴争端的磋商请求应既满足 DSU 第 4 条第 4 款,也满足 SCM 协定第 4 条第 2 款。② 在"澳大利亚车用皮革 II 案"(DS 126)中,专家组认为,SCM 协定第 4 条第 7 款不同于 DSU 的规定,或者说是与 DSU 的规定相抵触的,因此 SCM 协定第 4 条第 7 款应优先适用。③ 在"美国陆地棉案"(DS 267)中,上诉机构认为,SCM 协定第 7 条第 8 款明确了被申请人的义务,因此在判断被申请人是否服从了 DSB 的裁决时,应该将 SCM 协定第 7 条第 8 款纳入考虑范围。④

---

① 在"美国热轧钢案"(DS 184)中,上诉机构检验了《反倾销协定》第 17 条第 6 款(ii)项第 2 句与 DSU(特别是 DSU 第 11 条)之间的关系。DSU 第 11 条要求专家组对争议事项整体作出客观评估。《反倾销协定》第 17 条第 6 款(ii)项并没有关于专家组不应对法律条款作出客观评估的规定;当对《反倾销协定》的规则有一种以上的解释时,如果措施符合其中一种解释,就认为措施符合规则。因此,上诉机构认为:"尽管《反倾销协定》第 17 条第 6 款(ii)项第 2 句为专家组施加了在 DSU 下没有的义务,但是我们认为它仅仅是补充了 DSU,而非替代了 DSU。"参见"美国热轧钢案"(DS 184)上诉机构报告第 62 段。
② 参见"美国 FSC 案"(DS 108)上诉机构报告第 159 段。
③ 在"澳大利亚车用皮革 II 案"(DS 126)中,专家组认为,DSU 第 19 条第 1 款规定:"如专家组或上诉机构认定一措施与一适用协定不一致,则应建议有关成员使该措施符合该协定。"但是,《补贴与反补贴措施协定》第 4 条第 7 款要求的是"取消补贴",这不同于"使该措施符合该协定",因此《补贴与反补贴措施协定》第 4 条第 7 款应优先适用。参见"澳大利亚车用皮革 II 案"(DS 126)第 21.5 条程序专家组报告第 6.41—6.42 段。
④ SCM 协定第 7 条第 8 款规定:"……给予或维持有不利影响补贴的成员应该采取适当措施消除不利影响或取消该补贴。"在"美国陆地棉案"(DS 267)中,上诉机构认为,SCM 协定第 7 条第 8 款明确了被申请方对受到不利影响方需要采取的措施,其性质应该属于补充性规定。参见"美国陆地棉案"(DS 267)第 21.5 条程序上诉机构报告第 235 段。

当然,有些特殊规则,特别是关于时限的规定,是明显与 DSU 不一致的。例如,SCM 协定第 4 条第 4 款规定磋商时限为 30 天,而 DSU 第 4 条第 7 款则规定为 60 天。在这种情况下,对于补贴方面的争端,就应适用 30 天的规定。但是,如果一个案件涉及多个适用协定,如 SCM 协定和《农业协定》,而《农业协定》并没有磋商时限较短的规定,则起诉方似乎应放弃援用较短时限的权利,转而适用较长时限,即进行普通的 60 天磋商。①

2. 适用协定之间相抵触

在 WTO 争端解决案件中,一项争议涉及两个以上协定是很常见的。例如,"印尼汽车案(欧共体诉)"(DS 54)就涉及 SCM 协定、TRIPS 协定和 TRIMS 协定等。② 如果两个协定都有特殊规定且相抵触,则当事方应进行协商,确定适用于本案的规则与程序。如果当事方在专家组设立后 20 天内达不成协议,则任何一方都可以请求 DSB 主席确定规则与程序。DSB 主席经与当事方磋商,必须在接到请求后 10 天内完成这项任务。DSB 主席遵循的原则是,尽可能使用特殊或补充规则,DSU 的规则与程序只应在没有抵触的情况下使用。因此,DSB 主席应尽量适用现有规则,而不是另创一套新规则。

---

① 在"加拿大奶制品案(美国诉)"(DS 103)中,美国仅援引了 SCM 协定第 30 条,即有关 DSU 适用于补贴争端解决的条款,而没有援引第 4 条的特殊规则。专家组推测,这可能是因为本案涉及 SCM 协定和《农业协定》,美国可能放弃了第 4 条中的快速程序。参见"加拿大奶制品案(美国诉)"(DS 103)专家组报告第 7.137 段脚注 515。

② 参见"印尼汽车案(欧共体诉)"(DS 54)专家组报告第 1.11 段。

第 2 条
管　理

1. 特此设立争端解决机构,负责管理这些规则与程序及适用协定的磋商和争端解决规定,除非适用协定另有规定。因此,DSB 有权设立专家组、通过专家组和上诉机构报告、监督裁决和建议的执行以及授权中止适用协定项下的减让和其他义务。对于属诸边贸易协定的一适用协定项下产生的争端,此处所用的"成员"一词仅指那些属有关诸边贸易协定参加方的成员。如 DSB 管理一诸边贸易协定的争端解决规定,则只有属该协定参加方的成员方可参与 DSB 就该争端所作出的决定或所采取的行动。

2. DSB 应通知 WTO 有关理事会和委员会任何与各自适用协定规定有关的争端的进展情况。

3. DSB 应视需要召开会议,以便在本谅解规定的时限内行使职能。

4. 如本谅解的规则与程序规定由 DSB 作出决定,则 DSB 应经协商一致作出决定。*

DSB 由每个成员的代表组成,负责设立专家组、通过专家组和上诉机构报告、监督裁决和建议的执行以及授权中止适用协定项下的减让和其他义务。实践中,DSB 并不管理 DSU 的磋商,因为磋商是秘密的,仅在当事方之间进行。① 由于诸边贸易协定只是部分成员参加的,DSB 当然只能管理有关成员之间的争端解决。

DSB 一般每月召开会议,但也可以应成员要求召开特别会议。例如,成员可请求 DSB 就设立专家组召开会议。②

一、协商一致

DSB 作出决定的规则是"协商一致"。该条款脚注对此的说明是,会

---

* （原注）如在作出决定的 DSB 会议上,没有成员正式反对拟议的决定,则 DSB 即被视为经协商一致就提请其审议的事项作出决定。

① 参见第 4 条第 6 款。

② 参见第 6 条第 1 款脚注。

上没有成员正式反对就是协商一致。①

协商一致是 WTO 的主要决策方式。《WTO 协定》就明确要求，WTO 应延续 GATT 协商一致的决策机制。② 但是，在 DSU 中，协商一致有特殊含义。对于请求设立专家组、通过专家组和上诉机构报告以及授权中止减让，除非 DSB 经协商一致不同意，否则就应当批准。③ 这被称为"反向一致"或"否定的协商一致"。因此，只要不是全体反对，就应当通过。其实际效果是，提交 DSB 的这些事项都将自动通过。

这是一种创造性决策机制。一方面，与过去 GATT 只有全体同意才能通过报告，导致案件久拖不决的制度相比，反向一致可以使 DSB 决策更为有效，而这对于维护 WTO 的权威是非常重要的。但是，另一方面，这种"自动通过"制度使得 DSB 成了一枚"橡皮图章"，仅具有象征意义。此外，在 DSB 会议上，虽然当事方仍然可以就裁决报告发表意见，但对报告是否通过没有任何影响。

二、成员在 DSB 会议上的行为的法律效力

事实上，DSB 和总理事会是一回事。《WTO 协定》明确规定，总理事会应召开会议，履行 DSB 的职责。当然，DSB 可以有自己的主席，并且制定有关议事规则。④ 实践中，各成员在总理事会中的代表常常也是 DSB 的代表，而主席常常由某成员驻 WTO 代表团的大使担任。

1. 各成员代表作出的声明的法律效力

在 DSB 会议上，各成员代表会进行发言、作出声明，这种声明的法律效力尚有争议。在"美国博彩案"（DS 285）中，美国代表在连续两次 DSB

---

① 在"美国大型民用飞机案（第二次申诉）"（DS 353）中，欧盟认为 SCM 协定附件 5 中的信息收集程序已经启动，理由是：启动附件 5 的程序不属于 DSB 在第 2 条第 4 款中的"决定"，不需要协商一致，是一项"自动发生的行为"，除非全体一致决定不实施此行为。专家组驳回了此观点，理由包括：(1)"启动"这个词隐含 DSB 需要主动实施某种行为，"自动发生"不符合文义；(2) 欧盟的解释让 DSB 启动 SCM 协定附件 5 程序的职责消灭了；(3) 欧盟的解释会让更多本该由 DSB 会议决定的事项"自动发生"，会造成贸易机制的不稳定。参见"美国大型民用飞机案（第二次申诉）"（DS 353）专家组报告第 7.21 段。
② 参见《WTO 协定》第 9 条第 1 款及脚注 1。
③ 参见 DSU 第 6 条第 1 款、第 16 条第 4 款、第 17 条第 14 款、第 22 条第 6—7 款。
④ 参见《WTO 协定》第 4 条第 3 款。

会议上声明在美国境内存在"美国法下跨境赌博和投注服务"。① 专家组认为,此声明是由美国代表在正式 WTO 会议上作出的,意在解释其对于美国法律的理解,作出此声明是其职权范围内的行为,因此美国应该受此声明的约束。②

在"欧共体香蕉Ⅲ案"(DS 27)中,上诉机构对于声明的法律效力有不同的意见。欧盟认为,美国、厄瓜多尔与欧盟之间的《关于香蕉的谅解》禁止这些成员提起第 21.5 条程序。专家组驳回了这个观点,其中一个理由是,成员在 DSB 会议上就谅解的性质有过相冲突的陈述,因此谅解并不是"双方满意的解决办法"。③ 上诉机构认为,首先应该对谅解的文本进行解释,当谅解的文本意思清楚时,陈述的相关性和证据价值都十分有限,专家组的观点是错误的。④ 欧盟认为,即使可以起诉,诉讼也不在 DSU 第 21 条第 5 款的范围内,因为被诉的措施不是"欧共体香蕉Ⅲ案"(DS 27)的 DSB 建议和裁决中原本"需要服从的措施",该措施是在原争议结束后才采取的,证据是:采取措施时,美国已经停止了对欧盟的中止减让。由于美国(和厄瓜多尔、洪都拉斯)在同一时间段的 DSB 会议上并没有将被诉措施作为原有争议的最终解决措施,因此专家组支持了欧盟的观点。⑤ 上诉机构也认为,专家组在此处考察美国代表在 DSB 会议上的陈述所得出的结论是正确的。⑥ 可以看出,上诉机构对于 DSB 会议上成员代表陈述的法律效力在同一个案件中采取了不同的观点。

在"美国持续中止案"(DS 320)中,上诉机构坚定地认为,成员代表在 DSB 会议上的陈述并没有希望使陈述具有法律效力的意图,尤其是一成员对其他成员的措施和行为是否合规表达的观点,因为它们一般都是外交性和政治性的陈述。赋予陈述很强的法律效力会导致 WTO 成员不愿

---

① See Minutes of DSB Meeting, 24 Sept. 2003, WT/DSB/M/153, para. 47.
② 参见"美国博彩案"(DS 285)专家组报告第 6.161 段。
③ 参见"欧共体香蕉Ⅲ案"(DS 27)第 21.5 条程序专家组报告(美国诉)第 7.136—7.137 段。
④ 参见"欧共体香蕉Ⅲ案"(DS 27)第 21.5 条程序上诉机构报告(厄瓜多尔第二次诉/美国诉)第 216、222 段。
⑤ 参见"欧共体香蕉Ⅲ案"(DS 27)第 21.5 条程序专家组报告(美国诉)第 7.417 段。
⑥ 参见"欧共体香蕉Ⅲ案"(DS 27)第 21.5 条程序上诉机构报告(厄瓜多尔第二次诉/美国诉)第 250 段。

意自由表达观点,DSB 会议就无法履行其职能。[1]

2. DSB 会议对陈述的记录的法律效力

在不同的环境下,成员代表在 DSB 会议上所作的陈述可能会有不同的法律效果,有的构成对成员的约束,有的则不构成。但是,专家组和上诉机构一般认为对此种陈述的记录不构成 DSB 会议的决定。在"欧共体香蕉Ⅲ案"(DS 27)中,上诉机构认为,DSB 会议"对陈述进行记录"和明确"同意某事项"是两个不同的意思表示,虽然在没有成员发表反对意见的场合,这两个意思表示会共同作出。[2] 在"美国大型民用飞机案(第二次申诉)"(DS 353)中,专家组同样认为,DSB 会议仅仅是"对陈述进行记录",并未同意启动 SCM 协定附件 5 的信息收集程序。[3]

---

[1] 参见"美国持续中止案"(DS 320)上诉机构报告第 398—399 段。
[2] 参见"欧共体香蕉Ⅲ案"(DS 27)第 21.5 条程序专家组报告(美国诉)第 7.425—7.429 段。
[3] 参见"美国大型民用飞机案(第二次申诉)"(DS 353)专家组报告第 7.21 段。

第 3 条
总　　则

1. 各成员确认遵守迄今为止根据 GATT 1947 第 22 条和第 23 条实施的管理争端的原则，以及在此进一步详述和修改的规则与程序。

2. WTO 争端解决制度在为多边贸易体制提供安全性和可预见性方面是一个核心部分。各成员认识到该体制适于维护其在适用协定项下的权利和义务，以及依照解释国际公法的惯例澄清这些协定的现有规定。DSB 的建议和裁决不能增加或减少适用协定所规定的权利和义务。

3. 在一成员认为其根据适用协定直接或间接获得的利益正在因另一成员采取的措施而减损的情况下，迅速解决此类情况对 WTO 的有效运转以及保持各成员权利和义务的适当平衡是必要的。

4. DSB 所提建议或所作裁决应旨在依照本谅解和适用协定项下的权利和义务，实现问题的圆满解决。

5. 对于根据适用协定的磋商和争端解决规定正式提出的事项的所有解决办法，包括仲裁裁决，均应与这些协定相一致，且不得抵消或减损任何成员根据这些协定获得的利益，也不得妨碍这些适用协定任何目标的实现。

6. 对于根据适用协定的磋商和争端解决规定正式提出事项的双方满意的解决办法，应通知 DSB 及有关理事会和委员会，而在这些机构中，任何成员都可能提出与此有关的任何问题。

7. 在提起案件前，一成员应就根据这些程序采取的措施是否有效作出判断。争端解决机制的目的在于保证争端得到积极解决。争端各方均可接受且与适用协定相一致的解决办法无疑是首选办法。如不能达成双方满意的解决办法，则争端解决机制的首要目标通常是保证撤销被认为与任何适用协定的规定不一致的有关措施。提供补偿的办法只能在立即撤销措施不可行时方可采取，且应作为在撤销与适用协定不一致的措施前采取的临时措施。本谅解为援引争端解决程序的成员规定的最后手段是，可以在歧视性的基础上针对另一成员中止实施适用协定项下的减让或其他义务，但需经 DSB 授权采取此类措施。

8. 如发生违反在适用协定项下所承担义务的情况,则该行为被视为初步构成利益抵消或减损案件。这通常意味着一种推定,即违反规则对适用协定的其他成员造成了不利影响。在此种情况下,应由被起诉成员反驳此指控。

9. 本谅解的规定不损害各成员通过《WTO 协定》或一属诸边贸易协定的适用协定项下的决策方法,寻求对一适用协定规定的权威性解释的权利。

10. 各方理解,请求调解和使用争端解决程序不应用作或被视为故意的行为;如争端发生,所有成员将真诚参与这些程序以努力解决争端。各方还理解,有关不同事项的起诉和反诉不应联系在一起。

11. 本谅解只适用于在《WTO 协定》生效之日或之后根据适用协定的磋商规定提出的新的磋商请求。对于在《WTO 协定》生效之日前根据 GATT 1947 或适用协定的任何其他先前协定提出的磋商请求,在《WTO 协定》生效之日前有效的有关争端解决规则与程序应继续适用。*

12. 尽管有第 11 款的规定,但是如依据任何适用协定的起诉是由一发展中国家成员针对一发达国家成员提出的,则起诉方有权援引《1966 年 4 月 5 日决定》(BISD 14S/18)的相应规定,作为本谅解第 4 条、第 5 条、第 6 条和第 12 条所含规定的替代,除非如专家组认为该决定第 7 款规定的时限不足以提供报告,则在起诉方的同意下,该时限可以延长。如第 4 条、第 5 条、第 6 条和第 12 条的规则与程序同该决定的相应规则与程序存在差异,则应以后者为准。

第 3 条规定了争端解决的原则。

一、GATT 原则应予遵守

GATT 1947 第 22 条("磋商")和第 23 条("利益的抵消或减损"),是 GATT 中的争端解决规定。GATT 1947 生效后,又就争端解决程序作出了一些决定。① 这些规定和决定的内容都应得到遵守。这是 WTO 与 GATT 之间连续性的一个具体表现。

---

* (原注)本款还适用于专家组报告未获通过或未全面执行的争端。
① 例如,1966 年关于程序的决定、1989 年《关于改进 GATT 争端解决规则和程序的决议》。

值得提及的是,这些文件中的规则多数都被吸收在 DSU 中,因此实践中并不经常援引这些文件。关于程序性问题的规则尤为明显,因为它们已经完全被 DSU 吸收。

二、争端解决机制的功能

由 WTO 众多协议组成的多边贸易体制规定了各成员的权利和义务。有了争端解决机制,这个体制才是安全的,这些权利和义务才是具有可预见性的。在每一个法律制度中,争端解决机制都承担着这样的职能。①

1. 提供安全性和可预见性

专家组和上诉机构在众多案件中引用过"安全性和可预见性"原则,其重要性被反复强调。例如,在"欧共体电脑设备案(美国诉)"(DS 62)中,上诉机构认为"安全性和可预见性"是 WTO 协议总的目标和原则。② 关于争端解决机制具体如何提供安全性和可预见性,"美国不锈钢案(墨西哥诉)"(DS 344)的解决给出了最为具体的答案。在该案中,上诉机构认为,在争端解决机制中确保安全性和可预见性意味着在没有充分理由的情况下,审判机构对同样的法律问题的解决方法应该和之前的案件一样。③ 当然,何为"同样的法律问题",何为"充分理由",这些都需要进行个案判断。

"安全性和可预见性"原则甚至体现在专家组、上诉机构对解决案件的方法选择上。在"中国出版物及音像产品案"(DS 363)中,上诉机构对专家组运用"假设成立"方法④,发表了如下看法:"依赖此方法是一种法律技巧,可以让决策变得更简单有效。专家组和上诉机构虽然可以在特

---

① 在"美国贸易法第 301 节案"(DS 152)中,专家组指出,在所有的 WTO 法律文件中,DSU 在保护多边贸易体制的安全性和可预见性方面是最为重要的文件之一,并且保护了市场及其不同经营者的安全性和可预见性。参见"美国贸易法第 301 节案"(DS 152)专家组报告第 7.75 段。

② 参见"欧共体电脑设备案(美国诉)"(DS 62)上诉机构报告第 82 段。

③ 参见"美国不锈钢案(墨西哥诉)"(DS 344)上诉机构报告第 160 段。

④ 假设成立(arguendo assumption)也译为"为辩论而假定",是一种法律分析技巧。在前提 A 难以确定时,先假设其成立,向下推理问题 B 是否成立;若问题 B 仍不成立,则无须再讨论前提 A 是否成立了。此方法相当于绕开了难以判断的问题,有助于快捷地进行决策。

定情况下采用这种技巧,但是这可能不能为法律结论提供一个坚实的基础,对相关WTO法律的清晰程度有所减损,导致适用的困难。……WTO争端解决的目的是解决争端,维护WTO成员的权利和义务,澄清现有条款。因此,专家组和上诉机构不应该偏向于采用最便利的方法,而应该采用适于解决问题的、能作出客观评估的分析性方法或框架。"因此,上诉机构认为,专家组运用"假设成立"方法是不恰当的,"无助于争端的解决,更可能给中国的义务造成不确定性"[①]。

2. 澄清现有规定的内容

争端解决机制的功能是维护各成员的权利和义务,澄清协定的各项内容,但不得增加或减少协定所规定的权利和义务。其中,澄清协定内容是一个关键环节,因为成员之间的争议常常就是对某个协定内容理解的不同,"公说公有理,婆说婆有理"。

"澄清"在DSB中的适用范围非常广泛。在"美国不锈钢案(墨西哥诉)"(DS 344)中,上诉机构认为,专家组没有遵循之前针对同样问题的已经通过的上诉机构报告,这种做法损害了澄清成员权利和义务的法哲学的完整性和可预见性。上诉机构认为:"正如DSU第3条第2款所设想的那样,'澄清'意味着根据解释国际公法惯例来解释协定规则的范围和意义。规则的适用要局限在适用发生的情境下,但在已经通过的上诉机构报告中的'澄清'不限于特定规则在特定案件中的适用。"[②]可见,在已经通过的上诉机构报告中,"澄清"的内容不限于一个特定案件,而属于上文中提到的"审判机构对同样的法律问题的解决方法",应保持其在前后案件中的一致。

3. 不应增加或减少成员的权利和义务

应当强调的是,DSB建议和裁决是为了实现问题的圆满解决,不得增加或减少成员的权利和义务,不得抵消或减损成员根据协定应当享受的利益,也不得妨碍协定目标的实现。为此,上诉机构指出,DSU不鼓励专家组或上诉机构借澄清现有规定之名"造法",它们只需要审查解决争

[①] "中国出版物及音像产品案"(DS 363)上诉机构报告第213—215段。

[②] "美国不锈钢案(墨西哥诉)"(DS 344)上诉机构报告第161段。

议所必需的诉讼请求。① 因此,DSU 的这些规定也成为专家组和上诉机构在审理案件时适用司法节制原则②的法律依据。

如何判断 DSB 是否增加或减少了 WTO 成员的权利和义务？"智利含酒精饮料案(欧共体诉)"(DS 87)给出了一种判断方法。该案上诉机构认为："本争议专家组的法律结论没有错误,因此没有增加 WTO 任何成员的权利或义务。如果专家组的结论属于正确地解释和适用规则,那么专家组不太可能增加 WTO 成员的权利和义务。"③

4. 解释国际公法的惯例

澄清协定内容的手段,便是"解释国际公法的惯例"。实践中,专家组和上诉机构经常援引的"解释国际公法的惯例"是《维也纳条约法公约》第 31 条和第 32 条,即解释应首先从协定用语的通常含义开始;用语应按照其上下文解释,并参照协定的整体目的和宗旨,还应考虑嗣后惯例;④只有在特殊情况下,才可以使用补充资料的解释方法。⑤ 值得提及的是,GATT

---

① 参见"美国羊毛衬衫案"(DS 33)上诉机构报告第Ⅵ部分。上诉机构支持专家组适用司法节制原则,认为 DSU 未要求专家组审查起诉方提出的所有主张,因为如此要求不符合 WTO 争端解决机制的目标——解决争端。因此,不鼓励专家组在解决一项具体争议之外,澄清现有协定的条款。专家组只需对解决争端所必需的主张作出裁决。

② 关于司法节制原则,参见下文第 7 条解释。

③ "智利含酒精饮料案(欧共体诉)"(DS 87)上诉机构报告第 79 段。在"墨西哥软饮料税案"(DS 308)中,上诉机构也持同样的观点。墨西哥认为专家组不应该行使管辖权,而上诉机构认为："如果专家组应该行使管辖权而不行使,则会'减少'起诉方根据 DSU 第 23 条'寻求对义务违反的补偿'的权利。"参见"墨西哥软饮料税案"(DS 308)上诉机构报告第 53 段。

④ 上诉机构指出,已经通过的专家组报告是重要的,后来的专家组经常会参考,并且在 WTO 成员中"创造"了合法期待,因此应当在有关的案件中予以考虑。但是,专家组报告只对特定案件的当事方具有约束力,因此不属于《维也纳条约法公约》所说的"嗣后惯例"。参见"日本含酒精饮料Ⅱ案(欧共体诉)"(DS 8)上诉机构报告第 E 部分。

⑤ 《维也纳条约法公约》第 31 条"解释之通则"："一、条约应依其用语按其上下文并参照条约之目的及宗旨所具有之通常意义,善意解释之。二、就解释条约而言,上下文除指连同弁言及附件在内之约文外,并应包括:(甲)全体当事国间因缔结条约所订与条约有关之任何协定;(乙)一个以上当事国因缔结条约所订并经其他当事国接受为条约有关文书之任何文书。三、应与上下文一并考虑者尚有:(甲)当事国嗣后所订关于条约之解释或其规定之适用之任何协定;(乙)嗣后在条约适用方面确定各当事国对条约解释之协定之任何惯例;(丙)适用于当事国间关系之任何有关国际法规则。四、倘经确定当事国有此原意,条约用语应使其具有特殊意义。"

第 32 条"解释之补充资料"："为证实由适用第三十一条所得之意义起见,或依第三十一条作解释而:(甲)意义仍属不明或难解;或(乙)所获结果显属荒谬或不合理时,为确定其意义起见,得使用解释之补充资料,包括条约之准备工作及缔结之情况在内。"

这两个条款经常被援引。参见"美国汽油案(委内瑞拉诉)"(DS 2)专家组报告第 6.7 段、上诉机构报告第Ⅲ.B 部分。

时期使用的是同样的方法。①

对于协定中某个用语的含义,专家组和上诉机构常常先查词典。② 这种做法非常普遍,似乎协定的用语都是含糊不清的,唯有词典才是明确的。事实上,在词典中,某个词的含义常常有多个,要确定其在协定中的确切含义,往往要看上下文以及协定的宗旨和目的。③

同时,专家组和上诉机构在审理案件过程中,对这条澄清协定的规定进行了进一步的澄清,并且发展出诸多解释原则。④ 例如,在"美国棉纱案"(DS 192)中,在解释《纺织品与服装协定》第 6 条时,专家组认为,该协定属于《WTO 协定》的组成部分,因此其第 6 条的上下文是《WTO 协定》整体。⑤

为了确保这些目标的实现,DSU 还要求,双方根据适用协定进行磋商和提出争端解决,而后来又达成了满意的解决办法的,应通知 DSB 及有关理事会和委员会,以便于监督。同时,这些机构中的任何成员都可提出与此有关的任何问题。但是,DSU 没有说明如果双方后来就这种双边协议产生争议,是否可以提交 DSB 解决。

在"印度汽车案(欧共体诉)"(DS 146)中,专家组认为,这种双边协议不属于 DSU 中的"适用协定",对于双边协议的争议只是本案的一部分,

---

① 参见"加拿大金币案"(L/5863)第 53 段。

② 常用的词典是 *The New Shorter Oxford English Dictionary*,Clarendon Press,1993。

③ 参见"加拿大汽车案(日本诉)"(DS 139)专家组报告脚注 807。

④ See Edmond McGovern,*International Trade Regulation*,3rd edition,Globefield Press,1995,§1.1212。
例如,上诉机构认为,条约是一个整体,对条约进行有效解释,是《维也纳条约法公约》的一般解释原则的必然结果:在解释时,应当认为条约的所有条款都是有含义和效力的,即结合条约的所有条款进行解释;解释的结果不应当导致条约的整体条款或段落多余或无用,即应当推定条约的各项条款之间没有冲突。参见"美国汽油案(委内瑞拉诉)"(DS 2)上诉机构报告第 VI 部分。
再如,上诉机构认为,在解释条约时,不能引入其中没有的用词或概念。参见"印度专利案(美国诉)"(DS 50)上诉机构报告第 45 段。
又如,在"加拿大药品专利案"(DS 114)中,专家组还认为,由于 TRIPS 协定引入了几个知识产权国际公约,所以在解释 TRIPS 协定条款的含义时,可以考虑这些公约的内容。参见"加拿大药品专利案"(DS 114)专家组报告第 7.14 段。

⑤ 参见"美国棉纱案"(DS 192)专家组报告第 7.46 段。

并不影响提交专家组审议的事项。① 因此,专家组并没有对这个问题作出裁决。但是,在"欧共体禽肉案"(DS 69)中,欧盟和巴西曾经就解决争议达成"油菜籽协议"。巴西认为欧盟违反了该协议中的义务。专家组认为,"油菜籽协议"不属于"适用协定"。但是,专家组审查了该协议的内容,认为巴西没有证明欧盟违反了该协议。② 上诉机构维持了专家组的这一裁决,认为"油菜籽协议"可以用作《维也纳条约法公约》所规定的解释条约的补充手段。③

三、迅速解决争端

争端迅速解决的重要性不言而喻。为此,专家组和上诉机构多次援引这一条款。专家组曾经依此调整审理案件的程序。④ 例如,在"欧共体香蕉Ⅲ案"(DS 27)中,专家组认为,对DSU条款的理解不应不必要地拖延争端解决的时间,或者使得成员(包括发展中国家成员)使用起来过度困难。⑤ 在"美国抵消法案(伯德修正案)案(澳大利亚等诉)"(DS 217)

---

① 参见"印度汽车案(欧共体诉)"(DS 146)专家组报告第7.114段。在本案中,印度认为欧盟再次援引DSU提出争端解决的要求不应被接受,因为欧盟提出的事项已经双方协商解决,而且双边协议已通知争端解决机构。专家组认为,双边争端解决协议对后续争端解决程序的影响在DSU中没有规定,应在个案的基础上予以考虑。专家组为,履行DSU项下的义务,有时需要考虑双边争端解决协议的条款。就本案而言,欧盟、印度之间的双边争端解决协议不影响专家组审查欧盟提出的事项。在基于本案事实作出这一裁决后,专家组认为没有必要就双边争端解决协议是否排除专家组的职权这一法律问题再作出裁决。
② 参见"欧共体禽肉案"(DS 69)专家组报告第218段。
③ 参见"欧共体禽肉案"(DS 69)上诉机构报告第83段。
④ 参见"欧共体荷尔蒙案"(DS 26,DS 48)上诉机构报告第153段。在本案中,美国和加拿大分别将欧共体措施提交WTO,而DSB设立了两个专家组,但成员相同。为了避免程序上不必要的迟延,专家组对两个案件只召开了一次共同的科学专家会议,寻求科学证据。上诉机构维持了专家组的做法,因为如果一定要求专家组召开两次科学专家会议,由同一批专家针对相同的科学问题发表两次意见,是浪费时间和资源。
⑤ 参见"欧共体香蕉Ⅲ案"(DS 27)专家组报告第7.32段。欧盟要求专家组先裁决起诉方设立专家组的请求不符合DSU第6条第2款的规定。欧盟认为,该请求只明确指向欧盟的一项法规,将其他相关法规、措施描述成一个"机制",并未指明其他法规、措施。欧盟认为,鉴于该请求指明一些协定条款,意味着还有其他未指明但相关的协定条款,而且起诉方未解释欧盟机制的哪一部分违反哪些协定的哪些条款。所以,欧盟认为,设立专家组的请求不能作为确定专家组职权范围的基础,不能给欧盟和潜在的第三方提供足够信息以说明起诉方的主张。专家组将DSU第3条第3款关于迅速解决争端的规定作为解释第6条第2款的上下文,裁决起诉方的专家组请求基本上满足该条款的要求。如果裁决起诉方的专家组请求无效,解决本争议可能将被延迟6—7个月,而这种迟延没有意义。

中,专家组和上诉机构干脆根据这一条款驳回了美国提出的制作多份专家组报告的要求。① 在很多案件中,上诉机构都引用"迅速解决争端"原则,拒绝对程序性要求进行解释,因为这些程序性要求可能导致起诉方针对同一争端提起多项程序。例如,在"美国归零案(日本诉)"(DS 322)中,上诉机构认为不能仅因为一项措施在专家组请求时还未完成,就将此措施排除在第21.5条程序专家组的职权范围外,否则需要新的第21.5条程序才能解决争端,这不符合"迅速解决争端"原则。② 在"美国陆地棉案"(DS 267)中,上诉机构持同样的观点。③

四、争端解决机制的目标

争端解决机制是为了确保争端得到积极解决。

1. 诉前判断

成员在提起争端解决程序之前,应判断一下它是否能够解决有关争议。这是要求成员自我约束,不要轻易提起争端解决程序。④ 但是,即使成员未进行诉前判断,也不影响专家组处理案件。在"墨西哥糖浆案"(DS 132)中,墨西哥认为,专家组并未审查美国是否履行了诉前判断的义务。上诉机构认为,此规定的性质是让成员进行自我约束,专家组没有义务进行审查,而是推定当成员提起设立专家组的请求时,已经对争端解决程序是否有效进行了判断。⑤

2. 双方满意的解决办法

成员应尽可能就解决争议达成双方接受且符合适用协定的协议。但是,这种协议仅仅是对"解决办法"的同意,不代表双方放弃了诉诸合规专家组程序的权利。在"欧共体香蕉Ⅲ案"(DS 27)中,上诉机构认为,欧盟

---

① 参见"美国抵消法案(伯德修正案)案(澳大利亚等诉)"(DS 217)上诉机构报告第311段。在本案中,美国根据DSU第9条第2款,要求专家组就墨西哥的起诉作出单独报告,因为墨西哥比其他起诉方多了一项根据补贴协议提出的请求。专家组和上诉机构认为,美国提出这项请求太晚,会影响争端的迅速解决。

② 参见"美国归零案(日本诉)"(DS 322)第21.5条程序上诉机构报告第122段。

③ 在"美国陆地棉案"(DS 267)中,上诉机构认为,如果仅仅因为同类型补贴是在提出最初程序后提供的,就要求WTO成员提出新的程序以挑战已经确认有负面影响的同类型补贴,不能促进案件的"迅速解决"。参见"美国陆地棉案"(DS 267)第21.5条程序上诉机构报告第246段。

④ 参见"欧共体香蕉Ⅲ案"(DS 27)上诉机构报告第135段。

⑤ 参见"墨西哥糖浆案"(DS 132)第21.5条程序上诉机构报告第74段。

与美国、厄瓜多尔之间达成的《香蕉谅解》[①]不能阻止起诉方接下来针对欧盟香蕉进口措施启动合规程序。但是，上诉机构认为，《香蕉谅解》的文本对于确定双方义务具有最优先、最重要的效力。[②]

3. 提起争端解决的条件

在"欧共体香蕉Ⅲ案"(DS 27)中，欧盟认为起诉方必须对索赔事宜具有"法定权利或利益"。但是，上诉机构驳回了此观点，原因有三：(1) 上诉机构认为DSU规则中没有此要求。(2) 成员在决定是否提起诉讼时有广泛的自主权。由于全球经济的相互依赖性增加，任何对已经协商好的权利义务平衡的偏离都可能直接或间接地影响WTO成员。[③] 在"韩国奶制品案"(DS 98)中，专家组持同样的观点。[④] (3) 目前案件已经进入合规诉讼阶段，美国是先前诉讼的起诉方，可以认为其在措施是否符合WTO规则问题上有特殊利益。[⑤] 此外，上诉机构还认为，提起诉讼并不一定需要出现DSU第3条第8款中规定的利益抵消或减损。[⑥]

4. 争端解决机制的目标顺序

在双方无法达成协议的情况下，争端解决机制的首要目标就是确保成员撤销其与适用协定不一致的措施，也就是DSU第21条所规定的使成员遵守DSB建议或裁决，以及第22条第1款所规定的完全遵守建议，使措施与适用协定相一致。[⑦] 退一步而言，如果立即撤销措施不可行，那么在撤销措施之前，双方可以商定提供补偿的办法。[⑧] 再退一步，最后的目标是，由DSB授权胜诉方中止减让或其他义务，并且只针对败诉方，也

---

① 参见《香蕉谅解》(欧共体与美国)(WT/DS27/59, G/C/W/270；WT/DS27/58, Enclosure 1)与《香蕉谅解》(欧共体与厄瓜多尔)(WT/DS27/60, G/C/W/274；WT/DS27/58, Enclosure 2)。
② 参见"欧共体香蕉Ⅲ案"(DS 27)第21.5条程序上诉机构报告(厄瓜多尔第二次诉/美国诉)第216段。
③ 参见"欧共体香蕉Ⅲ案"(DS 27)专家组报告第132—138段。
④ 在"韩国奶制品案"(DS 98)中，韩国认为将争端事项提交给专家组对起诉方应该有经济利益的要求，而专家组认为此项要求无法从DSU中解读出来。参见"韩国奶制品案"(DS 98)专家组报告第7.13段。
⑤ 参见"欧共体香蕉Ⅲ案"(DS 27)第21.5条程序专家组报告(美国诉)第7.34—7.35段。
⑥ 参见"欧共体香蕉Ⅲ案"(DS 27)专家组报告第7.32段。
⑦ 关于如何遵守DSB的建议或裁决，详见第21条解释。
⑧ 关于补偿谈判及其方式，详见第22条解释。

就是对败诉但不执行裁决的成员实行报复。①

撤销、补偿和报复,是争端解决机制的三个递减目标,也是败诉方执行 DSB 裁决的三种有顺序的方式。

五、真诚解决争端

对于采用争端解决机制,起诉方不应当无事生非,而被诉方的争议措施也不应当被视为故意行为;一方起诉,另一方就不同事项提起反诉,不应当是有联系的(WTO 中没有反诉制度)。

双方应当真诚解决争端。上诉机构曾经指出,真诚解决争端原则(以下简称"真诚原则")是一般法律原则,也是一项一般国际法原则。这项一般原则要求起诉方和应诉方真诚遵守 DSU 的原则;起诉方应当向被诉方提供充分的保护措施和答辩机会;被诉方应当迅速适当地将程序方面的缺陷提请起诉方和 DSB 注意,以便改正错误、解决争端。WTO 争端解决程序规则不是为了鼓励诉讼技巧的发展,而是为了促进公平、迅速和有效地解决贸易争端。②

1. 判断是否真诚的标准

在有些案件中,DSB 推定各方都是真诚的。③ 在"中国汽车部件案(欧共体诉)"(DS 339)中,专家组接受了加拿大在诉讼较晚阶段提交的证据,因为专家组推定加拿大是真诚解决争端的,没有故意扣留证据的意图。④ 但是,在"美国持续中止案"(DS 320)中,上诉机构认为 DSU 没有规则规定可以进行这样的推定。⑤ 实际上,DSU 第 3 条第 10 款是少有的对 WTO 成员提起诉讼权利的明确限制之一。⑥ 如何判断成员是否真诚?

---

① 关于报复的内容,详见第 22 条解释。
② 参见"美国 FSC 案"(DS 108)上诉机构报告第 166 段。美国认为欧盟关于其违反 SCM 协定第 3 条的主张应被专家组拒绝,因为欧盟未按该协定第 4 条第 2 款的要求提供"现有证据说明"。专家组裁决不同意美国的看法,美国就此点提出上诉。上诉机构拒绝了美国的上诉。上诉机构发现,从欧盟提出磋商请求到美国第一次得出反对意见期间,美国有很多机会提出反对,如在 5 个月的磋商期间、在讨论设立专家组的两次 DSB 会议上。上诉机构认为,美国如此行为,应被理解为已经接受本案设立的专家组及此前进行的磋商。
③ 参见"韩国纸制品案"(DS 312)专家组报告第 6.97 段。
④ 参见"中国汽车部件案(欧共体诉)"(DS 339)专家组报告第 6.21 段。
⑤ 参见"美国持续中止案"(DS 320)上诉机构报告第 313 段。
⑥ 参见"美国持续中止案"(DS 320)上诉机构报告脚注 101。

在"欧共体及成员国大型飞机案"(DS 316)中,专家组认为可以用"禁反言"的一般国际法规则分析成员是否真诚解决争端。①

2. 由"真诚解决争端"发展出的规则

在"美国羊肉案(新西兰诉)"(DS 177)中,上诉机构指出,WTO 成员虽然可以自行决定提出主张的方式,但不能不适当地在国内调查当局面前保留观点,留待向专家组提出,因为真诚解决争端是一项义务。② 在"美国陆地棉案"(DS 267)中,真诚原则有所发展。专家组认为,如果成员对于磋商的措施范围不确定而没有要求澄清,则不能以此反对专家组结论。③

在"加拿大飞机案"(DS 70)中,上诉机构认为,不能提供专家组要求的信息可以被认为"不真诚"。④ 出于真诚解决争端的态度,各方应该在尽量早的阶段尽可能清晰地提出观点。⑤ 在"欧共体紧固件案(中国诉)"(DS 397)中,由于中国在第一次书面意见中未提出主张,因此专家组认为中国未遵守真诚原则。⑥ 另外,此原则还要求各成员积极指出审理过程中的事实错误或程序性不足。⑦

六、其他原则

1. 推定抵消或减损

当一成员认为其应得利益由于另一成员的措施而被抵消或减损时,

---

① 参见"欧共体及成员国大型飞机案"(DS 316)专家组报告第 7.101 段。
② 参见"美国羊肉案(新西兰诉)"(DS 177)上诉机构报告第 115 段。在上诉中,新西兰质疑专家组的审查标准,因为专家组在审查主管机关的裁定时,仅以利害关系方在国内调查程序中提出的事实和法律依据为基础。上诉机构不同意专家组的做法,认为在 WTO 争端解决过程中,专家组审查主管机关的裁定不能仅基于利害关系方提出的依据。同时,上诉机构强调了"真诚解决争端"原则。
③ 参见"美国陆地棉案"(DS 267)专家组报告第 7.67 段。
④ 上诉机构曾指出,争端当事方有遵守 DSU 第 13 条第 1 款的义务,向专家组提供有关信息。这也是不将采用争端解决程序视为故意行为且真诚解决争端这一义务的具体表现。参见"加拿大飞机案"(DS 70)上诉机构报告第 190 段。
⑤ 例如,在"美国 1916 年法案案(欧共诉)"(DS 136)中,专家组认为,当事方的观点不应当留到中期审议阶段才提出,而应当在书面陈述和实质性会议期间提出。这是真诚解决争端的要求。参见"美国 1916 年法案案(欧共体诉)"(DS 136)专家组报告第 5.18 段。
⑥ 参见"欧共体紧固件案(中国诉)"(DS 397)专家组报告第 7.522 段。
⑦ 在"欧共体石棉案"(DS 135)中,专家组认为,在中期审议阶段,当事方应当指出专家组报告中对事实的理解和介绍的错误,否则可能会被认为违反了 DSU 第 3 条第 10 款规定的真诚解决争端的义务。参见"欧共体石棉案"(DS 135)专家组报告第 7.2 段、脚注 3。

就可以提起争端解决程序。一成员违反了协定规定的义务,就应当被视为抵消或减损了其他成员的利益。也就是说,在被诉方违反义务的情况下,起诉方不需要证明其利益受到了损害,应当由被诉方反驳起诉方的指控。① 起诉方的利益是否受到了损害,与起诉方原本的期待并无关系。②

当然,如果起诉方没有证明应诉方违反了协定的规定,那么就应当具体说明其受到损害的利益。这属于"非违反之诉"。③

2. 权威解释

如上所述,DSB 有"澄清"即解释协定的功能。也就是说,在将协定适用于具体案件的过程中,DSB 需要对协定的内容进行解释。但是,这不影响成员通过《WTO 协定》或诸边协定的决策程序对协定进行权威解释的权利。

诸边协定中并没有关于解释协定的决策程序。但是,《WTO 协定》第 9 条第 2 款明确规定,部长级会议和总理事会有通过本协定和多边贸易协定解释的专有权利。④ 具体程序是,由主管某项协议的理事会提出建议,然后由成员的 3/4 多数作出决定。但是,对协定的修改应按照《WTO 协定》第 10 条规定的程序进行。

3. 过渡性规则

DSU 只适用于 1995 年 1 月 1 日 WTO 成立之后的争端,以磋商请求的提出时间为准。对于此前的争端,包括专家组报告没有通过或没有全面执行的案件,应当适用以前的程序。

此外,如果一个案件是由发展中国家成员对发达国家成员提起的,则

---

① 例如,在"欧共体香蕉Ⅲ案"(DS 27)中,欧共体指出,美国并不出口香蕉,因此其利益没有受到影响。但是,上诉机构认为,美国生产香蕉,其潜在的出口利益不应被排除;美国的国内香蕉市场可能会受到欧共体香蕉分销体制及其对世界香蕉供应和价格的影响,因此美国在此案中有利益。参见"欧共体香蕉Ⅲ案"(DS 27)上诉机构报告第 251 段。

在"土耳其纺织品案"(DS 34)中,土耳其认为,印度的利益没有被抵消或减损,因为印度的出口实际上增加了。但是,专家组认为,如果没有土耳其的数量限制措施,印度的出口可能会更多。参见"土耳其纺织品案"(DS 34)专家组报告第 9.204 段。

② 参见"欧共体食糖出口补贴案(澳大利亚诉)"(DS 265)上诉机构报告第 300 段。

③ 关于非违反之诉,详见第 26 条解释。

④ 在"日本含酒精饮料Ⅱ案(欧共体诉)"(DS 8)中,上诉机构认为,由于《WTO 协定》明确规定了对协定的解释,因此解释协定的权利就不可能在别的地方以隐含或随意的方式存在。上诉机构据此否定了专家组认为案例具有先例效力的观点。参见"日本含酒精饮料Ⅱ案(欧共体诉)"(DS 8)上诉机构报告第 E 段。

在磋商、斡旋、专家组设立和专家组程序等方面,发展中国家成员有权要求适用一些快速程序。例如,专家组应当在 60 天内作出裁决,而不是 DSU 第 12 条第 8 款规定的 6 个月。① 当然,如果专家组无法在 60 天内作出裁决,则经该发展中国家成员同意,可以延长时限。

---

① 这些快速程序详见 1966 年关于程序的决定。

第 4 条
磋　商

1. 各成员确认决心加强和提高各成员使用的磋商程序的有效性。

2. 每一成员承诺对另一成员提出的影响任何适用协定在前者领土内运用的措施的交涉给予积极考虑,并提供充分的磋商机会。*

3. 如磋商请求是按照一适用协定提出的,则请求所针对的成员应在收到请求之日起 10 天内对该请求作出答复,并应在收到请求之日起不超过 30 天的期限内真诚地进行磋商,以达成双方满意的解决办法,除非双方另有议定。如该成员未在收到请求之日起 10 天内作出答复,或未在收到请求之日起不超过 30 天的期限内或双方同意的其他时间内进行磋商,则请求进行磋商的成员可直接开始请求设立专家组。

4. 所有此类磋商请求应由请求磋商的成员通知 DSB 及有关理事会和委员会。任何磋商请求应以书面形式提交,并应说明提出请求的理由,包括确认所争论的措施,并指出起诉的法律根据。

5. 在依照一适用协定的规定进行磋商的过程中,在根据本谅解采取进一步行动之前,各成员应努力对该事项作出令人满意的调整。

6. 磋商应保密,并不得损害任何一方在任何进一步诉讼中的权利。

7. 如在收到磋商请求之日起 60 天内,磋商未能解决争端,则起诉方可请求设立专家组。如磋商各方共同认为磋商已不能解决争端,则起诉方可在 60 天的期限内请求设立专家组。

8. 在紧急案件中,包括涉及易腐货物的案件,各成员应在收到请求之日起不超过 10 天的期限内进行磋商。如在收到请求之日起 20 天的期限内,磋商未能解决争端,则起诉方可请求设立专家组。

9. 在紧急案件中,包括涉及易腐货物的案件,争端各方、专家组及上诉机构应尽一切努力,尽最大可能加快诉讼程序。

10. 在磋商中,各成员应特别注意发展中国家成员的特殊问题和

---

* （原注）如任何适用协定中有关在一成员领土内的地区或地方政府或主管机关采取措施的规定包含与本款规定不同的规定,则应以此适用协定的规定为准。

利益。

11. 只要进行磋商的成员以外的一成员认为按照 GATT 1994 第 22 条第 1 款和 GATS 第 22 条第 1 款或其他适用协定的相应规定*所进行的磋商涉及其实质贸易利益,则该成员即可在根据上述条款进行磋商的请求散发之日起 10 天内,将其参加磋商的愿望通知进行磋商的成员和 DSB。该成员应被允许参加磋商,只要磋商请求所针对的成员同意实质利益的主张是有理由的。在这种情况下,它们应如此通知 DSB。如参加磋商的请求未被接受,则申请成员有权根据 GATT 1994 第 22 条第 1 款或第 23 条第 1 款、GATS 第 22 条第 1 款或第 23 条第 1 款或其他适用协定的相应规定提出磋商请求。

磋商是争端各方交换信息、评估各自的优势和劣势、缩小争议范围甚至在有些案件中达成双方满意的解决办法的过程。① WTO 成员认为有必要加强和提高磋商程序在解决争端方面的作用。为了实现这个目标,一成员对另一成员要求磋商的事项应积极考虑,并且提供充分磋商的机会。② 同时,磋商的义务是绝对的,不受任何之前提出的条件的限制。③

综上,对磋商程序作出详细规定,是确保磋商作用的制度安排。因此,本条主要是对磋商程序的规定。

---

* (原注)适用协定中相应的磋商规定如下:
《农业协定》第 19 条;《实施卫生与植物卫生措施协定》第 11 条第 1 款;《纺织品与服装协定》第 8 条第 4 款;《技术性贸易壁垒协定》第 14 条第 1 款;《与贸易有关的投资措施协定》第 8 条;《关于实施 1994 年关税与贸易总协定第 6 条的协定》第 17 条第 2 款;《关于实施 1994 年关税与贸易总协定第 7 条的协定》第 19 条第 2 款;《装运前检验协定》第 7 条;《原产地规则协定》第 7 条;《进口许可程序协定》第 6 条;《补贴与反补贴措施协定》第 30 条;《保障措施协定》第 14 条;《与贸易有关的知识产权协定》第 64 条第 1 款;以及每一诸边贸易协定主管机构确定并通知 DSB 的诸边贸易协定中任何相应的磋商规定。

① 参见"墨西哥糖浆案"(DS 132)第 21.5 条程序上诉机构报告(美国诉)第 54 段。
② 本条第 2 款脚注提到其他协定中有关地区、地方政府或主管机关的规定优先适用的问题。根据《技术性贸易壁垒协定》第 14 条,如果一成员地方政府没有遵守有关义务,则另一成员可以对该成员援用争端解决程序。此处关于磋商的特殊规则,似乎仅为第 14 条第 1 款的"磋商和争端解决应在争端解决机构的主持下进行",因为 DSU 的磋商是保密的,DSB 并不参与其中。问题是,这种差异似乎与本条第 2 款所涉及的问题无关,因为本条第 2 款仅要求一成员对另一成员提出的事项应积极考虑,并且提供充分磋商的机会。此外,《技术性贸易壁垒协定》第 14 条第 1 款并未在 DSU 第 1 条第 2 款所指的适用协定附录中被列为特殊或附加规则。
③ 参见"巴西椰子干案"(DS 22)专家组报告第 287 段。

一、磋商的时限

磋商请求应由一成员向另一成员提出。实践中,这常常是在各成员驻 WTO 大使之间进行的。例如,2002 年 3 月 7 日,欧盟大使致函美国大使,要求就美国于当年 3 月 5 日宣布的钢铁进口限制措施进行磋商。①

磋商请求所针对的成员应在收到请求之日起 10 天内作出答复,并应在收到请求之日起不超过 30 天的期限内与请求磋商的成员进行磋商。同时,双方也可另行商定进行磋商的时限。② 如对方未在 10 天内作出答复,或者双方未在 30 天或商定的时间内进行磋商,则请求磋商的成员可直接开始申请设立专家组。③ 应诉方若未及时答复磋商请求、拒绝进行磋商或未对起诉方不提起磋商请求提出质疑,则可认为应诉方同意放弃专家组设立前的磋商。④

如在收到磋商请求之日起 60 天内,磋商未能解决争端,则起诉方可以申请设立专家组。也就是说,磋商的最长期限为 60 天,从收到磋商请求之日起算。但是,在两种情况下,起诉方不必等到 60 天结束,就可以申请设立专家组。第一种情况是,磋商各方共同认为磋商已不能解决争端。第二种情况是,案件涉及紧急问题,如有关货物是容易腐烂的。在这两种情况下,相关成员应在 10 天内进行磋商,在 20 天内解决争端,否则就可以申请设立专家组。

值得注意的是,在 60 天内,若磋商达不成协议,起诉方就可以申请设立专家组,这是给起诉方的一种"诉权"。起诉方完全可以在 60 天之后继续与对方进行磋商。事实上,有些磋商确实持续相当长的时间。例如,美

---

① 参见 WTO 文件:WT/DS 248/1。
② 从 DSU 第 4 条第 3 款第 1 句的措辞看,似乎答复请求的时限也可以由双方商定。但是,该款第 2 句则明确显示,可以商定的只是举行磋商的时限。一般理解,答复时间不存在商量的问题,商量本身就是答复。DSU 只要求对请求作出答复,而同意、不同意甚至仅仅表示来函收悉,都应当算作答复。
③ 在"巴西椰子干案"(DS 22)中,菲律宾于 1995 年 11 月 27 日要求与巴西进行磋商。巴西于当年 12 月 8 日答复,由于巴西对椰子的补贴调查和征收反补贴税是按照《补贴与反补贴措施协定》进行的,因此如果菲律宾同意只依据该协定进行磋商,巴西就同意举行磋商。同年 12 月 13 日,菲律宾答复巴西,认为其 12 月 8 日所作答复构成拒绝磋商。菲律宾因此于 1996 年 1 月 17 日请求设立专家组。参见"巴西椰子干案"(DS 22)专家组报告第 1—3 段。
④ 参见"墨西哥糖浆案"(DS 132)第 21.5 条程序上诉机构报告(美国诉)第 58—64 段。

国与韩国之间关于农产品进入韩国的检验要求的磋商从1995年4月6日提出,至2002年3月仍未宣布结束。① 另外,即使起诉方不愿在60天结束后继续磋商,也并不意味着60天期限一过,起诉方应立即提出设立专家组的申请。实践中,起诉方常常需要一段时间,根据磋商中得到的信息和争执的问题,准备起诉的材料,以准确、全面地表述自己的诉讼请求。

当然,即使磋商进行得并不充分,起诉方仍可在60天磋商结束后申请设立专家组,专家组只需要确定磋商已经进行即可。② 例如,在"韩国含酒精饮料案(欧共体诉)"(DS 75)中,韩国认为在磋商过程中没有有效信息交换,但专家组认为其并没有义务审查磋商进行得是否充分。③ 在"美国FSC案"(DS 108)中,美国认为欧盟的磋商请求没有包含SCM协定第4条第2款要求的"证据陈述",因此专家组应驳回欧盟的主张;而专家组认为它在设立时仅需要考察当事方是否进行了磋商、是否请求进行磋商以及磋商期限是否已经过了,不提供此"证据陈述"不能排除专家组的管辖权。④

二、对磋商请求的要求

磋商请求应由请求磋商的成员通知DSB、有关理事会和委员会,该通知常常与磋商请求同时发出。例如,欧盟磋商请求涉及的是美国对进口钢铁采取保障措施的问题,应当将该请求通知DSB、货物贸易理事会和保障措施委员会。前述欧盟大使的函就分别抄送给了DSB、货物贸易理事会和保障措施委员会的主席。⑤ 实践中,磋商请求方可以将磋商请求告知秘书处,并告知秘书处有哪些其他相关的理事会和委员会需要通知,由秘书处向相关方转达此磋商请求。⑥

磋商请求应采用书面形式,并应说明提出请求的理由,包括确认争议措施,以及指出法律根据。"措施"应是被诉方采取的,而且请求方认为正在对其根据有关协定直接或间接获得的利益造成损害的具体措施。⑦ 此

---

① 参见WTO文件:WT/DS3/1。
② 参见"欧共体香蕉Ⅲ案"(DS 27)专家组报告第7.19段。
③ 参见"韩国含酒精饮料案(欧共体诉)"(DS 75)专家组报告第10.19段。
④ 参见"美国FSC案"(DS 108)专家组报告第7.7段。
⑤ 参见WTO文件:WT/SS248/1,G/L/527,G/SG/D20/1。
⑥ 参见WTO文件:WT/DSB/6。
⑦ 参见DSU第3条第3款。

"措施"甚至包括已经失效的措施。在"美国陆地棉案"(DS 267)中,美国认为,在磋商时已经失效的措施不会影响适用协定。但是,专家组和上诉机构认为,一个失效的措施是否对适用协定有影响需要进行个案判断,而磋商就是为了弄清事实和法律问题,因此不应该将已经失效的措施排除在磋商之外。①

"法律根据"常常是引起争议的措施所违反的具体协议条文。磋商请求的函虽然比较简单,但必须指明争议措施和法律根据,其中应当包括设立专家组请求中的内容。由于磋商的目标之一是"澄清事实",起诉方可能会通过磋商缩小其希望设立专家组的请求事项范围,因此磋商请求和建立专家组的请求并不需要绝对一致。② 但是,DSB 对于磋商请求与设立专家组的请求之间的不同也有限制。起诉方可以通过在磋商中获得的信息缩小争议范围或重构其起诉事项,③但不能扩大争议范围,④也不能改变争议的"实质性内容"。⑤ 在"美国虾案(泰国诉)"(DS 343)中,上诉机构认为,起诉方是否扩大了争议范围或改变了争议的"实质性内容"需要进行个案判断。⑥

WTO 的实践表明,对于磋商请求中未涉及的事项,专家组很难审理。⑦ 因此,磋商的范围由磋商书面请求确定,而非由实际发生在磋商中

---

① 参见"美国陆地棉案"(DS 267)上诉机构报告第 260—263 段。
② 参见"巴西飞机案"(DS 46)上诉机构报告第 132 段。本案中,巴西认为专家组不能审查磋商后生效的一些文件。但是,专家组认为,磋商和设立专家组请求所针对的在根本上是同一个问题。上诉机构指出,磋商的问题和设立专家组请求中的问题并不完全一致;磋商也可以澄清事实,所以在磋商中获得的信息可以帮助起诉方确定提交专家组的事项的范围。
③ 参见"墨西哥大米反倾销措施案"(DS 295)上诉机构报告第 138 段。
④ 参见"美国陆地棉案"(DS 267)上诉机构报告第 293 段。
⑤ 参见"墨西哥大米反倾销措施案"(DS 295)上诉机构报告第 137 段。
⑥ 参见"美国虾案(泰国诉)"(DS 343)上诉机构报告第 293 段。
⑦ 参见"美国鲑鱼案"(BISD 41S/229)专家组报告第 332—338 页。专家组如何知道某事项是否在磋商中讨论过,需要当事方举证。由于磋商是秘密进行的,并且没有正式记录,因此起诉方保留对磋商事项的记录是非常重要的,有些成员就使用书面提问的方式。See also David Palmeter and Petros C. Mavroidis, *Dispute Settlement in the World Trade Organization: Practice and Procedure*, Kluwer Law International, 1999, pp.64-65. 在"欧共体床上用品案"(DS 141)中,印度起草了一份磋商情况的报告提交专家组。欧共体认为这个报告是不准确的,并没有签字,并认为专家组对该报告中的内容应不予考虑。但是,专家组认为其有权考虑磋商中的信息。参见"欧共体床上用品案"(DS 141)专家组报告第 6.30—6.35 段。

的内容确定。① 例如,前述欧盟大使的函就明确提出,根据 DSU 第 4 条、GATT 1994 第 22 条第 1 款和《保障措施协定》第 14 条,欧盟要求与美国进行磋商。磋商的事项是美国于 2002 年 3 月 5 日宣布的对某些进口钢铁产品提高关税的决定。欧盟认为,这些决定在 10 个方面违反了美国在《保障措施协定》和 GATT 1994 中的义务。② 实践中,普遍认为,在磋商请求中对法律根据的阐述要求低于在设立专家组请求中的阐述,③在磋商请求之后的补充附录中提出的法律根据亦可以作为起诉的法律根据。④

在"美国禽肉案(中国诉)"(DS 392)中,美国认为,中国虽然在磋商请求中提到 SPS 协定第 11 条,但中国用的是条件性语句,⑤并不能认为中国对此问题要求磋商,因此该主张不在专家组的职权范围内。专家组认为,中国的磋商请求虽然只在模糊的条件性语句下有效,但请求本身还是指向了此条规则,WTO 成员在磋商请求中对主张的措辞要比在设立专家组请求中留有更多余地,因此美国的主张并不成立。⑥

三、磋商的方式

单独磋商是一方独自提出与另一方进行磋商,即磋商只在两个成员之间进行。

联合磋商是多个成员与一成员磋商。一成员采取的某项措施可能会

---

① 参见"美国陆地棉案"(DS 267)上诉机构报告第 286—287 段。
② 参见 WTO 文件:WT/DS248/1。
③ 参见"美国禽肉案(中国诉)"(DS 392)专家组报告第 7.30—7.34 段和第 7.43 段。在此案中,专家组认为,DSU 第 4 条第 4 款要求在磋商请求中"指出起诉的法律根据",第 6 条第 2 款要求在设立专家组请求中"提供一份足以明确陈述问题的起诉的法律根据概要"。参见"欧共体紧固件案(中国诉)"(DS 397)专家组报告第 7.207 段。在此案中,专家组认为,磋商请求仅仅列出可能被违反的条款清单即可,但此法律规则清单作为设立专家组请求的法律根据是不够的。
④ 参见"美国 DRAMS 反补贴调查案"(DS 296)上诉机构报告第 100 段。在本案中,韩国最初的磋商请求不包括一项提出请求时尚不存在的反补贴税令。之后,在磋商请求的附录中,韩国要求针对此反补贴税令进行磋商。上诉机构认为,附录本应该与最初的磋商请求一起解读,因此附录中的内容也可以被作为 DSU 第 4 条第 4 款下的法律根据。
⑤ 中国在磋商请求第 6 段写道:"另外,尽管中国不认为美国限制禽肉进口的措施构成《实施卫生与植物卫生措施协定》下的卫生与植物检疫措施,但是如果美国宣称此措施是卫生与植物检疫措施,中国还要求就《实施卫生与植物卫生措施协定》第 11 条与美国进行磋商……"参见"美国禽肉案(中国诉)"(DS 392)专家组报告脚注 165。
⑥ 参见"美国禽肉案(中国诉)"(DS 392)专家组报告第 7.41—7.43 段。

影响到几个成员的利益，因此几个成员可能都会要求与该成员进行磋商。几个成员可以分别或联合提出磋商请求，然后共同进行磋商。① 例如，欧盟、日本、韩国、中国、挪威和瑞士分别要求与美国就其钢铁进口限制措施进行磋商，联合磋商于 2002 年 4 月 11 日和 12 日进行。

加入磋商是加入其他成员已经提出的磋商。请求加入的成员必须在其他成员的磋商请求散发之日起 10 天内将其参加磋商的愿望通知进行磋商的成员和 DSB。此处的"散发"，是指 DSB 以 WTO 文件的形式发放。DSB 在收到磋商请求的通知后，往往是过一段时间才正式发放文件。例如，1996 年 10 月 14 日，DSB 散发了印度、马来西亚、巴基斯坦和泰国等要求与美国就美国对某些虾和虾制品实施进口限制的措施进行磋

---

① 对联合磋商，人们常常用"joint consultations"这个词表示。

联合磋商的请求各方之间常常会事先协调立场，以防进行磋商时原告之间出现分歧，同时对提问作出分工，以使磋商进行得更为有效。

联合磋商对请求方有诸多好处。它可以使原告"联合起来，一致对外"，可以使没有经验的请求方避免单独面对强大对手的不利局面，甚至可以使其在联合磋商中学到很多技巧，如如何安排日程、提什么问题等。因此，在这种情况下，似乎没有必要强调主权、独立的意识而一定要坚持单独磋商。在国际社会，很多时候都需要国家之间进行合作。这不仅仅是今天我需要你、明天你也可能需要我那种"互助"关系，还因为"团结就是力量"。任何一个理性的国家都不会愿意成为国际社会中的"另类"。善于与他人合作和团结，这对于国家和个人同样重要。

被请求方同意进行联合磋商，是因为这样的安排比较经济，不用在数个场合浪费口舌和时间去回答同样的问题。另外，在当今全球化和信息交流十分便利畅通的时代，利用单独磋商晓之以理、动之以情，进而分化瓦解对手的阵营也恐难得逞。所以，只要请求各方提出联合磋商，被请求方索性就答应了。

被请求方当然不会不考虑"敌众我寡"的压力；磋商中，自己是孤军奋战；磋商后，对手可能会发表联合声明，形成"同仇敌忾"之势。但是，如果对自己采取的措施早已令全世界一片哗然，谴责之声不绝于耳，在这样的压力下都能"岿然不动"，那么小小的磋商自不在话下。至于磋商中对手云集的局面，对于"艺高胆大"者来说，不仅不会怯场，反而会激发其产生一种勇士般的豪情壮志；这帮乌合之众，看我如何收拾你们！

以上只是对联合磋商中双方动机和"潜意识"的一点猜测。在磋商会上，往往是技术层面的答问，就有关措施的事实问题进行一些澄清。这种答问没有"公证人"在场，所以一定是"公说公有理，婆说婆有理"。双方不一定深入辩论和激烈交锋，常常戏称"孰是孰非留待专家组裁定"。会议上，大家混坐在一起，没有主诉，没有主席，自告奋勇的牵头人会协调一下会议的秩序。参加磋商的人虽然很多，但答问总是一对一进行的，其他人都是静静地听着，没有一方人多势众、另一方势单力薄的感觉。当然，回答问题的一方总是有些被动，因为总是受到别人的质问。

也许，对于"道中人"来说，联合磋商不过是为了大家方便，几家在一起开个会而已，能解决问题就解决问题，不能解决问题就走走过场。至于联合磋商背后的动机等，不过是新来者或旁观者的臆测，说出来会贻笑大方。

商的请求,而磋商请求是当年 10 月 8 日提出的。① 因此,就 10 天内加入的期限而言,起点不是磋商请求提交之日,不是被请求方收到请求之日,也不是请求方为了壮大队伍而邀请他方参加或将其磋商请求主动抄送他方之日,而是 DSB 散发磋商请求之日。

加入磋商的请求之内容更为简单。例如,1996 年 10 月 23 日,中国香港申请加入上述"美国虾案(泰国诉)"(DS 343)的磋商。该申请只点明了美国限制措施的标题,而没有说明美国的措施违反了 WTO 的哪些义务。② 仅仅加入他人的磋商而不独立提出磋商,一方面表明该磋商涉及自己的实质贸易利益;另一方面则意味着自己不提出独立的请求,只是加入别人的磋商而已。事实上,多数只提出加入磋商请求的成员后来都成了专家组审理案件时的第三方。加入磋商的请求一般应被允许。但是,被请求方也可能会认为请求加入方主张其有实质贸易利益是没有依据的,因而拒绝其加入磋商。③ 在这种情况下,该成员可单独提出磋商请求。④

四、其他规定

1. 磋商是保密的

"保密"的一层含义是,磋商是在保密的情况下进行的,除当事方和加入磋商者外,其他成员不能参加。WTO 工作人员也不能参加磋商。⑤

磋商不得影响当事方在进一步程序中的权利,即"保密"的另一层含

---

① 参见 WTO 文件:WT/DS58/1。
② 参见 WTO 文件:WT/DS58/2。
③ DSU 并没有对何为"实质贸易利益"作出规定。因此,被请求方可以自己判定申请加入方是否有实质贸易利益,甚至可能要求申请加入方提交相关证据。实践中,也发生过拒绝请求加入方加入的情况。See Jeffrey Waincymer, *WTO Litigation*: *Procedural Aspects of Formal Dispute Settlement*, Cameron May Ltd., 2002, p.226.
④ 加入方的立场,可以是支持当事方中某一方的观点,也可以是独立发表评论。在支持、加入被请求方的情况下,应不存在被请求方不同意的问题。
⑤ 在"欧共体香蕉Ⅲ案"(DS 27)中,专家组认为,磋商是在当事方之间进行的,DSB、专家组和秘书处都没有参与。参见"欧共体香蕉Ⅲ案"(DS 27)专家组报告第 7.19 段。

义是,当事方在磋商中的出价不得被另一方事后提交专家组。① 但是,在磋商中获得的信息可以在专家组审理阶段被引用,因为磋商也有收集相关信息的目的。② 因此,即使某个案件的第三方没有参与磋商,在提供给此第三方的当事方书面意见中包含在磋商中获得的信息也不违反保密要求。③

此外,如果第一次磋商没有达成协议,也没有要求设立专家组,而在过一段时间之后,双方就同一争议再次进行磋商,并且随后设立了专家组,则在第一次磋商中获得的信息也可以用于专家组审理案件。④ 即在当事方及争议相同的情况下,在前一次磋商中收集的信息可以用于后一个专家组审理案件。

2. 当事方应真诚进行磋商,争取达成双方满意的解决办法

在采取进一步行动,即请求设立专家组之前,当事方应力争达成调整有关措施的协议。由于当事方在磋商过程中提出的主张和确认的事实对于之后专家组程序的内容和范围的确定十分重要,⑤因此真诚原则要求磋商各方充分进行信息披露。

---

① 参见"美国内衣案"(DS 24)专家组报告第 7.27 段。本案中,起诉方哥斯达黎加向专家组提交了美国在磋商中提出的有关限制水平的出价。专家组拒绝考虑此出价,认为磋商中的出价对争端解决的后续程序不产生法律后果。

② 参见"韩国含酒精饮料案(欧共体诉)"(DS 75)专家组报告第 10.23 段。本案中,韩国认为欧共体和美国违反了保密义务,因为它们向专家组提交了韩国在磋商中提供的信息。专家组认为,磋商是为了让当事方收集相关的正确信息,保密义务要求当事方不得对外披露,而专家组程序也是保密的,因此当事方向专家组提交这种信息没有违反保密义务。参见"美国羊肉案(新西兰诉)"(DS 177)专家组报告第 5.39—5.40 段。本案中,美国反对专家组采纳在磋商过程中收集的信息。但是,专家组认为,如果只是留意在磋商中某些问题是否被提及这一纯事实的书面证据,则不会影响磋商目标的达成。

③ 参见"墨西哥糖浆案"(DS 132)专家组报告第 7.41 段。

④ 参见"澳大利亚车用皮革 II 案"(DS 126)专家组报告第 9.32 段。本案中,美国曾经提出进行磋商,但没有继续下面的程序。后来,美国又提出了磋商请求,并且随后 DSB 设立了专家组。被诉方澳大利亚认为,专家组不应考虑美国在第一次磋商中所获得的信息。专家组认为,没有理由支持澳大利亚的观点,因为当事方和争议是相同的,而在第一次磋商后没有设立专家组,并且本案没有第三方了解磋商中的信息。

⑤ 上诉机构指出,如果一方认为在专家组程序中涉及没有在磋商中提及的事实,则可以要求专家组对事实进行调查。参见"印度专利案(美国诉)"(DS 50)上诉机构报告第 94 段。

3. 对于紧急案件,当事方应尽量加快磋商程序①

4. 对于发展中国家成员的特殊问题和利益,应予以特别关注

例如,对于针对发展中国家成员措施的磋商,各方可同意延长磋商期限。如有关期限已过,而各方不能同意磋商已经完成,则 DSB 应在与各方磋商后,决定是否延长有关期限及延长的时间。② 因此,延长磋商期限是作为被诉方的发展中国家成员的特殊权利。

---

① 在"加拿大专利保护期案"(DS 170)中,美国称,TRIPS 协定要求专利保护期为 20 年,但加拿大的保护期仅为 17 年。美国要求专家组加快案件审理,因为案件审理期间专利就会到期,将给专利所有人带来不可挽回的损失。美国还提到本案案情简单,没有第三方及其他情况。美国提出的具体方法是:双方加快提交书面陈述,并且在第一次实质性会议前就提交两份书面陈述。但是,加拿大表示反对。专家组认为,由于成员在时限上的其他要求,不能同意美国的建议。但是,专家组制订了最低时限的时间表,并且承诺尽力在第二次实质性会议后尽快作出专家组报告。参见"加拿大专利保护期案"(DS 170)专家组报告第 1.5 段。

② 参见 DSU 第 12 条第 10 款。

第 5 条
斡旋、调解和调停

1. 斡旋、调解和调停是在争端各方同意下自愿采取的程序。

2. 涉及斡旋、调解和调停的程序,特别是争端各方在这些程序中所采取的立场应保密,并且不得损害双方中任何一方根据这些程序进行任何进一步诉讼程序的权利。

3. 争端任何一方可随时请求进行斡旋、调解或调停。此程序可随时开始,随时终止。一旦斡旋、调解或调停程序终止,起诉方即可开始请求设立专家组。

4. 如斡旋、调解或调停在收到磋商请求之日起 60 天内开始,则起诉方在请求设立专家组之前,应给予自收到磋商请求之日起 60 天的时间。如争端各方共同认为斡旋、调解或调停过程未能解决争端,则起诉方可在 60 天期限内请求设立专家组。

5. 如争端各方同意,斡旋、调解或调停程序可在专家组程序进行的同时继续进行。

6. 总干事可依其职权提供斡旋、调解或调停,以期协助各成员解决争端。

WTO 争端解决机制鼓励争端双方达成双方满意的解决办法。[①] 因此,除了援用 DSU 正式的争端解决程序外,对其他解决争议的方法也是应当鼓励的。斡旋、调解和调停就是这样的"其他解决争议的方法"。

这三种方法的性质差不多,但方式有细微差别。对于斡旋,第三方只是想方设法把当事方拉到一起进行谈判,自己并不去审查争议的是是非非。调停者想方设法帮助当事方形成一致的立场,但自己并不提出解决办法。调解者则更进一步,提出自己的解决办法。事实上,在实践中,这三种方法可能是相互转换的,有时无法明确界定属于哪一种。

斡旋、调解和调停是争端各方自愿的行为,一切由争端各方自行安排。因此,这种程序独立于 DSU 中正式的争端解决程序:一方可随时要

[①] 参见 DSU 第 3 条第 7 款。

求开始这个程序;程序可随时开始,随时终止,包括在根据 DSU 提起正式磋商之前、在磋商进行时甚至在专家组程序进行时。

斡旋、调解和调停的过程是保密的,包括当事方所持的立场,并且不得影响争端各方在进一步程序中的权利。这更加强调了这些程序的独立性。此外,本条第 2 款的用语很像第 4 条第 6 款关于磋商的规定,只是更为明确地强调争端各方的立场应保密。应当认为,像磋商中争端各方的出价一样,争端各方的立场是不能提交事后的专家组的。至于在斡旋、调解和调停中获得的信息是否可以在专家组程序中引用,鉴于这些程序的独立性,答案也应当是否定的。

需要指出的是,虽然斡旋、调解和调停具有独立性,但本条第 3 款所说的"一旦斡旋、调解或调停程序终止,起诉方即可开始请求设立专家组"又似乎意味着,只有在这些程序结束后,才可以开始请求设立专家组,即这些程序的结束是设立专家组的前提。事实上,从本条第 5 款所说的这些程序可以与专家组程序并行的情况来看,这种联系是不存在的。因此,从本条第 3 款的用语可以看出,斡旋、调解和调停结束后,争端任何一方就可以要求设立专家组,而不必进行 DSU 所规定的磋商程序。磋商的目的就是让双方面对面谈判解决争端,而在斡旋、调解和调停未果的情况下,可以认为双方谈判解决争端的可能性已经不复存在,双方再行磋商似乎已经没有必要。

此外,本条第 4 款把斡旋、调解和调停程序与磋商程序联系在一起,规定如果这些程序是在磋商期间进行的,磋商仍然应当有 60 天时间;而如果这些程序未解决争端,起诉方可以提前请求设立专家组。事实上,这一规定的结果是进一步强调了斡旋、调解和调停程序的独立性,即这些程序并不影响磋商的进行。无论是否有这些程序,磋商都应当有 60 天时间。这是起诉方拥有的权利,而斡旋、调解和调停程序没有解决争端正是第 4 条第 7 款所说的"磋商各方共同认为磋商已不能解决争端"的一种情况。

最后,本条第 6 款规定 WTO"总干事可依其职权提供斡旋、调解或调停,以期协助各成员解决争端",似乎表明总干事可以主动干预争端各方的争议。但是,这肯定不能违反本条第 1 款规定的争端各方自愿原则。争端各方如果不愿采取这些程序,或者争端各方不愿让总干事担任这种中间人的角色,总干事是不能强行介入的。

需要明确的是,争端各方自愿原则有一个例外,即在一方是发展中国家时,该方可以要求总干事进行斡旋、调解和调停,而对方发达国家不得拒绝,并且应当提供所有相关信息。[1]

实践中,斡旋、调解和调停程序很少被使用。[2] 1982年,在美国和欧共体关于柑橘的争议中,使用了调解方法,但未获成功。[3] 1987年,应欧共体和日本的请求,总干事指定了一名代表对日本铜的定价和贸易做法进行斡旋。后该代表认为日本没有违反GATT 1947,建议当事方就关税约束的削减进行谈判。[4] 1988年,应欧共体和加拿大的请求,总干事就葡萄牙先前向加拿大提供关税约束的范围发表了意见。[5] 2002年,应菲律宾、泰国和欧盟的请求,总干事就欧盟对金枪鱼罐头实行歧视关税待遇发表了意见。[6]

---

[1] 参见1966年关于程序的决定 第1、2段。
[2] See David Palmeter and Petros C. Mavroidis, *Dispute Settlement in the World Trade Organization: Practice and Procedure*, Kluwer Law International, 1999, p. 66.
[3] See Minutes of Council Meeting, 1 Oct. 1982, C/M/161, item 4.
[4] See Measures Affecting the World Market for Copper Ores and Concentrates, L/6456.
[5] See Minutes of Council Meeting, 19 Oct. 1988, C/M/225.
[6] See Request for Mediation by the Philippines, Thailand and the European Communities, Communication from the Director, General, 16 Oct. 2002, WT/GC/66.

第 6 条
专家组的设立

1. 如起诉方提出请求,则专家组应最迟在此项请求首次作为一项议题被列入 DSB 议程的会议之后的 DSB 会议上设立,除非在此次会议上 DSB 经协商一致决定不设立专家组。*

2. 设立专家组的请求应以书面形式提出。请求应指出是否已进行磋商、确认争议中的措施并提供一份足以明确陈述问题的起诉的法律根据概要。在申请方请求设立的专家组不具有标准职权范围的情况下,书面请求中应包括特殊职权范围的拟议案文。

一、DSB 会议设立专家组

通常,要经过两次 DSB 会议,专家组才能设立。在第一次会议上,被诉方往往不会同意设立专家组以拖延时间。在第二次会议上,除非 DSB 经协商一致不设立专家组,否则专家组应当自动设立。这是反向一致原则的具体应用。[1] 如果下一次 DSB 例会尚远,起诉方可以请求 DSB 专门召开第二次会议以设立专家组。DSB 应在收到请求后 15 天内举行会议,但要提前 10 天发出会议通知。实践中,在第一次 DSB 会议上就设立专家组,即被诉方立即同意设立专家组的情况并不多见。[2]

专家组与专家组之间可能存在职权范围的重叠。在"澳大利亚车用皮革 II 案"(DS 126)中,应美国的要求,DSB 就同一事项设立了两个专家组。在后一个专家组设立请求中,美国要求撤回前一个设立请求。澳大利亚认为美国没有权利请求设立第二个专家组,要求第二个专家组立即停止工作。专家组认为 DSB 设立专家组的决定是否正确不在其职权范围内。同时,DSU 并没有明确禁止这种情况,美国也不追求两个专家组并

---

* (原注)如起诉方提出请求,DSB 应在提出请求后 15 天内为此召开会议,只要提前至少 10 天发出会议通知。

[1] 关于"反向一致",详见第 2 条第 4 款脚注。

[2] See David Palmeter and Petros C. Mavroidis, *Dispute Settlement in the World Trade Organization: Practice and Procedure*, Kluwer Law International, 1999, p. 68.

存的情况,而且第一个专家组没有实质上设立。据此,专家组驳回了澳大利亚的主张。①

在"美国虾案(泰国诉)"(DS 343)专家组设立一个月后,DSB 又设立了"美国海关保税指令案"(DS 345)专家组。两个专家组的职权范围都包括美国进口虾的加强保税要求。在 DSB 会议上,泰国希望这两个程序能设立一个专家组以解决争端,如果不行,对于两个专家组应该任命相同的专家组成员,时间表也应该有所协调。最终,此意见得到采纳。②

二、设立专家组的请求

上诉机构曾经指出,本条第 2 款规定了设立专家组请求的四个条件:书面提出、指出磋商是否进行、指明争议中的措施和提供一份法律根据概要。③ 专家组应该分开审查上述四个条件是否都已经满足。在请求中,起诉方尤其不能将争议中的措施和主张(即法律根据)混淆。④ 以下对后三个条件作具体阐述。

1. 指出磋商是否进行

请求应指出是否已进行磋商。如果进行了磋商,一般应简单说明磋商进行的时间以及未解决争议。如果没有进行磋商,则应予以明确。根据 DSU 第 4 条,被请求磋商方如果对磋商请求置之不理,则请求方可以直接要求设立专家组。第 5 条明确规定,在斡旋、调解和调停未果时,起诉方可以直接请求设立专家组。另外,对有关《纺织品与服装协定》的争端,在 TMB 的解决争端努力用尽后,当事方即可直接请求设立

---

① 参见"澳大利亚车用皮革Ⅱ案"(DS 126)专家组报告第 9.12、9.14—9.15 段。但是,在"欧共体香蕉Ⅲ案"(DS 27)中,上诉机构认为,设立专家组的请求通常会在 DSB 会议上自动通过,因此 DSB 不会在细节上监督专家组设立请求,检查专家组设立请求是专家组的职责。另参见"欧共体香蕉Ⅲ案"(DS 27)上诉机构报告第 142 段。此处看似矛盾,实际上说的是两个问题。专家组不能质疑设立专家组的 DSB 会议决定,但是可以检查专家组设立请求,以确定争议范围和专家组职权范围。

② 参见"美国虾案(泰国诉)/美国海关保税指令案"(DS 343, DS 345)上诉机构报告第 7.1—7.2 段。

③ 参见"韩国奶制品案"(DS 98)上诉机构报告第 120 段。

④ 参见"澳大利亚苹果案"(DS 367)上诉机构报告第 417 段。

专家组,而不必进入磋商程序。① 因此,虽然设立专家组之前一般应先行磋商,但磋商并非设立专家组的先决条件。

当然,本条第2款所要求的仅仅是说明是否进行了磋商。然而,即使在设立专家组请求中没有提及是否进行了磋商,也不会影响专家组的设立和对案件的审理。因为连磋商都不是必须进行的,没有在设立专家组的请求中说明是否进行了磋商就显得更不重要了。②

2. 指明争议中的措施

指明争议中的措施和提供法律根据概要,是设立专家组请求的实质性内容。在请求中是否已经足够清楚地指明了争议中的措施,这一点需要看应诉方是否具有根据请求中的措施描述为自己辩护的能力。③ "措施"是指被诉方采取的任何行为,包括作为,如对进口产品提高关税或实施数量限制;也包括不作为,如没有对药品提供专利保护;④还可以是被诉方的法律本身。⑤ 但是,专家组在审查"措施"时,不能根据可能被违反的特定WTO义务的实质性内容进行解释。⑥ 起诉方也仅需指明争议中的措施,不用证明措施真的存在以及明确其具体内容,这些是之后的专家

---

① 参见"美国羊毛衬衫案"(DS 33)专家组报告第7.19段。专家组认为,根据《纺织品与服装协定》第8条第10款,TMB程序一旦结束,对TMB建议不满意的当事方就可以直接请求设立专家组,而不进行DSU第4条所规定的磋商;TMB程序可以代替DSU中的磋商程序。

② 参见"墨西哥糖浆案"(DS 132)第21.5条程序上诉机构报告(美国诉)第70段。上诉机构认为,事先没有进行磋商并不能影响专家组审理案件的职权;同样,专家组的职权也不受"磋商是否进行"这一说明的影响,否则说明是否磋商就比应当进行磋商更为重要,这样的要求是奇怪的。

在"韩国含酒精饮料案(欧共体诉)"(DS 75)和"土耳其纺织品案"(DS 34)中,专家组认为,专家组的职权范围不是由磋商请求决定的,也不是由磋商的内容决定的,而是由设立专家组请求决定的。参见"韩国含酒精饮料案(欧共体诉)"(DS 75)专家组报告第10.19段,"土耳其纺织品案"(DS 34)专家组报告第9.22、9.44段。

③ 参见"欧共体电脑设备案(美国诉)"(DS 62)上诉机构报告第70段。

④ 参见"印度专利案(美国诉)"(DS 50)专家组报告第7.53段。在该案中,美国指责印度没有对药品和农业化学产品提供专利保护,违反了TRIPS协定的规定。

⑤ 例如,在"美国贸易法第301节案"(DS 152)中,欧共体等指责《美国贸易法》"301条款"违反DSU第23条等关于争端应当多边解决的规定。

⑥ 参见"欧共体特定海关事项案"(DS 315)上诉机构报告第136段。在该案中,上诉机构认为,如果这样审查,当起草设立专家组请求时,起诉方就得预见到法律规则给其挑战的措施带来的限制。当涉及不止一项规则时,对设立专家组请求中有争议的措施的确定就会更加复杂。另外,对于限制的存在、性质和范围,需要依靠专家组对法律规则的解释予以明确。被诉方在辩护时也处于一个不确定的状态,因为需要猜测专家组会如何确定争议中的措施。这些会导致对专家组职权范围无意义的诉讼。

组审理程序需要确定的问题。①

(1) 什么是"指明"？

措施不一定需要明确列出，只需要描述清楚即可。② 如果起诉方在设立专家组的请求中并没有提到某项措施，但此措施与请求中指明的措施有清楚的关系，起诉方也就主张范围对被诉方进行了足够的提醒，则此措施也在专家组的职权范围内。例如，在"日本胶卷案"(DS 44)中，尽管起诉方在请求中并没有提及某些措施，但专家组认为这些措施是基于请求中指明的法律框架的"实施措施"，因此也在专家组的职权范围内。③ 基于同样的标准，在"中国出版物及音像产品案"(DS 363)中，专家组认为，美国没有在设立专家组请求的陈述性部分指明其中三项措施，仅仅在请求中提及，并没有给中国的应诉以足够的提醒，因此这三项措施不在专家组的职权范围内。④

在"澳大利亚苹果案"(DS 367)中，新西兰在请求中声称其挑战的措施是《新西兰苹果的最终进口风险分析报告》中的措施，并具体列出了报告中的17项措施。专家组认为，具体列出的措施已经足够清晰，除此之外，由于报告本身的复杂性，报告中的其他措施并没有被明确指明，因此不在专家组的职权范围内。⑤ 在"中国原料案（美国诉）"(DS 394)中，设立专家组请求的每一个部分针对一类措施。在每一类措施下，起诉方都列出了一些具体措施，并在后面加上"等等"。专家组认为这种措辞太"开放"，因此专家组的职权范围只包括已经清楚地列出的措施。⑥

在有些案件中，由于措施与其指向的客体（即产品）紧密相连，因此指

---

① 参见"美国继续归零案"(DS 350)上诉机构报告第168—169段。

② 例如，在"欧共体香蕉Ⅲ案"(DS 27)中，请求中的措施包括"实施、补充、修改欧盟香蕉法规的后续的法律、法规和行政措施"。参见"欧共体香蕉Ⅲ案"(DS 27)专家组报告（美国诉）第7.27段。

③ 参见"日本胶卷案"(DS 44)专家组报告第10.8段。在"美国碳钢案"(DS 213)中，美国认为，美国商务部对于反补贴令的日落复审调查可能有如下三种结果：(1)撤销反补贴令；(2)进行加速日落复审调查；(3)进行全面日落复审调查。欧盟认为，加速调查程序也属于被指明的措施，但本案的调查是全面调查，不是加速调查。专家组认为，加速调查与已经指明的措施联系并不紧密，也不能认为欧盟已给予美国足够的提示，因此加速调查不在专家组的职权范围内。另参见"美国碳钢案"(DS 213)专家组报告第8.11段。

④ 参见"中国出版物及音像产品案"(DS 363)专家组报告第7.104段。

⑤ 参见"澳大利亚苹果案"(DS 367)专家组初步裁决第8—9段。

⑥ 参见"中国原料案（美国诉）"(DS 394)专家组初步裁决第11—13段。

明产品对于指明措施是必要的。① 同时,也要注意,指明产品并不是一项单独的判断要素,即使没有指明产品,措施的范围也应是明确的,即应符合 DSU 第 6 条第 2 款的规定。②

(2) 什么是"措施"?

从 SPS 协定附件 B 来看,"措施"包括"法律、法令和条例"。但是,附件 B 不是穷尽的。例如,在"日本农产品Ⅱ案"(DS 76)中,上诉机构认为"措施"还包括"普遍使用的、与提到的法律文件特征相似的其他法律文件"。③ 措施可以是包含多项规则的一个体系,④也可以是关税的适用,⑤但必须能够独立运行。⑥ 一般实践无法通过"独立运作"规则的检验,因此无法被认为是"措施"。⑦ 但是,上诉机构并未排除 WTO 成员的实践被挑战的可能性。⑧

(3) 什么是"争议中的措施"?

在"美国不锈钢日落审查案"(DS 244)中,上诉机构认为,WTO 成员的作为或不作为都可以成为成员的措施,并成为争端解决机制的目标。⑨ 由于 WTO 各适用协定是国际协定,因此只约束政府和关税区的行为和政策,不约束私人的行为。⑩ 有时,没有法律强制执行措施的政府行为以及由政府支持、要求的研究也可能属于"措施"(如行政指引);私人的行为若有了"足够的政府参与",就可以被视为政府的"措施"。⑪ 在"美国博彩案"(DS 285)中,上诉机构认为争议中的措施必须包含两个要素:第一,措

---

① 参见"欧共体鸡块案(巴西诉)"(DS 269)上诉机构报告第 166 段、"欧共体电脑设备案"(DS 62,DS 67,DS 68)上诉机构报告第 67 段。
② 参见"欧共体鸡块案(巴西诉)"(DS 269)上诉机构报告第 165 段。
③ 参见"日本农产品Ⅱ案"(DS 76)上诉机构报告第 105—108 段。
④ 参见"欧共体特定海关事项案"(DS 315)上诉机构报告第 175 段。
⑤ 参见"欧共体电脑设备案(美国诉)"(DS 62)上诉机构报告第 65 段。
⑥ 参见"美国出口限制案"(DS 194)专家组报告第 8.85 段。在"美国出口限制案"(DS 194)中,加拿大在建立专家组请求中指出的一部美国法规、一份行政行为声明、一篇序言和一种实践行为合起来构成一项措施。专家组认为,需要检验"措施"是否能独立运行,若能够独立于其他工具自己运行,则可认为其是一项措施。
⑦ 参见"美国钢管案"(DS 206)专家组报告第 7.22 段、"美国石油管产品日落复审案"(DS 268)上诉机构报告第 216—221 段。
⑧ 参见"欧共体香蕉Ⅲ案"(DS 27)上诉机构报告第 143 段、"美国碳钢案"(DS 213)上诉机构报告第 127 段、"欧共体及成员国大型飞机案"(DS 316)上诉机构报告第 792—794 段。
⑨ 参见"美国不锈钢日落复审案"(DS 244)上诉机构报告第 81 段。
⑩ 参见"日本胶卷案"(DS 44)专家组报告第 10.52 段。
⑪ 参见"日本胶卷案"(DS 44)专家组报告第 10.55—10.56 段。

施与 WTO 成员之间有联系；第二，措施与损害之间有因果关系。①

一般情况下，专家组的职权范围仅仅包括在专家组设立时存在的措施。② 但是，这个一般规则有两个例外：第一，在专家组设立后修改争议中的措施的法律规则也在专家组的职权范围内（这种修改没有改变措施的实质），③将此修改包括进专家组的职权范围对解决争议是十分必要的；④第二，措施虽然已经失效，但其效果在专家组设立时仍然在损害成员的利益。⑤ 不过，如果一个措施并没有被挑战，而是作为证据出现在程序中，则不受一般规则的限制。⑥

在"欧共体IT产品案（美国诉）"（DS 375）中，专家组认为，在专家组建立后生效的措施也可能在专家组的职权范围内，如尚未公布但对指明的措施有实质影响的政府程序。⑦ 因此，即使被挑战的措施在专家组的职权范围确定后失效，专家组仍会作出裁决，⑧但并不给出建议。⑨

(4)"事前"主张与"事后"主张

在争端解决实践中，通常将主张分为两类：一类是针对普遍的、可能导致某些预期效果的（目前可能还没有应用）措施的主张，可称为"'事前'主张"（"as such" claims）；另一类是针对应用于具体情况的行为，可称为"'事后'主张"（"as applied" claims）。这种分类只是一种分析工具，方便对争议中的措施性质进行理解，但并不穷尽。⑩

对于"事前"主张来说，从国内法角度看，被挑战的措施是不是一个法律工具并不重要，关键是要判断其是否有规范性价值——是否提供了行

---

① 参见"美国不锈钢日落复审案"(DS 244)上诉机构报告第81段。另参见"美国博彩案"(DS 285)上诉机构报告第121段。
② 参见"欧共体鸡块案（巴西诉）"(DS 269)上诉机构报告第156段。
③ 参见"智利价格限制体系案"(DS 207)上诉机构报告第139段。在"欧共体紧固件案（中国诉）"(DS 397)中，专家组也认为有一个欧盟条例替代了中国在专家组请求中指出的欧盟条例，前者也在其职权范围内，否则中国需要重启争端解决机制，不利于"案件的迅速解决"。另参见"欧共体紧固件案（中国诉）"(DS 397)专家组报告第7.34段。
④ 参见"欧共体IT产品案（美国诉）"(DS 375)专家组报告第7.139段。
⑤ 参见"美国陆地棉案"(DS 267)上诉机构报告第263段。
⑥ 参见"美国棉纱案"(DS 192)上诉机构报告第77—78段。
⑦ 参见"智利价格限制体系案"(DS 207)上诉机构报告第139、144段。
⑧ 参见"印尼汽车案（欧共体诉）"(DS 54)专家组报告第14.9段。
⑨ 参见"美国禽肉案（中国诉）"(DS 392)专家组报告第7.54—7.56段。
⑩ 参见"美国继续归零案"(DS 350)上诉机构报告第179段。

政指引,是否为公私主体提供了某种期待,是否被普遍和可预期地应用。① 因此,特定的方法、标准、规则均可能成为被挑战的措施。

在一般情况下,强制性规则可以用"事前"主张来进行挑战,但任意性规则(给予行政部门酌情裁量权的规则)只能用"事后"主张来进行挑战,即只有规则的实际适用情形才能被挑战。但是,在"美国贸易法第301节案"(DS 152)中,强制性规则和任意性规则的区分壁垒也被打破,某些任意性规则也可以用"事前"主张来进行挑战,因为任意性规则也可能违反WTO义务。② 在"美国不锈钢日落复审案"(DS 244)中,上诉机构第一次完全废除了强制性规则和任意性规则的区分。③

3. 法律根据概要

"法律根据"就是WTO规则的相关条款。例如,在"美国钢铁保障措施案(欧共体诉)"(DS 248)中,中国在设立专家组请求中指明,"措施"是美国对部分钢铁产品采取的提高关税和实施关税配额的保障措施,"法律根据"是《保障措施协定》第2条第1款、第4条第2款等若干条款。④

请求中没有包括的措施不属于专家组审查的职权范围,专家组不能考虑。⑤ 在确定请求中词语的意思时,起诉方在专家组程序进行过程中

---

① 参见"美国不锈钢日落复审案"(DS 244)上诉机构报告第82段。
② 参见"美国贸易法第301节案"(DS 152)专家组报告7.53—7.54段。
③ 参见"美国不锈钢日落复审案"(DS 244)上诉机构报告第87—89段。
④ 参见"美国钢铁保障措施案(欧共体诉)"(DS 248)专家组报告第3.4段。
⑤ 参见"日本含酒精饮料Ⅱ案"(DS 8)专家组报告第6.5段。本案中,专家组认为其无权审查《日本税收特别措施法》,因为设立专家组请求中没有提到这一法律。

上诉机构曾经指出,DSU并不禁止被诉方要求起诉方澄清设立专家组请求中的内容,时间直至起诉方提交第一份书面陈述。参见"泰国H型钢案"(DS 122)上诉机构报告第97段。

在"加拿大小麦出口和谷物进口案"(DS 276)中,专家组依此认为,直至起诉方提交第一份书面陈述之前,被诉方都可质疑设立专家组请求,要求专家组就此作出初步裁决。参见"加拿大小麦出口和谷物进口案"(DS 276)专家组报告第4.48段。另外,在此案中,专家组认定美国的一项请求由于没有指明具体措施,不属于专家组的职权范围,因而不予审理。专家组建议的补救方式是,美国可以重新提出设立专家组请求(具体指明这项措施),即重新设立专家组;也可以另行提出一项设立专家组请求,即设立两个专家组。根据DSU第9条第3款的规定,两个专家组的成员可能会是相同的。另参见"加拿大小麦出口和谷物进口案"(DS 276)专家组报告第6.10段。

在"中国知识产权案"(DS 362)中,由于美国没有明确提出中国《知识产权法》第4条适用于演出和录音,不符合TRIPS协定第14条,因此专家组认为其不能辨清美国的主张,不能裁判。参见"中国知识产权案"(DS 362)专家组报告第7.159段。

提交的陈述也可以作为参考,尤其是起诉方的第一份书面陈述。①

　　设立专家组的请求必须足够准确,这一点是非常重要的,因为它是确定专家组职权范围的基础,同时也是告知被诉方和第三方其起诉的法律根据。② 虽然该请求不必像书面陈述那样详细,也不必提供证据,甚至可以是一个简单的被违反的规则清单,③但必须清楚说明问题之所在。在请求中,不指明措施及其所违反的具体规定是不符合要求的。④

　　在"韩国奶制品案"(DS 98)中,上诉机构提出了"被诉方有能力为自己辩护"的标准。⑤ 本条第2款要求法律根据概要"足以明确陈述问题",这要求设立专家组的请求清楚地将被挑战的措施和被违反的规则联系起来,这样被诉方才能知道起诉方利益损失的基础并据此准备辩护。⑥ 另外,在请求中使用"包括但不限于"这样的表述,也是不符合要求的。⑦

---

　　① 参见"韩国奶制品案"(DS 98)上诉机构报告第127段、"泰国H型钢案"(DS 122)上诉机构报告第95段。

　　② 参见"欧共体香蕉Ⅲ案"(DS 27)上诉机构报告第82、143段。上诉机构指出,设立专家组请求中的缺陷不能由于随后的书面陈述而得到补救。在"澳大利亚苹果案"(DS 367)中,上诉机构认为随后的书面陈述只能用来"确认"设立专家组请求中词语的意思。另参见"澳大利亚苹果案"(DS 367)上诉机构报告第418段。

　　③ 关于仅有规则清单是否满足DSU第6条第2款的要求,需要进行个案判断。若列出的规则确立了多项义务,而非一项义务,由于没有指明被违反的具体义务,则此种规则清单不满足该条款的要求。参见"韩国奶制品案"(DS 98)上诉机构报告第124段。但是,若确立的多项义务之间是紧密相关的,则普遍指向这些义务的规则清单可满足该条款的要求。参见"泰国H型钢案"(DS 122)上诉机构报告第93段。若两项义务同时出现在规则的一款中,可以认为此两项义务本质上非常相近,是紧密相关的。参见"欧共体生物产品批准和销售案(美国诉)"(DS 291)专家组初步裁决第79段。

　　④ 参见"欧共体香蕉Ⅲ案"(DS 27)专家组报告(美国诉)第7.28—7.30段。专家组认为,在设立专家组请求中,尽管不需要全面说明起诉方的法律主张,但法律根据概要必须把问题表述清楚。可以简单列举所违反的协定和条款,但若只提到协定而不指明具体条款,或者只提到未确定的"其他"条款,则过于含糊,不符合DSU第6条第2款的标准。

　　同时,上诉机构曾经指出,确定设立专家组请求是否符合DSU第6条第2款的要求,应当考虑具体案件的情况,包括将设立专家组请求作为一个整体进行考虑,并且考虑相关情形。参见"韩国奶制品案"(DS 98)上诉机构报告第124—127段。

　　⑤ 参见"韩国奶制品案"(DS 98)上诉机构报告第123、127段。

　　⑥ 参见"泰国H型钢案"(DS 122)上诉机构报告第88段、"美国石油管产品日落复审"(DS 268)上诉机构报告第162段。

　　⑦ 参见"印度专利案(美国诉)"(DS 50)专家组报告第90段。本案中,美国设立专家组请求的表述是:"印度的法律制度与TRIPS协定的义务不一致,包括但不限于第27条、第65条和第70条。"但是,专家组还是对美国依据第63条提出的主张作出了裁决。上诉机构认为,这样的表述不能满足确定具体措施和提供法律根据概要的要求,即第63条不属于专家组的审查范围。上诉机构甚至设问:如果这种用词包括第63条,那么TRIPS协定中还有什么规定未被包括呢?

　　同样,在"欧共体管子和套件案"(DS 219)中,专家组认为"特别是,但不限于"这种措辞同样不符合DSU第6条第2款的要求。参见"欧共体管子和套件案"(DS 219)专家组报告第7.14段。

在"欧共体香蕉Ⅲ案"(DS 27)中,上诉机构指出了"主张"和"论据"的区别:"主张"应在设立专家组的请求中提出,是专家组职权范围的基础;而"论据"是用来支持主张的,可以在争端解决的各个阶段提出。DSU 第 6 条第 2 款仅仅是对"主张"的要求。[①] 专家组不能发展出起诉方没提出的主张,但对于起诉方已经提出的主张可以作出自己的法律推理。[②]

最后,如果起诉方要求专家组根据特殊的职权范围审理案件,就应当提交关于这种职权范围的案文。[③]

---

① 参见"欧共体香蕉Ⅲ案"(DS 27)上诉机构报告第 141—143 段。
② 参见"欧共体荷尔蒙案(加拿大诉)"(DS 48)上诉机构报告第 156 段。
③ 关于专家组的职权范围,参见 DSU 第 7 条的解释。

第7条

专家组的职权范围

1. 专家组应具有下列职权范围,除非争端各方在专家组设立后20天内另有议定:

"按照(争端各方引用的适用协定名称)的有关规定,审查(争端方名称)在……文件中提交DSB的事项,并提出调查结果以协助DSB作出该协定规定的建议或裁决。"

2. 专家组应处理争端各方引用的任何适用协定的有关规定。

3. 在设立专家组时,DSB可授权其主席在遵守第1款规定的前提下,与争端各方磋商,制定专家组的职权范围。由此制定的职权范围应散发全体成员。如议定的不是标准职权范围,则任何成员均可在DSB中提出与此有关的任何问题。

上诉机构指出,专家组的职权范围很重要,因为它实现了一项重要的正当程序的目标:向当事方和第三方提供了足够的信息,使其可以对起诉方的主张作出回应。同时,职权范围明确了起诉方的主张,从而确定了专家组的管辖权,[1]决定了争议的范围。[2] 专家组的职权范围是专家组审理案件的基础。只有在职权范围内的事项,专家组才有权审查。[3]

根据DSU第6条第2款的规定,该事项包括两个要素:争议中的特

---

[1] 参见"巴西椰子干案"(DS 22)上诉机构报告第Ⅳ.E.3部分。
在"加拿大小麦出口和谷物进口案"(DS 276)中,专家组在认定美国的设立专家组请求中的某项主张没有指明措施的情况下,转而考察该请求中的信息是否足以让加拿大准备答辩材料。在作出肯定结论的情况下,专家组认为美国的请求并不违反DSU第6条第2款,自己有权审查美国的此项主张。参见"加拿大小麦出口和谷物进口案"(DS 276)专家组报告第6.10段。

[2] 参见"美国碳钢案"(DS 213)上诉机构报告第126段。

[3] 在"印度专利案(美国诉)"(DS 50)中,上诉机构指出,专家组的管辖权是由其职权范围决定的,专家组只能审理按照其职权范围有权考虑的主张。参见"印度专利案(美国诉)"(DS 50)上诉机构报告第92段。

专家组的职权范围属于专家组管辖权的内容。专家组曾经指出它有权确定自己的管辖权问题,并且常常在裁决报告的"初步决定"部分讨论这一问题。参见"韩国含酒精饮料案(欧共体诉)"(DS 75)专家组报告第9.7段、"印尼汽车案(欧共体诉)"(DS 54)专家组报告第14.3段。

定措施和法律根据(即主张)。① 正如本书在对第 6 条的详解中所阐述的,若一措施没有被足够清楚地指明(不满足第 6 条第 2 款的要求),则该措施就不在专家组的职权范围内。

专家组的职权范围可以由当事方商定。如前所述,起诉方可以在提交设立专家组请求时,提出专家组职权范围的案文,但应当理解为只有在被诉方不反对的情况下才有效。② 在专家组设立后 20 天内,当事方也可以就职权范围达成协议。此外,在设立专家组时,DSB 可授权其主席与当事方协商,确定专家组的职权范围。例如,在"巴西椰子干案"(DS 22)中,DSB 便授权 DSB 主席在与当事方协商的基础上确定职权范围。③ 但是,在实践中,当事方使用的多是标准职权范围。④

在实际运用中,标准职权范围形式上只是在标准文件中填写起诉方的名称,以及起诉方设立专家组请求在 WTO 的统一编号。例如,在"美国羊毛衬衫案"(DS 33)中,专家组的职权范围是:"按照印度在文件 WT/DS/33/1 引用的适用协定的有关规定,审查印度在该文件中提交 DSB 的事项,并提出调查结果以协助 DSB 作出该协定规定的建议

---

① 参见"危地马拉水泥Ⅰ案"(DS 60)上诉机构报告第 72 段。
② 在"美国 1916 年法案案(欧共体诉)"(DS 136)中,上诉机构认为,中期审议阶段不是争端方对专家组的管辖范围第一次提出反对的合适阶段,反对越早提出越好。但是,上诉机构也同意,有些管辖权问题性质特殊(非常基础),专家组可以在任何阶段提出。参见"美国 1916 年法案案(欧共体诉)"(DS 136)专家组报告第 5.17 段。
③ 参见 WTO 文件:WT/DS22/6。
④ 在 1989 年 4 月 12 日《关于改进 GATT 争端解决规则和程序的决议》通过后,DSB 就很少授权其主席制定这种特殊的专家组职责范围,因为这个决议中包括类似于 DSU 的标准职权范围。See David Palmeter and Petros C. Mavroidis, *Dispute Settlement in the World Trade Organization: Practice and Procedure*, Kluwer Law International, 1999, p. 72.
在"巴西椰子干案"(DS 22)中,起诉方菲律宾要求使用标准职权范围。但是,巴西认为,本案所涉反补贴措施与 GATT 1994 第 1 条和第 2 条的一致性问题不属于专家组的职权范围,因此专家组不应审理。双方就此进行了磋商。最后,DSB 授权其主席与当事方协商,制定了特殊的职权范围条款:"按照 GATT 1994 和《农业协定》的相关规定,审查菲律宾在文件 WT/DS22/5 中提交 DSB 的事项,同时考虑巴西在文件 WT/DS22/3 中所作陈述以及 1996 年 2 月 21 日 DSB 会议上的讨论记录,并提出调查结果以协助 DSB 作出这些协定规定的建议或裁决。"文件 WT/DS22/5 是菲律宾的设立专家组请求,没有提及 GATT 1994 第 1 条和第 2 条;文件 WT/DS22/3 是巴西的文件,其中声明东京回合反补贴守则是本案的唯一适用法。在 DSB 会议上,双方也讨论了适用法的问题。最后,专家组认定,本案所涉反补贴措施与 GATT 1994 第 1 条和第 2 条的一致性问题不属于专家组的职权范围。参见"巴西椰子干案"(DS 22)专家组报告第 8—10 段、第 294(a)段。

或裁决。"①该条款就是印度设立专家组的请求,其中引用了一些协定,包括《纺织品与服装协定》。在两种情况下,专家组需要实际考虑其管辖权问题:(1)争端方提出异议;(2)争端方并未提出异议,但管辖权问题是解决其他问题的基础。②

因此,设立专家组请求中的事项就是专家组审理的范围,包括具体措施和法律根据。③起诉方若放弃一项诉求,而后又想恢复此项诉求是不可以的,因为这种行为剥夺了第三方参与诉讼的机会。④

在实践中,有些规定即使没有在设立专家组请求中提出,专家组或上诉机构仍然可以对其进行裁决,因为此类规定属于对DSU第7条第2款中"有关规定"的引用。例如,在"阿根廷鞋案(欧共体诉)"(DS 121)中,设立专家组请求仅提及《保障措施协定》第2条和第4条,但由于第4条第2款包含第3条,专家组无法在不审查第3条的情况下得出结论,因此专家组对第3条进行裁决是正确的。⑤

值得提及的是,DSU虽然规定"专家组应处理争端各方引用的任何适用协定的有关规定",但在实践中,专家组常常使用"司法节制"的方法,即并不审查起诉方的所有主张,而是在认定一些主要主张足以支持起诉方的主张后就作出有利于起诉方的裁决。

这种司法节制原则在WTO中已经得到确认。上诉机构认为,争端解决机制的目的是确保争端的积极解决,⑥或者说确保有关事项的圆满解决,⑦而不是进行"造法";专家组只需审查那些足以解决争端的主张。上诉机构还审查了DSU第11条规定的专家组的职能,认为第11条也没

---

① "To examine, in the light of the relevant provisions of the covered agreements cited by India in document WT/DS/33/1, the matter referred to the DSB by India in that document and to make such findings as will assist the DSB in making the recommendations or in giving the rulings provided for in those agreements."见"美国羊毛衬衫案"(DS 33)专家组报告第1.3段。
② 参见"美国1916年法案案(欧共体诉)"(DS 136)专家组报告脚注32、第54段。
③ 参见"危地马拉水泥Ⅰ案"(DS 60)上诉机构报告第72段。上诉机构指出,提交DSB的事项包括两个部分:具体措施和起诉的法律基础。因此,它与对设立专家组请求的要求是一致的。
④ 参见"美国钢管案"(DS 206)专家组报告第7.27—7.29段。
⑤ 参见"阿根廷鞋案(欧共体诉)"(DS 121)上诉机构报告第74段。
⑥ 参见DSU第3条第7款。
⑦ 参见DSU第3条第4款。

有要求专家组审查所有的主张。① 同时,DSU 并不强迫专家组遵守司法节制原则,专家组可以决定审查当事方所有的主张。②

争端解决机制的目的是解决争端,上诉机构据此确认了司法节制原则。③ 同样,上诉机构从这个目的出发,认为专家组审查的主张应足以让 DSB 作出足够精确的建议和裁决,使成员可以迅速遵守,以确保有效解决争端。因此,专家组只部分解决争端是错误地适用了司法节制原则。④

需要注意的是,司法节制原则仅适用于主张,而不适用于论据。在"欧共体紧固件案(中国诉)"(DS 397)中,中国认为专家组没有审查其主要论据是错误地适用了司法节制原则。上诉机构认为,中国没有提出一个新的主张,而是提出了一个支持其主张的论据,司法节制原则仅适用于主张,专家组对审查哪些论据有自由裁量权。⑤

---

① 参见"美国羊毛衬衫案"(DS 33)上诉机构报告第Ⅵ部分。
② 参见"美国铅铋钢Ⅱ案"(DS 138)上诉机构报告第 71、73 段。
③ 参见"美国羊毛衬衫案"(DS 33)上诉机构报告第 18 页。
④ 参见"澳大利亚鲑鱼案"(DS 18)上诉机构报告第 223 段。本案中,专家组只认定加拿大的措施与 SPS 协定第 5 条第 1 款不一致,而没有审查与第 5 条第 5 款、第 6 款的一致性问题。上诉机构认为,有关措施在符合 SPS 协定第 5 条第 1 款时,仍然有可能违反其第 5 条第 5 款、第 6 款;专家组并没有全部解决争议,如此适用司法节制原则是错误的。
⑤ 参见"欧共体紧固件案(中国诉)"(DS 397)上诉机构报告第 511 段。

第 8 条
专家组的组成

1. 专家组应由资深的政府和/或非政府个人组成,包括曾在专家组任职或曾向专家组陈述案件的人员、曾任一成员代表或一GATT 1947 缔约方代表或任何适用协定或其先前协定的理事会或委员会的代表的人员、秘书处人员、曾讲授或出版国际贸易法律或政策著作的人员以及曾任一成员高级贸易政策官员的人员。

2. 专家组成员的选择应以保证各成员的独立性、足够多样的背景和丰富的经验为目的进行。

3. 政府*为争端方或为第 10 条第 2 款规定的第三方成员的公民,不得在与该争端有关的专家组中任职,除非争端各方另有议定。

4. 为协助选择专家组成员,秘书处应保存一份具备第 1 款所述资格的政府和非政府个人的指示性名单,可从中酌情选出专家组成员。该名单应包括 1984 年 11 月 30 日制定的非政府专家组成员名册(BISD 31S/9),以及在任何适用协定项下制定的名册和指示性名单,并保留这些名册和指示性名单中在《WTO 协定》生效之时的人员的姓名。成员可定期提出可供列入指示性名单的政府和非政府个人的姓名,并提供他们在国际贸易和适用协定的行业或主题方面知识的有关信息,待 DSB 批准后,这些姓名应增加至该名单。对于名单中的每一个人,名单应注明其在适用协定的行业或主题方面的具体阅历或专门知识。

5. 专家组应由 3 名成员组成,除非在专家组设立后 10 天内,争端各方同意专家组由 5 名成员组成。专家组的组成情况应迅速通知各成员。

6. 秘书处应向争端各方建议专家组成员的提名。争端各方不得反对提名,除非由于强有力的原因。

7. 如在专家组设立之日起 20 天内,未就专家组成员达成协议,则总干事应在双方中任何一方的请求下,经与 DSB 主席和有关委员会或理事

---

* (原注)如关税同盟或共同市场为争端方,则本规定适用于关税同盟或共同市场的所有成员国的公民。

会主席磋商,在与争端各方磋商后,通过指定的方式决定专家组的组成;所指定的专家组成员为总干事认为依照争端中所争论的适用协定的任何有关特殊或附加规则与程序最适当的成员。DSB 主席应在收到此种请求之日起 10 天内,将如此组成的专家组通知各成员。

8. 各成员承诺,一般应允许其官员担任专家组成员。

9. 专家组成员应以其个人身份任职,既不作为政府代表,也不作为任何组织的代表。各成员因此不得就专家组审议的事项向他们作出指示或试图影响他们个人。

10. 当争端发生在发展中国家成员与发达国家成员之间时,如发展中国家成员提出请求,专家组应至少有 1 名成员来自发展中国家成员。

11. 专家组成员的费用,包括旅费和生活津贴,应依照总理事会在预算、财务与行政委员会所提建议基础上通过的标准,从 WTO 预算中支付。

一、专家组成员的资质

专家组由合格的政府或非政府人士组成,这些人包括:曾经担任其他案件专家组成员的人员;曾经在其他案件中向专家组陈述案件的人员,如参加案件实质性会议的当事方代表团成员,包括律师;WTO 成员常驻 WTO 的代表;GATT 时期缔约方的代表;相关理事会或委员会的代表;WTO 秘书处人员;曾讲授或出版国际贸易法律或政策著作的人员;曾任 WTO 成员贸易政策高级官员的人员。

当事方或第三方的公民一般不得担任专家组成员。这种"回避"是可以理解的。但是,如果当事方同意或不持异议,那么这些人员也可以担任专家组成员。[①]

二、专家组成员的选定

专家组成员由当事方选定。在实践中,常常是 WTO 秘书处向当事

---

① 在实践中,出现过第三方公民担任专家组成员的情况。例如,在"土耳其纺织品案"(DS 34)、"泰国 H 型钢案"(DS 122)、"加拿大飞机信用与担保案"(DS 222)和"欧共体沙丁鱼案"(DS 231)中,美国是第三方,Robert Hudec、John Jackson、William Davey 和 Merit Janow 教授分别担任这些案件的专家组成员。

方推荐专家组成员。DSU 规定,除非有强有力的理由,否则当事方不得拒绝。但是,在实践中,当事方不需要专门向 WTO 秘书处说明理由就可以拒绝接受某人担任专家组成员。① 在这种情况下,秘书处就要提出新的候选人。②

如果自专家组设立之日起 20 天内,当事方没有就专家组的组成达成协议,则经当事方中一方的请求,总干事可以指定专家组成员。但是,总干事应当与 DSB 主席、有关委员会或理事会主席和当事方协商。在实践中,由总干事指定专家组成员的情况是很常见的。③

专家组是无权审查其自身组成的。④

另外,在专家组审理案件过程中,如果某个成员由于特殊原因(如辞职)不能正常履行职责,则这个成员的替换也应当遵循选定的程序。⑤

为了协助选择专家组成员,WTO 秘书处备有一份名单。这个名单

---

① 反对某人作为专家组成员,一般应当在专家组组成过程中提出。但是,在"危地马拉水泥Ⅱ案"(DS 156)中,危地马拉提出,其中一名专家组成员是"危地马拉水泥Ⅰ案"(DS 60)专家组成员,不可能不受第一次案件的影响,因此本案专家组不能保持独立性,无权审理本案。专家组认为,专家组无权对专家组的组成作出裁决;如果危地马拉有意见,则应当根据约束专家组等的《DSU 行为守则》,提交 DSB 主席解决。参见"危地马拉水泥Ⅱ案"(DS 156)专家组报告第 8.10—8.12 段。

② 事实上,秘书处常常提出差额候选人,供当事方选择。例如,2002 年 6 月 3 日,DSB 设立了欧共体提出的针对"美国钢铁保障措施案(欧共体诉)"(DS 248)的专家组。当年 6 月 7 日,秘书处提出了 6 个候选人;2 个专家组主席候选人,4 个专家组成员候选人。

③ 有人统计,由总干事决定专家组成员几乎成为惯例。在 1995 年 1 月至 2000 年 2 月设立的 54 个专家组中,32 个是由总干事决定的;在 2000 年 3 月至 2002 年 4 月设立的 24 个专家组中,14 个是由总干事决定的。参见 WTO 文件:TN/DS/W/7。

在"欧共体及成员国大型飞机案"(DS 316)和"美国大型民用飞机案"(DS 317)中,专家组成员均是由副总干事代替总干事决定的。参见"欧共体 DRAM 芯片反补贴措施案"(DS 299)专家组报告第 1.8 段。

④ 在"美国陆地棉案"(DS 267)中,美国反对其中两名由总干事提名的专家组成员,因为他们是争议第三方的国民。总干事最终提名了两名新的专家组成员。巴西认为总干事应该拒绝美国的请求。专家组则认为专家组已经设立,总领事没有资格审查有关专家组组成的事项。参见"美国陆地棉案"(DS 267)第 21.5 条程序专家组报告第 8.28 段。另参见"美国归零案(欧共体诉)"(DS 294)第 21.5 条程序专家组报告第 8.14—8.17 段。

⑤ 在"危地马拉水泥Ⅰ案"(DS 60)中,一名专家组成员在专家组组成两个月后辞职。总干事应墨西哥的请求,指定了另外一名专家组成员。参见"危地马拉水泥Ⅰ案"(DS 60)专家组报告第 1.8 段。总干事指定专家组新成员的情况还发生在"欧共体 DRAM 芯片反补贴措施案"(DS 299)和"美国针叶木材Ⅴ案"(DS 264)中。在"美国金枪鱼Ⅱ案(墨西哥诉)"(DS 381)中,由于一名专家组成员去世,争端各方协商一致,选择了一名新的专家组成员。参见"美国金枪鱼Ⅱ案(墨西哥诉)"(DS 381)专家组报告第 1.8 段。

上的人员来自各成员的推荐，并经DSB批准。各成员可随时提出候选人，经DSB会议批准后列入名单。因此，这个名单是时常更新的。① 但是，应当指出的是，专家组成员不必都是这个名单上的人。

为了确保顺利选定专家组成员，WTO成员一般应允许其官员担任专家组成员。虽然专家组成员审理案件会涉及大量的会议和工作，可能对其本职工作有一定的影响，但WTO成员应当支持争端解决机构的工作，一般不应当拒绝让其官员担任专家组成员。

专家组成员的选择，应当保证各成员的独立性、背景的多样化以及丰富的经验。

三、专家组的组成

专家组一般由3名成员组成，由其中1名成员担任主席。迄今为止，还没有出现过5名专家组成员的情况。

当争端发生在发展中国家成员和发达国家成员之间时，如果发展中国家成员提出要求，则专家组至少应有1名成员来自发展中国家成员。这是对发展中国家成员的特殊优惠安排。

四、对专家组成员的纪律要求及费用安排

专家组成员是以个人身份任职的，既不代表政府，也不代表任何组织。WTO成员也不得对专家组成员作出指示，或者施加影响，干扰专家

---

① 1995年5月31日，DSB批准了一项关于管理该指示性名单的建议（Administration of the Indicative List，WT/DSB/19），并要求每两年完全更新一次该名单，即更新名单中人员的经历、增加新人以及从名单中取消某些人员。同时，成员可在任何时候提出以上三项内容，经DSB会议批准后修改。所以，该名单的人数始终处于变动之中。截至2016年5月4日，该名单共有399人，来自66个成员。参见WTO文件：WT/DSB/19，WT/DSB/19/Add.2-4，WT/DSB/44/Rev.34。

DSB批准的上述建议还要求专家们提交一份标准简历，包括在GATT/WTO的工作情况、其他与贸易有关的经验、教学和出版情况等11项内容。这份标准简历是为了说明候选人的一些基本情况，并便于录入电脑。同时，专家们也可自愿提供完整的情况介绍。

其中，只有国别、姓名和专业领域三项内容的名单有电子版本（文件名：WT/DSB/19），关于专家的详细情况可向WTO秘书处索要。

此外，1995年3月1日，服务贸易理事会通过《关于某些GATS争端解决程序的决定》（S/L/2），要求秘书处准备一份具备行业专业知识的特殊的专家名单，因为解决行业争端的专家必须具备各该行业的专业知识。这些特殊的专家也是总的指示性名单的一部分。

组成员公正判案。

专家组成员审理案件应当独立、公正，避免直接或者间接的利益冲突，并保证争端解决机制各机构程序的保密性，以便争端解决机制的完整性和公正性得以实现。为此，DSB 制定了《DSU 行为守则》。例如，专家组成员在任何时候均应当保守争端解决审议、诉讼以及争端当事方标明"保密"的任何信息的秘密；在任何时候均不得利用在该审议和诉讼中获知的此种信息取得个人利益或为他人谋求利益；在程序进行阶段，不得从事与有关审议事项相关的单独接触活动；在专家组报告被解除限制之前，不得就该程序或其参与处理争端的涉及事项发表公开评论。[①]

专家组成员的费用，包括旅费和生活津贴，从 WTO 预算中支付。

[①] 《DSU 行为守则》适用于：(1) 专家组成员；(2) 常设上诉机构成员；(3) 仲裁员；(4) 参与争端解决机制的专家；(5) 协助以上人员工作的秘书处人员等。

第9条
多个起诉方的程序

1. 如一个以上成员就同一事项请求设立专家组,则可设立单一专家组审查这些起诉,同时考虑所有有关成员的权利。只要可行,即应设立单一专家组审查此类起诉。

2. 单一专家组组织其审查并将其调查结果提交 DSB 的方式,应保证争端各方在由单独专家组分开审查起诉时本可享受的权利绝不受到减损。如争端任何一方提出请求,则专家组应就有关争端提交单独报告。每一起诉方提交的书面陈述应可使其他起诉方获得,而且每一起诉方有权在任何其他起诉方向专家组陈述意见时在场。

3. 如设立一个以上专家组以审查与同一事项有关的起诉,则应在最大限度内由相同人员在每个单一专家组中任职,而且对此类争端中专家组程序的时间表应进行协调。

一个成员采取的措施可能会对几个成员造成影响。因此,几个成员都将这个措施诉诸 WTO 争端解决机制是很常见的。DSU 对这种情况所作的规定,是为了迅速解决争端,节约时间和人力资源,以及避免出现不一致的裁决。

如有几个成员就同一事项请求设立专家组,只要可行,就应设立单一专家组。①

如果不得不设立几个专家组,则应尽可能由相同人员担任专家组成

---

① 例如,在"美国钢铁保障措施案(中国诉)"(DS 252)中,欧共体、日本、韩国、中国、瑞士、挪威、新西兰和巴西 8 个成员将美国限制钢铁进口的措施提交 WTO 争端解决机制。DSB 设立了单一专家组审理此案。参见"美国钢铁保障措施案(欧共体诉)"(DS 248)专家组报告第 2.7 段。

在"印度专利案(美国诉)"(DS 50)中,美国和欧盟分别于 1996 年 11 月 7 日和 1997 年 9 月 9 日要求 DSB 设立专家组,审查印度药品专利保护问题。DSB 设立了两个专家组。然而,在"印度专利案(欧共体诉)"(DS 79)中,印度认为,专家组应当驳回欧盟的主张,因为欧盟和美国的主张所针对的是印度同一措施,而欧盟应当与美国同时起诉,并且 DSB 应当设立单一专家组。但是,专家组认为,要求 DSB 设立单一专家组是"不可行的",因为在美国请求设立专家组时,欧盟甚至还没有要求进行磋商。此外,DSU 第 9 条第 1 款的规定是指导性的,而不是强制性的。参见"印度专利案(欧共体诉)"(DS 79)专家组报告第 7.9—7.17 段。

员,并且对不同专家组程序的时间表应当进行协调。① 例如,在"欧共体荷尔蒙案(加拿大诉)"(DS 48)中,美国和加拿大先后针对欧共体对荷尔蒙牛肉采取的措施请求设立专家组。DSB虽然设立了两个专家组,但专家组成员是相同的。专家组调整程序,举行了一次共同的科学专家会议,获得的信息用于两个案件。②

当然,在设立单一专家组的情况下,所有当事方的权利都应当得到考虑,并且这些权利不会受到减损,就像设立多个专家组审理案件一样。为了确保这一点,DSU提出了三个基本要求:(1)如果一个当事方提出要求,则专家组应当为其作出单独报告,而不是只作出一个报告;(2)每一起诉方提交的书面陈述,其他起诉方也能够获得;(3)每一起诉方有权在其他起诉方向专家组陈述意见时在场。

对于第一个基本要求,专家组一般应当满足当事方的请求。在实践中,也出现过作出多个专家组报告的情况。③ 但是,当事方请求作出单独报告的权利并非不受限制。在"美国抵消法案(伯德修正案)案(澳大利亚等诉)"(DS 217)中,专家组没有批准美国要求作出单独报告的请求。上

---

① 值得注意的是,协调不同专家组程序的时间表虽然是一项义务,不同专家组程序的时间表应当进行协调,但"协调"意味着"连续并整体有秩序",而不是"同步"。同时,协调的程度也要被限制在专家组的能力范围内。参见"欧共体香蕉Ⅲ案"(DS 27)第21.5条程序上诉机构报告(厄瓜多尔第二次诉/美国诉)第192—193段。

② 参见"欧共体荷尔蒙案(加拿大诉)"(DS 48)专家组报告第8.8段。

③ 例如,在"欧共体香蕉Ⅲ案"(DS 27)中,有5个起诉方:厄瓜多尔、危地马拉、洪都拉斯、墨西哥和美国。欧共体要求专家组作出4份单独报告(危地马拉和洪都拉斯提交一份共同书面陈述,所以可以作出一份报告),因为起诉方提出了不同的请求:厄瓜多尔就货物和服务提出了请求,并且根据《农业协定》第4条第2款提出了请求;危地马拉和洪都拉斯只提出了货物方面的请求;墨西哥对货物和服务提出了请求,但在服务方面的请求非常有限;美国对货物和服务提出了请求,但欧共体认为美国在货物贸易方面没有法律上的利益。

专家组认为,DSU第9条的目的之一是,确保被诉方在被要求补偿或被报复时(DSU第22条),在案件审理过程中没有提出某项请求的起诉方无权要求有关补偿或报复。因此,专家组决定作出4份单独报告。对于单独报告的形式,专家组作如下安排:对专家组程序、案件事实和当事方观点的描述部分是相同的,而裁决部分则根据当事方第一份书面陈述中所提出的主张分别裁决。另外,为了阅读方便,所有报告的段落编号是统一的,只在适当的地方具体注明所针对的当事方。"欧共体香蕉Ⅲ案"(DS 27)专家组报告第7.53—7.60段。

此外,关于单独报告的形式,在"美国钢铁保障措施案(欧共体诉)"(DS 248)中,专家组应美国的要求,作出了8份单独报告,但只有一个文件。专家组解释说,单独报告的描述部分是相同的,表明本案是由单一专家组程序审理的;裁决是相同的,因为专家组使用"司法节制"的方法,只对起诉方共同的主张作出了裁决。虽然结论和建议部分是8个,针对每个起诉方的主张作出,但内容也是相同的。参见"美国钢铁保障措施案(欧共体诉)"(DS 248)专家组报告第10.727段。(转下页)

诉机构维持了专家组的裁决。上诉机构指出，从DSU第9条第2款的条文看，当事方有请求作出单独报告的广泛权利；这种权利不决定于任何前提条件，也没有规定请求应于何时提出。但是，条文并没有明确说请求可以在任何时候提出。上诉机构认为，对该条文的理解，不能脱离DSU的其他规定，也不能不考虑DSU的宗旨和目的。DSU的宗旨和目的之一便是迅速解决争端（第3条第3款）。如果请求作出单独报告的权利是不受限制的，那么当事方在专家组报告散发WTO成员前一天，也可以以任何理由或者不说明任何理由就要求作出单独报告。这显然不符合迅速解决争端的宗旨和目的。在争端解决程序中，反对意见应当被迅速提出，否则就应被视为当事方放弃了反对的权利。在本案中，美国的请求是在专家组报告描述部分作出后2个月、专家组设立后7个多月提出的，不应当被视为迅速和及时。[①] 在实践中，也有两个专家组以同一份文件的形式作出两份专家组报告的例子。[②] 争端方在专家组作出报告后将案件上诉至上诉机构的，若争端方提出请求，则上诉机构也应单独作出上诉机构报告。[③]

对于第二个基本要求，一个起诉方在向专家组提交书面陈述的同时，常常抄送给其他起诉方。事实上，几个起诉方一起起诉某个成员的，实践中可能需要这些起诉方早早地协调立场，以免起诉方之间的观点互相矛

（接上页）"欧共体鸡块案（巴西诉）"（DS 269）也有同样的情况，专家组为巴西和泰国分别作出的两份专家组报告仅有的实质性区别就是封面和结论。参见"欧共体鸡块案（巴西诉）"（DS 269）专家组报告第6.21段。

"欧共体生物产品批准和销售案（美国诉）"（DS 291）也是如此，三份专家组报告以一份文件的形式作出，介绍、描述性部分和裁决均是一样的。由于各起诉方的主张不同，因此每份专家组报告的结论和建议也应不同。参见"欧共体生物产品批准和销售案（美国诉）"（DS 291）专家组报告第7.5—7.9段。

① 参见"美国抵消法案（伯德修正案）案（澳大利亚等诉）"（DS 217）上诉机构报告第305—317段。该案中，起诉方共有11个成员（澳大利亚、巴西、加拿大、智利、欧共体、印度、印尼、日本、韩国、墨西哥和泰国）。美国要求专家组就墨西哥的起诉作出单独报告，因为墨西哥比其他起诉方多了一项根据补贴协议提出的请求。

② 在"加拿大小麦出口和谷物进口案"（DS 276）中，DSB设立了两个专家组解决争议。根据争议各方的意愿，两个专家组以一份文件的形式发布了两份报告。参见"加拿大小麦出口和谷物进口案"（DS 276）专家组报告第6.1—6.2段。

③ 在"中国汽车部件案（美国诉）"（DS 340）中，美国要求上诉机构对三份上诉的专家组报告作出三份上诉机构报告。上诉机构据此在同一份文件中发布了三份上诉机构报告，每份报告的裁决和结论部分是不同的。参见"中国汽车部件案（美国诉）"（DS 340）上诉机构报告第12段。

盾。例如,在"美国钢铁保障措施案(欧共体诉)"(DS 248)中,欧共体等8个起诉方就事先召开协调会,就美国限制钢铁进口措施违反WTO义务之处进行讨论,使得各方书面陈述的内容基本保持一致。①

对于第三个基本要求,在专家组召开的两次实质性会议上,常常是所有当事方都在场,每个起诉方的发言都是对其他起诉方公开的。不仅如此,为了使实质性会议顺利、有效地举行,起诉方还可能会对发言进行分工和安排:对于某个主张,由一个成员主发言,其他成员进行补充。② 在"美国虾案(泰国诉)"(DS 343)和"美国海关保税指令案"(DS 345)中,两个专家组决定统一举行实质性会议,允许对其他方的发言进行评论,两个起诉方(泰国和印度)互为对方案件的第三方,并允许所有当事方对专家组提出的所有问题进行书面答复。③

---

① 参见"美国钢铁保障措施案(欧共体诉)"(DS 248)专家组报告。
② 参见"美国钢铁保障措施案(欧共体诉)"(DS 248)专家组报告第2.17—2.18段。起诉方认为美国的措施在以下几方面违反了WTO规定:未预见发展、产品分类、国内产业界定、进口增加、国内产业严重损害、因果关系、措施的必要范围、调查与措施的对等性、关税配额分配的方式、发展中国家待遇、最惠国待遇等。在专家组的两次实质性会议上,8个起诉方对口头发言进行了分工,一个成员负责一两个主张的主发言。
③ 参见"美国虾案(泰国诉)"(DS 343)/"美国海关保税指令案"(DS 345)专家组报告第7.3—7.4段。

第 10 条
第 三 方

1. 争端各方的利益和争端中所争论的一适用协定项下的其他成员的利益应在专家组程序中得到充分考虑。

2. 任何对专家组审议的事项有实质利益且已将其利益通知 DSB 的成员(本谅解中称"第三方")应由专家组给予听取其意见并向专家组提出书面陈述的机会。这些书面陈述也应提交争端各方,并应反映在专家组报告中。

3. 第三方应收到争端各方提交专家组首次会议的陈述。

4. 如第三方认为已成为专家组程序主题的措施造成其根据任何适用协定项下获得的利益抵消或减损,则该成员可援用本谅解项下的正常争端解决程序。只要可能,此种争端即应提交原专家组。

如果一个成员认为其在其他成员提交专家组的事项中有实质利益,就可以申请作为第三方参与案件的审理。DSU 并没有对何为"实质利益"作出规定。① 实践中,当事方的请求一般应被批准。②

要想成为第三方,在设立专家组的 DSB 会议上,只需口头表示即可。会议主席会宣布专家组的成立,谁愿意作为第三方,可以举牌示意。如果没有参加这次会议或在这次会议上还没有决定是否作为第三方,则可在会后 10 天内要求作为第三方。这一安排是在 1994 年 6 月 21 日的理事会会议上作出的。在这次会议上,理事会主席称,美国提出了第三方参加

---

① 上诉机构指出,DSU 第 4 条第 11 款要求加入磋商应当有"实质贸易利益",第 10 条第 2 款要求第三方有"实质利益",但这两个规定都没有提出具体的标准。因此,WTO 成员有权自己决定是否参加案件审理。另外,对于当事方,提起案件不需要有"法律利益"。参见"欧共体香蕉Ⅲ案"(DS 27)上诉机构报告第 132、135—138 段。

② 专家组无权要求任何成员成为案件的第三方。在"土耳其纺织品案"(DS 34)中,印度是案件的起诉方,因为土耳其对来自印度的纺织品单方面实施数量限制措施。土耳其认为,欧共体应当参与案件的审理,因为土耳其的措施是根据土耳其与欧共体之间的区域贸易协定采取的。专家组认为,DSU 没有这种规定,国际惯例上也没有这种做法,并且欧共体不准备参加,因此专家组无权指示一个 WTO 成员成为案件的第三方或者参与专家组程序。参见"土耳其纺织品案"(DS 34)专家组报告第 9.5 段。

的问题。美国认为,如果第三方提出要求太晚,就会给确定专家组组成等事项造成困难,同时还会影响第三方收到争端方提交的书面陈述。① 但是,时间要求也不是必需的。在"欧共体食糖出口补贴案(澳大利亚诉)"(DS 265)中,科特迪瓦在专家组成立后68天(此时专家组成员还未确定)提出作为第三方,专家组认为DSU第10条并没有对时间作出规定,因此此事项应该由专家组裁量,只要对专家组组成没有负面影响,没有妨碍专家组程序,即可接纳科特迪瓦为第三方。②

DSU第10条第1款规定,争端各方的利益和相关的其他成员的利益应当得到充分考虑。这看上去是对专家组程序的一个总体要求。对于争端各方的利益,DSU相关部分规定的程序就是为了保证它们的利益得到充分考虑。对于没有作为第三方参与案件的其他成员的利益,DSU第3条第5款也有相应要求,即争端的解决办法不得抵消或减损任何成员的应得利益,包括未参加案件的成员的利益。当然,DSU第10条的标题是"第三方",因此第1款应当主要是说明第三方参与的目的,其下各款是保证第三方利益得到充分考虑的具体规定。上诉机构曾经指出,只有让第三方以完整、有意义的方式参加会议,才能保证它们的利益得到充分考虑。③

第三方的权利包括:收到当事方向专家组第一次会议提交的书面陈述;自己向专家组提交书面陈述,并且其中的观点在专家组报告中应得到反映;参加第一次实质性会议期间专门为第三方召开的会议并发表意见。④

关于第三方有权收到当事方提交专家组第一次会议的书面陈述,曾经有专家组指出,只有在会议前收到当事方之间交换的所有信息,第三方的参与才有意义,才能提出有益于专家组裁决案件的意见,否则就可能不

---

① 参见WTO文件:C/COM/3。
② 参见"欧共体食糖出口补贴案(澳大利亚诉)"(DS 265)专家组报告第2.2—2.4段。只要符合上述条件,即使专家组成立后提出作为第三方,就有可能被接纳。另参见"土耳其大米案"(DS 334)专家组报告第6.4—6.9段、"欧共体IT产品案(美国诉)"(DS 375)专家组报告第7.75段。
③ 参见"美国FSC案"(DS 108)第21.5条程序上诉机构报告第249段。
④ 参见DSU附录3"工作程序"第6段。

适当地影响专家组程序的进行。① 在另外一个案件中,上诉机构指出,如果专家组只召开一次实质性会议,则第三方有权收到当事方向专家组提交的所有书面陈述,包括第二份书面陈述。上诉机构进一步指出,第三方权利限于 DSU 第 10 条和附录 3 所规定的内容,除此之外,专家组还有权在具体案件中给予第三方其他参与权,只要这些权利符合 DSU 的规定和正当程序原则。然而,专家组不能限制 DSU 给予第三方的权利。②

关于第三方书面陈述的观点在专家组报告中得到反映,实践中,专家组报告一般都有专门部分概述第三方的观点。

关于参加第一次实质性会议期间专门为第三方召开的会议,实践中,第三方并不参加当事方的实质性会议,而是由专家组专门为第三方召开会议,当事方可以参加这种专门会议。

此外,第三方一般不参加当事方第二次实质性会议。但是,在"欧共体香蕉Ⅲ案"(DS 27)中,专家组允许第三方参加第二次实质性会议并作简短发言,主要基于以下理由:(1)欧盟措施对第三方的经济影响很大;(2)第三方的经济利益来自它们与欧盟签订的国际条约;(3)针对欧盟香蕉分销措施曾有过两个案件;(4)当事方对第三方参与问题达不成协议。③ 在"欧共体荷尔蒙案(美国诉)"(DS 26)中,上诉机构也认为,在本案中,第三方并非普通的第三方,专家组允许第三方参加第二次实质性会议并发表意见是对的。④ 然而,在"美国 1916 年法案案(欧共体诉)"

---

① 参见"加拿大奶制品案(美国诉)"(DS 103)第 21.5 条程序专家组报告第 2.34 段。
② 参见"美国 FSC 案"(DS 108)第 21.5 条程序上诉机构报告第 243—245 段。在本案中,欧盟援引 DSU 第 21 条第 5 款,要求 DSB 认定美国是否遵守了相关裁决。第三方是澳大利亚、加拿大、印度和日本。当事方提交了两份书面陈述,但专家组只召开了一次会议(因为 DSU 第 21 条第 5 款规定的裁决期限比较短,只有 90 天),并且将当事方的两份书面陈述都交给了第三方。欧盟就此提出上诉。上诉机构认为,DSU 第 10 条第 3 款只是说在第一次会议前提交书面陈述,而没有说是第一份书面陈述,因此第三方有权获得在第一次会议前提交的所有书面陈述,而不论书面陈述的数量。
③ 参见"欧共体香蕉Ⅲ案"(DS 27)专家组报告第 7.8 段。
④ 参见"欧共体荷尔蒙案"(DS 26,DS 48)上诉机构报告第 154 段。在本案中,加拿大和美国分别就欧盟的措施要求设立专家组,因此设立了两个专家组审理相同的事项,成员相同,同时散发报告。加拿大和美国又分别是应对方要求设立专家组之案件的第三方,但不是普通的第三方。两个专家组联合举行了一次科学专家会议,联合会议在应美国要求设立的专家组第二次实质性会议后。作为第三方,美国被允许参加应加拿大要求设立的专家组第二次实质性会议,并在会议结束前简短发言,专家组认为这是为了使美国与欧盟、加拿大有同样的机会对科学专家的观点进行评论。上诉机构支持专家组的决定,认为专家组为维护正当程序,有给予超出 DSU 明确规定的第三方权利的自由裁量权。

(DS 136)中,专家组认为,"欧共体荷尔蒙案(美国诉)"(DS 26)专家组扩大第三方的参与权是因为该案有特殊情况,即这个案件有很强的技术性,并且专家组决定召开一次共同的科学专家会议;而本案的情况有所不同,即不涉及复杂的事实或科学问题,并且当事方没有要求专家组协调时间表。因此,专家组没有批准日本的要求,即获得所有文件,包括书面陈述和发言的书面稿,以及参加第二次实质性会议。① 上诉机构认为,是否扩大第三方的参与权属于专家组的职权范围。② 除了上述考虑因素,是否扩大第三方参与权还需要考虑:是否会耽搁专家组程序③,是否会混淆第三方与当事方的界限④,当事方是否同意扩大参与权⑤等。

实践中,第三方参与案件审理的常见方式有:(1) 提交书面陈述,并在第三方会议上发表意见,这是比较全面的参与案件审理的方式;(2) 只提交书面陈述,但不在第三方会议上发表意见,甚至不出席第三方会议;(3) 不提交书面陈述,也不参加第三方会议,只获得案件的有关材料,对案件进行及时跟踪。

此外,第三方还可以就同一事项另行请求设立专家组,即从第三方变为真正的起诉方,但争议应尽可能提交原专家组。例如,在"印度专利案(美国诉)"(DS 50)中,美国于1996年11月7日请求设立专家组,审查印度药品专利保护问题,欧盟是第三方。1997年9月9日,欧盟也请求设立专家组,DSB也设立了专家组。专家组成员是相同的,但主席不同,因

---

① 参见"美国1916年法案案(欧共体诉)"(DS 136)专家组报告第6.33—6.34段。
② 参见"美国1916年法案案"(DS 136,DS 162)上诉机构报告第139—150段。但是,上诉机构同时指出,这种权利并非没有限制,如不得违反正当程序的要求。
在"欧共体关税优惠案"(DS 246)中,玻利维亚等11个第三方要求扩大第三方参与的权利。专家组认为,从优惠计划对发展中国家成员第三方的经济影响看,本案与"欧共体香蕉Ⅲ案"(DS 27)有很大的相似之处;这些成员都是欧盟"反毒安排"的受惠国,在本案中有实质性经济利益。因此,专家组经征求当事方和其他第三方意见后,决定给第三方增加以下权利:参加第一次实质性会议;收到当事方的第二份书面陈述;参加第二次实质性会议并作简短发言;审查专家组报告描述性部分每个第三方的观点概要。此外,专家组给予美国等非发展中国家成员同样的第三方权利,因为本案的结果对美国这样的给惠国也有重要的贸易政策影响;从正当程序的角度看,应当对所有第三方给予相同的程序权利。参见"欧共体关税优惠案"(DS 246)专家组报告附件A和第7、8段。
③ 参见"中国原料案"(DS 394)专家组报告第1.7段。
④ 参见"欧共体香蕉Ⅲ案"(DS 27)专家组报告第7.9段。
⑤ 参见"欧共体香蕉Ⅲ案"(DS 27)专家组报告第7.8段。

为原专家组主席无法继续任职。①

值得注意的是,根据 DSU 第 22 条第 6 款提出的仲裁程序是否允许第三方参与、参与到何种程度,这些问题在 DSU 中并未规定,实践中由仲裁员自由裁量,但一般情况下不允许第三方参与。②

---

① 在本案中,印度认为,专家组应当驳回欧盟的主张,因为欧盟是前一案件的第三方,而前一案件尚未了结,因此欧盟应当将有关请求提交原专家组。但是,本案专家组认为,欧盟的权利和做法正是 DSU 第 10 条第 4 款的用意所在。至于原专家组问题,前一案件专家组的两个成员被重新指定为本案专家组成员,而主席无法继续任职,所以被替换。因此,印度的主张不能成立。参见"印度专利案(欧共体诉)"(DS 79)专家组报告第 7.19—7.21 段。

② 在"欧共体荷尔蒙案(加拿大诉)"(DS 48)中,仲裁员允许美国与加拿大互为对方案件的第三方,因为任何一方的仲裁结果对于另一方的仲裁会有极大的影响。参见"欧共体荷尔蒙案"(DS 48)第 22.6 条程序仲裁裁决第 7 段。但是,在其他案件中,如"欧共体香蕉Ⅲ案"(DS 27)、"巴西飞机案"(DS 46)、"美国博彩案"(DS 285)中,仲裁员均拒绝了第三方的参与。另参见"巴西飞机案"(DS 46)第 22.6 条程序仲裁裁决第 2.5—2.6 段、"美国博彩案"(DS 285)第 22.6 条程序仲裁裁决第 2.31 段。

第 11 条
专家组的职能

专家组的职能是协助 DSB 履行 DSU 和适用协定项下的职责。因此,专家组应对其审议的事项作出客观评估,包括客观评估该案件的事实以及有关适用协定的适用性和与有关适用协定的一致性,并作出可协助 DSB 提出适用协定所规定的建议或裁决的其他调查结果。专家组应定期与争端各方磋商,并给予它们充分的机会以达成双方满意的解决办法。

专家组的职能是协助 DSB 履行 DSU 和有关协定所规定的职责。DSB 的主要职责是,设立专家组,通过专家组和上诉机构报告,监督裁决和建议的执行,以及授权报复。① DSB 在履行这些职责时,在很多方面都需要专家组的协助。例如,DSB 通过的报告,有些就是专家组作出的报告。事实上,如果当事方不上诉,专家组报告是自动通过的。② 在这种情况下,专家组就是在履行 DSB 的职责。此外,DSB 在监督裁决和建议的执行以及授权报复阶段,有时也需要专家组的协助。③

一、审查标准

专家组应当对有关事项进行客观评估,包括客观评估案件的事实以及相关协定的适用性和一致性。专家组报告的内容常常就是进行事实认定,确定某个协定是否适用,以及被诉方的措施是否符合该协定。④ 这一

---

① 参见 DSU 第 2 条第 1 款。
② 参见 DSU 第 16 条第 4 款。关于这种自动通过的机制,另参见第 2 条解释。
③ 参见 DSU 第 21 条第 5 款和第 22 条第 6 款。
④ 专家组还可以作出其他调查结果,如就某一事项是否属于专家组的职权范围,即专家组对某项主张是否有管辖权作出初步裁决。参见"韩国含酒精饮料案"(DS 75)专家组报告第 9.7 段、"印尼汽车案(欧共体诉)"(DS 54)专家组报告 14.3 段。但是,在"加拿大飞机案"(DS 70)中,加拿大要求专家组在当事方提交书面陈述的截止期限前就专家组的管辖权作出初步裁决。专家组认为 DSU 没有作出这种规定,因此拒绝在此之前作出初步裁决。另参见"加拿大飞机案"(DS 70)专家组报告第 9.15 段。
在"美国羊毛衬衫案"(DS 33)中,上诉机构认为,从 DSU 第 11 条的规定,包括作出"其他调查结果"的规定中,看不出要求专家组审查起诉方的所有主张,因此专家组有权使用"司法节制"的方法。参见"美国羊毛衬衫案"(DS 33)上诉机构报告第 18—19 段。关于司法节制,另参见第 7 条解释。

规定被称为"专家组对案件的审查标准"。

有些协定的审查标准规定在条文中,如《保障措施协定》第14条,《纺织品与服装协定》第8.3条,SCM协定第30条,《反倾销协定》第17条第6款,SPS协定第2条第2款、第5条第5款和第7款,《海关估价协定》第一部分。

上诉机构多次对专家组审查标准的问题作出解释。在"欧共体荷尔蒙案(美国诉)"(DS 26)中,上诉机构认为,就专家组查明事实而言,专家组采用的标准既不是"重新审查",也不是"完全采纳",而是对事实的客观评估。① 仅仅从当事方的意见中挑选一个并不符合客观评估的要求。② 即使评估的是当事方的国内法,专家组也需要在听取当事方对国内法的释义后作出客观评估。③ 同时,为了客观评估相关事项,专家组有义务保证审查程序遵守正当程序。④（详见DSU第12条）

在有关保障措施的争议中,上诉机构进一步明确了专家组的审查范围。在"阿根廷鞋案(欧共体诉)"(DS 121)中,上诉机构强调,专家组不是要重新审查证据,也不是要用自己的分析和判断代替保障措施调查机关的结论;根据《保障措施协定》第4条的规定,专家组应当评估阿根廷当局是否审查了所有事实,并且对这些事实如何支持其结论提供了合理解释。⑤ 在"美国羊肉案(新西兰诉)"(DS 177)中,上诉机构进一步认为,专家组所进行的客观评估涉及形式和实质两个方面,形式方面是看调查机关是否考虑了所有相关因素,实质方面是看调查机关是否充分合理地解释了其裁决。在审查调查机关的裁决时,专家组不应当简单地接受调查机关的结论,而应当审查调查机关的解释是否完全涉及数据的性质及其复杂性,以及是否对该数据其他可能的解释作出了回应;如果其他解释是有道理的,而相比之下调查机关的解释显得不充分,那么专家组就应当认定调查机关的解释是不合理或不充分的。⑥

---

① 参见"欧共体荷尔蒙案(美国诉)"(DS 26)上诉机构报告第111段。
② 参见"澳大利亚车用皮革Ⅱ案"(DS 126)第21.5条程序专家组报告第6.19段。
③ 参见"泰国香烟案(菲律宾诉)"(DS 371)上诉机构报告脚注253。
④ 参见"智利价格限制体系案"(DS 207)上诉机构报告第176段。
⑤ 参见"阿根廷鞋案(欧共体诉)"(DS 121)上诉机构报告第121段。
⑥ 参见"美国羊肉案(新西兰诉)"(DS 177)上诉机构报告第103、106段。

二、证据规则

客观评估义务,是指考虑提交专家组的证据并进行认定。故意不考虑或拒绝考虑这些证据,是不符合客观评估义务的。专家组需要"考虑提交给它的所有证据、评估证据的可靠性、决定证据的关联性、确保专家组结论有证据基础"①。专家组有权决定最后选用什么证据作出裁决,这并不是不符合"客观评估"的要求。② 但是,专家组没有义务自己追寻事实或者填补当事方辩论的漏洞。③ 只有专家组犯了极严重的错误,导致其善意可以被质疑的时候,才是对DSU第11条的违反,如故意忽略或歪曲某些证据。④

"谁主张,谁举证",是一个基本的证据法原则。上诉机构明确指出,举证责任在提出主张的一方;有最初举证责任的当事方提供的证据足以证明其主张后,举证责任就转移到另一方,而该另一方如果不能通过足够的证据进行辩驳,就会败诉。⑤ 例如,在起诉方初步证明被诉方违反协定后,举证责任就转移到被诉方;被诉方如果提不出反驳的证据,就会败诉。举证责任的分配不能依据获得证据的困难程度进行。⑥ 例如,在"美国碳钢案"(DS 213)中,上诉机构认为,若一方主张另一方的国内法不符合某条约义务,则需证明此国内法的范围和含义才能满足举证责任的要求。⑦

关于主张的一方提出多少证据、提出什么样的证据足够证明其主张,每个措施、每条规则、每个案件都是不同的。⑧ 如果主张的一方提出的证据足够证明其主张,我们便称之为"证据确凿"。当然,即使最初的举证责

---

① "巴西翻新轮胎案"(DS 332)上诉机构报告第185段。
② 参见"欧共体荷尔蒙案(加拿大诉)"(DS 48)上诉机构报告第117、133段。
③ 参见"美国碳钢案"(DS 213)上诉机构报告第153段。
④ 参见"欧共体荷尔蒙案(美国诉)"(DS 26)上诉机构报告第132—133、135、138段,"日本苹果案"(DS 245)上诉机构报告第222段。
⑤ 参见"美国虾案(厄瓜多尔诉)"(DS 335)专家组报告第7.9、7.11段,"美国虾案(泰国诉)"(DS 343)专家组报告第7.21段,"美国禽肉案(中国诉)"(DS 392)专家组报告第7.445—7.446段。
⑥ 参见"欧共体沙丁鱼案"(DS 231)上诉机构报告第281段。但是,也有案件将获得证据的困难程度作为分配举证责任的考虑因素之一。另参见"美国持续中止案"(DS 320)上诉机构报告第361段。
⑦ 参见"美国碳钢案"(DS 213)上诉机构报告第157段。
⑧ 参见"美国羊毛衬衫案"(DS 33)上诉机构报告第14页。

任在起诉方,专家组在判断证据是否确凿时也不是只看起诉方的证据。专家组的义务是确认案件事实,因此必须检查所有提交给专家组的证据。① 只要主张的一方提出的证据足够证明其主张的事项很有可能发生,即可称为"证据确凿"。②

上诉机构同时指出,WTO 中的一些规定,如 GATT 1947 第 20 条"一般例外",属于例外条款,本身并非确定成员义务的"积极规则";援用这些条款的抗辩属于"肯定抗辩",而援用这些条款采取措施的成员应当负有举证责任。也就是说,在这些情况下,常常是案件的被诉方承担举证责任,证明其采取的措施符合这些例外条款规定的条件。③

证据一般由当事方提供。专家组认为,起诉方可以要求被诉方向专家组提供其独自拥有的证据(反之亦然),因为当事方在提供证据方面有义务进行合作。当然,提出请求的一方应当首先提供一些证明其主张的初步证据。④ 当一方拒绝提供证据时,专家组有权作出对其不利的推论。⑤ 但是,专家组不应要求一方作出反向证明,即证明一个主张不可能或证明不存在某事物。⑥

此外,专家组也有权咨询专家收集证据和接受"法庭之友"提交的证据。⑦ 在当事方提交的证据有缺陷时,专家组应当采取其他调查措施,以履行其考虑所有相关事实的义务,而不仅限于利害关系方提交的证据。⑧ 例如,在"欧共体荷尔蒙案(加拿大诉)"(DS 48)中,专家组就召开了科学专家会议,寻求科学意见。⑨ (详见 DSU 第 13 条)

专家组可以决定提交证据的时间。例如,在"阿根廷纺织品与服装

---

① 参见"韩国奶制品案"(DS 98)上诉机构报告第 137—138 段。
② 参见"美国陆地棉案"(DS 267)第 21.5 条程序上诉机构报告第 321 段。
③ 参见"美国羊毛衬衫案"(DS 33)上诉机构报告第Ⅳ部分、"欧共体荷尔蒙案"(DS 26,48)上诉机构报告第 104 段。
④ 参见"阿根廷纺织品与服装案"(DS 56)专家组报告第 6.40 段。
⑤ 参见"加拿大飞机案"(DS 70)上诉机构报告第 202—203、205 段。
⑥ 参见"危地马拉水泥Ⅱ案"(DS 156)专家组报告第 8.196 段、"美国针叶木材Ⅵ案"(DS 277)第 21.5 条程序上诉机构报告第 130 段。
⑦ 参见第 13 条解释。
⑧ 参见"美国小麦面筋案"(DS 166)上诉机构报告第 55 段。
⑨ 参见"欧共体荷尔蒙案(加拿大诉)"(DS 48)专家组报告第 8.5 段。专家组的依据是 DSU 第 13 条。

案"(DS 56)中,阿根廷认为,美国在第二次实质性会议召开两天前提交证据不符合 DSU 第 11 条。上诉机构认为,并没有条文限制专家组决定提交证据的期限,而且专家组给了阿根廷足够的回应时间,因此专家组没有违反第 11 条。①

三、其他调查结果

专家组可以通过其他调查结果的协助作出裁决和建议,包括利用"司法节制"(详见 DSU 第 7 条)和"假设成立"的方法得出调查结果。上诉机构曾经认为专家组适用"假设成立"的方法不利于"安全性和可预见性"原则的实现(详见 DSU 第 3 条)。但是,在其他案件中,上诉机构也曾经运用这一方法解决问题。② 例如,在"美国虾案(泰国诉)"(DS 343)中,美国希望引用 GATT 1994 第 20 条(d)项进行抗辩。上诉机构认为,假设美国可以使用此抗辩,美国的措施并不是 GATT 1994 第 20 条(d)项所必需的,故上诉机构就美国是否可以引用此抗辩不发表意见。③ 另外,在多个案件中,专家组和上诉机构都利用"假设成立"的方法分析"禁反言"原则。例如,在"欧共体及成员国大型飞机案"(DS 316)中,专家组认为,由于先前的案件没有确立"禁止反言原则可以在 WTO 中应用"的规则,因此即使可以,先前的案件由于特定事实也没有建立该规则。④

最后,争端解决机制的首要目标是,当事方能够达成双方满意的解决办法。⑤ 因此,在专家组审理案件阶段,专家组应当经常与当事方磋商,并且为他们提供机会,使他们能够达成协议、解决争议。

---

① 参见"阿根廷纺织品与服装案"(DS 56)上诉机构报告第 79—81 段。
② 参见"美国石油管产品日落复审案"(DS 268)第 21.5 条程序上诉机构报告第 183 段。
③ 参见"美国虾案(泰国诉)/美国海关保税指令案"(DS 343,DS 345)上诉机构报告第 310、319 段。
④ 参见"欧共体及成员国大型飞机案"(DS 316)专家组报告脚注 1914。
⑤ 参见 DSU 第 3 条第 7 款。

第 12 条
专家组程序

1. 专家组应遵循附录 3 中的工作程序,除非专家组在与争端各方磋商后另有决定。

2. 专家组程序应提供充分的灵活性,以保证高质量的专家组报告,同时不应不适当地延误专家组程序。

3. 在与争端各方磋商后,只要可行且可能,专家组成员应在专家组组成及职权范围议定后一周内,确定专家组程序的时间表,同时在必要时考虑第 4 条第 9 款的规定。

4. 在确定专家组程序的时间表时,专家组应为争端各方提供充分的时间准备陈述。

5. 专家组应设定各方提供书面陈述的明确的最后期限,各方应遵守此最后期限。

6. 每一方应将其书面陈述交存秘书处,以便立即转交专家组和其他争端方。起诉方应在应诉方提交第一份陈述之前提交其第一份陈述,除非专家组在决定第 3 款提及的时间表时,经与争端各方磋商后,决定各方应同时提交第一份陈述。当对交存第一份陈述有顺序安排时,专家组应确定接收应诉方陈述的确定期限。任何随后的书面陈述应同时提交。

7. 如争端各方未能形成双方满意的解决办法,专家组应以书面报告形式向 DSB 提交调查结果。在此种情况下,专家组报告应列出对事实的调查结果、有关规定的适用性及其所作任何调查结果和建议所包含的基本理由。如争端各方之间已找到问题的解决办法,则专家组报告应只限于简要描述案件以及报告解决办法已达成。

8. 为使该程序更加有效,专家组进行审查的期限,即自专家组组成和职权范围议定之日起至最终报告提交争端各方之日止,一般不应超过 6 个月。在紧急案件中,包括涉及易腐货物的案件,专家组应力求在 3 个月内将其报告提交争端各方。

9. 如专家组认为不能在 6 个月内或在紧急案件中不能在 3 个月内提交其报告,则应书面通知 DSB 迟延的原因和提交报告的估计期限。自专家组设立至报告散发各成员的期限无论如何不应超过9个月。

10. 在涉及发展中国家成员所采取措施的磋商过程中,各方可同意延长第4条第7款和第8款所确定的期限。如有关期限已过,进行磋商的各方不能同意磋商已经完成,则DSB主席应在与各方磋商后,决定是否延长有关期限,以及决定延长时延长多久。此外,在审查针对发展中国家成员的起诉时,专家组应给予该发展中国家成员充分的时间以准备和提交论据。第20条第1款和第21条第4款的规定不受按照本款所采取任何行动的影响。

11. 如一个或多个争端方为发展中国家成员,则专家组报告应明确说明以何种形式考虑了对发展中国家成员在争端解决程序过程中提出的适用协定中有关发展中国家成员的差别和更优惠待遇规定。

12. 专家组可随时应起诉方请求中止工作,期限不超过12个月。如发生此种中止,本条第8款和第9款、第20条第1款以及第21条第4款所列时限应按中止工作的时间顺延。如专家组的工作已中止12个月以上,则设立专家组的授权即告终止。

一、工作程序和时间表

1. 工作程序

专家组除了应遵守DSU的程序规定之外,还应遵循DSU附录3的工作程序。工作程序对专家组会议召开的次数和方式、专家组提问、当事方回答以及当事方书面陈述等内容都作了规定。因此,工作程序是对DSU规定的具体化。

附录3虽然规定了专家组的工作程序,但在具体案件中,专家组常常还要据此制定专门的工作程序,进一步明确专家组审理案件的程序问题,包括附录3所没有规定的内容,如文件送达的方式、当事方代表团人员的组成要求等。[①] 事实上,专家组组成后所做的第一件事情,就是与当事方举行组织会议,商定工作程序和时间表。由于专家组没有标准的工作程

[①] 参见"美国钢铁保障措施案(欧共体诉)"(DS 248)。该案工作程序规定,参加实质性会议时,各方有权确定自己的代表团组成人员,但所有人员都必须遵守DSU和本工作程序的规定,特别是有关保密的规定。

序,因此在具体案件中常常会产生一些问题。上诉机构曾指出,如果有标准工作程序,正当程序就更加能够得到保证。①

正当程序是 WTO 争端解决的基本原则,②专家组不能将与正当程序不符的规则包括进工作程序。③ 当一方在专家组程序比较晚的阶段提出新证据的时候,需要格外注意这是否符合正当程序。④ 其中,尤其需要注意程序的制定是否为当事方提供了回应证据的机会。⑤ 专家组在保护正当程序时,需要平衡多方利益,既要保证当事方对证据和事实的回应机会,也要保证争端的迅速解决,而不能让当事方不断地来回交换意见。⑥

虽然工作程序是与当事方商定的,但不需要得到当事方的同意。⑦ 也就是说,在当事方对工作程序的制定或修改达不成一致意见的情况下,专家组有权最后确定工作程序。

DSU 对专家组制定工作程序的要求是:(1) 专家组应尽可能在专家组组成及职权范围议定后一周内,确定专家组程序和时间表。在紧急案件中,包括涉及易腐货物的案件,时间表应加快。⑧ (2) 在确定专家组程序的时间表时,专家组应为争端各方提供充分的时间准备陈述。例如,在"美国钢铁保障措施案(欧共体诉)"(DS 248)中,鉴于涉及众多当事方,起诉方的第一份书面陈述在专家组组成后五周内提交,美国在此后五周内提交第一份书面陈述;在第一次实质性会议召开后四周内,双方提交第二份书面陈述(即反驳意见)。⑨ (3) 专家组应设定各方提供书面陈述的明确的最后期限,各方应遵守此最后期限。(4) 专家组程序应提供充分的灵活性,以保证高质量的专家组报告,同时不得不适当地延误专家组程序。

---

① 参见"印度专利案(美国诉)"(DS 50)上诉机构报告第 95 段。在"欧共体香蕉Ⅲ案"(DS 27)和"阿根廷纺织品与服装案"(DS 56)中,上诉机构也持同样的观点。另参见"欧共体香蕉Ⅲ案"(DS 27)上诉机构报告第 144 段、"阿根廷纺织品与服装案"(DS 56)上诉机构报告脚注 68。
② 参见"泰国 H 型钢案"(DS 122)上诉机构报告第 88 段。
③ 参见"泰国香烟案(菲律宾诉)"(DS 371)上诉机构报告第 148—149 段。
④ 参见"美国博彩案"(DS 285)上诉机构报告第 271 段。
⑤ 参见"澳大利亚鲑鱼案"(DS 18)上诉机构报告第 272 段。
⑥ 参见"泰国香烟案(菲律宾诉)"(DS 371)上诉机构报告第 150、155 段。
⑦ 参见"加拿大奶制品案(美国诉)"(DS 103)第 21.5 条程序专家组报告第 2.17 段。
⑧ 参见 DSU 第 4 条第 9 款。
⑨ 参见 WTO 文件:WT/DS248/13,WT/DS249/7,WT/DS251/8,WT/DS252/6,WT/DS253/6,WT/DS254/6,WT/DS258/10。

此外,上诉机构曾经指出,尽管专家组在确定自己的工作程序方面有一些自主权,但不得修改或不考虑 DSU 的明确规定。①

2. 特殊程序

根据案件的特殊情况,专家组为了案件的顺利解决,有时会利用自由裁量权制定一些特殊的程序。例如,在"欧共体荷尔蒙案(加拿大诉)"(DS 48)中,专家组决定为两个同时进行的争端举行联合会议以咨询专家,上诉机构认为此举措是合适的。②

另外,专家组在很多案件中都采取了特殊程序以保护商业机密信息。例如,在"加拿大小麦出口和谷物进口案"(DS 276)中,专家组在一般工作程序之外,还专门制定了《关于保护严格机密信息的补充工作程序》,对机密信息的提交、查阅和援用等作出了详细的规定。③(详见 DSU 第 18 条)

3. 时间表

时间表列出了从专家组设立到专家组报告散发的所有日程,包括当事方和第三方提交第一份书面陈述的日期,第一、二次实质性会议的日期,书面回答专家组提问的日期,提交辩论意见的日期,中期审议的日期,等等。需要指出的是,专家组设定的时间表是可以在诉讼进行的过程中根据当事方的要求进行更改和调整的。④

二、书面陈述和实质性会议

1. 第一份书面陈述

起诉方第一份书面陈述的内容是起诉方的主张。与设立专家组请求

---

① 参见"印度专利案(美国诉)"(DS 50)上诉机构报告第 92 段。在本案中,美国在设立专家组请求中未包括印度违反 TRIPS 协定第 63 条的内容,因此该请求不应被包括在专家组的职权范围内。但是,专家组认为,所有在第一次实质性会议召开前提出的法律主张都应被专家组考虑。上诉机构认为,专家组的结论不符合 DSU 的规定和宗旨。DSU 未授权专家组改变 DSU 的明确规定。DSU 第 7 条明确规定,专家组只能审查其职权范围内的事项。因此,在本案中,TRIPS 协定第 63 条不在专家组的职权范围内,专家组无权审查该主张。

② 参见"欧共体荷尔蒙案"(DS 26,DS 48)上诉机构报告第 154 段。

③ 参见"加拿大小麦出口和谷物进口案"(DS 276)专家组报告第 6.9 段。

另外,还有一些案件制定了类似的特殊保密程序。例如,"巴西飞机案"(DS 46)上诉机构报告附件 1、"欧共体香蕉Ⅲ案"(DS 27)第 22.6 条程序仲裁裁决第 2.5 段、"美国小麦面筋案"(DS 166)专家组报告附件 4。

④ 参见"美国钢铁保障措施案(欧共体诉)"(DS 248)上诉机构报告第 5.3 段。

相比,书面陈述详细论述了案件的争议事项和法律根据,属于"长篇大论"。设立专家组请求中的主张并不一定都在书面陈述中展开论述。但是,设立专家组请求中没有提及的主张,专家组无权审理,因为这超出了专家组的职责范围。一般情况下,请求初步裁决要不晚于提交第一份书面陈述。若是起诉方提出的请求,应诉方要在第一次书面陈述时提交对请求的答复;若是应诉方提出的请求,起诉方要在第一次实质性会议召开前对请求作出答复。

一般情况下,起诉方的书面陈述应先行提交专家组。因此,应诉方的第一份书面陈述就是对起诉方主张的辩驳。专家组也可以在与当事方磋商后,将双方的第一份书面陈述同时提交。

此外,专家组常常还会要求当事方提交书面陈述的概要,一般不超过10页篇幅。由于书面陈述的内容可能会很多,因此提交概要并不是为了在专家组审查时代替书面陈述,而仅仅是为了便于专家组撰写专家组报告中的事实和论点部分。①

2. 第一次实质性会议

实质性会议常被俗称为"听证会"或"开庭"。

按照工作程序的安排,会议开始时先由起诉方发言。起诉方一般是宣读事先拟好的口头陈述。从口头陈述的内容看,基本上是长篇累牍的书面陈述及其概要的超浓缩版本。

起诉方发言后,由应诉方作口头陈述。应诉方的发言当然是对自己所采取的措施进行辩护,并且对原告的观点一一进行辩驳。双方的口头陈述的书面稿一般在会后经双方改定后提交专家组。

双方发言之后,就进入"答问"阶段。双方可以互相提问,专家组也可以随时提问。对专家组和对方的问题,可以现场作答,也可以在会后书面答复(对所有书面问题,都必须书面给予答复,并且这些答复应同时提交对方)。虽然第一次实质性会议的主要目的不是辩论,但双方的交锋是不

---

① 在"欧共体管子和套件案"(DS 219)中,巴西要求专家组将全部书面陈述附在附件中,而不是仅附上概要。专家组驳回了此要求,原因如下:(1)全部附上抹杀了概要原本的目的;(2)概要应能够反映当事方最重要的论证过程;(3)巴西之前对概要的相关规则没有提出异议,全部附上会让翻译的负担加重;(4)虽然专家组审查的是书面陈述全文,但不需要全都写进报告中;(5)巴西若想将书面陈述公之于众,可以自己去做。参见"欧共体管子和套件案"(DS 219)专家组报告第7.51—7.55段。

可避免的。

一般情况下,第一次实质性会议的召开时间是当事方提交所有事实证据的最后期限。特殊情况下,必须有正当理由才能在此之后再提交证据,但提交证据后应让另一方有时间对新的证据进行评价。在"加拿大飞机信用与担保案"(DS 222)中,加拿大要求仲裁庭拒绝巴西在第一次实质性会议结束时提交的证据,仲裁庭同意了此要求。仲裁庭认为,提交证据有最后期限是为了保证当事方有足够的机会评价证据,巴西拥有此证据已经有一段时间,没有正当理由延迟提交。如果接受巴西的证据,就会导致加拿大没有机会当场回应,也会造成程序的延迟,因此仲裁庭决定排除此证据。[①]

值得一提的是,当事方的代表团组成以及由谁出庭等问题完全由当事方自主决定,专家组无权阻止任何人成为代表团成员或出庭。[②]

3. 第二份书面陈述

第一次实质性会议后,双方根据对方的发言和问题以及专家组的问题,准备第二份书面陈述。第二份书面陈述应同时提交专家组。

4. 第二次实质性会议

第二次实质性会议是专门为双方辩论准备的,也是专家组澄清事实和提出问题的又一次正式机会。同时,即便是会后,专家组仍然可以提出问题,要求当事方书面作答。

在第一次开庭时,双方明确表达了自己的具体观点,对专家组所关注的问题也已心中有数,并且有足够的时间(一般两次开庭间隔为一个月以上),所以当事方对有关问题能够作充分的准备。因此,在第二次实质性会议上,双方的观点更加鲜明,辩论也更加深入,能够进一步明确有关问题。

5. 专家组会议的形式及文件保密

专家组会议是不公开的,当事方和其他利害关系方须经专家组邀请才能参加。从这个规定来看,专家组可以不开庭,而只通过书面审理裁决案件。但是,在实践中,专家组都要开庭,让当事方当面对质。不过,专家

---

① 参见"加拿大飞机信用与担保案"(DS 222)第 22.6 条程序仲裁裁决第 2.11—2.14 段。
② 参见"印尼汽车案(欧共体诉)"(DS 54)专家组报告第 14.2 段。

组只要求当事方一方参加会议是不行的,因为当事方的陈述、辩驳及说明应在各方在场的情况下作出,以保持充分的透明度。① 另外,专家组各成员的意见和提交专家组的文件是保密的,但当事方可以对外公布自己的立场。②

6. 第三份书面陈述:特殊情况

一般情况下,当事方只提交两份书面陈述。但是,在"澳大利亚鲑鱼案"(DS 18)中,专家组同意双方在第二次实质性会议后提交第三份书面陈述,因为专家组所收集的专家证据和上诉机构在另一个同时进行的案件中的裁决结果属于案情的"根本性变化",出于正当程序的需要,当事方可以就这些变化提交书面陈述。③

三、专家组报告

争端解决机制的首要目标是,当事方能够达成双方满意的解决办法。④ 在专家组审理案件的过程中,如果双方达成了协议,则专家组报告只需要对案情进行简要介绍,并且说明协议已经达成。专家组不用说明协议的内容,因为当事方有义务将此解决办法通知DSB及有关理事会和委员会。⑤ 但是,如果当事方只是部分解决了争议,则专家组应当继续审理剩余的部分。⑥ 同时,即使当事方对某个问题有一致的意见,只要当事方没有将此一致意见定性为"双方满意的解决办法",DSU第12条就不

---

① 参见DSU附录3"工作程序"第10段。但是,由于某些案件的特殊情况,专家组会议是对公众公开的。另参见"美国持续中止案"(DS 320)专家组报告第7.51段。
② 详见第18条解释。
③ 参见"澳大利亚鲑鱼案"(DS 18)专家组报告第8.22段。在第二次实质性会议上,加拿大作了长达44页的口头发言。澳大利亚认为,从法律主张、法律依据和内容的详细程度看,这都是一个正式的书面陈述,澳大利亚不可能在一夜之间或者一周之内提出充分的辩驳意见。这是违反正当程序的,使澳大利亚处于不利的地位,因此要求有提交第三份书面陈述的机会。专家组认为,加拿大口头发言所体现的"根本性变化"主要来自本案专家组从科学专家那里获得的咨询意见,以及刚刚作出的"欧共体荷尔蒙案(美国诉)"(DS 26)的上诉机构报告,这些变化是实质性的。出于正当程序的需要,专家组允许双方提交第三份书面陈述,但内容必须限于加拿大在第二次实质性会议上所作口头发言中的澳大利亚提到的"根本性变化"。
④ 参见DSU第3条第7款。
⑤ 参见DSU第3条第6款。
⑥ 参见"美国337条款案"(BISD 36S/345)第5.1段。

能适用。①

对于专家组的职责范围确定时已经无效或不会生效的措施,专家组一般不予裁决。例如,在"美国汽油案"(DS 2,DS 4)中,专家组认为,委内瑞拉和巴西所指责的措施在本案专家组确定时已停止生效,并且当事方没有说明这个措施可能会在将来恢复生效。因此,专家组对此措施不予裁决。② 在"阿根廷纺织品与服装案"(DS 56)中,阿根廷的一项措施在专家组设立前被取消了。虽然美国认为该措施随时可能恢复,但专家组认为,没有证据表明这项措施会重新实施以及阿根廷取消措施是为了规避专家组的审查。因此,专家组对这个问题不予审查。③

不过,对于将在专家组审理案件期间被撤销的措施,专家组认为仍然应当作出裁决。④ 当然,在对于某项措施是否已经被撤销存在争议的情况下,专家组更应当作出裁决。⑤

专家组报告的内容是对事实的认定、有关协定的适用、裁决及其理由。上诉机构曾经指出,出于程序公正性的需要,当事方有权知道专家组作出某种裁决的理由。虽然是否提供理由应依个案决定,但专家组应当确定相关事实和适用的法律;同时,在将法律适用于事实时,专家组的理由应当说明该法律为什么以及如何适用于该事实。因此,专家组报告应当对裁决和建议提供基本的理由,以帮助有关成员理解其义务,作出实施的决定以及确定是否上诉。同时,专家组提供基本理由也促进了DSU第3条第2款规定的安全性和可预见性,增进了其他WTO成员对协定项下

---

① 参见"美国虾案(厄瓜多尔诉)"(DS 335)专家组报告第7.1段。
② 参见"美国汽油案"(DS 2,DS 4)专家组报告第6.19段。专家组对此主张不予裁决的理由还有,在其职责范围中没有明确提到这一措施,并且专家组在其他问题上已经作出的裁决使得其没有必要对这个措施进行裁决。
③ 参见"阿根廷纺织品与服装案"(DS 56)专家组报告第6.4、6.14段。阿根廷在专家组设立之前,取消了对鞋类实施的特别关税,但同时实施临时保障措施税。因此,专家组决定对特别关税问题不予审查。
④ 参见"美国羊毛衬衫案"(DS 33)专家组报告第6.2段。美国提出,该措施由于印度进口的逐步减少和美国该产业的调整而即将被取消。但是,专家组认为,当事方没有就结束专家组程序达成协议,因此专家组应当继续审查并作出裁决。
⑤ 参见"印尼汽车案(欧共体诉)"(DS 54)专家组报告第14.9段。印尼称,有关汽车计划已经被取消,但起诉方认为该措施并未得到有效解除,要求专家组对所有主张作出裁决。专家组认为,根据其职责范围,以及措施被取消与裁决的实施阶段相关,所以应当对此作出裁决。另外,专家组还指出,印尼是在专家组规定的提交信息和观点的期限之后提出这一点的。

权利义务的性质和范围的理解。①

四、审期

专家组报告一般应当在 6 个月之内作出,自专家组组成和职责范围确定到最终报告提交争端各方。对于紧急案件,审期则为 3 个月。如果专家组认为不能在这段时间内完成报告,则应通知 DSB 迟延的原因及估计期限。但是,自专家组审理到报告散发 WTO 成员,审期不得超过 9 个月。

上述 6 个月和 9 个月的起止日期是不一样的。从 DSB 决定设立专家组到专家组组成,可能会经过很长时间(如 20 天),因为选择专家组成员是一件费时费力的事情。② 同样,从专家组报告提交当事方到向所有 WTO 成员散发,也可能需要相当长的时间。③ 这主要是由于将报告翻译成 WTO 其他官方语言的问题。按选定专家组成员 20 天、翻译报告 3 周计算,专家组可以延长的期限只有一个月左右。

事实上,在实践中,专家组的审期常常被大大超过。"美国贸易法第 301 节案"(DS 152)专家组认为,这些期限仅仅是指导性的,而不是强制性的。④

五、发展中国家

在发展中国家作为被诉方时,专家组应给予该发展中国家充分的时间以准备和提交论据。⑤ 但是,DSU 第 20 条和第 21 条第 4 款规定的时

---

① 参见"墨西哥糖浆案"(DS 132)第 21.5 条程序上诉机构报告第 106—109 段。上诉机构同时指出,DSU 第 12 条第 7 款并不要求专家组提供长篇累牍的理由;专家组可以援引其他专家组和上诉机构的推理,从而使得理由简明扼要。对于有关 DSU 第 21 条第 5 款实施裁决的案件,尤其可能需要援引本案专家组和上诉机构报告。
② 参见 DSU 第 8 条第 7 款。
③ DSU 附录 3 建议的工作程序需要 3 周时间。
④ 参见"美国贸易法第 301 节案"(DS 152)专家组报告第 7.31 段、脚注 646。
专家组还提到,在 DSB 作出建议的 26 个案件中,自请求磋商到通过报告,有 17 个案件超过了 18 个月。虽然这种计算的起止时间不同于专家组审期,但也在一定程度上说明了专家组超越时限的问题。
⑤ 参见 DSU 第 12 条第 10 款关于磋商的规定,对磋商的相关规定的主要介绍详见 DSU 第 4 条解释。

限应不受影响。在"印度数量限制案"(DS 90)中,印度提出,本案在其有关制度方面非常重要,并且涉及广泛的问题;同时,新政府刚刚组成,负责这个案件的司法部部长尚未赴任,因此在原来规定的时间内提交第一份书面陈述有困难。专家组认为,虽然印度本可以在确定专家组工作程序的组织会议上提出这些问题,但考虑到 DSU 第 12 条第 10 款的规定以及印度的特殊困难,决定给印度增加 10 天的时间准备第一份书面陈述。①同样,在"土耳其大米案"(DS 334)中,专家组尽可能地为土耳其在两次实质性会议后书面回答问题延长了期限。②

对于发展中国家在案件中所提出的特殊待遇问题,专家组报告中应明确说明以何种方式进行了考虑。例如,在"美国钢铁保障措施案(欧共体诉)"(DS 248)中,对于中国提出的美国应根据《保障措施协定》第 9 条第 1 款免除其保障措施对来自中国的产品的适用问题,③专家组虽然使用"司法节制"的方法,没有对这个问题作出裁决,但认为按照 DSU 第 12 条第 10 款的规定,应当对这种做法作出说明。专家组解释,由于专家组已经裁定美国没有法律依据对任何国家采取保障措施,美国当然也就没有法律依据对中国采取保障措施,因此没有必要对中国的这一主张作出裁决。④

六、中止

应起诉方请求,专家组可以随时中止其工作。同时,专家组审理案件的时限和 DSB 决定的时限等应当顺延。

如专家组中止工作 12 个月以上,则设立专家组的授权应当结束。

---

① 参见"印度数量限制案"(DS 90)专家组报告第 5.8—5.10 段。
② 参见"土耳其大米案"(DS 334)专家组报告第 7.304—7.305 段。
③ 《保障措施协定》第 9 条第 1 款:"对于来自发展中国家成员的产品,只要其有关产品的进口份额在进口成员中不超过 3%,即不得对该产品实施保障措施,但是进口份额不超过 3%的发展中国家成员份额总计不得超过有关产品总进口的 9%。"
④ 参见"美国钢铁保障措施案(欧共体诉)"(DS 248)专家组报告第 10.714 段。

第 13 条
寻求信息的权利

1. 每一专家组有权向其认为适当的任何个人或机构寻求信息和技术建议。但是，在专家组向一成员管辖范围内的任何个人或机构寻求此类信息或建议之前，应通知该成员主管机关。成员应迅速和全面地答复专家组提出的关于提供其认为必要和适当信息的任何请求。未经提供信息的个人、机构或成员主管机关正式授权，所提供的机密信息不得披露。

2. 专家组可向任何有关来源寻求信息，以及与专家进行磋商以获得他们对该事项某些方面的意见。对于一争端方提出的有关科学或其他技术事项的事实问题，专家组可请求专家审议小组提供书面咨询报告。设立此类小组的规则及其程序列在附录 4 中。

专家组可以主动收集与案件有关的信息和建议。专家组通常是在案件涉及科学或技术性问题时才这样做。① 上诉机构指出，专家组有一项重要的调查权，即咨询专家意见。专家组行使这样的调查权，不是为了在起诉方没有履行初步证明其主张的举证责任时，作出有利于起诉方的裁决，而是为了帮助专家组理解和评估当事方提交的证据和观点。② 事实上，还有一些 WTO 适用协定也明确作出了咨询专家的规定。③

---

① 例如，在"欧共体荷尔蒙案（美国诉）"（DS 26）中，涉及荷尔蒙在动物饲料中的使用问题，参见"欧共体荷尔蒙案"（DS 26，DS 48）上诉机构报告第 Ⅱ.1—Ⅱ.5 段；在"美国虾案"（DS 58）中，涉及海龟保护和栖息迁徙的问题，参见"美国虾案"（DS 58）专家组报告第 5.2 段；在"澳大利亚鲑鱼案"（DS 18）中，涉及动物健康问题，参见"澳大利亚鲑鱼案"（DS 18）专家组报告第 2.11 段。

在"日本胶卷案"（DS 44）中，由于涉及大量的日文材料，专家组选择了两名语言专家，以便在当事方对翻译问题出现争议时进行咨询。参见"日本胶卷案"（DS 44）专家组报告第 1.8—1.9 段。

② 参见"日本农产品Ⅱ案"（DS 76）上诉机构报告第 129 段。但是，上诉机构曾指出，收集信息和技术建议是专家组的一项权利，专家组也有权不这样做。因此，专家组没有义务在每个案件中都征询信息。另参见"阿根廷纺织品与服装案"（DS 56）上诉机构报告第 82—86 段。

③ 例如，SPS 协定第 5 条第 7 款；TBT 协定第 14 条第 2、3 款，该协定附件 2"技术专家小组"还对技术专家小组规定了类似于 DSU 附录 4 的程序。此外，SCM 协定第 24 条第 3 款还要求补贴与反补贴措施委员会设立常设专家小组，帮助具体案件的专家组审理案件。

专家组收集信息的方式有两种：①

第一种方式是向个人或机构收集信息。专家组可以向任何个人或机构②寻求信息和技术建议，但应当事先通知该个人或机构所在国家的主管机关。该国应迅速、全面地对这种请求作出答复。③ 同时，未经提供信息者同意，机密信息不得披露。在"美国版权法第110(5)节案"(DS 160)中，仲裁庭向美国集体管理组织寻求信息，相关组织提供了信息，但是在保密问题上提了一些条件，如要求仲裁庭提供所有要公开的文件以确认其提交的信息没有被泄露。仲裁庭意识到"公开的文件"包括裁决，可能会导致信息泄露，因此最终没有使用此信息。④

在"欧共体荷尔蒙案(加拿大诉)"(DS 48)中，专家组认为有必要咨询专家意见。国际组织食品法典委员会和癌症研究机构提供了候选人名单及简历。当事方就此提出意见，认为自己也可以提出名单之外的专家。最后，专家组确定了三名专家。随后，专家组在与当事方协商后，向该三名专家提出具体的科学方面的问题，请他们书面作答。⑤

此外，"个人或机构"包括当事方。⑥ 专家组可以向当事方提出问题，要求当事方书面作答。⑦ 即使一方并没有建立"证据确凿"的主张，专家组也有权向另一方寻求信息。⑧ 这种提问并寻求信息的行为没有超过 DSU 第 13 条赋予专家组的权利范围。⑨ 有时，由于审查某一事项的需要，专家组也会向第三方寻求信息。例如，在"土耳其纺织品案"(DS 34)

---

① 专家组有权决定是咨询个人还是设立专家审议小组。参见"欧共体荷尔蒙案"(DS 26，DS 48)上诉机构报告第 147 段。
② 在"印度数量限制案"(DS 90)中，专家组就印度提出的收支平衡问题咨询了国际货币基金组织的意见。但是，在作出裁决时，专家组不是简单地接受该组织的观点，而是认真审查了这些观点，并且考虑了其他数据和意见。参见"印度数量限制案"(DS 90)上诉机构报告第 149 段。
③ 上诉机构曾强调，专家组有权向任何 WTO 成员寻求信息，包括当事方；当事方有义务提供这种信息。DSU 第 11 条指出，如果当事方不提供这种信息，专家组就可能作出"反向推断"，即认为这些没有提供的信息是不利于该当事方的。参见"加拿大飞机案"(DS 70)上诉机构报告第 185、197、202 段。详见本书中 WTO 争端解决程序的特殊和附加规则部分。
④ 参见"美国版权法第 110(5)节案"(DS 160)DSU 第 25 条仲裁裁决第 1.10 段。
⑤ 参见"欧共体荷尔蒙案(加拿大诉)"(DS 48)专家组报告第 6.4—6.7 段。
⑥ 参见"加拿大飞机案"(DS 70)上诉机构报告第 185 段。
⑦ 参见"澳大利亚车用皮革 II 案"(DS 126)专家组报告第 9.28 段。
⑧ 参见"加拿大飞机案"(DS 70)上诉机构报告第 192 段。
⑨ 参见"泰国 H 型钢案"(DS 122)上诉机构报告第 135 段。

中,专家组要求第三方欧共体提供与案件相关的事实和法律信息。①

第二种方式是设立专门的专家审议小组。② 专家审议小组成员是在相关领域有声望和经验的人士。当事方可以推荐人选,但最后由专家组确定。非经当事方同意,当事方的公民一般不得担任小组成员,而当事方的政府官员则一律不得担任小组成员。小组成员以个人身份任职,其所属国家或组织不得进行干涉。此外,小组成员应遵守 DSB 制定的《DSU 行为守则》。例如,在任何时候均应当保守争端解决审议、诉讼以及争端当事方标明"保密"的任何信息的秘密;在任何时候均不得利用在审议和诉讼中获知的此种信息取得个人利益或为他人谋求利益;在程序进行阶段,不得从事与审议事项相关的单独接触活动;在专家组报告被解除限制之前,不得就该程序或其参与处理的争端所涉及的事项发表公开评论。

专家审议小组应听从专家组的指挥,其职权范围和详细工作程序由专家组决定,并且应向专家组报告。专家审议小组可向任何来源寻求信息和技术建议,但应事先通知提供信息者所属国政府。所属国政府应迅速、全面地对专家审议小组的请求作出答复。当事方可以获得提交专家审议小组的信息,但机密信息除外。专家审议小组可以要求提供机密信息者提交该信息的非保密概要。专家组可以要求专家审议小组提交书面咨询报告。该报告草案应征求当事方意见。最终报告应同时向当事方提供。对于咨询报告的内容,专家组有权决定是否以及如何采纳。

当然,在以上两种方式中,专家组有选择权。专家组可以选择咨询专家个人或机构而不设立专家审议小组。③ 但是,不管选择哪种方式,专家组都不能替当事方建立主张。④

DSU 第 13 条主要是规定专家组主动收集信息的情况。实际上,专家组的权利不仅是对信息来源进行选择和评估,还包括压根不寻求建议的权利。专家组有接受或拒绝其收到的任何信息、建议的权利。⑤

---

① 参见"土耳其纺织品案"(DS 34)专家组报告第 4.1—4.3 段。
② 参见 DSU 附录 4"专家审议小组"。
③ 参见"欧共体荷尔蒙案"(DS 26,DS 48)上诉机构报告第 148 段。
④ 参见"日本农产品Ⅱ案"(DS 76)上诉机构报告第 127—130 段。
⑤ 参见"美国虾案"(DS 58)上诉机构报告第 104 段。

在实践中,专家组还遇到过当事方和第三方之外的个人或机构主动向专家组提交意见和信息的情况。这就是所谓的"法庭之友意见"。在"美国虾案"(DS 58)中,非政府组织"海洋保护中心""国际环境法中心"和"世界自然基金会"向专家组提交了意见和材料。专家组拒绝考虑这些意见,因为DSU第13条只规定专家组可以主动寻求信息,接受不请自来的非政府组织的信息不符合DSU的规定。[①] 但是,上诉机构认为,不应该过分"刻板地、技术地"解读"寻求"二字,接受非政府组织的意见和材料并不违反DSU第13条的规定。因为即使接受它们提供的信息,专家组也可以自由决定是采纳还是拒绝此意见。[②] 在"阿根廷纺织品与服装案"(DS 56)中,阿根廷认为专家组没有征求国际货币基金组织的意见,导致其没能对事项进行客观评估。上诉机构驳回了此主张,认为寻求信息是专家组自由裁量的事项,并不是其义务。[③]

在"美国铅铋钢Ⅱ案"(DS 138)中,上诉机构通过另一个理由认为可以接受"法庭之友意见"。上诉机构认为其在程序性事项上具有广泛的自由裁量权,只要不违背DSU和适用协定的规定即可。非成员(独立的个人或组织)是没有权利参加争端解决机制的,也没有权利提交意见,除非上诉机构允许。同时,上诉机构没有义务接受或考虑其提交的意见,除非上诉机构行使自由裁量权,认为这对解决争议有帮助。[④] 在"欧共体沙丁鱼案"(DS 231)中,上诉机构从第三方摩洛哥处收到了"法庭之友意见",认为应该接受并考虑此意见。但是,上诉机构再次强调,接受"法庭之友意见"并非其义务。[⑤] 接受"法庭之友意见"后,专家组应该就此征求当事

[①] 参见"美国虾案"(DS 58)专家组报告第7.8段。但是,专家组提出,当事方如果认为这些意见有用,可以将其作为提交专家组的书面陈述的一部分,这样专家组就可以考虑了。
在"欧共体石棉案"(DS 135)中,专家组收到了四份"法庭之友意见"。专家组将这些意见交给当事方,欧盟将其中两份意见作为其书面陈述的一部分。在第二次实质性会议上,专家组允许加拿大对这两份意见发表评论。但是,对于另外两份意见,专家组决定不予考虑。专家组没有说明理由,可能是因为加拿大反对接受所有的"法庭之友意见",而欧盟也认为这两份意见没有与本案有关的信息。参见"欧共体石棉案"(DS 135)专家组报告第6.2—6.3段。

[②] 参见"美国虾案"(DS 58)上诉机构报告第99—110段。

[③] 参见"阿根廷纺织品与服装案"(DS 56)上诉机构报告第82、84、86段。

[④] 参见"美国铅铋钢Ⅱ案"(DS 138)上诉机构报告第39—42段。

[⑤] 参见"欧共体沙丁鱼案"(DS 231)上诉机构报告第166—167段。

方的意见,才符合正当程序的要求。①

因此,在"澳大利亚鲑鱼案"(DS 18)中,专家组认为,一些渔民和加工商的意见与本案有关,因而将其记录在案。② 在"印度数量限制案"(DS 90)中,专家组也咨询了国际货币基金组织的意见。③

---

① 参见"美国金枪鱼Ⅱ案(墨西哥诉)"(DS 381)专家组报告第7.9段。
② 参见"澳大利亚鲑鱼案"(DS 18)第21.5条程序专家组报告第7.8—7.9段。
③ 参见"印度数量限制案"(DS 90)专家组报告第5.12—5.13段。

第 14 条

机 密 性

1. 专家组的审议情况应保密。
2. 专家组报告应在争端各方不在场的情况下,按照提供的信息和所作的陈述起草。
3. 专家组报告中专家个人发表的意见应匿名。

专家组对案件的审议情况是保密的。专家组在与当事方召开了两次实质性会议后,就开始起草专家组报告,而当事方不得在场。虽然审议情况是保密的,但不意味着案件的所有程序都不能公开。在"美国持续中止案"(DS 320)中,专家组响应当事方的请求,将会议对公众公开。专家组认为,"审议"的意思是考虑、权衡、讨论,专家组的听证会与司法机构的考虑并不相似。听证会是供争端当事方交换观点,而审议则是在司法机构内部交换观点。后者并不包括前者。①

专家组报告可以记录专家组个人发表的不同意见,但不应提及发表意见者的名字。例如,在"欧共体禽肉案"(DS 69)中,有一名专家组成员对专家组的一个结论有不同意见,这个不同意见被照录在专家组报告中,但没有提及这名成员的名字。②

关于在意见不一致的情况下专家组如何决策,DSU 没有规定。③

---

① 参见"美国持续中止案"(DS 320)专家组报告第 7.49 段。
② 参见"欧共体禽肉案"(DS 69)专家组报告第 289—292 段。
在"美国特定欧共体产品案"(DS 165)中,也有一名专家组成员认为,美国的措施违反的是另一个 GATT 条款。参见"美国特定欧共体产品案"(DS 165)专家组报告第 6.72 段。
在"欧共体关税优惠案"(DS 246)中,有一名专家组成员对起诉方的一个主张(授权条款)是否属于专家组的职权范围有不同意见。参见"欧共体关税优惠案"(DS 246)专家组报告第 9.21 段。
③ 在实践中,上诉机构采取的是多数决定制。

第 15 条
中期审议阶段

1. 在考虑书面辩驳和口头辩论后,专家组应向争端各方提交其报告草案中的描述部分(事实和论据)。在专家组设定的期限内,各方应提交各自的书面意见。

2. 在接收争端各方书面意见的设定期限截止后,专家组应向各方提交一份中期报告,既包括描述部分,也包括专家组的调查结果和结论。在专家组设定的期限内,一方可提出书面请求,请专家组在最终报告散发各成员之前,审议中期报告中的具体方面。应一方请求,专家组应就书面意见中所确认的问题,与各方再次召开会议。如在征求意见期间未收到任何一方的意见,中期报告应被视为最终报告,并迅速散发各成员。

3. 最终报告中的调查结果应包括在中期审议阶段对论据的讨论情况。中期审议阶段应在第 12 条第 8 款所列期限内进行。

中期审议的目的是让争端各方对专家组报告草案提出意见,以便完善报告。[①]

中期审议分为两个阶段,分别审议专家组报告的描述部分和整个专家组报告草案。

在收到争端各方的书面陈述并与争端各方召开了两次实质性会议后,专家组应当先向争端各方提交报告的描述部分。描述部分是对争端各方提交的事实和观点的概述。争端各方应当在专家组规定的时间内,对描述部分是否准确、清晰地表达了有关事实和观点提出书面意见。若

---

① 在"欧共体石棉案"(DS 135)中,专家组指出,在中期审议阶段,争端各方应当利用这个最后的机会指出专家组报告中对事实的理解和介绍的错误,因为在上诉阶段是不审查事实问题的;同时,如果专家组没有作出修改,就可能被认为没有对事实问题进行客观评估。另外,争端各方不指出事实方面的错误,还可能被认为违反了 DSU 第 3 条第 10 款规定的真诚解决争端的义务。参见"欧共体石棉案"(DS 135)专家组报告第 7.2 段、脚注 3。

在"美国持续中止案"(DS 320)中,欧盟在中期审议意见的开头部分称,欧盟本来能提供证明专家组推理错误的例子,但是在现有的时间内不可能提供一份详细完整的错误和遗漏清单,因此欧盟保留在上诉阶段作出完整评论的权利。专家组认为,欧盟本可以要求延长时间,但在未完全提出全部诉求的情况下已经开始考虑上诉,这让中期审议阶段失去了意义。参见"美国持续中止案"(DS 320)专家组报告第 6.14—6.15 段。

争端各方在此阶段没有提出意见,而是在审议整个专家组报告草案阶段对描述部分提出意见,专家组为了描述的准确性,也可以接受。①

然后,专家组应当向当事方提交整个专家组报告草案,包括描述部分和裁决本身。② 当事方可以就报告中的具体方面请求专家组进行审议。如果一方提出书面请求,专家组应与各方再次召开会议,就这些具体方面进行讨论。③

如果当事方没有在专家组规定的时间内提出书面意见,则该报告草案就应被视为最终报告。最终报告一般是先提交当事方,然后再翻译成WTO其他官方语言,向其他WTO成员散发。中期审议应当在专家组审期内完成。第三方虽然不能参加中期审议程序,但可以审查描述部分自己的陈述是否准确。④

专家组最终报告中应当包括对当事方在中期审议阶段所提意见的处理情况。⑤ 事实上,专家组报告中有专门的"中期审议"部分。

如果这些意见只是形式上的,如当事方对自己观点的澄清、专家组报告的打印错误等,专家组一般会完全接受。⑥ 但是,在实践中,专家组也

---

① 参见"美国香烟案"(DS 406)专家组报告第 6.3 段。

② 在"欧共体香蕉Ⅲ案"(DS 27)中,由于专家组报告必须在 90 天内作出,时间较短,因此专家组决定不向当事方提交中期报告而直接作出最终报告。参见"欧共体香蕉Ⅲ案"(DS 27)第 21.5 条程序专家组报告(厄瓜多尔诉)第 6.2 段。

③ 在"欧共体荷尔蒙案(加拿大诉)"(DS 48)和"印度数量限制案"(DS 90)中,专家组与当事方举行了中期审议会议。参见"欧共体荷尔蒙案(加拿大诉)"(DS 48)专家组报告第 7.5 段、"印度数量限制案"(DS 90)专家组报告第 4.1 段。在"美国持续中止案"(DS 320)中,专家组更是认为,是否举行中期审议会议应该由当事方决定,而非由专家组决定。参见"美国持续中止案"(DS 320)专家组报告第 6.2 段。

④ 参见"欧共体香蕉Ⅲ案"(DS 27)专家组报告(厄瓜多尔诉)第 7.9 段。

⑤ 在"欧共体荷尔蒙案(加拿大诉)"(DS 48)中,加拿大认为,在中期审议阶段,专家组只应当对事实和当事方的观点进行修改,以加强专家组报告的理由部分,而不应对事实和法律的认定进行根本性修改。但是,专家组认为,DSU 并没有将专家组的中期审议限于当事方提出的意见部分,或者只是作细微的修改,而是要求专家组报告中应当包括对当事方在中期审议阶段观点的处理意见。参见"欧共体荷尔蒙案(加拿大诉)"(DS 48)专家组报告第 7.7 段。

⑥ 参见"美国钢铁保障措施案(欧共体诉)"(DS 248)专家组报告第Ⅸ部分。但是,在"美国棉纱案"(DS 192)中,美国提出,描述部分对巴基斯坦观点的介绍太多,因而损害了美国的权利,要求专家组作出修改。但是,专家组认为,描述部分的安排是根据案件具体情况作出的,不存在对美国的损害,因而没有接受美国的要求。另参见"美国棉纱案"(DS 192)专家组报告第 7.4—7.14 段。
在"墨西哥糖浆案"(DS 132)中,墨西哥也提出了类似的问题,认为介绍美国的观点太多。但是,专家组认为,对当事方观点的概述是为了提供专家组分析和结论的背景,长度不是一个问题。参见"墨西哥糖浆案"(DS 132)专家组报告第 6.7 段。

遇到了一些实质性的问题。

在"澳大利亚鲑鱼案"(DS 18)中,澳大利亚要求专家组对整个报告进行审议,因为该报告中很大一部分的理由不是基于对有关事项的客观评估(DSU第11条),并且很多事实和主张没有相应的证据支持。专家组认为,根据DSU第15条第2款,在中期审议阶段,专家组只应当审议关于报告中具体方面的意见,因此不同意对整个报告进行审议。① 基于同样的理由,在"美国持续中止案"(DS 320)中,专家组决定不采纳欧盟针对整个报告的整体评论。②

在"欧共体荷尔蒙案(加拿大诉)"(DS 48)中,专家组认为,只列举中期报告中的段落而不说明要求专家组审议的具体事项,不符合DSU第15条第2款的规定。但是,在本案中,由于专家组决定与当事方举行中期审议会议,因此允许欧盟在会议上对这些段落进行具体说明。专家组认为,要求当事方提出具体事项是为了让对方作准备,以便在中期审议会议上进行辩驳。③

在"印度数量限制案"(DS 90)中,专家组认为,中期审议的目的不是让当事方提出新的法律问题和证据,或者与专家组进行辩论,而只是考虑中期报告中的具体方面。因此,当事方应只限于对报告的具体方面提出意见,而不能提出新的法律问题和证据。④ 在实践中,当事方请求专家组重新考虑证据,专家组一般不予反对,⑤并因此更改过报告草案中的结论。⑥ 另外,若由于程序所限,中期审议阶段是提出新的法律问题的合适阶段,则专家组也应给予考虑。⑦

在"美国1916年法案案(欧共体诉)"(DS 136)中,美国在中期审议阶

---

① 参见"澳大利亚鲑鱼案"(DS 18)专家组报告第7.3段。但是,澳大利亚同时提出的具体意见大多被专家组接受。
② 参见"美国持续中止案"(DS 320)专家组报告第6.17—6.18段。
③ 参见"欧共体荷尔蒙案(加拿大诉)"(DS 48)专家组报告第7.4段。
④ 参见"印度数量限制案"(DS 90)专家组报告第4.2段。
⑤ 参见"美国持续中止案"(DS 320)专家组报告第6.4段。
⑥ 参见"欧共体及成员国大型飞机案"(DS 316)专家组报告第6.230—6.231段。
⑦ 在"美国碳钢案"(DS 213)中,专家组在第二次实质性会议后向欧盟提出了一个问题,美国在对欧盟的回复中认为此问题是一个新的主张。美国在对中期审议的评论中提出,此问题在专家组的职权范围外,专家组不应对此作出裁决。参见"美国碳钢案"(DS 213)专家组报告第7.24、8.136段。

段提出了专家组对争议措施是否违反《反倾销协定》没有管辖权这个新问题。专家组认为,DSU 第 15 条似乎并不禁止当事方在中期审议阶段提出新观点。但是,在中期审议阶段,专家组程序已经接近完成,书面陈述已经提交,实质性会议已经召开,专家组报告草案已经提交当事方,因此中期审议并不是为了讨论那些本应当在先前的书面陈述和实质性会议阶段更好地进行讨论的问题。另外,DSU 第 3 条第 10 款要求当事方真诚解决争端,这也意味着本应在较早阶段提出的观点不应留待中期审议阶段提出。专家组认为,没有理由表明美国不可以在专家组程序开始时就提出管辖权的问题。因此,专家组认为有足够的理由不考虑美国的观点。然而,鉴于 DSU 第 15 条第 3 款要求最终报告中包括中期审议阶段的讨论情况,并且本案当事方可能会对反倾销问题提起上诉,所以专家组决定解释一下为什么专家组有权审查反倾销的问题。①

另外,在"印度汽车案(欧共体诉)"(DS 146)中,印度在中期审议阶段提出了新的证据,因为印度原来以为这个证据与本案无关,所以没有在早期程序中提出。专家组认为,这个证据提出太晚。然而,出于保持专家组建议的完整性之考虑,并且这个证据仅仅是为了确认有关措施的官方地位,专家组决定考虑这个证据。②

在"美国归零案(日本诉)"(DS 322)中,在中期审议阶段结束后,专家组意识到"美国归零案(欧共体诉)"(DS 294)的裁决报告刚刚公布,其中的法律问题对本案有直接的影响。因此,在咨询当事方后,专家组额外给当事方一段时间,对"美国归零案(欧共体诉)"(DS 294)上诉机构报告中的法律问题进行评论,并决定再举行一次会议。③

---

① 参见"美国 1916 年法案案(欧共体诉)"(DS 136)专家组报告第 5.15—19 段。专家组还指出,中期审议的作用是有限的,不过下面还有上诉程序,当事方可以在上诉阶段提出法律适用和法律解释的问题。
② 参见"印度汽车案"(DS 146,DS 175)专家组报告第 6.52—6.54 段。
③ 资料来源:https://www.wto.org/english/res_e/booksp_e/analytic_index_e/dsu_06_e.htm#fntext-1283,2017 年 4 月 27 日访问。

第 16 条
专家组报告的通过

1. 为向各成员提供充足的时间审议专家组报告,在报告散发各成员之日起 20 天后,DSB 方可审议通过此报告。

2. 对专家组报告有反对意见的成员应至少在审议该报告的 DSB 会议召开前 10 天,提交供散发的解释其反对意见的书面理由。

3. 争端各方有权全面参与 DSB 对专家组报告的审议,它们的意见应被完整记录在案。

4. 在专家组报告散发各成员之日起 60 天内,该报告应在 DSB 会议*上通过,除非一争端方正式通知 DSB 其上诉决定,或 DSB 经协商一致决定不通过该报告。如一方已通知 DSB 其上诉决定,则在上诉完成之前,DSB 将不审议通过该专家组报告。该通过程序不损害各成员就专家组报告发表意见的权利。

专家组报告散发 20 天后,DSB 才可以审议通过此报告。这是为了给各成员提供充足的时间阅读、考虑此报告。

在专家组报告散发各成员之日起 60 天内,除非出现特殊情况,否则报告应当获得通过。因此,专家组报告应当在散发后 20—60 天这段时间内通过。一般情况是,胜诉方会要求将讨论通过专家组报告列入在此期间召开的 DSB 会议议程;如果在此期间没有适当的 DSB 会议,胜诉方可以要求为通过专家组报告专门召开一次会议。① 但是,在多个案件

---

* 如在此期间的会议计划中没有可满足 DSU 第 16 条第 1 款和第 4 款要求的 DSB 会议,则应为此召开一次 DSB 会议。

① 对于胜诉方何时可以要求召开 DSB 会议,是在专家组报告散发后 20 天内还是 20 天后,DSU 没有规定。从实践来看,胜诉方是可以在 20 天内要求将通过专家组报告列入 DSB 会议议程或要求专门召开 DSB 会议的。例如,从专家组报告散发之日起,以下案件通过专家组报告列入 DSB 会议议程的时间分别是:"加拿大药品专利案"(DS 114),21 天;"加拿大汽车案(日本诉)"(DS 139),20 天;"印尼汽车案(欧共体诉)"(DS 54),21 天。按照惯例,要求召开 DSB 会议应当提前 10 天提出。因此,可以推断,胜诉方可以在专家组报告散发后 20 天内要求召开 DSB 会议。

中，DSB同意延长60天期限。[1]

专家组报告不获通过的情况有三种:第一种情况是,如果没有人要求将此列入DSB会议议程或要求召开专门会议,那么报告可能就不会通过。[2] 对于什么人可以提请DSB通过报告,是当事方、第三方还是其他人,DSU没有说明。[3] 后两种情况是,在被列入DSB会议议程后,专家组报告不通过的:(1)败诉方正式通知DSB决定上诉(败诉方可能会在这次DSB会议召开前一天提出上诉,这样DSB会议就不会讨论通过专家组报告的问题);(2)DSB"经协商一致决定不通过该报告"。上诉是经常发生的,在这种情况下,DSB就会等上诉机构报告作出后一起通过专家组报告。[4] 但是,后一种情况只是具有理论上的可能性,因为这种"反向一致"的决策方式使得专家组报告的通过是自动的。

在专家组报告通过程序中,各成员可以就专家组报告发表意见。成员对报告的反对意见应给出解释和理由,并应在DSB会议召开前10天散发各成员。当事方有权全面参与DSB会议,并且在会议上发表意见,这些意见应被记录在案。但是,无论是反对意见、赞成意见还是一般评论,都不影响专家组报告的通过。通过的专家组报告对于当事方来说是"争端的最终的解决",[5] 专家组报告中未经上诉的部分也具有同样的效果。[6]

---

[1] 1999年7月,欧盟提议延长3个案件的60天期限。DSB会议于7月26日召开,而"智利含酒精饮料案(欧共体诉)"(DS 87)、"阿根廷鞋案(欧共体诉)"(DS 121)和"韩国奶制品案"(DS 98)的60天期限将于8月到期。若遵守此期限,欧盟必须请求在8月召开3次DSB特别会议,这无疑会增加WTO的工作,因此欧盟提议延长此期限到9月初的DSB会议。没有成员对此表示反对。参见DSB会议记录:WT/DSB/M/65,第20页。在"欧共体食糖出口补贴案(澳大利亚诉)"(DS 265)和"巴西翻新轮胎案"(DS 332)中,当事方共同要求延长60天期限,DSB同意了当事方的要求。另参见WT/DS265/24、WT/DS266/24和WT/DS283/5,"巴西翻新轮胎案"(DS 332)上诉机构报告第6段。

[2] 例如,"欧共体香蕉Ⅲ案"(DS 27)第21.5条程序专家组报告(欧共体诉)由于无人提议通过而未在DSB会议上获得通过。

[3] 在通过上诉机构报告时,各方对此问题发生过争论。参见DSU第17条第14款解释。

[4] DSU第17条第13款规定,上诉机构可以维持、修改或撤销专家组报告。在维持或修改的情况下,上诉机构报告和专家组报告将同时通过。但是,如果专家组报告被上诉机构撤销,当然就不存在继续通过的问题。

[5] 参见"美国虾案"(DS 58)上诉机构报告第97段、"欧共体床上用品案"(DS 141)第21.5条程序上诉机构报告第92—95段。

[6] 参见"欧共体床上用品案"(DS 141)上诉机构报告第93段。

第 17 条

上诉审议常设上诉机构

1. DSB 应设立一常设上诉机构。上诉机构应审理对专家组案件的上诉。该机构应由 7 人组成，任何一个案件应由其中 3 人任职。上诉机构人员任职应实行轮换。此轮换应在上诉机构的工作程序中予以确定。

2. DSB 应任命在上诉机构任职的人员，任期 4 年，每人可连任一次。但是，对于在《WTO 协定》生效后即被任命的 7 人，其中 3 人的任期经抽签决定，应在 2 年期满后终止。空额一经出现即应补足。如一人被任命接替一任期未满人员，则此人的任期即为前任余下的任期。

3. 上诉机构应由具有公认权威并在法律、国际贸易和各适用协定所涉主题方面具有公认专门知识的人员组成。他们不得附属于任何政府。上诉机构的成员资格应广泛代表 WTO 的成员资格。在上诉机构任职的所有人员应随时待命，并应随时了解争端解决活动和 WTO 的其他有关活动。他们不得参与审议任何可产生直接或间接利益冲突的争端。

4. 只有争端各方，而非第三方，可对专家组报告进行上诉。按照第 10 条第 2 款已通知 DSB 其对该事项有实质利益的第三方，可向上诉机构提出书面陈述，并被给予听取其意见的机会。

5. 诉讼程序自一争端方正式通知其上诉决定之日起至上诉机构散发报告之日止，通常不得超过 60 天。在确定其时间表时，上诉机构应在必要时考虑第 4 条第 9 款的规定。当上诉机构认为不能在 60 天内提交报告时，应书面通知 DSB 迟延的原因以及提交报告的估计期限。但是，该诉讼程序绝不能超过 90 天。

6. 上诉应限于专家组报告涉及的法律问题和专家组所作的法律解释。

7. 如上诉机构要求，则应向其提供适当的行政和法律支持。

8. 上诉机构任职人员的费用，包括旅费和生活津贴，应依照总理事会在预算、财务与行政委员会所提建议基础上通过的标准，从 WTO 预算中支付。

上诉审议的程序

9. 工作程序应由上诉机构经与 DSB 主席和总干事磋商后制定，并告

10. 上诉机构的程序应保密。上诉机构报告应在争端各方不在场的情况下,按照提供的信息和所作的陈述起草。

11. 上诉机构报告中由任职于上诉机构的个人发表的意见应匿名。

12. 上诉机构应在上诉程序中处理依据第6款提出的每一问题。

13. 上诉机构可维持、修改或撤销专家组的法律调查结果和结论。

上诉机构报告的通过

14. 上诉机构报告应由DSB通过,争端各方应无条件接受,除非在报告散发各成员后30天内,DSB经协商一致决定不通过该报告。* 此通过程序不损害各成员就上诉机构报告发表意见的权利。

上诉审议程序规定在DSU第17条和《上诉审议工作程序》中①。

一、上诉机构②

上诉机构是常设的,应由7个人组成。其中一人担任主席,由成员选举决定。主席任期一年,但经成员决定,可连任一次。主席负责管理上诉机构的内部运作以及成员认为必要的其他事项。③

每个案件由上诉机构中的3个人审理。④ 这3个人应选举一人担任本案主席,负责协调本案审理的整个程序,主持听证会和有关会议,协调起草上诉机构报告。⑤ 对于本案的决定应完全由这3个人作出,其他决

---

* 如在此期间的会议计划中没有DSB会议,则应为此召开一次DSB会议。

① 在此工作程序中,上诉机构还对《DSU行为守则》的具体运用作出了规定。参见《上诉审议工作程序》第8—11条。

② 上诉机构是DSB在1995年2月12日召开的会议上成立的。参见WTO文件:WT/DSB/M/1。1994年12月6日,WTO筹委会批准了关于任命上诉机构成员程序的建议。另参见WTO文件:PC/IPL/13。

③ 参见《上诉审议工作程序》第5条。在主席因疾病、死亡或辞职而不能任职的情况下,上诉机构成员应选举新主席,并有完整任期。在主席临时不能任职的情况下,上诉机构应授权另一名成员临时负责。

④ 在成员因疾病等原因而不能任职的情况下,应及时补选。参见《上诉审议工作程序》第13—14条。

⑤ 参见《上诉审议工作程序》第7条。在主席不能任职的情况下,其余成员和接替者应选举一位主席。

定则由上诉机构集体作出。①

上诉机构成员审理案件实行轮换制。《上诉审议工作程序》规定,在按照轮换制确定任职时,应当考虑的原则是:随意选择、不可预见和机会均等。②

上诉机构成员任期4年(首批成员中,有3人的任期为2年,经抽签决定),可连任一次。这是为了保证成员的定期更换,使之更具代表性。如果出现空缺,应当补足。但是,如果被接替者任期未满,则接替者只在该被接替者余下的任期内任职。

上诉机构成员应当是在法律、国际贸易和WTO诸协定所涉领域方面有专门知识的权威人士。同时,考虑到WTO有诸多成员,上诉机构成员还应当具有广泛的代表性。这些成员不附属于任何政府。也就是说,他们不应从任何国际组织、政府组织、非政府组织或私人那里接受或寻求指示。③

上诉机构成员应"随叫随到"。为此,他们应将其行踪通知WTO秘书处。④

上诉机构成员应随时了解争端解决活动以及WTO的其他有关活动。为了保证成员们"跟上形势",每个成员都应能够得到每个上诉案件的所有材料。同时,为了确保上诉机构裁决的一致性和知识共享,成员们应定期召开会议,讨论政策、做法和程序问题。负责案件的成员在完成最终报告,向WTO成员散发前,应与其他成员交换意见,但应当回避的成员除外。当然,这不是为了影响负责案件成员裁决案件的充分自主权。⑤

上诉机构成员不得参与审议任何可能导致利益冲突的争端。例如,在任职期间,他们不得从事任何与其职责不相符的职业或专业活动。⑥

如果上诉机构提出要求,上诉机构成员应提供适当的行政和法律支持。事实上,上诉机构现在有自己的行政秘书和法律人员。

上诉机构成员的费用,包括旅费和生活津贴,从WTO预算中支付。

---

① 参见《上诉审议工作程序》第3条第1款。
② 参见《上诉审议工作程序》第6条第2款。
③ 参见《上诉审议工作程序》第2条第3款。
④ 参见《上诉审议工作程序》第2条第4款。
⑤ 参见《上诉审议工作程序》第4条。
⑥ 参见《上诉审议工作程序》第2条第2款。

二、上诉审议程序

1. 工作程序

WTO 成立后不久,上诉机构就制定了《上诉审议工作程序》,①后又多次修订。与专家组工作程序不同,这是标准工作程序,一般不需要在具体案件中制定特殊的工作程序。② 上诉机构曾经指出,上诉权是 DSU 所确定的一项新的、重要的权利,而工作程序就是为了充分保证上诉方的上诉权利,同时保证被上诉方享受"正当程序"的权利。③

同时,为了保证公正性和程序的有序进行,在具体案件中,如果出现了标准工作程序所没有包括的程序问题,负责案件的上诉机构成员也可以制定适当的程序,但必须立即通知案件参加方以及上诉机构的其他成员。④ 另外,如果案件参加方认为严格遵守标准工作程序的时间表会导致明显的不公正,也可以要求负责案件的上诉机构成员修改时间表。⑤

(1) 上诉通知

当事方应书面通知 DSB 上诉,同时向 WTO 秘书处提交上诉通知。上诉通知应包括专家组报告的名称等细节内容,还应简要说明上诉的性质,包括专家组报告在法律问题和法律解释方面的错误。上诉机构曾经指出,上诉方只要指明专家组错误的结论和法律解释,就是确定了上诉的性质和有关错误;上诉通知不需要解释上诉方认为专家组错误的原因,也不是对上诉方书面陈述中观点的概述。⑥

(2) 上诉方书面陈述

上诉方应在作出上诉通知后 10 天内,向秘书处提交书面陈述,同时

---

① 参见 WTO 文件:WT/AB/WP/1。
② 上诉机构在收到上诉通知后,会通知有关各方具体负责本案审理的人员,以及本案的工作时间表,说明各方提交材料和参加听证会的日期。参见《上诉审议工作程序》第 26 条。
关于专家组工作程序,参见 DSU 附录 3、第 12 条解释。
③ 参见"美国虾案"(DS 58)上诉机构报告第 97 段。
④ 参见《上诉审议工作程序》第 16 条第 1 款。在"欧共体石棉案"(DS 135)中,上诉机构专门制定了接受"法庭之友意见"的特殊程序。参见"欧共体石棉案"(DS 135)第 51 段。
⑤ 参见《上诉审议工作程序》第 16 条第 2 款。
⑥ 参见"美国虾案"(DS 58)上诉机构报告第 95 段。

送交其他参加方。

上诉方书面陈述的内容应包括：对上诉依据的准确表述，包括专家组报告在法律问题和法律解释方面的具体错误，以及支持上诉主张的法律观点；对所依据的有关协定和其他法律渊源规定的准确表述；要求上诉机构作出的裁决的性质。

（3）被上诉方书面陈述

被上诉方应在上诉方的上诉通知作出后 25 天内向秘书处提交书面陈述，同时送交其他参加方。也就是说，被上诉方只有 15 天的时间阅读上诉方书面陈述并准备自己的辩驳意见。

被上诉方书面陈述的内容应包括：对反对上诉方书面陈述中具体意见之依据的准确表述及法律观点；对上诉方书面陈述每个依据的接受或反对；对所依据的有关协定和其他法律渊源规定的准确表述；要求上诉机构作出的裁决的性质。

（4）多个上诉

在上诉通知作出后 15 天内，上诉方之外的当事方可以加入该上诉，也可以就专家组报告中的其他法律错误提起上诉。也就是说，其他当事方有 15 天的时间决定是否加入上诉方提起的上诉，也可以单独提起上诉。单独上诉可以在该 15 天内提起，也可以在此后提起（但必须在专家组报告散发后 60 天内，即在专家组报告被 DSB 通过前①）。但是，这种上诉应由相同的上诉机构成员审理。这就是"交叉上诉"的情况。例如，在"美国 1916 年法案案（欧共体诉）"（DS 136）中，美国败诉，因此提起上诉。欧盟和日本也就专家组报告中不利于自己的一些问题提出了上诉。但是，本案中的这种上诉是"附条件的上诉"，即上诉机构只有在推翻专家组报告中有利于欧盟和日本的裁决部分的情况下，才能就欧盟和日本单独提出的上诉作出裁决。②

（5）当事方和第三方

只有专家组程序中的当事方才有权上诉（胜诉方对专家组报告中的

---

① 参见 DSU 第 16 条第 4 款。
② 由于上诉机构没有推翻专家组的相关裁决，这种条件没有出现，因此上诉机构没有对这种上诉作出裁决。参见"美国 1916 年法案案（欧共体诉）"（DS 136）上诉机构报告第 152—153 段。

某些法律问题也可能提起上诉)。① 专家组程序中的第三方可以向上诉机构提出书面陈述,并且参加有关会议。

第三方可以在上诉通知作出后 25 天内提交书面陈述。没有提交书面陈述的第三方应当在此期间内书面告知秘书处是否出席听证会,以及是否发言。

应当鼓励第三方提交书面陈述,以便上诉机构成员和其他参加方了解其在听证会上的立场。没有提交书面陈述,也没有在上述规定时间内通知秘书处的第三方,仍然可以通知秘书处其准备参加听证会并发言,但此种通知应尽早书面作出。②

(6) 工作时间表

上诉提起后,上诉机构成员应按照标准工作程序的规定,制订适当的工作时间表,包括提交文件的准确日期以及听证会的日期。

在紧急案件中,如涉及易腐货物,上诉机构应尽量加快程序。

(7) 听证会

上诉机构一般应当在上诉通知作出后 30 天内召开听证会。上诉机构应尽早确定听证会的日期并通知参加方。

在上诉审议程序中,特别是在听证会上,上诉机构可以提出问题,参加方应当回答。问题和答复应当提交所有参加方,以便参加方评论。

在某个参加方没有提交书面陈述或出席听证会时,上诉机构应在听取其他参加方的意见后,作出其认为适当的决定,包括驳回上诉。

(8) 撤回上诉

在上诉审议程序的任何阶段,上诉方都可以通知上诉机构撤回上诉;同时,上诉机构应通知 DSB。

如果双方就上诉事项达成了 DSU 第 3 条规定的协议,应当通知上诉机构。

---

① 例如,在"美国羊毛衬衫案"(DS 33)中,专家组裁定美国违反了 WTO 义务。印度同意专家组报告的总体结论,但认为专家组在举证责任、对纺织品监督机构的认定和司法节制等方面存在法律错误,因此提起上诉。参见"美国羊毛衬衫案"(DS 33)上诉机构报告第Ⅱ.A 部分。

② 在"美国羊肉案(新西兰诉)"(DS 177)中,第三方日本和加拿大没有提交书面陈述,但上诉机构同意其作为"被动观察员"列席听证会,即只听其他参加方发言,自己不发言。参见"美国羊肉案"(DS 177, DS 178)上诉机构报告第 8—9 段。

2. 其他程序

(1) 保密及信息来源

上诉审议程序是保密的。① 上诉机构应在当事方不在场的情况下,根据其从上诉程序中获得的信息和书面陈述起草报告。上诉机构可以考虑作为当事方书面陈述附件的"法庭之友意见"。② 对于直接向上诉机构提交的"法庭之友意见",上诉机构认为其有权予以考虑。③ 事实上,在具体案件中,上诉机构还曾经专门制定特殊的程序,供所有人提供信息和意见。④

(2) 决策程序

上诉机构及其负责具体案件的成员应尽量协商一致作出决定,在无法达成一致的情况下,应由多数票决定。不同意见可以被写入报告,但不应指明持不同意见者的姓名。⑤

(3) 上诉及审查范围

上诉机构审查范围仅限于专家组报告中的法律问题和法律解释,事实认定应由专家组作出。

何为"事实问题",何为"法律问题",实际上是很难区分的。⑥ 上诉机构在"欧共体荷尔蒙案(美国诉)"(DS 26)中认为,某件事情于何时何地发生,属于事实问题,如有关国际组织是否通过了一项国际标准;⑦对某项证据应如何看待,如何予以审查和权衡,属于事实认定的过程,应由专家

---

① 但是,在一些案件中,上诉机构也可以应当事方的要求允许公众旁听听证会。参见"澳大利亚苹果案"(DS 367)上诉机构报告附件Ⅲ第 4 段。

② 参见"美国虾案"(DS 58)上诉机构报告第 83 段。
关于"法庭之友意见",另参见 DSU 第 13 条解释。

③ 上诉机构指出,WTO 成员之外的个人和组织没有提交书面陈述或参加听证会的法律权利;上诉机构没有接受或考虑"法庭之友意见"的义务;上诉机构只有权接受和考虑作为案件当事方或第三方的 WTO 成员的书面陈述。至于是否接受和考虑"法庭之友意见",上诉机构有自由裁量权。参见"美国铅铋钢Ⅱ案"(DS 138)上诉机构报告第 41 段。

④ 参见"欧共体石棉案"(DS 135)上诉机构报告第 51 段。该特殊程序对提交意见的时限和内容都作出了规定。虽然很多非政府组织都提交了意见,但上诉机构认为这些意见都不符合程序的要求。

⑤ 参见《上诉审议工作程序》第 3 条第 2 款。在"欧共体石棉案"(DS 135)中,一名上诉机构成员表示支持报告中的部分内容,对其他内容则持保留意见。参见"欧共体石棉案"(DS 135)上诉机构报告第 149—150 段。

⑥ 参见"美国陆地棉案"(DS 267)第 21.5 条程序上诉机构报告第 385 段。

⑦ 参见"欧共体荷尔蒙案"(DS 26,DS 48)上诉机构报告第 132 段。

组进行。① 某项事实与某项条约规定的一致性,则属于法律认定问题,属于法律问题。同时,专家组是否对有关事实进行了客观评估,也属于法律问题。② 另外,即使专家组已经将一个事项定性为事实问题,也并不意味着此事项在上诉机构审查范围外。③ 但是,若是在上诉阶段才提出的新事实和新证据,则上诉机构无权考虑。④

对于法律解释问题,在"美国虾案"(DS 58)中,美国认为,专家组认为DSU 第 13 条不允许专家组考虑"法庭之友意见"的理解是错误的。⑤ 但是,对于当事方提出的专家组报告中的法律问题和法律意见之外的问题,上诉机构也作出了单独裁决。⑥

对于上诉中提到的专家组报告中的法律问题和法律解释方面的错误,上诉机构都应当提出处理意见。在"美国羊毛衬衫案"(DS 33)中,印度对专家组的一个表述提出上诉。但是,上诉机构认为,这个表述仅仅是描述性的,属于专家组对纺织品监督机构作用的理解,不属于专家组的法律结论,因此不予裁决。⑦ 而在"美国钢铁保障措施案(欧共体诉)"(DS 248)中,对于上诉涉及的保障措施中进口增加与产业严重损害之间的因果关系问题,上诉机构认为,由于维持了专家组裁决中其他方面的结论,认定美国采取的保障措施不符合《保障措施协定》的规定,因此从解决争端的目的来看,没有必要审查专家组对于因果关系的裁决是否正确。⑧

对于上诉中没有提及的法律问题,上诉机构不能裁决。例如,在"欧

---

① 参见"韩国含酒精饮料案(欧共体诉)"(DS 75)上诉机构报告第 161 段。
② 参见"欧共体荷尔蒙案"(DS 26,DS 48)上诉机构报告第 132 段。
③ 参见"智利价格限制体系案"(DS 207)上诉机构报告第 224 段。
④ 参见"美国抵消法案(伯德修正案)案(澳大利亚等诉)"(DS 217)上诉机构报告第 222 段。
⑤ 参见"美国虾案"(DS 58)上诉机构报告第 99—110 段。上诉机构认为专家组的理解是错误的,专家组有权接受"法庭之友意见"。
⑥ 本案中,被上诉方认为,不应当接受作为上诉方书面陈述附件的"法庭之友意见"。上诉机构认为,这是专家组报告之外的问题,所以有必要单独作出裁决(上诉机构认为,应当考虑这些"法庭之友意见")。参见"美国虾案"(DS 58)上诉机构报告第 88 段。
⑦ 参见"美国羊毛衬衫案"(DS 33)上诉机构报告第 V 部分。本案中,印度上诉所指的专家组表述是:纺织品监督机构审议范围不限于进口成员最初提交的信息;当事方还可以提交其他信息支持其立场,并且这些信息可以与其后的事件有关。
⑧ 参见"美国钢铁保障措施案(欧共体诉)"(DS 248)上诉机构报告第 483 段。

共体香蕉Ⅲ案"(DS 27)中,对专家组报告中的一个法律结论,上诉方的上诉通知没有提及,在书面陈述中也只是提到专家组报告中的相应段落,而没有说明上诉的理由和指出专家组报告的法律错误。因此,上诉机构认定,专家组报告中的这个段落不属于上诉审查的范围。① 同样,在"美国汽油案(委内瑞拉诉)"(DS 2)中,被上诉方委内瑞拉和巴西在其书面陈述中提出了上诉方美国的书面陈述所没有提及的两个问题。上诉机构认为,被上诉方没有单独提起上诉,因此这两个问题不属于上诉审查的范围。②

对于上诉阶段提出的新的法律观点,上诉机构在"加拿大飞机案"(DS 70)中认为,上诉审议原则上并不排除这样的法律观点,但在本案中,对这个新观点的裁决涉及收集和审查没有提交专家组的事实,上诉机构显然无权这样做;同时,DSU 第 17 条第 6 款只允许上诉机构审查专家组报告中的法律问题和法律解释。③ 在"美国 FSC 案"(DS 108)中,上诉机构进一步指出,美国提出的新的法律观点不属于专家组报告中的法律问题和法律解释,因为这个观点没有提交专家组;上诉机构如果对此作出裁决,就是在审查与专家组所审查的完全不同的法律问题,并且可能要求提交新的证据。因此,上诉机构拒绝对此作出裁决。④ 另外,虽然 DSU 第 17 条第 12 款要求上诉机构处理依据第 6 款提出的每一个问题,但这并不妨碍上诉机构适用司法节制原则。⑤

上诉机构可以维持、修改或撤销专家组报告的法律观点和结论。在

---

① 参见"欧共体香蕉Ⅲ案"(DS 27)上诉机构报告第 148—152 段。
② 参见"美国汽油案(委内瑞拉诉)"(DS 2)上诉机构报告第 Ⅱ.C 部分。上诉机构认为,委内瑞拉和巴西提出的两个新问题可以说是"附条件的上诉",即在推翻了专家组另一裁决时才适用。但是,在本案中,上诉机构并没有推翻专家组的这个裁决。另外,即使这个条件存在,上诉机构也不能审查这两个问题,因为它们不是单独提出的,而是写在被上诉方的书面陈述中。上诉机构认为,根据《上诉审议工作程序》的规定,委内瑞拉和巴西应当单独提出上诉,并由本上诉审议小组审理。
另外,在"美国 1916 年法案案(欧共体诉)"(DS 136)中,欧盟和日本也提出了这种"附条件的上诉",但由于上诉机构没有推翻专家组的相关裁决,条件没有出现,因此上诉机构没有对这种上诉作出裁决。参见"美国 1916 年法案案(欧共体诉)"(DS 136)上诉机构报告第 152—153 段。
③ 参见"加拿大飞机案"(DS 70)上诉机构报告第 211 段。上诉机构还指出,如果允许上诉方提出这样新的法律观点,那么就可能影响应诉方的"正当程序"权利,因为应诉方有权提交证据进行辩驳。
④ 参见"美国 FSC 案"(DS 108)上诉机构报告第 103 段。
⑤ 参见"美国陆地棉案"(DS 267)上诉机构报告第 510—511 段。

上诉涉及多个法律问题的情况下,上诉机构可以分别作出维持、修改或撤销的决定。除此之外,上诉机构还可以宣布专家组的决定无实际意义或无法律效力。①

在"欧共体石棉案"(DS 135)中,上诉机构进一步明确了完成专家组的分析所应当具备的条件:专家组所确认的事实和专家组记录中无争议的事实使得上诉机构有充分的基础可以完成专家组的分析;继续进行的分析必须与专家组的分析密切相关。② 在"加拿大期刊案"(DS 31)中,上诉机构推翻了专家组对一个问题的裁决,并完成了专家组没有继续审查的对另一个问题的分析。③ 在"欧共体禽肉案"(DS 69)中,专家组出于司法节制的考虑,没有分析其中一个问题,上诉机构对此问题作出了决定。④ 在"欧共体及成员国大型飞机案"(DS 316)中,上诉机构认为在决定是否完成分析时应该节制。⑤ 事实上,在众多案件中,上诉机构都以事实不足为由拒绝完成分析。⑥

(4) 审期

自当事方正式通知其上诉决定之日到上诉机构报告散发WTO成员,一般不应超过60天。此外,在涉及紧急情况的案件中,如涉及易腐货物,上诉机构还应当尽量加快程序。

---

① 例如,在"巴西飞机案"(DS 46)中,上诉机构宣布专家组的一个决定无法律效力。参见"巴西飞机案"(DS 46)第21.5条程序上诉机构报告第78段。在"美国特定欧共体产品案"(DS 165)中,上诉机构认为其中一个法律问题在专家组的职权范围之外,因此专家组对此问题的决定没有法律效力。另参见"美国特定欧共体产品案"(DS 165)上诉机构报告第89—90段。

② 参见"欧共体石棉案"(DS 135)上诉机构报告第78—79段。

③ 参见"加拿大期刊案"(DS 31)上诉机构报告第V.A、VI.A段。上诉机构推翻了专家组对于"相似产品"的认定,然后对有关产品是否为"直接竞争或替代"作出了裁决。专家组认为,为了确定是否违反GATT 1994第3条第2款,需要回答这两个问题;如果两个问题的答案都是肯定的,那么就应认定加拿大的措施违反GATT 1994第3条第2款;而在一个答案为否定的情况下,就需要继续审查另一个问题。专家组对第一个问题作出了肯定回答,所以没有继续审查第二个问题。但是,上诉机构否定了专家组对第一个问题的裁决,所以需要完成专家组的分析,以认定加拿大的措施是否违反GATT的规定,否则就没有尽到上诉机构促进争端迅速解决的职责。上诉机构后来认定有关产品是"直接竞争或替代"的,因此修改了专家组的结论,认为加拿大的措施与GATT 1994第3条第2款第2句的规定不一致。因此,上诉机构仍然认为加拿大的措施违反了规定,但是基于不同理由。

④ 参见"欧共体禽肉案"(DS 69)上诉机构报告第156段。

⑤ 参见"欧共体及成员国大型飞机案"(DS 316)上诉机构报告第1140段。

⑥ 例如,"加拿大奶制品案"(DS 103,DS 113)第21.5条程序上诉机构报告第235—236段,"美国拨款法第211节案"(DS 176)上诉机构报告第343、352段。

如果不能在 60 天内提交报告,上述机构应书面通知 DSB 迟延的原因,以及提交报告的估计期限。但是,整个上诉程序不得超过 90 天。实践中,这个时限也出现过被超过的情况。①

三、上诉机构报告的通过

上诉机构报告在散发 WTO 成员后 30 天内,应当由 DSB 会议(如果在此期间没有适当的 DSB 会议,应当专门召开一次会议)通过,②除非

---

① 例如,"美国内衣案"(DS 24,上诉机构报告)和"美国虾案"(DS 58,上诉机构报告)是 91 天,"欧共体荷尔蒙案"(DS 26,DS 48,上诉机构报告)是 114 天。参见"美国贸易法第 301 节案"(DS 152)专家组报告脚注 646。事实上,上诉程序超过 90 天十分普遍。截至 2011 年 9 月 30 日,上诉程序平均用时为 95 天,仅有两个案件("日本含酒精饮料 II 案(欧共体诉)"(DS 8)与"印度汽车案(欧共体诉)"(DS 146)上诉程序用时在 60 天以内。

资料来源:https://www.wto.org/english/res_e/booksp_e/analytic_index_e/dsu_07_e.htm#fntext-1373,2017 年 4 月 27 日访问。

② 对于应当由谁提议将通过报告列入 DSB 议程,或者要求专门召开一次 DSB 会议以通过报告,各方曾经发生过争议。例如,在"美国抵消法案(伯德修正案)案(澳大利亚等诉)"(DS 217,上诉机构报告)中,当事方是多个 WTO 成员。在通过报告的 DSB 会议上,美国提出,加拿大提议将通过上诉机构报告列入 DSB 议程,而加拿大在该案中是单独提出设立专家组请求的。美国称,不知道为什么加拿大要求通过其他起诉方的报告,这可能形成一个不好的示范,使其他当事方的权利和义务存在不确定性。不仅如此,这还可能导致未来非当事方或第三方强迫通过当事方所不希望通过的报告。裁决报告作出后,仍然存在当事双方和解的可能性,不应当因一个非当事方要求通过报告而受到影响。

加拿大反驳说,加拿大是本案当事方,有权要求通过裁决报告,而且其他起诉方也支持通过报告。本案由单一专家组审理,专家组和上诉机构都作了单一报告,因此加拿大完全有权要求通过该报告。加拿大别无选择,不能只要求通过报告的加拿大部分。加拿大进一步指出,如果只有在所有起诉方一致同意的情况下才能通过报告,那么一个起诉方就可以阻止报告的通过。这不仅在 DSU 中没有依据,而且报告的通过可能受制于应诉方和一个起诉方的谈判,从而妨碍共同诉讼。在本案中,这意味着给 WTO 增加很大的行政负担:作出 11 份专家组报告和 11 份上诉机构报告,并且都要单独翻译。就同一事项作出 11 份报告,势必带来法律上的不确定性;同时,要求起诉方在 11 个不同的程序中对 11 份书面陈述作出答辩,对起诉方也是一个负担。

对于美国所说的加拿大使其他当事方的权利和义务存在了不确定性的问题,加拿大反驳说,DSU 第 17 条第 14 款规定,DSB 应当通过上诉机构报告,当事方应当无条件接受该报告。"无条件"不是"要经 DSB 议程批准",不是"要经共同起诉方一致同意",也不是"要服从应诉方提出的谈判解决的意愿"。美国的义务来自 DSB 通过报告,而不是来自将某一事项列入 DSB 议程。DSU 第 21 条第 3 款要求败诉方通报 DSB 其实施裁决的意愿,但 DSU 第 21 条第 3 款和第 5 款的没有规定仅将通过报告列入 DSB 议程的起诉方才能实施、援引争端解决报告。另外,DSU 第 21 条第 5 款也没有规定就实施援引争端解决仅限于将通过报告列入 DSB 议程的起诉方。同样,仲裁和报复的权利是基于赋予所有起诉方权利的报告,而与 DSB 议程无关。

以上资料来源:2003 年 1 月 27 日 DSB 会议纪录。参见 WTO 文件:WT/DSB/M/142。

"DSB经协商一致不通过该报告"(实践中并不可能出现)。① 争端各方应无条件接受该报告。②

在DSB会议上,WTO各成员可以发表意见,但不影响报告的通过。

---

① 这是"反向一致"决策程序的具体体现。
② 这不仅要求当事方全面履行裁决,还意味着对于DSB已经作出裁决的事项,不得提交其他程序再行审理,即"一事不再理"(res judicata)。因此,在"美国虾案"(DS 58)中,上诉机构指出,上诉机构在DSU第21条第5款中的职责只是监督裁决的执行,而不是对裁决本身进行重新审查;上诉机构报告的裁决是争议的最终解决方案,这也是DSU第3条第3款所要求的迅速解决争端的需要。参见"美国虾案"(DS 58)第21.5条程序上诉机构报告第97段。
关于"一事不再理",在"印度汽车案(欧共体诉)"(DS 146)中,专家组作出了更为详细的说明。本案中,印度提出,对美国所提出的一个事项,DSB已经在另一个案件中作出了裁决,因此本案专家组不应再次审理。专家组认为,要援用"一事不再理",两个案件中的事项必须是相同的,即措施和法律主张相同,并且当事方相同。专家组经过审查,认为两个案件的事项不同。参见"印度汽车案(欧共体诉)"(DS 146)专家组报告第7.66、7.103段。

第 18 条

与专家组或上诉机构的联系

1. 不得就专家组或上诉机构审议的事项与专家组或上诉机构进行单方面联系。

2. 提交专家组或上诉机构的书面陈述应被视为保密,但应使争端各方可获得。本谅解的任何规定不妨碍争端任何一方向公众披露有关其自身立场的陈述。各成员应将另一成员提交专家组或上诉机构,并由该另一成员指定为机密信息的信息按机密信息处理。应一成员请求,一争端方还应提供一份其书面陈述所含信息可对外披露的非机密摘要。

就专家组或上诉机构正在审议的事项,与专家组或上诉机构成员进行单方面联系是不被允许的。这不仅是对参加案件的当事方和第三方的要求,更是对在专家组和上诉机构任职人员的要求。在《DSU 行为守则》中,也有类似的要求,只不过应当遵守该守则的人更为广泛,除了专家组和上诉机构成员外,还包括仲裁员、专家和秘书处人员等。[①]

在《上诉审议工作程序》中,上诉机构详细要求:负责具体案件的上诉机构成员全体或个人都不得在其他参加方不在场的情况下,会见或联系某一参加方;个别成员不得在其他成员不在场的情况下,与参加方就上诉事项的任何问题进行讨论;没有在该案任职的上诉机构成员不得与参加方讨论上诉事项的任何问题。[②]

提交专家组或上诉机构的书面陈述是保密的,但当事方当然应当得到这些书面陈述。在"土耳其大米案"(DS 334)中,专家组要求土耳其提供某些信息,土耳其认为信息只能提交给秘书长和专家组,不能透露给美国(当事方)。专家组拒绝了这一要求。[③] 在"韩国纸制品案"(DS 312)中,韩国提交了完整的书面陈述后,又想将陈述从印尼处撤回,并用删除机密信息的版本取而代之。专家组决定,如果韩国撤回或删除了机密信

[①] 参见《DSU 行为守则》Ⅶ.2、Ⅳ.1。
[②] 参见《上诉审议工作程序》第 19 条。
[③] 参见"土耳其大米案"(DS 334)专家组报告第 7.100 段。

息,则专家组不会采纳此机密信息。① 在"加拿大飞机信用与担保案"(DS 222)中,加拿大向专家组提供了一些信息,但没有提供给巴西,专家组因此退回了这些信息。②

另外,当事方有权对外公布有关自身立场的陈述。在"阿根廷禽肉反倾销税案"(DS 241)中,巴西通知专家组要公布其第一份书面陈述,并给了阿根廷删除机密信息的机会。阿根廷认为书面陈述不同于立场陈述,不应自行对外公布。专家组认为这种解释过于形式主义,当事方可以自由决定自己的书面陈述是否对外公布,并且公布无时间限制。③

如果向专家组或上诉机构提交信息的 WTO 成员认为相关信息应当保密,则其他 WTO 成员应将其视为机密信息。争端各方有义务保密,此义务的主体包括当事方的所有代表,也包括当事方的法律顾问(可能是私人律师)。④ 但是,如果其他 WTO 成员提出要求,则当事方应当提供一份有关信息的非机密概要,概要可以对外公布。⑤ 在实践中,提交非机密概要的时限由当事方决定。⑥

专家组经常将机密信息从公开的报告中删除。在"日本 DRAM 案(韩国诉)"(DS 336)中,专家组报告中含有机密信息的几段在报告的公开版本中被删除,第三方欧盟认为这影响了其第三方权益。上诉机构认为,专家组确实有保密的义务,但也应该努力让报告的公开版本能够被读懂。⑦ 如果当事方认为DSU 第 18 条对机密信息的保护还不够,可以要

---

① 参见"韩国纸制品案"(DS 312)专家组报告第 7.17 段。
② 参见"加拿大飞机信用与担保案"(DS 222)专家组报告第 7.135 段。
③ 参见"阿根廷禽肉反倾销税案"(DS 241)专家组报告第 7.14—7.15 段。
④ 参见"欧共体关税优惠案"(DS 246)专家组报告第 7.15—7.16 段。但是,如何约束私人律师由当事方自己决定,保密规则不能成为专家组"堵塞"成员政府和其顾问沟通渠道的理由。另参见"巴西飞机案"(DS 46)第 21.5 条程序专家组报告(第二次诉)第 3.11—3.15 段。
⑤ 在"加拿大飞机案"(DS 70)中,专家组认为,保护机密信息的程序在 DSU 第 18 条第 2 款已经作了规定。同时,根据 DSU 第 12 条第 1 款,专家组有权制定特别的工作程序。因此,专家组制定了其认为超出 DSU 第 18 条第 2 款规定的"关于秘密商业信息的程序"。该特别程序规定了机密商业信息应存放在保险箱内,以及当事方应当如何查阅这些信息。参见"加拿大飞机案"(DS 70)专家组报告第 9.56 段。
在上诉审议中,上诉机构认为专家组制定的程序已经足够,并且 DSU 第 17 条第 10 款和第 18 条第 2 款也要求对所有提交上诉机构的书面陈述和其他信息保密,所以上诉机构不用另行制定保密程序。参见"加拿大飞机案"(DS 70)上诉机构报告第 141、145、147 段。
⑥ 参见"美国钢铁保障措施案(欧共体诉)"(DS 248)专家组报告第 5.3 段。
⑦ 参见"日本 DRAM 案(韩国诉)"(DS 336)上诉机构报告第 279 段。

求特殊的保密程序。①

　　在实践中,机密信息泄露的陈述(通常是"法庭之友意见")会被拒绝接受。在"泰国 H 型钢案"(DS 122)中,产业协会提供了一份"法庭之友意见",其中引用了泰国的机密信息陈述。泰国认为波兰违反了 WTO 的保密规定,将泰国的书面陈述泄露给上述协会。虽然波兰否认曾经泄露机密信息,但上诉机构还是拒绝了"法庭之友意见"。② 在"欧共体食糖出口补贴案(澳大利亚诉)"(DS 265)中,代表德国糖生产商的协会提交了一份"法庭之友意见",其中泄露了巴西的机密信息。专家组询问信息来源,该协会拒绝提供。专家组因此拒绝考虑此意见,并将泄露事件报告给了 DSB。③

　　以上关于保密的内容,在 DSU 附录 3 的专家组工作程序中也有类似规定,④并且也适用于 DSU 第 22 条第 6 款下的程序。⑤

---

　　① 在"巴西飞机案"(DS 46)和"加拿大飞机案"(DS 70)中,当事方要求采用特殊保密程序,但上诉机构认为并无必要,因此拒绝了此请求。参见"加拿大飞机案"(DS 70)上诉机构报告第 145、147 段,"巴西飞机案"(DS 46)上诉机构报告第 123、125 段。在"欧共体及成员国大型飞机案"(DS 316)中,上诉机构采用了特殊保密程序。参见"欧共体及成员国大型飞机案"(DS 316)上诉机构报告附件Ⅲ,第 26 段。
　　② 参见"泰国 H 型钢案"(DS 122)上诉机构报告第 74 段。
　　③ 参见"欧共体食糖出口补贴案(澳大利亚诉)"(DS 265)专家组报告第 7.98—7.99 段。
　　④ 参见 DSU 附录 3 之第 3 段。
　　⑤ 参见"美国陆地棉案"(DS 267)第 22.6 条程序仲裁裁决第 1.33 段。

第 19 条

专家组和上诉机构的建议

1. 如专家组或上诉机构认定一措施与一适用协定不一致,则应建议有关成员*使该措施符合该协定。** 除其建议外,专家组或上诉机构还可就有关成员如何执行建议提出办法。

2. 依照第 3 条第 2 款,专家组和上诉机构在其调查结果和建议中,不能增加或减少适用协定所规定的权利和义务。

在专家组或上诉机构认定争议中的有关措施违反协定时,应建议采取措施的成员使其措施与有关协定相一致,但不能增加或减少协定所规定的权利和义务。此处只涉及违反协定的案件。对于"非违反之诉"案件,DSU 另有规定。①

在实践中,专家组或上诉机构报告中一般使用的措辞是:建议 DSB 要求某成员使其措施与某协定相一致。虽然报告就措施与有关协定的某个具体条款的一致性作出了裁决,但建议本身有时候只提及 WTO 有关协定的义务;②有时候比较详细,提及有关协定的条款和段落。③

起诉方常常在书面陈述中要求被诉方采取某一具体方式,使其措施与协定相一致。④ 但是,在实践中,专家组或上诉机构并不经常就实施方式给出提议,认为给出提议是"例外的"做法。⑤ 因为实施裁决可能有很多方法,⑥专家组或上诉机构就实施方式给出提议会影响败诉方的选择

---

* "有关成员"为专家组或上诉机构的建议所针对的争端方。
** 有关不涉及违反 GATT 1994 和任何其他适用协定案件的建议,见第 26 条。
① 参见 DSU 第 26 条解释。
② 参见"韩国奶制品案"(DS 98)专家组报告第 8.4 段。
③ 参见"智利含酒精饮料案(欧共体诉)"(DS 87)上诉机构报告第 81 段。
④ 专家组的提议可以不限于起诉方提出的方式。参见"印度数量限制案"(DS 90)专家组报告第 4.6、7.4 段。本案中,专家组提议当事方就取消印度的收支平衡措施商定一个期限,而这是当事方在案件审理过程中没有讨论过的方式。
⑤ 参见"韩国纸制品案"(DS 312)专家组报告第 9.3—9.4 段。
⑥ 参见"美国 DRAMS 案"(DS 99)专家组报告第 7.4 段。

权。① 在"危地马拉水泥Ⅰ案"(DS 60)中,专家组认为,"建议"和"实施建议的方式"是不同的。专家组有权建议相关成员使其措施与协定一致,但对于实施方式只能提议,没有约束力。② 当事方可以自由选择实施方式。③ 专家组提议的方式也不能成为执行专家组考察的对象。④

在专家组或上诉机构提出具体实施方式的案件中,常见的是提议撤销与协定不一致的措施。⑤ 事实上,这与DSU第3条第7款规定的精神是一致的,即在双方不能达成协议以解决争议的情况下,争端解决机制的首要目标就是保证撤销与协定不一致的措施。

若与协定不一致的措施已经失效,则专家组可以不对此提出建议,但并不妨碍专家组对相关措施作出裁定。⑥ 也有专家组还是提出了建议,因为失效的措施可能被类似的措施替代。⑦ 同时,措施是否真的失效也需要审查。在"欧共体IT产品案(美国诉)"(DS 375)中,欧盟在中期审议阶段提交陈述,认为被审查的两项措施已经被更改,还有一项已经被废除,因此要求专家组删除报告中对这三项措施的建议。专家组拒绝了这个请求,认为措施被更改和废除的证据不应该在中期审议阶段才首次提出。⑧ 另外,如果关于此项措施已经有专家组或上诉机构生效的建议,则

---

① 参见"印度专利案(美国诉)"(DS 50)专家组报告第7.65段。
② 参见"危地马拉水泥Ⅰ案"(DS 60)专家组报告第8.2—8.6段。专家组还援引了DSU第21条第3款,即有关成员应当向DSB通报其实施裁决的立场,认为实施裁决的方式应由成员自己决定。本案中,专家组提议危地马拉撤销有关的反倾销措施。
③ 参见"美国抵消法案(伯德修正案)案(澳大利亚等诉)"(DS 217)第21.3(c)条仲裁裁决第52段。
④ 即使采纳了专家组/上诉机构的建议,也不能直接证明有关成员已经符合协定项下的义务。参见"欧共体香蕉Ⅲ案"(DS 27)第21.5条程序上诉机构报告(厄瓜多尔第二次诉/美国诉)第321—326段。
⑤ 参见"美国1916年法案案(欧共体诉)"(DS 136)专家组报告第6.292段。本案中,专家组建议美国废除1916年反倾销法。又如,在"美国内衣案"(DS 24)中,专家组建议美国废除与其义务不相符的措施并立即取消相关措施导致的限制。另参见"美国内衣案"(DS 24)专家组报告第8.3段。
⑥ 参见"智利价格限制体系案"(DS 207)专家组报告第7.112段和Ⅵ.A.
⑦ 参见"泰国香烟案(菲律宾诉)"(DS 371)专家组报告第6.15段。
⑧ 参见"欧共体IT产品案"(DS 375、DS 376、DS 377)专家组报告第6.48—6.50、8.14、8.25、8.37段。

后续专家组或上诉机构便不会作出建议。①

当然,在实践中,争议的问题是多种多样的,而专家组和上诉机构建议的方式是针对具体案件作出的,所以也有很大的不同。例如,在"美国铅铋钢Ⅱ案"(DS 138)中,专家组建议美国采取所有适当步骤,包括修改其行政做法,使违反协定的情况在将来不再发生。② 在"欧共体商标与地理标识案(美国诉)"(DS 174)中,专家组建议欧盟修改有争议的条例。③

---

① 参见"美国 FSC 案"(DS 108)第 21.5 条程序专家组报告(第二次诉)第 7.43 段。
② 参见"美国铅铋钢Ⅱ案"(DS 138)专家组报告第 8.2 段。
③ 参见"欧共体商标与地理标识案(美国诉)"(DS 174)专家组报告第 8.5 段。

第 20 条
DSB 决定的时限

除非争端各方另有议定,自 DSB 设立专家组之日起至 DSB 审议通过专家组报告或上诉机构报告之日止的期限,在未对专家组报告提出上诉的情况下,一般不得超过 9 个月;在提出上诉的情况下,一般不得超过 12 个月。如专家组或上诉机构按照第 12 条第 9 款或第 17 条第 5 款延长提交报告的时间,则所用的额外时间应加入以上期限。

从专家组设立到 DSB 通过报告,对于专家组报告,一般不应超过 9 个月;对于上诉机构报告,一般不应超过 12 个月。在专家组认为不能在 6 个月内完成其报告而延长期限的情况下,或者在上诉机构不能在 60 天内完成报告而延长期限的情况下,上述 9 个月和 12 个月的期限应当顺延。另外,在专家组中止工作的情况下,时限也应当顺延。[①]

根据 WTO 官方网站的数据,截至 2011 年 11 月,自专家组设立到通过报告,DSB 作出建议的案件平均时长为 18 个月 21 天,远远长于本条规定的时限。但是,专家组认为,DSU 规定的大部分时限要么是没有上限的最小时间限制,要么是"仅具有指导性质的最大时间限制",本条的规定属于后者。[②]

[①] 参见 DSU 第 12 条第 12 款。
[②] 参见"美国贸易法第 301 节案"(DS 152)专家组报告第 7.31 段、脚注 646。

第 21 条
对执行建议和裁决的监督

1. 为所有成员的利益而有效解决争端,迅速遵守 DSB 的建议或裁决是必要的。

2. 对于需进行争端解决的措施,应特别注意影响发展中国家成员利益的事项。

3. 在专家组或上诉机构报告通过后 30 天内[*]召开的 DSB 会议上,有关成员应通知 DSB 关于其执行 DSB 建议和裁决的意向。如立即遵守建议和裁决不可行,有关成员应有一合理的执行期限。合理期限应为:

(a) 有关成员提议的期限,只要该期限获 DSB 批准;或者,在未获此批准时,

(b) 争端各方在通过建议和裁决之日起 45 天内一致同意的期限;或者,在无此协议时,

(c) 在通过建议和裁决之日起 90 天内通过有约束力的仲裁确定的期限。[**] 在该仲裁中,仲裁人[***]的指导方针应为:执行专家组或上诉机构建议的合理期限不超过自专家组或上诉机构报告通过之日起 15 个月。但是,此时限可视具体情况缩短或延长。

4. 除专家组或上诉机构按照第 12 条第 9 款或第 17 条第 5 款延长提交报告的时间外,自 DSB 设立专家组之日起至合理期限确定之日止的时间不得超过 15 个月,除非争端各方另有议定。如专家组或上诉机构已延长提交报告的时间,则所用的额外时间应加入 15 个月的期限;但是,除非争端各方同意存在例外情况,否则全部时间不得超过 18 个月。

5. 如在为遵守建议和裁决所采取的措施是否存在或是否与适用协定相一致的问题上存在分歧,则此争端应通过援用这些争端解决程序加以决定,包括只要可能即求助于原专家组。专家组应在此事项提交其后

---

[*] (原注)如未安排在此期间召开 DSB 会议,则应为此召开一次 DSB 会议。

[**] (原注)如在将此事项提交仲裁后 10 天内,各方不能就仲裁人达成一致,则仲裁人应由总干事经与各方磋商后在 10 天内任命。

[***] (原注)"仲裁人"一词应理解为一个人或一个小组。

90 天内散发报告。如专家组认为在此时限内不能提交报告,则应书面通知 DSB 迟延的原因和提交报告的估计期限。

6. DSB 应监督已通过的建议或裁决的执行。在建议或裁决通过后,任何成员可随时在 DSB 提出有关执行的问题。除非 DSB 另有决定,否则执行建议或裁决的问题在按照第 3 款确定合理期限之日起 6 个月后,应列入 DSB 会议的议程,并应保留在 DSB 的议程上,直到该问题解决。在这种会议每一次召开前至少 10 天,有关成员应向 DSB 提交一份关于执行建议或裁决进展的书面情况报告。

7. 如有关事项是由发展中国家成员提出的,则 DSB 应考虑可能采取何种符合情况的进一步行动。

8. 如案件是由发展中国家成员提出的,则在考虑可能采取何种适当行动时,DSB 不但要考虑被起诉措施所涉及的贸易范围,还要考虑其对有关发展中国家成员经济的影响。

DSB 的裁决得到迅速执行,对于有效解决争端以保护所有成员利益的作用是不言而喻的。为此,DSU 在以下几个方面作出了相应安排:

一、通报及合理期限

在专家组或上诉机构报告通过后 30 天内召开的 DSB 会议上,有关成员应通报其执行建议和裁决的意向。如果 30 天内没有合适的 DSB 会议,则应专门为此召开一次 DSB 会议。

立即实施裁决当然是最好的。如果立即实施不可行,则可以允许有关成员有一个合理期限。合理期限依次为:该有关成员自己提议,并经 DSB 批准的期限;[①]争端各方在报告通过后 45 天内,经过协商确定的期限;在报告通过后 90 天内,由仲裁确定的期限。[②]

实践中,常常是应当实施裁决的成员首先向 DSB 通报,表示愿意完

[①] DSB 的批准应当是协商一致作出决定的,即只有在出席会议的成员都没有正式表示反对的情况下,才算获得了 DSB 批准。参见《WTO 协定》第 9 条及脚注 1。如案件胜诉方不同意,则有关成员提议的期限就无法得到批准。

[②] 当事方可以同意延长 90 天的期限。参见"日本含酒精饮料 II 案(欧共体诉)"(DS 8)第 21.3(c)条仲裁决第 3 段。该案中,由于 90 天的期限不够,当事方同意延长两周。另外,当事方还同意原案所有当事方都可以参加仲裁程序,尽管只有美国提起该仲裁。

全实施 DSB 裁决。如果不能立即实施,则该成员应提出需要一个合理期限。如果这个时限没有获得 DSB 批准,则该成员就应和案件其他当事方进行协商,以确定一个合理期限。如果这样仍然不能确定时限,则胜诉方就会要求通过仲裁解决。[①] 仲裁的结果是有约束力的,当事方应当遵守。

通过仲裁解决的,首先,双方选择仲裁员,并且将人选通知 WTO 总干事。其次,总干事通知仲裁员,在相关仲裁员同意后,仲裁即开始:当事方提交书面陈述,仲裁员召开听证会。[②] 实施成员应当提出一个合理期限,并且证明这是实施裁决所必需的期限;提出的时间越长,就越需要充分的证明。胜诉方会予以反驳。最后,仲裁员根据具体情况作出裁决。[③]

在"欧共体食糖出口补贴案(澳大利亚诉)"(DS 265)中,仲裁员总结了确定合理期限的三个原则:(1)合理期限应是在实施裁决的成员法律系统内可能的最短时间;(2)实施裁决的成员需要以其法律和行政系统内所有可能的方法确保实施所用时间最短;(3)案件的"具体情况"被需要考虑在内。[④]

对于何为"具体情况",仲裁员认为,就是在该成员法律体制内影响最短实施期限的那些因素。[⑤] "具体情况"可能包括:(1)实施裁决的成员是否在报告通过后开始实施裁决;[⑥](2)实施裁决需要采取法律还是行政步骤;[⑦](3)实施裁决的复杂程度;[⑧](4)需要修改的措施与其他国内政策联

[①] 该要求应当通报 DSB,如"欧共体香蕉Ⅲ案"(DS 27)。参见 WTO 文件:WT/DS27/13,G/L/209。

[②] 参见"印尼汽车案(欧共体诉)"(DS 54)第 21.3(c)条仲裁裁决第 2—6 段。

[③] 参见"加拿大药品专利案"(DS 114)第 21.3(c)条仲裁裁决第 47—50 段。

[④] 参见"欧共体食糖出口补贴案(澳大利亚诉)"(DS 265)第 21.3(c)条仲裁裁决第 61 段。

[⑤] 参见"加拿大药品专利案"(DS 114)第 21.3(c)条仲裁裁决第 48、52 段。

[⑥] 仅仅对裁决进行讨论并不算是实施裁决。参见"欧共体鸡块案(巴西诉)"(DS 269)第 21.3(c)条仲裁裁决第 66 段。

[⑦] 实施裁决如果需要采取行政措施,则时间一般比立法措施要短。参见"美国博彩案"(DS 285)第 21.3(c)条仲裁裁决第 35 段。如果能够通过行政手段遵守 DSB 裁决,那么合理期限应该短于 15 个月。另参见"欧共体荷尔蒙案"(DS 26, DS 48)第 21.3(c)条仲裁裁决第 25—26 段。

[⑧] 如果措施涉及众多的法律,则需要起草并与有关人员磋商和进行修改,时间可能较长;而如果只简单废除法律中的一两个句子,则不需要很长时间。参见"加拿大药品专利案"(DS 114)第 21.3(c)条仲裁裁决第 49—51 段。

系的紧密度;①(5)实施裁决的成员是否可能经济崩溃;②(6)发展中国家成员的利益;③(6)立法机构的时间表;④(7)法律生效的规则;⑤等等⑥。实施裁决的成员需要证明"具体情况"的存在。⑦

在"日本含酒精饮料Ⅱ案(欧共体诉)"(DS 8)中,日本提出需要 23 个月,因为日本的"具体情况"是:行政部门对税收事务的权力有限,需要由议会通过立法;税收增加对日本的清酒消费者有负面影响;行政部门执行税收立法存在局限性。仲裁员认为这些不属于"具体情况",但没有说明原因。⑧

同时,仲裁员同样受到专家组或上诉机构认定的事实和作出的法律判断的约束。⑨

当事方应当在决定仲裁后 10 天内确定仲裁员,仲裁员可以是一个人或者几个人。如果双方无法就仲裁员达成协议,则 WTO 总干事应当在此后 10 天内经与当事方协商后指定仲裁员。虽然没有明文规定,但总干事可能会倾向于指定曾经审理过本案的专家组或上诉机构成员,因为他们熟悉案情。⑩

DSU 没有对仲裁提出详细的程序要求,但仲裁确定的合理期限一般

---

① 参见"智利价格限制体系案"(DS 207)第 21.3(c)条仲裁裁决第 48 段。
② 参见"印尼汽车案"(DS 54)第 21.3(c)条仲裁裁决第 24 段。
③ 详见后文。
④ 参见"美国博彩案"(DS 285)第 21.3(c)条仲裁裁决第 52 段。
⑤ 参见"韩国含酒精饮料案(欧共体诉)"(DS 75)第 21.3(c)条仲裁裁决第 47 段。
⑥ 另外,以下因素普遍不被认为是"具体情况":(1) 相关措施的政治敏感程度、是否易引起国内争论("美国版权法第 110(5)节案"(DS 160)第 21.3(c)条仲裁裁决第 42 段);(2) 成员国内受影响产业的结构调整("印尼汽车案(欧共体诉)"(DS 54)第 21.3(c)条仲裁裁决第 23 段);(3) 成员国内行政部门权力有限("日本含酒精饮料Ⅱ案(欧共体诉)"(DS 8)第 21.3(c)条仲裁裁决第 27 段);(4) 成员国内政党席位分布("加拿大专利保护期案"(DS 170)第 21.3(c)条仲裁裁决第 60 段);(5) 在其他组织进行额外程序的时间("欧共体鸡块案(巴西诉)"(DS 269)第 21.3(c)条仲裁裁决第 55—56 段);(6) 是否有多种实施裁决的方式("美国抵消法案(伯德修正案)案(澳大利亚等诉)"(DS 217)第 21.3(c)条仲裁裁决第 59 段);(7) 是否进行科学研究或咨询("加拿大汽车案(日本诉)"(DS 139)第 21.3(c)条仲裁裁决第 55 段);(8) 成员机构变化("欧共体关税优惠案"(DS 246)第 21.3(c)条仲裁裁决第 52—54 段)。
⑦ 参见"欧共体荷尔蒙案"(DS 26,DS 48)第 21.3(c)条仲裁裁决第 27 段。
⑧ 参见"日本含酒精饮料Ⅱ案(欧共体诉)"(DS 8)第 21.3(c)条仲裁裁决第 27 段。
⑨ 参见"欧共体鸡块案(巴西诉)"(DS 269)第 21.3(c)条仲裁裁决第 59、62 段。
⑩ 例如,在"欧共体香蕉Ⅲ案"(DS 27)中,仲裁员就是本案上诉审议小组的成员。参见"欧共体香蕉Ⅲ案"(DS 27)第 21.3(c)条仲裁裁决。

不超过15个月,起算时间是专家组或上诉机构报告通过之日。实践中,这一时间可以视具体情况缩短或延长。①

在"加拿大药品专利案"(DS 114)中,仲裁员对15个月期限的问题作出了详细的解释。仲裁员认为,15个月只是一个"指南",而不是平均或通常期限,应当理解为最长期限(特殊情况下例外)。同时,合理期限不是无条件的。DSU第21条第3款规定,只有在立即实施不可行时才应确定合理期限。这表明,通常应当立即实施,而确定合理期限并非通常情况。DSU第21条第1款明确了迅速实施的重要性,第3条第3款也要求迅速解决争端。因此,合理期限应当是WTO成员的法律制度所允许的实施裁决的最短期限。②

综上所述,不论是有关成员提议并经DSB批准,当事方达成协议,还是经仲裁决定,从专家组设立之日到合理期限确定之日,一般不得超过15个月。如果由于专家组或者上诉机构不能如期完成报告而延长了时间,③则应在15个月之外加上这个时间。但是,所有时间相加,一般不应超过18个月。在合理期限内,违反协定义务的措施可以继续有效。④

二、是否实施了裁决

对于败诉方是否采取了实施裁决的措施,或者所采取的措施是否符合有关协定,如果当事方存在争议,则应当援用DSU所规定程序予以解决。⑤ 也就是说,DSU规定的程序,包括磋商、设立专家组和上诉审议等程序,可以在这种争议中使用。⑥ 这种程序的提起不以原专家组提

---

① 在"欧共体香蕉Ⅲ案"(DS 27)中,仲裁员确定的合理期限为15个月零5天。参见"欧共体香蕉Ⅲ案"(DS 27)第21.3(c)条仲裁裁决第20段。
② 参见"加拿大药品专利案"(DS 114)第21.3(c)条仲裁裁决第44—50段。
③ 即DSU第12条第9款和第17条第5款所述的情况。
④ 参见"美国URAA第129(c)(1)节案"(DS 221)专家组报告第3.91段。
⑤ 很显然,专家组的职权范围不限于成员执行裁决的措施。参见"美国针叶木材Ⅳ案"(DS 257)第21.5条程序专家组报告第4.38—4.48段。
⑥ 在这种争议的专家组报告第1页及其脚注对秘书处的说明中,像普通的专家组报告一样,都对上诉问题作出提示,即只有当事方才能上诉,DSB只有在上诉程序完成后才能考虑通过专家组报告的问题。参见"澳大利亚车用皮革Ⅱ案"(DS 126)第21.5条程序专家组报告。但是,在该案中,当事方美国和澳大利亚达成协议,决定无条件接受专家组报告,不就专家组报告进行上诉。另参见该案专家组报告附件1-1"美国第一份书面陈述"第7段,以及WTO文件:WT/DS126/8。

出建议为要件,只要原专家组作出裁决即可。① 此程序所审理的主张只能与实施裁决的措施相关,②不能重新审理在原程序中已作出的裁决。③

在设立专家组时,应尽量使用原来的专家组。专家组应当在90天内作出裁决。如果专家组在此期限内不能完成报告,则应书面通知 DSB 迟延的原因以及提交报告的估计期限。④

实践中,常常是败诉方采取一些措施,胜诉方不满意,于是要求 DSB 设立专家组进行裁决。但是,在"欧共体香蕉Ⅲ案"(DS 27)中,败诉方欧盟主动要求设立这样的专家组,认定欧盟所采取的磋商符合 DSB 裁决。⑤

专家组除了对败诉方是否实施裁决以及措施是否与有关协定一致作出裁决外,还可以就具体的实施方式提出建议。⑥ 通常情况下,遵守建议和裁决需要撤销或修改败诉方的某一措施。⑦

在"美国针叶木材Ⅳ案"(DS 257)中,上诉机构指出了第 21.5 条程序专家组程序和普通专家组程序的三个主要区别:(1)第 21.5 条程序专家组的组成已经确定;(2)第 21.5 条程序专家组程序的时间更短;(3)第 21.5 条程序专家组的主张有限制。⑧ 上诉机构曾经指出,专家组不应仅判断实施裁决的成员是否遵守了原专家组或上诉机构报告中提出的建议,还应审查措施是否已经与 WTO 义务一致。专家组在审理案件时,不限于先前程序中所提出的主张、观点和事实。尽管关于是否实施裁决的案件与原案之间有联系,但这种案件涉及的并非原来的措施,而是新的、不同的措施。同时,有关事实也可能与原案有所不同。因此,这种案件中的主张、观点和事实自然与原案不同。如果限于原案,专家组的职能就会

---

① 参见"泰国香烟案(菲律宾诉)"(DS 371)专家组报告第 6.16—6.17 段。
② 参见"欧共体床上用品案"(DS 141)上诉机构报告第 78 段。
③ 参见"美国虾案"(DS 58)第 21.5 条程序上诉机构报告第 97 段。
④ 在实践中,此程序所用平均时间为 246 天。资料来源:https://www.wto.org/english/res_e/booksp_e/analytic_index_e/dsu_08_e.htm#fntext-1814,2017 年 5 月 10 日访问。
⑤ 参见"欧共体香蕉Ⅲ案"(DS 27)第 21.5 条程序专家组报告(欧共诉)第 4.13—4.18 段。在该案中,欧盟认为,在胜诉方没有要求设立专家组的情况下,应当认定欧盟的措施符合 DSB 裁决。专家组认为不能同意欧盟的这种推定,但也没有对败诉方是否有权援用 DSU 第 21 条第 5 款设立专家组作出裁决。最后,专家组没有作出裁决,因为胜诉方此时已经要求设立专家组裁决同样的问题。
⑥ 参见"欧共体香蕉Ⅲ案"(DS 27)第 21.5 条程序专家组报告(厄瓜多尔诉)第 6.154 段。
⑦ 参见"阿根廷皮革案"(DS 155)第 21.3(c)条仲裁裁决第 40—41 段。
⑧ 参见"美国针叶木材Ⅳ案"(DS 257)第 21.5 条程序上诉机构报告第 66—72 段。

受到限制。这种案件专家组的职责是,审查新措施是否与有关协定一致。① 另外,即使新措施所违反的协定条款没有被包括在原案裁决中,这种案件专家组也可以作出裁决。②

三、将实施情况列入 DSB 会议议程

DSB 应监督裁决的实施情况,任何成员都可以随时提出有关实施的问题。

在上述实施裁决的合理期限确定 6 个月后,实施问题应被列入 DSB 会议议程,并一直保留在会议议程上,直到问题最后解决。③ 在 DSB 每次会议召开前 10 天,有关成员应向 DSB 提交裁决实施情况的报告。

四、发展中国家

DSU 第 21 条第 7、8 款规定,对于影响发展中国家成员利益的事项,应给予特别考虑。

在"印尼汽车案(欧共体诉)"(DS 54)中,仲裁员认为,虽然这个规定很原则化,没有提供具体的指导,但在确定实施裁决的合理期限时,应当考虑这个规定。为此,仲裁员除了允许印尼用 6 个月时间完成其国内法律制定程序外,另外增加了 6 个月。④ 在"阿根廷皮革案"(DS 155)中,仲裁员称,在确定实施时间时,也考虑了阿根廷是遇到严重经济和财政困难的发展中国家这一情况。⑤ 在"智利含酒精饮料案(欧共体诉)"(DS 87)中,仲裁员也认为,在确定合理期限时,应当考虑发展中国家在实施裁决

---

① 参见"加拿大飞机案"(DS 70)第 21.5 条程序上诉机构报告第 41 段。
② 参见"美国 FSC 案"(DS 108)第 21.5 条程序上诉机构报告。在本案中,原案并没有涉及违反 GATT 的问题,但本案专家组认定美国的新措施违反了 GATT 1994 第 3 条第 4 款。
③ "问题解决"应当是指裁决得到执行,或者是达成了解决争端的办法。
④ 参见"印尼汽车案(欧共体诉)"(DS 54)第 21.3(c)条仲裁裁决第 22—24 段。在本案中,印尼要求仲裁员增加 9 个月时间,用于国内相关产业调整。仲裁员认为,国内产业调整不是延长时间的理由,但鉴于印尼是发展中国家,并且处于严重的经济危机之中,所以可以延长 6 个月。
⑤ 参见"阿根廷皮革案"(DS 155)第 21.3(c)条仲裁裁决第 51 段。

中可能遇到的巨大困难。① 但是,在"智利价格限制体系案"(DS 207)中,由于当事方均为发展中国家,因此仲裁员既不倾向于延长也不倾向于缩短合理期限。②

另外,在 DSB 监督裁决实施的过程中,如果有关事项是发展中国家提出的,则 DSB 应考虑采取适当的进一步行动。如果案件是发展中国家提起的,那么在考虑这种行动时,DSB 应考虑被控措施所涉及的贸易范围,以及这些措施对发展中国家经济的影响。

---

① 参见"智利含酒精饮料案(欧共体诉)"(DS 87)第 21.3(c)条仲裁裁决第 45 段。在本案中,智利没有具体提出自己的特殊利益所在,也没有说明这些利益如何需要在制定必要的强制性立法时应当有合理期限。因此,仲裁员虽然认为应当考虑对发展中国家经济的影响,但没有在本案中具体说明是如何考虑的。

② 参见"智利价格限制体系案"(DS 207)第 21.3(c)条仲裁裁决第 55—56 段。

第 22 条
补偿和中止减让

1. 补偿和中止减让或其他义务属于在建议和裁决未在合理期限内执行时可获得的临时措施。但是，无论补偿还是中止减让或其他义务，均不如完全执行建议以使一措施符合有关适用协定。补偿是自愿的，而且如果给予，应与有关适用协定相一致。

2. 在按照第 21 条第 3 款确定的合理期限内，如有关成员未能使被认定与一适用协定不一致的措施符合该协定，或未能遵守建议和裁决，则该成员如收到请求，应在不迟于合理期限届满前，与援引争端解决程序的任何一方进行谈判，以期形成双方均可接受的补偿。如在合理期限届满之日起 20 天内未能议定令人满意的补偿，则援引争端解决程序的任何一方可向 DSB 请求授权中止对有关成员实施适用协定项下的减让或其他义务。

3. 在考虑中止哪些减让或其他义务时，起诉方应适用下列原则和程序：

（a）总的原则是，起诉方首先寻求中止减让或其他义务的部门，应与专家组或上诉机构认定有违反义务或其他造成利益抵消或减损情形的部门相同。

（b）如该方认为对相同部门中止减让或其他义务不可行或不有效，则可寻求中止对同一协定项下其他部门的减让或其他义务。

（c）如该方认为对同一协定项下的其他部门中止减让或其他义务不可行或不有效，而且情况足够严重，则可寻求中止另一适用协定项下的减让或其他义务。

（d）在适用上述原则时，该方应考虑：

（i）专家组或上诉机构认定有违反义务或其他造成利益抵消或减损情形的部门或协定项下的贸易，以及此类贸易对该方的重要性；

（ii）与利益抵消或减损相关的更广泛的经济因素，以及中止减让或其他义务的更广泛的经济后果。

如该方决定按照(b)项或(c)项请求授权中止减让或其他义务,则应在请求中说明有关理由。在该请求送交 DSB 的同时,还应送交有关理事会,并且在按照(b)项提出请求的情况下,还应转交有关部门的机构。

(e) 就本款而言,"部门"一词:

(i) 对于货物,指所有货物;

(ii) 对于服务,指用于确认此类部门的现行"服务部门分类清单"中所确认的主要部门;*

(iii) 对于与贸易有关的知识产权,指 TRIPS 协定第二部分第 1 节、第 2 节、第 3 节、第 4 节、第 5 节、第 6 节或第 7 节所涵盖的知识产权的每一类别,或第三部分或第四部分下的义务。

(f) 就本款而言,"协定"一词:

(i) 对于货物,指《WTO 协定》附件 1A 所列各项协定的总体,以及诸边贸易协定,只要有关争端方属这些协定的参加方;

(ii) 对于服务,指 GATS;

(iii) 对于知识产权,指 TRIPS 协定。

4. DSB 授权的中止减让或其他义务的程度应等于利益抵消或减损的程度。

5. 如适用协定禁止中止减让或其他义务,则 DSB 不得授权此类中止。

6. 如发生第 2 款所述情况,则应请求 DSB 在合理期限结束后 30 天内,给予中止减让或其他义务的授权,除非 DSB 经协商一致决定拒绝该请求。但是,如有关成员反对提议的中止水平,或认为在一起诉方根据第 3 款(b)项或(c)项请求授权中止减让或其他义务时,第 3 款所列原则和程序未得到遵守,则该事项应提交仲裁。如原专家组成员仍可请到,则此类仲裁应由原专家组作出,或由经总干事任命的仲裁人**作出。仲裁应在合理期限结束之日起 60 天内完成。减让或其他义务不得在仲裁过程

---

* (原注)文件 MTN.GNS/W/120 中的清单确定了 11 个部门。

** (原注)"仲裁人"一词应解释为一个人或一个小组。

中中止。

7. 按照第6款行事的仲裁人*不得审查拟予中止的减让或其他义务的性质,而应确定此类中止的水平是否等于利益抵消或减损的水平。仲裁人还可确定拟议的中止减让或其他义务是否为适用协定所允许。但是,如提交仲裁的事项包括关于第3款所列原则和程序未得到遵守的主张,则仲裁人应审议此项主张。如仲裁人确定这些原则和程序未得到遵守,则起诉方应以与第3款相一致的方式适用这些原则和程序。各方应将仲裁人的决定视为最终决定予以接受,有关各方不得寻求第二次仲裁。仲裁人的决定应迅速通知DSB,并且应请求DSB授权中止减让或其他义务,除非DSB经协商一致决定拒绝该请求。

8. 减让或其他义务的中止应是临时性的,而且只应维持至被认定与适用协定不一致的措施已取消,或必须执行建议或裁决的成员对利益抵消或减损已提供解决办法,或已达成双方满意的解决办法。依照第21条第6款,DSB应继续监督已通过的建议或裁决的执行,包括那些已提供补偿或已中止减让或其他义务而未执行旨在使一措施符合有关适用协定的建议的案件。

9. 如一成员领土内的地区或地方政府或主管机关采取了影响遵守适用协定的措施,则可援引适用协定中的争端解决规定。如DSB已裁决一适用协定中的规定未得到遵守,则负有责任的成员应采取其可采取的合理措施,保证遵守该协定。适用协定及本谅解有关补偿和中止减让或其他义务的规定适用于未能如此遵守协定的案件。**

根据WTO有关协定和多轮谈判,WTO成员作出了很多承诺,包括降低关税、开放市场和保护知识产权。在某成员采取的措施违反了有关协定,影响了其他成员的应得利益,并且在WTO作出裁决后仍然实施这些措施的情况下,其他成员显然应当有权要求补偿或中止实施相应的减让,但这些手段的最终目的都是促使成员遵守协定。①

---

* (原注)"仲裁人"一词应解释为一个人或一个小组,或担任仲裁人的原专家组成员。

** (原注)如任何适用协定中有关在一成员领土内的地区或地方政府或主管机关采取措施的规定包含与本款规定不同的规定,则应以此适用协定的规定为准。

① 参见"欧共体香蕉Ⅲ案"(DS 27)第22.6条程序仲裁裁决(厄瓜多尔诉)第76段。

一、补偿

补偿，不是指由于某成员采取的措施给其他成员造成贸易损失而提供赔偿，而是在执行裁决的合理期限过后，这些措施仍不能修改或取消的情况下，因该成员继续实施这些措施而应给其他受到影响的成员提供补偿。因此，补偿不是追溯性的，而是前瞻性的。补偿的方式一般不是直接支付金钱，而是在这些措施所影响领域之外的方面，给其他成员提供更多的贸易机会，如降低其他产品的关税，或在其他方面提供更多的市场准入机会等。

DSU 规定，完全执行裁决仍然是首选的目标，只有在完全执行不可能的情况下，才应当援用补偿的办法。因此，补偿只是一种临时安排；如果败诉方完全执行了裁决，则补偿应当停止。另外，补偿的方式应当与有关协定相一致。

补偿是双方自愿的安排。如某成员没有使有关措施符合有关协定的规定，或者没有能够在合理期限内实施裁决，则胜诉方可以要求与有关成员就补偿进行谈判。谈判应当在合理期限届满前开始。①

二、中止减让或其他义务

如果在合理期限结束后 20 天内没有能够就补偿达成协议，则胜诉方可以请求 DSB 授权对该成员中止减让或其他义务。这实际上是对败诉方不实施裁决的报复措施。但是，报复仍然是为了敦促败诉方遵守协议。在"美国特定欧共体产品案"（DS 165）中，专家组指出，DSB 授权报复不是为了获得金钱补偿，而是为了对同等贸易实施限制。在 DSB 授权报复时，原来受到影响的企业得不到任何补偿，因为报复不是简单地收关税分配给受影响的企业。此外，报复可以让违反协定成员的其他利益集团参与进来，促使该成员遵守协议。因此，报复不是追溯性的。②

1. 原则和程序

胜诉方在考虑中止哪些减让和义务时，应当遵守以下原则：首先，选

---

① 关于合理期限的确定，参见 DSU 第 21 条解释。
② 参见"美国特定欧共体产品案"（DS 165）专家组报告第 6.82 段。

择相同领域。① 例如,服务贸易主要有 11 大类。② 如果败诉方的措施属于其中一类,如分销,则报复也应是分销领域。但是,所有的货物都属于相同领域。其次,选择同一协定项下的其他领域。例如,败诉方的分销措施被认定违反协定,而选择相同领域不可行或不有效,③则报复可以针对 GATS 项下的金融服务;败诉方违反版权方面的规定,而报复可以针对商标方面。④ 最后,选择其他协定项下的领域。如果选择相同协定项下的领域不可行或不有效,并且情况足够严重,则可以选择其他协定管辖的领域。例如,败诉方的分销措施违反了 GATS,而在服务贸易的类别中没有合适的领域,但败诉方的措施给胜诉方造成了严重的影响,则报复可以针对知识产权的某个领域。又如,在败诉方措施违反货物领域规定的情况下,可以选择服务贸易和知识产权领域进行报复。这是一种"交叉报复"。

在选择报复的方式时,胜诉方还应当考虑以下因素:(1) 裁决所认定领域的贸易状况,以及这种贸易对自己的重要性;(2) 与受损利益相关的更为广泛的经济因素,以及报复的更为广泛的经济后果。

实践中,请求授权报复的成员应当提出具体的报复方式和水平。⑤

---

① 如果被诉方在多个领域违反了协定项下义务或违反了多个协定项下义务,则中止减让或义务不需要在每个领域或协定内与利益减损或丧失的水平一致,而是可以在任一或多个领域中止减让或义务,只要总体水平与利益减损或丧失水平一致即可。参见"欧共体香蕉Ⅲ案"(DS 27)第 22.6 条程序仲裁裁决第 3.10 段。

② 服务贸易行业的分类基本上是以《联合国中心产品分类系统》(以下简称"CPC 系统")为基础的。这一系统将服务行业分为 12 类,商业服务,包括专业服务和计算机服务;通信服务;建筑和相关工程服务;分销服务;教育服务;环境服务;金融服务;与健康相关的服务和社会服务;旅游和与旅行相关的服务;娱乐、文化和体育服务;运输服务;其他服务。这些行业又被细分为约 160 个具体的服务活动。例如,旅游行业又可以进一步分为饭店、餐饮、旅行社、导游服务等。在 DSU 中,服务贸易的行业是指前 11 类。

③ 在相同领域"不可行"或"不有效"时,可以选择其他领域,而在其他领域必须是"可行的"或"有效的"。"可行"是指存在其他可以使用的方式;"有效"是指其他方式是有力的,可以促使败诉方遵守裁决。参见"欧共体香蕉Ⅲ案"(DS 27)第 22.6 条程序仲裁裁决第 70 段。虽然是由中止减让或义务的一方判断是否"可行"或"有效",但相关当事方在作出决定时是否客观地考虑了必要的事实,这一点是由仲裁员进行审查的。参见"欧共体香蕉Ⅲ案"(DS 27)第 22.6 条程序仲裁裁决第 52 段。

④ DSU 规定,TRIPS 协定项下的领域,是指 TRIPS 协定第二部分第 1—7 节所涵盖的知识产权的每一类别,或第三、第四部分下的义务。

⑤ 在"欧共体荷尔蒙案(美国诉)"(DS 26)中,仲裁员认为,授权报复的请求至少应当列出报复的具体水平,以及报复所涉及的协定和领域。对于中止关税减让,DSB 的授权只限于请求中所列的产品。参见"欧共体荷尔蒙案(美国诉)"(DS 26)第 22.6 条程序仲裁裁决第 16 段。

此外,授权报复的请求应该足够清楚,以满足与 DSU 第 6 条第 2 款相同的正当程序目标。

在选择同一协定项下的其他领域或其他协定项下的领域时,应当向DSB说明理由,即说明在选择同一协定项下的其他领域的情况下,选择相同领域不可行或不有效的原因;在选择其他协定项下的领域的情况下,选择同一协定项下的其他领域不可行或不有效,并且情况足够严重。

授权报复请求除应送交DSB外,还应送交有关理事会,即相应的货物贸易理事会、服务贸易理事会或知识产权理事会;在选择同一协定项下的其他领域时,还应送交主管这一领域的机构。例如,如果服务贸易中的分销措施被认定违反协定,而报复针对的是金融部门,则报复的请求除送交DSB外,还应送交服务贸易理事会和WTO中主管金融服务的机构。

在合理期限结束后30天内,DSB应当授权报复。[1] DSB的决策机制是"反向一致",所以授权肯定会被批准。但是,如果有关协定不允许这种报复,则DSB不应当授权报复。[2] 另外,DSB授权报复的水平应当与胜诉方利益受损失的水平相等。[3] 利益受损失水平可以是一个确定的数值,也可以是一个公式。如为公式,代入特定变量,就可以计算出当年的报复水平。[4]

2. 仲裁

如果有关成员反对报复的水平,或者在选择同一协定项下的其他领域或其他协定项下的领域时,上述原则和程序没有得到遵守,则可以提交仲裁。

例如,在"欧共体香蕉Ⅲ案"(DS 27)中,因为欧盟在货物贸易方面违反协定,厄瓜多尔要求授权对欧盟服务贸易和知识产权方面实施报复;而欧盟反对报复的水平,并且认为厄瓜多尔没有遵守有关原则和程序。仲

---

[1] 实践中,DSB从未在30天内授权报复。See Jeffrey Waincymer, *WTO Litigation: Procedural Aspects of Formal Dispute Settlement*, Cameron May Ltd., 2002, p.676.

[2] 在现有协定中,只有《政府采购协定》不允许进行交叉报复。即在违反《政府采购协定》时,不得因此针对其他协定项下的领域进行报复,反之亦然。参见《政府采购协定》第22条第7款。

[3] 报复不应当超出受损的利益,因此不是惩罚性的。参见"欧共体荷尔蒙案"(DS 26)第22.6条程序仲裁裁决第40段。

[4] 参见"美国抵消法案(伯德修正案)案(澳大利亚等诉)"(DS 217)第22.6条程序仲裁裁决(巴西诉)第4.20—4.21段。

裁员认为,厄瓜多尔遵守了有关原则和程序,但报复水平超出了厄瓜多尔利益受损的水平。[①]

如果可能,报复仲裁应当请原专家组成员担任仲裁员,否则应由WTO总干事指定仲裁员。[②]

报复仲裁的任务是,确定报复的水平是否与利益受损的水平相等,[③]确定胜诉方在提出报复时是否遵守上述原则和程序,以及确定有关协定是否允许这种报复。[④] 在评估利益受损的水平时,仲裁员要考虑如下因素:(1)贸易效应,[⑤]即征税引起的进口量的变化;(2)直接收益;[⑥](3)违

[①] 本案中,厄瓜多尔指出:首先,厄瓜多尔进口的欧盟产品主要是初级产品,限制这些产品进口,厄瓜多尔会受到更大的损失,因此货物贸易方面的报复是不可行或不有效的;其次,欧盟的香蕉进口鼓励体制对于厄瓜多尔香蕉出口的影响非常大,因此"情况足够严重";再次,厄瓜多尔处于历史上最为严重的经济危机中,因此从"更广泛的经济因素"来看,恢复厄瓜多尔出口是重要的;最后,报复措施对欧盟产生的"经济后果"并不十分大。仲裁员因此认为,厄瓜多尔在考虑报复时,遵守了有关原则和程序。参见"欧共体香蕉Ⅲ案"(DS 27)第22.6条程序仲裁裁决(厄瓜多尔诉)第131—138段。

[②] 截至2011年9月,几乎所有报复仲裁都由原专家组进行。唯一的例外是"美国1916法案案(欧共体诉)"(DS 136)。在该案中,原专家组除主席外的另两位成员也成了仲裁员。参见WTO文件:WT/DS136/17。

[③] 水平相等是指报复水平与受损水平相同或平衡。报复水平已经被提出,但受损水平需要仲裁员确定。参见"欧共体香蕉Ⅲ案"(DS 27)第22.6条程序仲裁裁决第4.1—4.2段。为了让仲裁员确定受损水平,需要请求报复一方提出计算受损水平的方式,即提交"方法文件"。参见"欧共体荷尔蒙案(美国诉)"(DS 26)第22.6条程序仲裁裁决第11段。计算受损水平的起算时间,应当是实施裁决的合理期限结束之日。例如,在"美国FSC案"(DS 108)中,仲裁员决定以美国应当撤销禁止性补贴的2000年为年度计算单位,即评估争议措施在2000年全年造成的受损水平。参见"美国FSC案"(DS 108)第22.6条程序仲裁裁决第2.14、8.1段。在该案中,仲裁员最后同意了欧盟提出的报复水平,即对来自美国的某些货物征收100%的从价税,最高额为每年40.43亿美元。

[④] 仲裁员经过计算,可以提出新的报复水平。例如,在"欧共体香蕉Ⅲ案"(DS 27)中,厄瓜多尔提出的报复水平是4.5亿美元,但仲裁员认为报复水平应当是2.016亿美元。参见"欧共体香蕉Ⅲ案"(DS 27)第22.6条程序仲裁裁决(厄瓜多尔诉)第173段。

[⑤] 参见"美国抵消法案(伯德修正案)案(澳大利亚等诉)"(DS 217)第22.6条程序仲裁裁决(巴西诉)第3.70—3.71段。

[⑥] 仲裁员在确定利益受损水平时不考虑间接收益。在"欧共体香蕉Ⅲ案"(DS 27)中,美国认为,若欧盟遵守WTO义务,美国出口至拉丁美洲的香蕉本应出口至欧盟,这也应该计算在报复水平内。但是,仲裁员并未支持此请求。参见"欧共体香蕉Ⅲ案"(DS 27)第22.6条程序仲裁裁决第6.8和6.10—6.12段。

反义务成员的法院判决和裁定;①(4)震慑效应;②(5)补贴形式的支出。③水平相等包括量的相等(通常适用于中止关税减让)和质的相等(通常适用于中止义务)。此外,仲裁不应审查报复的性质。④ 例如,胜诉方选择中止义务而非中止减让关税,这并不在仲裁的审查范围内。⑤

第三方如果权利受到影响,就可以参加仲裁程序。例如,在"欧共体荷尔蒙案(美国诉)"(DS 26)中,仲裁员认为美国和加拿大的权利可能会受到影响,并且仲裁员有权允许第三方参加仲裁,包括参加听证会并作出发言,以及收到当事方的书面陈述。⑥ 但是,在"巴西飞机案"(DS 46)中,仲裁员拒绝了澳大利亚作为第三方参与案件的请求。仲裁员考虑的因素有:(1)当事方的意见;(2)DSU 对此没有规定;(3)澳大利亚的权利不

---

① 在"美国 1916 年法案案(欧共体诉)"(DS 136)中,仲裁员认为,在 1916 年法案下的所有不利于欧共公司的最终判决或裁定的数额都应被计算进欧盟的利益受损水平中。参见"美国 1916 年法案案(欧共体诉)"(DS 136)第 22.6 条程序仲裁裁决第 5.58—5.63 段。

② 在"美国 1916 年法案案(欧共体诉)"(DS 136)中,欧盟认为 1916 年法案的最大负面效应就是对欧盟公司的震慑效应(chilling effect,不寒而栗的效果),让已经在美国市场或考虑进入美国市场的欧盟公司感到害怕。仲裁员认为,震慑效应过于模糊,仲裁只需要考虑这种效应能否被量化。最终,仲裁员认为量化是不可能的,因此计算利益受损水平时不加以考虑。仲裁员同样未加以考虑的还有诉讼费用。参见"美国 1916 年法案案(欧共体诉)"(DS 136)第 22.6 条程序仲裁裁决第 5.72、5.76—5.78 段。

③ 参见"美国抵消法案(伯德修正案)案(澳大利亚等诉)"(DS 217)第 22.6 条程序仲裁裁决(巴西诉)第 3.117 段。

④ 在"欧共体荷尔蒙案(美国诉)"(DS 26)中,欧盟提出,仲裁员应当要求美国提供确切的报复清单。仲裁员则认为,虽然报复请求应当指明报复所针对的协定和领域,但仲裁员无权要求美国确定报复的性质。也就是说,如果请求授权的报复只是针对饼干征收 100%的从价税,则仲裁员不能作如下决定:(1)应当针对奶酪;(2)应当征收 150%而不是 100%的关税;(3)应当按照重量征税,而不是从价税。这些都属于报复的性质,具有撤回减让的性质。参见"欧共体荷尔蒙案(美国诉)"(DS 26)第 22.6 条程序仲裁裁决第 19—21 段。本案中,仲裁员认为,美国已经提供了可能进行报复的产品清单,这样仲裁员可以计算出每年的贸易价值。待仲裁员确定报复的水平后,美国就可以从这些清单中任意选择报复的产品,只要报复的水平与受损的水平相等即可。

同样,中止义务也无须十分精确地表示要中止的是什么义务。参见"美国 1916 年法案案(欧共体诉)"(DS 136)第 22.6 条程序仲裁裁决第 3.10—3.14 段。

⑤ 参见"美国抵消法案(伯德修正案)案(澳大利亚等诉)"(DS 217)第 22.6 条程序仲裁裁决(巴西诉)第 3.7 段。

⑥ 参见"欧共体荷尔蒙案(美国诉)"(DS 26)第 22.6 条程序仲裁裁决第 7 段。

会受到这种程序的影响。①

仲裁应当在合理期限结束后 60 天内完成。② 在仲裁期间,报复不得实施。仲裁裁决是最终的,③当事方应当接受,并且不得寻求第二次仲裁。仲裁裁决应迅速通知 DSB。如果胜诉方提出请求,DSB 应当授权报复。此处的 DSB 决策机制仍然是"反向一致",所以请求报复一定会被批准。

此外,还有一个 DSU 第 21 条第 5 款裁决与第 22 条第 6 款仲裁协调的问题。由于提起关于是否遵守裁决的争端解决没有时间限制,而关于报复水平的仲裁应当在合理期限结束后 60 天内完成,因此实践中就可能会出现在是否遵守裁决的争端解决报告通过前,关于报复水平的仲裁已经结束,并且获得 DSB 授权。④ 在这种情况下,当事方往往就此作出安排,达成特别程序协议,以避免冲突。当事方可能有如下几种安排:(1)在第 21.5 条程序裁决通过后,才可以提起仲裁;⑤(2)两个程序同时

---

① 参见"巴西飞机案"(DS 46)第 22.6 条程序仲裁裁决第 2.5—2.6 段。仲裁员认为,本案与"欧共体荷尔蒙案(美国诉)"(DS 26)的情况有所不同:澳大利亚没有对巴西提起争端解决程序,并且没有向仲裁员说明哪些权利会受到影响。

② 在"欧共体香蕉Ⅲ案"(DS 27)中,仲裁员认为,仲裁裁决不能上诉,因此应当最大限度地予以明确,以避免将来当事方之间出现异议。为此,仲裁员需要更长的时间。参见"欧共体香蕉Ⅲ案"(DS 27)第 22.6 条程序仲裁裁决第 2.12 段。本案中,合理期限的结束日期是 1999 年 1 月 1 日。1 月 14 日,美国要求授权报复。欧盟反对报复的水平,并且认为美国没有遵守有关原则和程序,因此要求仲裁。仲裁员于 4 月 9 日作出裁决。在实践中,仲裁所用平均时间为 456 天。资料来源:https://www.wto.org/english/res_e/booksp_e/analytic_index_e/dsu_08_e.htm#fntext-1909,2017 年 5 月 10 日最后访问。

③ 在"巴西飞机案"(DS 46)中,出于信息保密的需要,仲裁员作出两个版本的报告:一份是给当事方的,包括计算的细节和所依据的所有信息;另一份是向 WTO 成员散发的,删除了商业上最为敏感的信息,但足以让其他成员了解仲裁员的推理和适用的方法。参见"巴西飞机案"(DS 46)第 22.6 条程序仲裁裁决第 2.13—2.14 段。

④ DSB 主席曾经承认两者之间可能会有抵触。参见"欧共体香蕉Ⅲ案"(DS 27)第 21.5 条程序专家组报告(欧共体诉)第 4.16 段。

⑤ 例如,在"澳大利亚车用皮革Ⅱ案"(DS 126)、"美国虾案"(DS 58)、"阿根廷皮革案"(DS 155)中,当事方均同意在根据第 21.5 条程序设立的专家组报告散发、通过或完成前不提起第 22 条程序。参见 WTO 文件:WT/DS126/8、WT/DS58/16 第 1 段、WT/DS155/12 第 2 段。

提起,但在第21.5条程序裁决通过前,仲裁暂时中止;①(3)在没有为遵守裁决而采取措施的情况下,当事方可直接提起仲裁,无须提起第21.5条程序;②(4)不适用DSB在合理期限结束后30天内授权报复的期限。③

当然,如果专家组或上诉机构报告认为实施裁决一方采取的新措施没有与WTO义务不一致,则没有必要就报复水平进行仲裁,因为裁决已经实施,报复不再有必要。④

3. 报复的期限

报复只是一种临时安排。如果违反协定的措施已经被取消,败诉方已经对受影响的利益提供了解决办法,或者双方已经达成满意的解决办法,则报复应当停止。

三、监督

DSB应当继续监督裁决的实施情况,即在补偿或报复期间,裁决的实施问题仍然一直保留在DSB会议的议程上,并且有关成员应就实施裁决的进展情况向DSB作出书面汇报,直到有关措施最后符合有关协定的规定,或者双方达成解决争议的办法为止。⑤

四、地方政府等的措施

WTO成员的有关地区、地方政府或主管机关采取的影响有关协定

---

① 参见WTO文件:WT/DS113/14。又如,在"美国FSC案"(DS 108)中,欧盟于2000年12月7日根据DSU第21条第5款要求设立专家组。在此之前,11月17日,欧盟请求DSB授权报复;而美国于11月27日反对报复的水平,要求提请仲裁。后双方达成协议,在专家组报告通过后,或在上诉的情况下上诉审议报告通过后,仲裁才开始工作。当然,若报告认为美国的措施已经符合协定项下的义务,则欧盟撤回仲裁请求。后来,上诉审议报告于2002年1月29日获得通过,于是仲裁恢复工作。另参见"美国FSC案"(DS 108)第22.6条程序仲裁裁决第1.3—1.6段。

② 参见WTO文件:WT/DS108/12第9段。

③ 参见WTO文件:WT/DS141/11第5段。

④ 实践中,当事方的安排可能是多种多样的。例如,在"澳大利亚鲑鱼案"(DS 18)中,当事方同意等到专家组根据DSU第21条第5款认定澳大利亚违反WTO义务后,立即要求恢复仲裁,而不管当事方是否上诉。参见"澳大利亚鲑鱼案"(DS 18)第21.5条程序专家组报告第1.3段。

⑤ 参见DSU第21条第6款。

的措施,也适用DSU争端解决的规定。如果WTO裁决这些措施违反了有关协定的规定,则该成员应采取合理的措施,保证这些协定得到遵守。在裁决没有得到遵守时,WTO成员有义务保证有关协定在其领域内得到实施。若地方政府等采取的措施违反了有关协定的规定,则也可能导致其他成员援用争端解决机制。应当注意的是,在补偿、报复等情况下,针对的是成员,而不是地方政府。[1]

---

[1] DSU第22条第9款脚注提到其他协定中有关地区、地方政府或机关当局的规定优先适用的问题,与第4条第2款脚注的表述相同,但在其他协定中似乎找不到相关内容。详见第4条(磋商)脚注的解释。

第 23 条
多边体制的加强

1. 当成员寻求纠正违反义务的情形,或寻求纠正其他造成适用协定项下利益抵消或减损的情形,或寻求纠正妨碍适用协定任何目标实现的情形时,它们应援用并遵守本谅解的规则与程序。

2. 在此种情况下,各成员应:

(a) 不对违反义务已发生、利益已抵消或减损或适用协定任何目标的实现已受到妨碍作出确定,除非通过依照本谅解的规则与程序援用争端解决,而且应使任何此种确定与 DSB 通过的专家组或上诉机构报告所包含的调查结果或根据本谅解作出的仲裁裁决相一致;

(b) 遵循第 21 条所列程序,以确定有关成员执行建议和裁决的合理期限;以及

(c) 遵循第 22 条所列程序,确定中止减让或其他义务的程度,并针对有关成员未能在该合理期限内执行建议和裁决的情况,在中止适用协定项下的减让或其他义务之前,依照这些程序获得 DSB 的授权。

如果一个成员认为另一个成员采取的措施违反了协定的义务,或者造成了自己利益的损失,或者影响了协定目标的实现,该成员不应当单方面采取行动以维护自己的利益,而应当援用 DSU 的规则与程序解决争端。[1]

具体地说,WTO 成员不得自己认定另一个成员采取的措施违反了协定的义务,或者造成了自己利益的损失,或者影响了协定目标的实现,而应由 DSU 规定的专家组、上诉机构和仲裁确定,并且应当与相关报告和裁决保持一致。[2] 在确定对方实施裁决的合理期限时,应当遵守 DSU

---

[1] 利益损失和影响协定目标实现属于"非违反"的情况,详见第 26 条解释。

[2] 在"美国特定欧共体产品案"(DS 165)中,专家组认为,根据 DSU 第 21 条第 5 款确定有关措施是否符合裁决,与此处要求不自己作出认定的规定是相似的。参见"美国特定欧共产品案"(DS 165)上诉机构报告第 125 段。

在"美国贸易法第 301 节案"(DS 152)中,专家组认为,要认定违反 DSU 第 23 条第 2 款(a)项,必须具备四个条件:某个行为是为了纠正违反义务的情形;该行为构成了决定;该决定是关于违反义务的;该决定没有援用 DSU 的规则与程序,或者与专家组、上诉机构报告及仲裁裁决不一致(只有援用 DSU 并且与 DSB 报告或仲裁裁决一致的决定才是被允许的)。专家组(转下页)

第21条所列的程序,即先由对方提议并经 DSB 批准,或者双方达成协议,或者由仲裁确定。报复应当获得 DSB 授权,而在对报复水平有争议时,应提交仲裁解决。但是,本条所禁止的,并非只有这几种单方面的行为,这些只是最突出的几个例子而已。①

在"美国贸易法第 301 节案"(DS 152)中,专家组认为,DSU 第 23 条的主要目标是,防止 WTO 成员就 WTO 权利和义务单方面解决争端,要求成员遵守 DSU 的多边规则与程序。第 23 条要求援用 DSU 规则与程序确定是否存在与协定不一致的行为,确定实施裁决的合理期限,确定报复的水平。违反第 23 条的措施,可以是具体行为,也可以是普遍适用的措施,如法律和法规。② 即使经过 DSB 会议授权的报复措施,若被认定与适用协定不一致的措施已取消,或必须执行建议和裁决的成员对利益抵消或减损已提供解决办法,或已达成双方满意的解决办法,而报复措施仍然在实施,则此报复措施构成第 23 条禁止的单边行为。③

(接上页)还指出,准备采取行动纠正违反义务的情形就是这种决定,而仅仅表达意见则不属于这种决定。但是,此处的关键不是某种行为是否构成了决定,而是该行为是否与 DSU 的规则与程序相一致。另参见"美国贸易法第 301 节案"(DS 152)专家组报告脚注 657。

另外,DSB 会议上的声明并不能构成"决定"。参见"美国持续中止案"(DS 320)上诉机构报告第 396—399 段。

① 在中止减让或义务之外的其他行动并不是不在"纠正违反义务"的范围内。参见"欧共体商业船舶案"(DS 301)专家组报告第 7.200 段。
在"美国贸易法第 301 节案"(DS 152)中,专家组认为,DSU 第 23 条第 1 款的范围显然大于第 2 款所列举的行为。事实上,还可能有很多这样的行为。例如,在根据第 6 条请求设立专家组之前,没有先行按照第 4 条提出磋商请求;磋商请求或设立专家组请求不符合第 4 条或第 6 条的要求;没有按照第 3 条第 6 款将双方商定的解决办法通报 DSB。参见"美国贸易法第 301 节案"(DS 152)专家组报告脚注 655—656。

② 参见"美国贸易法第 301 节案"(DS 152)专家组报告第 7.35、7.38、7.46 段。

③ 参见"美国持续中止案"(DS 320)上诉机构报告第 375、378、384 段。

第 24 条
涉及最不发达国家成员的特殊程序

1. 在确定涉及一最不发达国家成员争端的起因和争端解决程序的所有阶段,应特别考虑最不发达国家的特殊情况。在此方面,各成员在根据这些程序提出涉及最不发达国家的事项时应表现适当的克制。如认定利益的抵消或减损归因于最不发达国家成员所采取的措施,则起诉方在依照这些程序请求补偿或寻求中止实施减让或其他义务的授权时,应表现适当的克制。

2. 在涉及一最不发达国家成员的争端解决案件中,如在磋商中未能找到令人满意的解决办法,则应最不发达国家成员请求,总干事或DSB主席应进行斡旋、调解和调停,以期在提出设立专家组的请求前,协助各方解决争端。总干事或DSB主席在提供以上协助时,可向自己认为适当的任何来源进行咨询。

鉴于最不发达国家面临的困境,为了保证它们有效参与世界贸易体制和采取进一步措施改善它们的贸易机会,乌拉圭回合谈判专门通过了《关于有利于最不发达国家措施的决定》的部长决定,对最不发达国家作出了一些优惠安排,如给予它们更为优惠的市场准入机会,改善普惠制等。①

在最不发达国家参与争端解决机制方面,DSU提出了一些原则性的要求。例如,在确定涉及它们的争端的原因和争端解决程序的所有阶段,都应当考虑它们的特殊情况。具体地说,在针对这些国家提起争端解决时,应当表现适当的克制;在它们采取的措施被认定影响了其他成员的利益,而其他成员要求补偿或实施报复时,也应当表现适当的克制。

涉及最不发达国家的争端也包括最不发达国家作为第三方的争端。专家组认为,考虑特殊情况指的是争端解决的程序方面,而不是实质性审查。同时,对最不发达国家利益的考虑不应该比对其他成员利益的考虑

---

① 对于哪些国家是最不发达国家,乌拉圭回合各项协定没有作出规定,但在 SCM 附件 7 中提到,它们是联合国指定为最不发达国家的 WTO 成员。

占更大的权重。①

在涉及最不发达国家的案件中,如果双方经磋商没有达成协议,则应最不发达国家请求,WTO总干事或DSB主席应当进行斡旋、调解和调停,以期在提出设立专家组的请求前,协助双方解决争端。同时,总干事或DSB主席在进行斡旋、调解和调停时,可以从任何来源寻求信息。此处与普通斡旋、调解和调停的不同之处在于,普通斡旋、调解和调停是双方自愿的,而在涉及最不发达国家的案件中,只要最不发达国家提出请求,总干事或DSB主席就必须从事这种活动,不论对方是否同意。另外,既然总干事或DSB主席可以从任何来源寻求信息,当然也可以要求最不发达国家的对方提供信息,而对方应当提供这种信息。②

---

① 参见"美国陆地棉案"(DS 267)专家组报告第7.1410—7.1412段。
② 在1966年关于程序的决定中,应发展中国家要求,WTO总干事应当进行斡旋、调解和调停;同时,应总干事要求,对方发达国家应当提供有关信息。最不发达国家显然应当享受这种权利。参见DSU第5条解释。

第 25 条
仲　裁

1. WTO 中的迅速仲裁作为争端解决的一个替代手段,能够便利解决涉及有关双方已明确界定问题的争端。

2. 除本谅解另有规定外,诉诸仲裁需经各方同意,各方应议定将遵循的程序。诉诸仲裁的协议应在仲裁程序实际开始之前尽早通知各成员。

3. 只有经已同意诉诸仲裁的各方同意,其他成员方可成为仲裁程序的一方。程序当事方应同意遵守仲裁裁决。仲裁裁决应通知 DSB 和任何有关适用协定的理事会或委员会,任何成员均可在此类机构中提出与之相关的任何问题。

4. 本谅解第 21 条和第 22 条在细节上作必要修改后应适用于仲裁裁决。

对于双方都已明确的事项产生的争议,作为援用专家组或上诉机构报告的一种替代手段,仲裁可以作为争端解决的一种方式迅速解决争议。但是,仲裁是在 WTO 体制内进行的,即应当遵守 WTO 的规定。比如,仲裁结果应当符合有关协定的规定,并且不得增加或减少各成员的权利和义务。

本条所述仲裁是双方同意的。因此,它与 DSU 第 21 条第 3 款(c)项关于裁决合理期限的仲裁以及第 22 条第 6 款关于裁决报复水平的仲裁不同,后两者都是强制性的,只要一方提起,另一方就必须参加。

双方关于仲裁的协议应当包括仲裁程序。[①] DSU 第 21 条和第 22 条关于仲裁的规定原则上适用于本条所述的仲裁。当事方应当遵守仲裁裁决。其他成员参与仲裁程序,需要得到当事方的同意。

仲裁协议应在仲裁开始之前通报其他 WTO 成员。仲裁裁决应通报 DSB 和相关协定的理事会或委员会,而且任何成员都可以就仲裁裁决提

---

① 若当事方对保密没有特别要求,则保密程序参考上诉机构的相关实践。参见"美国版权法第 110(5)节案"(DS 160)DSU 第 25 条仲裁裁决第 1.24 段。

出问题。这些安排都反映了仲裁在 WTO 框架内进行的特点。

在"美国版权法第 110(5)节案"(DS 160)中,[①]美国和欧盟达成协议,将美国版权法违反 WTO 规则而导致欧盟利益受损的水平问题提交仲裁,同意仲裁裁决是最终的,并且承诺将仲裁确定的水平用于未来的程序(即双方的补偿谈判)。双方将此协议通报了 DSB,并请求 DSB 主席联系原案专家组成员担任仲裁员。原案专家组成员只有一名能够担任仲裁员,因此 DSB 主席指定了另外两名仲裁员,由三名仲裁员进行仲裁。当事方向仲裁员提交了书面陈述,仲裁员召开了听证会。仲裁裁决作出后,双方通报了 DSB 和知识产权理事会。[②]

本案仲裁员指出,由于当事方只需通报 DSB 而不需要 DSB 作出决定,因此仲裁员有责任使仲裁符合 WTO 的规则和原则。仲裁员还认为,WTO 成员在任何时候都可以在 WTO 框架内使用仲裁的方法。本案中,仲裁有利于迅速解决争端,因为确定了利益受损的水平,会加速补偿谈判的进程。另外,这种仲裁也不会影响其他成员的权利。[③]

---

① 参见"美国版权法第 110(5)节案"(DS 160)DSU 第 25 条仲裁裁决第 V 部分。
② 本案仲裁裁决认定,欧盟受损利益为每年 121.99 万欧元。参见本案仲裁裁决第 5.1 段。
③ 参见本案仲裁裁决第 2.1、2.4、2.6 段。

第 26 条
GATT 1994 第 23 条第 1 款(b)项所述类型的非违反之诉

如 GATT 1994 第 23 条第 1 款(b)项的规定适用于一适用协定,则只有在一争端方认为由于一成员实施任何措施而造成其根据有关适用协定直接或间接获得的任何利益正在被抵消或减损,或该协定任何目标的实现正在受到阻碍时,专家组和上诉机构方可作出裁决和建议,无论该措施与该协定的规定是否产生抵触。如该方认为且专家组或上诉机构确定,一案件所涉及的措施与 GATT 1994 第 23 条第 1 款(b)项规定所适用的适用协定的规定不产生抵触,则应适用本谅解的程序,但需遵守下列规定:

(a) 该起诉方应提供详细的理由,以支持就一项不与适用协定产生抵触的措施而提出的任何起诉。

(b) 如一措施被认定抵消或减损了有关适用协定项下的利益,或妨碍了该协定目标的实现,但未违反该协定,则无义务撤销该措施。但是,在此种情况下,专家组或上诉机构应建议有关成员作出双方满意的调整。

(c) 尽管有第 21 条的规定,但是应双方中任何一方的请求,第 21 条第 3 款所规定的仲裁可包括对利益抵消或减损水平的确定,也可建议作出双方满意的调整的方法:此类建议不得对争端各方具有约束力。

(d) 尽管有第 22 条第 1 款的规定,但是补偿可以作为双方满意的调整的一部分而成为争端的最后解决办法。

GATT 1994 第 23 条第 1 款(c)项所述类型的起诉

如 GATT 1994 第 23 条第 1 款(c)项的规定适用于一适用协定,则只有在一争端方认为由于存在任何不属于 GATT 1994 第 23 条第 1 款(a)项和(b)项规定所适用的情况而造成其根据有关适用协定直接或间接获得的任何利益正在被抵消或减损,或该协定任何目标的实现正在受到阻碍时,专家组和上诉机构方可作出裁决和建议。如该方认为且专家组确定本款已涵盖该事项,则本谅解的程序仅适用至有关程序中专家组报告散发各成员为止。《1989 年 4 月 12 日决定》(BISD 36S/61-67)所含争端解决规则与程序适用于建议和裁决的审议通过、监督和执行。下列规定也应适用：

（a）该起诉方应提供详细理由，以支持就本款涵盖问题所提出的任何观点；

（b）在涉及本款所涵盖事项的案件中，如专家组认定案件还涉及本款所涵盖事项之外的争端解决事项，则专家组应向 DSB 提交针对任何此类事项的报告，并提交一份属本款范围内事项的单独报告。

GATT 1994 第 23 条第 1 款规定了一成员可以提起争端解决的三种情况：(1) 另一成员违反了协定的义务；(2) 另一成员采取了某种措施；(3) 其他情况。从字面看，在这三种情况下，该成员都必须证明其利益被抵消或减损，或者协定目标的实现受到了阻碍。

在 WTO 中，由于 DSU 已经明确规定，在违反协定义务的情况下，该措施就被视为初步构成相关成员利益的抵消或减损，即违反规则就是对其他成员造成了不利影响。[①] 因此，在违反协定义务的情况下，起诉方没有义务证明其利益被抵消或减损，或者协定目标的实现受到了阻碍。但是，在"非违反"的情况下，起诉方必须证明其利益被抵消或减损，或者协定目标的实现受到了阻碍。在"其他情况"下，起诉方还必须证明不存在"非违反"的情况。

在 WTO 各项协定中，一般都在争端解决部分提到 GATT 1994 第 23 条的适用问题。例如，《保障措施协定》第 14 条（争端解决）规定，由 DSU 详述和适用的 GATT 1994 第 22 条和第 23 条的规定适用于本协定项下的磋商和争端解决。有些协定，如《反倾销协定》和《海关估价协定》，虽然没有提及该第 23 条，但也概括地规定，DSU 适用于本协定项下的磋商和争端解决。[②] 在 GATS 中，虽然没有提到该第 23 条，但用自己的语言表述了这方面的内容：如任何成员认为其根据另一成员具体承诺可合理预期获得的任何利益，由于实施与本协定规定并无抵触的任何措施而抵消或减损，则可援用 DSU。[③] TRIPS 协定则规定，在《WTO 协定》生效

---

① 参见 DSU 第 3 条第 8 款。
② 参见《反倾销协定》第 17 条第 1 款、《海关估价协定》第 19 条第 1 款。
③ 参见 GATS 第 23 条第 3 款。

之日起 5 年内,即 2000 年 1 月 1 日之前,GATT 1994 第 23 条第 1 款(b)项和(c)项不适用于本协定项下的争端。

一、非违反之诉[①]

GATT 和 WTO 允许在"非违反"的情况下提起争端解决,是为了保证成员应当从协定中获得的利益不受到谈判时没有预见到而没有作出相应规定的措施的影响。[②] 例如,在关税减让谈判时没有合理预见到的措施影响了一成员的市场准入机会。[③] 对于这种情况,在 GATT 时期,"非违反"的规定就是为了保护成员谈成的互惠的关税减让,防止成员适用非关税措施或其他政策措施抵消关税减让的利益。[④]

GATT 和 WTO 中的绝大多数案件都是关于违反协定的。DSU 对上述三种情况的排列顺序也表明,"非违反"只是一种次要的手段。[⑤] 上诉机构曾经指出,"非违反"的规定应当谨慎使用,并且作为例外的救济手段。因为成员谈成了必须遵守的规则,只有在例外的情况下,才应当对不违反这些规则的措施采取行动。[⑥]

对于非违反之诉,当事方、专家组和上诉机构应当遵守以下特殊规

[①] 截至 2011 年 9 月,专家组共审理了 7 个非违反之诉,均因未符合条件或未满足举证责任而被驳回。具体分别为"美国汽油案"(DS 2)、"欧共体荷尔蒙案"(DS 26,DS 48)、"日本胶卷案"(DS 44)、"欧共体石棉案"(DS 135)、"韩国采购案"(DS 163)、"美国抵消法案(伯德修正案)案(澳大利亚等诉)"(DS 234)、"中国汽车零部件案(欧共体诉)"(DS 339)。

[②] See David Palmeter and Petros C. Mavroidis, *Dispute Settlement in the World Trade Organization: Practice and Procedure*, Kluwer Law International, 1999, p.94.
在"日本胶卷案"(DS 44)中,专家组提到,GATT 1994 第 23 条第 1 款(b)项的目的就是保护关税减让的平衡,以纠正那些不受 GATT 规则约束但影响了成员在关税减让中的合法期待的政府行为。参见"日本胶卷案"(DS 44)专家组报告第 10.50 段。

[③] 参见"日本胶卷案"(DS 44)专家组报告第 10.76 段。专家组进一步指出,如果该措施被预见到了,那么一成员就没有对该措施所影响的市场准入的合法期待。

[④] 参见"印度专利案(美国诉)"(DS 50)上诉机构报告第 41 段。

[⑤] 在"欧共体石棉案"(DS 135)中,专家组认为,对于同一措施,起诉方可以同时提起违反协定和不违反协定的指控,并不是只有在不存在违反协定的情况下才能提起非违反之诉,因为 GATT 1994 第 23 条第 1 款(b)项的规定是"无论该措施是否与本协定的规定产生抵触"。参见"欧共体石棉案"(DS 135)专家组报告第 8.264 段。
上诉机构进一步指出,这一规定的措辞表明,即使在措施与有关协定相抵触的情况下,也可以提起非违反之诉;一项措施可能同时违反了协定的规定,并引起 GATT 1994 第 23 条第 1 款(b)项的诉讼。参见"欧共体石棉案"(DS 135)上诉机构报告第 187 段。

[⑥] 参见"欧共体石棉案"(DS 135)上诉机构报告第 186 段。

则;起诉方应当提供详细的理由,证明被诉方的措施虽然不违反协定,但其根据这些协定应得的利益受到了影响,或者协定目标的实现受到了阻碍;①被诉方败诉的,没有义务撤销该措施,而专家组或上诉机构应当建议有关成员作出双方满意的调整;如果立即执行裁决不可行,则可以确定一个合理的执行期限,包括提议并经 DSB 批准的期限、双方统一的期限和仲裁的期限。如果一方提出请求,则在关于仲裁合理期限的裁决中,可以包括对利益受影响的水平的确定,以及对措施调整方法的建议,但此建议对双方没有约束力;补偿可以作为调整的一种方式。上诉机构曾经指出,这种案件的最终目标不是撤销有关措施,而是作出双方满意的调整,故常常采用补偿的方式。②

二、其他情况之诉

GATT 和 WTO 中没有涉及其他情况之诉的案例。起诉方只有在认为败诉方的措施不存在违反协定或"非违反"的情况时,才能提起其他情况之诉。③ 起诉方应当提供详细的理由,说明不存在违反和不违反的情况,而自己根据协定应得的利益受到了影响,或者这些协定目标的实现受到了阻碍。如果专家组认为本案还涉及违反协定或"非违反"的事项,则应当作出两份报告:一份向 DSB 提出,关于这些另外的事项;另一份则是关于这种其他情况之诉。

DSU 规定的程序在时间上截至专家组报告散发成员,剩下的程序,包括通过报告、监督和执行,适用《1989 年 4 月 12 日决定》。根据该决定,通过报告采取的是协商一致的制度,即普通案件的"反向一致"自动通过报告的制度不适用于这种案件;监督和执行的制度也没有 DSU 规定得详细、完备。另外,对专家组报告也不能上诉。④

---

① 在"日本胶卷案"(DS 44)中,专家组认为,起诉方应当证明存在三个因素:(1) 一 WTO 成员采取了一项措施;(2)根据有关协定有应得利益,而且该利益必须是关税减让谈判时没有合理预见到的;(3) 利益的抵消或减损是由于该措施造成的。参见"日本胶卷案"(DS 44)专家组报告第 10.41 段。

② 参见"印度专利案(美国诉)"(DS 50)上诉机构报告第 41 段。

③ "其他情况"可以是影响利益平衡的外部情况,如一规定的起草者当时关注的问题是压低商品价格这样的国际事件。See Jeffrey Waincymer, *WTO Litigation: Procedural Aspects of Formal Dispute Settlement*, Cameron May Ltd., 2002, p.111.

④ 参见《1989 年 4 月 12 日决定》,DSU 监督和执行的详细规定。另参见 DSU 第 21 条。

第 27 条
秘书处的职责

1. 秘书处有责任协助专家组,特别是在所处理事项的法律、历史和程序方面,并提供秘书和技术支持。

2. 秘书处应请求在争端解决方面协助成员时,可能还需在争端解决方面向发展中国家成员提供额外的法律建议和协助。为此,秘书处应使提出请求的发展中国家成员可获得 WTO 技术合作部门一名合格法律专家的协助。该专家在协助发展中国家成员时应保证秘书处继续保持公正。

3. 秘书处应为利害关系成员提供有关争端解决程序和做法的特殊培训课程,以便各成员的专家能够更好地了解这方面的情况。

WTO 秘书处在争端解决方面发挥着重要的作用。在专家组审理案件时,秘书处一般都会提供一名法律官员协助专家组工作。由于法律官员是专职法律人员,在有关问题的法律、历史和程序方面,可能比专家组成员更为熟悉。法律官员参加听证会(但一般不能向当事方提问),并且参加专家组对案件的讨论,甚至负责起草专家组报告。另外,秘书处还会为案件审理提供秘书人员,负责记录、通知和收发文件等事宜。

秘书处还就争端解决问题向 WTO 成员提供咨询,但不是就具体案件发表自己的意见。当发展中国家提出要求时,秘书处还应提供额外的帮助,包括专门提供一名法律专家协助发展中国家工作。但是,该专家应保持公正,不充当该发展中国家的辩护律师。

另外,秘书处还经常举办培训班,让有关成员自己的专业人员了解争端解决机制。

WTO 争端解决主要适用 DSU。在附录 1 中,DSU 列举了其适用协定。这些适用协定都有争端解决条款。有些协定只是简单地援引 DSU。例如,《原产地规则协定》第 7、8 条规定,有关原产地问题的磋商和争端解决,适用 DSU 的规定。

有些协定不仅援引了 DSU,而且作出了自己的特殊或附加规则与程序。例如,《反倾销协定》第17条第4—7款就对争端提交DSB、专家组的职责以及信息披露等问题作出了规定。这些是结合具体协议的特点作出的特殊规定。在DSU与这些特殊规定相抵触的情况下,特殊规定优先适用。如果在一个案件中涉及两个以上协定,而这些协定都有特殊规定并且相抵触,则当事双方应进行协商,确定适用于本案的规则与程序。如果双方在自专家组设立后20天内达不成协议,则任何一方都可以请求DSB主席确定规则与程序,而DSB主席经与当事方磋商,必须在接到请求后10天内完成这项任务。DSB主席遵循的原则是,尽可能适用特殊或补充规则,DSU的规则与程序只应在不产生抵触的情况下适用。因此,DSB主席应尽量适用现有规则,而不是另创一套新规则。①

在这些特殊和附加规则中,最为突出的是《反倾销协定》、SCM协定和《纺织品与服装协定》中的规定,它们的内容比较详细,在实践中多次被援用。相比之下,其他协定中的规定就比较简单,较少被援用。

一、反倾销协定

《反倾销协定》第17条第4款规定,如果双方经磋商没有解决争端,而且进口成员的行政主管机关已经采取征收最终反倾销税或接受价格承诺的最终行动,②则该成员可将此事项提交DSB。如果一临时措施有重大影响,而且请求磋商的成员认为该措施的采取违反第7条第1款的规定,则该成员也可将此事项提交DSB。此处规定了三种可以提起争端解决的措施:征收最终反倾销税、③接受价格承诺以及采取有重要影响的临时措施。④ 也就是说,提起解决有关《反倾销协定》的争端,只能针对这三种措施;仅仅是关于反倾销调查程序方面的问题,是不符合条件的。

关于临时措施,《反倾销协定》第7条共有5款,但从第17条第4款

---

① 参见DSU第1条第2款。
② 在"美国橙汁案(巴西诉)"(DS 382)中,美国认为,持续归零措施不属于《反倾销协定》第17条第4款规定的"最终行动"。专家组认为,持续归零措施实际上包括最终反倾销税,因此在专家组的职权范围内。参见"美国橙汁案(巴西诉)"(DS 382)专家组报告第7.47—7.49段。
③ 在"美国1916年法案案(欧共体诉)"(DS 136)中,上诉机构认为,在某个反倾销调查中,反倾销立法的适用是可以被挑战的,但是针对反倾销立法本身的主张是不符合要求的。参见"美国1916年法案案"(DS 136,DS 162)上诉机构报告第71—72段。
④ 参见"危地马拉水泥Ⅰ案"(DS 60)上诉机构报告第79段。

的规定来看,只能针对第 1 款规定的情况提起争端解决,即已经发起调查、发出公告并给予利害关系方提交信息和意见的充分机会;已经初步裁定倾销和损害;有必要采取临时措施。对于第 7 条其他各款的规定,即临时措施的形式、开始的时间、期限和实施等,不能提起争端解决。但是,在"墨西哥糖浆案"(DS 132)中,专家组认为,如果作这样的理解,那么在起诉涉及最终反倾销措施时,也不能援引这些条款。这样,这些条款就永远不能被援用了。这样的理解显然是不正确的。① 在"美国 1916 年法案案(欧共体诉)"(DS 136)中,上诉机构也认为,第 7 条第 4 款关于临时措施期限的规定适用于具体的反倾销措施,当事方指控相关立法的权利也不受影响。②

《反倾销协定》第 17 条第 5 款规定:"在起诉方请求下,DSB 应当设立专家组以依据以下内容审查该事项:(i) 提出请求成员的书面陈述,其中表明该成员在本协定项下直接或间接获得的利益如何丧失或减损,或本协定目标的实现如何受到阻碍;(ii) 根据适当的国内程序使进口国主管机关可获得的事实。"

这些规定与 DSU 第 6 条第 2 款的规定没有抵触,应当同时适用。③ 其中,设立专家组请求中不必特别出现"抵消""减损"这些字眼,只要说明利益如何受到影响即可。④ 主管机关可以考虑没有向利害关系方披露的机密信息。⑤

《反倾销协定》第 17 条第 6 款规定:"在审查第 5 款所指的事项时:(i) 在评估该事项的事实时,专家组应当确定主管机关对事实的确定是否适当,以及他们对事实的评估是否无偏见和客观。如果事实的确定是适当的,而且评估是无偏见和客观的,则即使专家组可能得出不同的结论,

---

① 参见"墨西哥糖浆案"(DS 132)专家组报告第 7.53—7.54 段。在该案中,专家组认为,《反倾销协定》第 7 条第 4 款与墨西哥的最终反倾销税是有关的。根据《反倾销协定》第 10 条,临时措施是追溯征税的基础,对于临时措施没有适用的期间,成员不得追溯征税。因此,《反倾销协定》第 7 条第 4 款关于临时措施期限的规定与最终反倾销税是有关的。专家组认为,在这种情况下,可以根据《反倾销协定》第 7 条第 4 款提出诉讼请求。
② 参见"美国 1916 年法案案(欧共体诉)"(DS 136,DS 162)上诉机构报告第 62 段。
③ 参见"危地马拉水泥 Ⅰ 案"(DS 60)上诉机构报告第 75 段。
④ 参见"墨西哥糖浆案"(DS 132)专家组报告第 7.26 段。
⑤ 参见"泰国 H 型钢案"(DS 122)上诉机构报告第 115 段。

该评估也不得被推翻。(ii)专家组应当依照解释国际公法的习惯规则,解释本协定的有关规定。在专家组认为本协定的有关规定可以作出一种以上允许的解释时,如主管机关的措施符合其中一种允许的解释,则专家组应当认定该措施符合本协定。"①

《反倾销协定》第17条第6款主要规定了专家组的管辖权,并不要求专家组替调查机关重新作决定,而仅仅是审查这个决定。② 上诉机构指出,这与DSU第11条没有抵触。另外,该款还间接地规定了主管机关的一些义务,即必须适当认定事实,评估事实应当客观公正。③ 对于解释《反倾销协定》有关规定的要求,上诉机构指出,此处的规定是对DSU第11条的补充,而不是替代,④条约解释方法仍应该与其他协定一样。⑤

《反倾销协定》第17条第7款规定:"未经提供此类信息的个人、机构或主管机关正式授权,向专家组提供的机密信息不得披露。如该信息为专家组要求提供,但未授权专家组公布该信息,则经提供该信息的个人、机构或主管机关授权,应提供该信息的非机密摘要。"这与DSU的规定也是一致的。

二、SCM协定

SCM协定中的争端解决条款分别规定在禁止性补贴、可诉补贴和反补贴措施项下。

1. 禁止性补贴

SCM协定第4条对有关禁止性补贴的争端解决规定了比较完整的程序。与DSU相比,SCM协定有一些特殊的规则,并且各个阶段的时限大为缩短。第4条第12款甚至直接规定,除了本条具体规定的时限外,审理禁止性补贴的时限应为DSU中所规定时限的一半。但是,当事方可

---

① 1994年《关于审议〈关于实施1994年关税与贸易总协定第6条的协定〉第17条第6款的决定》规定:"《关于实施1994年关税与贸易总协定第6条的协定》第17条第6款所指的审查标准,应在3年后进行审议,以期考虑该标准是否可以普遍适用的问题。"此即是否可以适用于其他协定。但是,截至2000年5月,DSB并没有对这一条款进行审议。参见"美国铅铋钢Ⅱ案"(DS 138)上诉机构报告第50段。
② 参见"危地马拉水泥Ⅱ案"(DS 156)专家组报告第8.19段。
③ 参见"美国热轧钢案"(DS 184)上诉机构报告第55—56段。
④ 参见"美国热轧钢案"(DS 184)上诉机构报告第62段。
⑤ 参见"美国针叶木材Ⅵ案"(DS 277)专家组报告第7.22段。

以协议延长这些期限。①

(1) 磋商

如果一成员认为另一成员正在给予或维持禁止性补贴,就可以请求与该成员进行磋商。但是,该磋商请求中必须说明关于补贴的存在和限制的证据。这一要求超出了 DSU 的规定,因为它不仅要求有关措施存在证据,而且要求说明作为措施的补贴性质的证据。上诉机构指出,由于禁止性补贴的争端解决程序较短,并且确定一项措施是否为禁止性补贴常常需要详细审查事实,因此要求请求磋商的成员提交这种证据是必要的。② 但是,磋商请求中不必包括具体的论证观点,也不需要包含所有的证据。③ 即对磋商请求的详细程度要求不需要高于"标准"WTO 争端解决案件对专家组设立请求的要求。④

收到磋商请求的成员应当尽快与请求方进行磋商,以澄清事实,形成解决办法。

如果双方在磋商请求提出后 30 天内达不成协议,则任何一方都可以向 DSB 请求设立专家组。

(2) 专家组审理

除非 DSB 经协商一致决定不设立专家组,否则专家组应当立即设立。

补贴与反补贴措施委员会下设一个常设专家小组,目的是向具体案件的专家组提供协助,并且向委员会和各成员就补贴的存在和性质问题提供咨询。⑤ 因此,具体案件专家组设立后,可以请求常设专家小组确定有关措施是否为禁止性补贴。常设专家小组应当立即审查有关证据,并向被控成员提供申辩的机会。常设专家小组应当在具体案件专家组规定

---

① 参见 SCM 协定第 4 条第 4 款脚注。
② 参见"美国 FSC 案"(DS 108)上诉机构报告第 160—161 段。
③ 参见"澳大利亚车用皮革 II 案"(DS 126)专家组报告第 9.19 段。专家组认为,此条并不限制起诉方使用磋商请求之外的证据,也不限制专家组通过其他途径寻求信息的权利。在"美国陆地棉案"(DS 267)中,专家组也认为磋商请求不需要提交所有的证据。另参见"美国陆地棉案"(DS 267)专家组报告第 7.98—7.100 段。
④ 参见"加拿大飞机案"(DS 70)专家组报告第 9.29 段。
⑤ 参见 SCM 协定第 24 条。常设专家小组由 5 人组成,都是在补贴和贸易关系方面的资深人士,并应保持独立。专家由委员会选举产生,每年更换其中 1 人。

的时间内提出结论报告,专家组对此应予接受,不得修改。

专家组应当就具体案件提交报告。自专家组组成和职责范围确定之日起 90 天内,专家组报告应当散发全体成员。如果有关措施是禁止性补贴,则专家组应当建议立即撤销该补贴以及撤销补贴的时限。① 撤销的形式可以是取消补贴。② 撤销的义务还可以包括对补贴的"完全退还",即对过去和未来提供的补贴全部退还,但不包括利息。③ 如果补贴涉及将来可以兑现的债券,则应停止兑现,而不论这样是否会导致违反合同;撤销的义务不受合同义务的影响,不论是与政府还是与私人签订的合同。④ 不过,考虑到撤销补贴所需要的必要步骤,可以给该成员一段时间。⑤

除非当事方在报告散发后 30 天内提出上诉,或者 DSB 经协商一致决定不通过该报告,否则专家组报告应当获得通过。

(3) 上诉审议

如果当事方提出上诉,则上诉机构应当在 30 天内作出裁决;如果不能在 30 天内作出裁决,则应当向 DSB 提交报告,说明延期的理由以及预计完成的时间,但不得超过 60 天。

上诉机构裁决是最终的,应当由 DSB 通过,除非 DSB 在裁决报告向成员散发后 20 天内,经协商一致不通过该报告。当事方应当无条件接受裁决报告。

(4) 裁决的实施和报复

在专家组指定的期限内,如果裁决没有得到实施,则应起诉方请求,DSB 应授权采取反措施,即采取报复措施。对于报复的水平,可以根据 DSU 第 22 条第 6 款提交仲裁。⑥ 报复应当与禁止性补贴成比例。"成比

---

① 决定实施裁决的时限与 DSU 第 21 条第 3 款不相关。参见"巴西飞机案"(DS 46)上诉机构报告第 192 段。

② 参见"巴西飞机案"(DS 46)第 21.5 条程序上诉机构报告第 45 段。

③ 参见"澳大利亚车用皮革Ⅱ案"(DS 126)第 21.5 条程序专家组报告第 6.19 段。

④ 参见"巴西飞机案"(DS 46)第 21.5 条程序上诉机构报告第 45 段、"美国 FSC 案"(DS 108)第 21.5 条程序上诉机构报告第 230 段。

⑤ 例如,在"美国 FSC 案"(DS 108)中,专家组给予美国一年的时间以通过有关立法。参见"美国 FSC 案"(DS 108)第 21.5 条程序专家组报告第 8.8 段。

⑥ 应由实施禁止性补贴的一方举证为何反措施"不适当"。参见"巴西飞机案"(DS 46)第 22.6 条程序仲裁裁决第 2.8—2.9 段。

例"是指禁止性补贴的水平,而不是起诉方利益受影响的水平。① 禁止性补贴的水平不是考虑反措施水平时唯一的起点,也可以考虑贸易效应。②

2. 可诉补贴

SCM 协定第 7 条对有关可诉补贴的争端解决,规定了比较完整的程序。③ 这些程序与禁止性补贴的程序基本相同,但时限较长,并且没有提到常设专家小组。

(1) 磋商

如果一个成员认为另一个成员采取的补贴对其国内产业造成损害、使其利益抵消或减损或造成严重损害,则可以请求与该成员进行磋商。但是,磋商请求必须包括补贴的存在和性质,以及对其国内产业造成损害、使其利益抵消或减损或造成严重损害的证据。

收到磋商请求的成员应当尽快与请求方进行磋商,以澄清事实,形成解决办法。

如果双方在磋商请求提出后 60 天内④达不成协议,则任何一方都可以向 DSB 请求设立专家组。

(2) 专家组审理

除非 DSB 经协商一致决定不设立专家组,否则专家组应当立即设立。在专家组设立之日起 15 天内,应当组成专家组和确定专家组的职责范围。

---

① 参见"巴西飞机案"(DS 46)第 22.6 条程序仲裁裁决第 3.43 段。本案仲裁员指出,禁止性补贴应当立即终止,有效实施裁决,就是要撤销补贴,因此报复的水平应当是补贴的水平,而不是所造成影响的水平。仲裁员还特别指出,此条脚注中的用词"成比例"应当与 DSU 中的用词"等于"区分开。这种区分意味着决定反措施水平比决定 DSU 的报复措施水平更灵活,自由裁量空间更大。另参见"美国陆地棉案"(DS 267)第 22.6 条程序仲裁裁决第 4.97 段。

② 参见"美国陆地棉案"(DS 267)第 22.6 条程序仲裁裁决第 4.132—4.137 段。

③ 对于发展中国家采取的出口补贴(禁止性补贴),如果该发展中国家不提高补贴水平,并且在协定规定的过渡期内取消,则对于这类禁止性补贴的争端,应当适用有关可诉补贴的争端解决程序。参见 SCM 协定第 27 条第 7 款。此外,SCM 协定第 27 条第 8 款、第 9 款还对涉及发展中国家补贴的争端解决作出了特殊规定,包括不得推定部分可诉补贴严重影响的存在,而应当以积极证据加以证明;对部分可诉补贴,除非被认定由于该补贴而使 GATT 1994 项下的关税减让或其他义务的利益丧失或减损,从而取代或阻碍另一成员的同类产品进入该发展中国家成员的市场,或除非发生对进口成员国内产业的损害,否则不得根据第 7 条授权或采取措施。

④ 对于 SCM 协定第 7 条提及的所有期限,当事方都可以协议延长。参见 SCM 协定第 7 条第 4 款脚注。

专家组应当审议该事项,并向争端各方提交其最终报告。该报告应当在专家组组成和职责范围确定之日起 120 天内散发全体成员。

在专家组报告散发全体成员后 30 天内,DSB 应当通过该报告,除非当事方提出上诉,或者 DSB 经协商一致决定不通过该报告。

由于专家组审理可诉补贴案件在很大程度上依赖于有关成员政府所掌握的信息,因此 SCM 协定第 6 条第 6 款规定,在受可诉补贴严重影响的市场上的每一个成员,都应当向争端各方和专家组提交与争端各方市场份额变化以及所涉及产品价格有关的所有信息。

为了获得有关信息,SCM 协定在附件 5 中专门规定了"搜集关于严重侵害的信息的程序"。① 该程序要求:① 在专家组收集有关证据时,每个成员都应进行合作。专家组设立后,争端各方和任何有关第三国成员即应通知 DSB 其领土内负责提供此类信息的组织和用于应答提供信息请求的程序。② 为确定严重影响的存在,应当事方请求,DSB 应开始收集信息的程序,从给予补贴成员的政府处获得确定补贴的存在和金额、接受补贴企业的总销售额以及分析补贴产品所造成的不利影响所必需的信息。必要时,可向给予补贴成员的政府和起诉成员的政府提出问题以收集信息,并澄清和获得争端各方通过 SCM 协定第七部分所列通知程序所得信息的详细说明。② 在收集信息的过程中,应保护机密信息以及提供信息的成员要求保密的信息。③ 关于补贴对第三国市场的影响,以其他方式无法自起诉成员或补贴成员处合理获得信息的,争端方可通过向第三国成员政府提出分析不利影响所必须回答的问题这一途径收集信息。这种请求不应以给第三国成员带来不合理负担的方式进行,特别是不应期望此类成员专门为此目的而进行市场或价格分析。拟提供的信息为该

---

① 专家组认为,即使此程序不由 DSU 协商一致决定启动,也不是"自动发生"的,需要 DSU 采取某种行动才能启动。参见"美国大型民用飞机案(第二次申诉)"(DS 353)专家组报告第 7.19—7.20 段。

② 参见 SCM 协定第七部分"通知和监督"规定。第 25 条第 1 款规定,各成员应当于每年 6 月 30 日前提交有关补贴的信息,包括任何专向性补贴。第 25 条第 3 款规定,通知的内容应足够具体,以便其他成员能够评估贸易影响并了解所通知的补贴计划的运作情况。在这方面,在不损害补贴委员会补贴问卷的内容和形式的情况下,各成员应保证其通知包含下列信息:补贴的形式(即拨款、贷款、税收优惠等);单位补贴量,在不可能提供的情况下,为用于该补贴的预算总额或年度预算额(如可能,可表明上一年平均单位补贴量);政策目标和/或补贴的目的;补贴的期限和/或所附任何其他时序;可据以评估补贴的贸易影响的统计数据。

成员现有的或容易获得的信息。例如,有关统计机构已经收集但尚未公布的最新统计数字,有关进口产品海关数据和有关产品价值申报的海关数据等。但是,如争端方自费进行详细的市场分析,则第三国成员的主管机关应便利此人或该公司进行此项分析,而且应给予此人或此公司获得该成员政府通常情况下不予保密的所有信息的机会。④ DSB 应指定一名代表协助收集信息。该代表的职责是确保及时收集迅速解决争端所必需的信息。该代表可提出有关收集必要信息的最有效方法的建议,以及鼓励各方进行合作。⑤ 信息收集程序应在设立专家组请求提出后 60 天内完成。在此过程中获得的信息应提交专家组。此信息应特别包括有关所涉补贴的金额的数据(且在适当时,接受补贴公司的总销售额)、补贴产品的价格、无补贴产品的价格、市场中其他供应商的价格、对所涉市场供应补贴产品的变化以及市场份额的变化。此信息还应包括反驳的证据,以及专家组认为在形成其结论过程中有关的补充信息。⑥ 如给予补贴的成员和/或第三国成员未能在信息收集过程中进行合作,则起诉成员可依据其可获得的证据,将此严重侵害案件与给予补贴成员和/或第三国成员不合作的事实和情况一并提起申诉。如由于给予补贴成员和/或第三国成员的不予合作而无法获得信息,则专家组可依靠从其他方面获得的最佳信息完成必要的记录。⑦ 专家组在作出决定时,应从信息收集过程所涉及的任何一方不予合作的情况作出反向推断。[①] ⑧ 专家组在使用

[①] 在"加拿大飞机案"(DS 70)中,加拿大没有提供专家组所要求的有关信息。巴西要求专家组作出反向推断,即推定加拿大没有提供的信息是对加拿大不利的证据,说明加拿大违反了补贴协议。专家组认为,在没有直接证据的情况下,专家组可以在有充分理由时作出这种反向推断。在该直接证据只有该当事方拥有的情况下,尤为如此。但是,在本案中,没有充分的理由表明加拿大的有关措施属于补贴利益。特别是,巴西没有证明有关融资是低于市场条件的,而且没有证明这些融资产生了利益。因此,专家组认为,巴西没有初步证明该融资产生利益而构成补贴,故专家组不能支持巴西认为该融资构成禁止性出口补贴的主张。参见"加拿大飞机案"(DS 70)专家组报告第 9.182 段。

上诉机构指出,专家组在审理案件的过程中进行事实或法律推断,属于专家组根据 DSU 第 11 条承担的"任意性"任务。专家组有权要求当事方提供信息,而当事方有义务提供这种信息。在没有有关信息的情况下,专家组可以根据现有信息进行推断。反向推断不是对不提供信息的当事方的惩罚,而是专家组在某些情况下根据现有事实作出的逻辑或合理推断。在本案中,专家组没有作出反向推断,其原因是不清楚的;专家组是拒绝考虑加拿大不提供信息这一事实,并且拒绝推断这些信息会支持巴西的主张? 还是现有的所有事实,包括加拿大不合作本身,不能证明加拿大的融资产生了利益,构成了禁止性补贴? 专家组应当说明这一点,因为当事(转下页)

可获得的最佳信息或反向推断作出决定时,应考虑 DSB 协助收集信息的代表对任何提供信息请求的合理性以及各方以合作和及时的态度应答这些请求所作努力的建议。⑨ 信息收集过程不得限制专家组寻求其认为对正确解决争端所必需的但在该过程中未得到充分寻求或搜集的额外信息的能力。但是,如额外信息可支持特定一方的立场,而且记录中缺乏此类信息是由于该方在收集信息过程中不合理地不进行合作所造成的,则专家组通常不应要求获得此类信息以完成记录。

(3) 上诉审议

如果当事方提出上诉,则上诉机构应当在 60 天内作出裁决。如果上诉机构不能在 60 天内作出裁决,则应当向 DSB 提交报告,说明延期的理

(接上页)方拒绝合作会潜在地影响争端解决机制的运作;该机制的生命力,决定于专家组要求当事方提供解决争端所必需的信息。尤其是,专家组应当明确告诉当事方,拒绝向专家组提供信息,可能会导致专家组推断这些没有提供的信息能够证明该当事方违反了义务。上诉机构称,如果是上诉机构面临专家组所要解决的问题,可能会认定,从专家组所拥有的事实中,可以推定加拿大没有提供的信息中包括对加拿大不利的信息,即该融资产生了利益,构成了禁止性补贴。但是,上诉机构认为,专家组认为巴西做得不够,不能让专家组作出巴西所要求的那种推断;同时,现有资料不足以认定专家组错误解释了法律或者滥用了专家组的自由裁量权。因此,上诉机构驳回了巴西的这一上诉请求。

此外,上诉机构还指出,SCM 协定附件 5 信息收集程序中的反向推断问题虽然是针对可诉补贴规定的,但没有理由认为这种反向推断不适用于本案所涉及的禁止性补贴。参见"加拿大飞机案"(DS 70)上诉机构报告第 197—205 段。

在"美国小麦面筋案"(DS 166)中,欧盟认为,对于美国没有提供信息,专家组没有作出反向推断,因此专家组解释法律错误,违反了 DSU 第 11 条。上诉机构指出,专家组应当根据所有事实作出推断;一个当事方没有提供信息,是一个非常重要的事实。如果专家组不考虑其他相关事实,就没有按照 DSU 第 11 条进行"客观评估"。但是,在本案中,还有其他事实,因此专家组没有仅仅因为美国拒绝提供信息而作出反向推断,并没有错误解释法律。此外,上诉机构还指出,上诉不是对事实作出推断,而是确定专家组是否不适当地行使权利,没有根据事实作出推断。因此,上诉方应当清楚说明专家组不适当地使用其权利的方式;上诉方应当至少指出专家组应当作出这种推断的事实,专家组应当凭此作出的事实或法律推断,以及专家组没有这么做是如何错误解释了 DSU 第 11 条。在本案中,欧盟只是泛泛提到专家组没有作出反向推断是错误的。除了美国没有向专家组提供信息这一事实外,欧盟没有具体指明什么事实可以支持某一推断。欧盟没有说明专家组除了应当作出有利于欧盟的推断外,还应当根据这些事实作出什么推断。欧盟也没有解释为什么专家组错误适用了法律。因此,上诉机构驳回了欧盟的这一上诉请求。参见"美国小麦面筋案"(DS 166)上诉机构报告第 173—176 段。

在"韩国商业船舶案"(DS 273)中,欧盟认为,韩国没有提交三份文件(1998 年 12 月协议、KDB 报告、1999 年 10 月 30 日报告),意味着韩国"不合作",专家组应当作出反向推断。专家组则分别以协议与本案关联不大,报告不存在和报告尚未翻译为由拒绝了欧盟的主张。参见"韩国商业船舶案"(DS 273)专家组报告第 7.401、7.450—7.451 段。

由,以及预计完成的时间,但不得超过 90 天。

上诉机构裁决是最终的,应当由 DSB 通过,除非 DSB 在裁决报告向成员散发后 20 天内,经协商一致不通过该报告。当事方应当无条件接受裁决报告。

(4) 裁决的实施和报复

如果专家组裁定补贴对另一成员造成了不利影响,则实施补贴的成员应当采取适当步骤消除不利影响,[①]或者撤销该补贴。

如果在专家组或上诉机构报告通过后 6 个月内,实施补贴的成员没有采取适当步骤消除不利影响,或者撤销该补贴,并且双方没有达成补偿协议,则经起诉方请求,DSB 应授权采取反措施,即采取报复措施。报复应当与所受不利影响的程度和性质相当。对于报复的水平,可以根据 DSU 第 22 条第 6 款提交仲裁。

3. 反补贴措施

从 SCM 协定第 10 条脚注 35 的内容来看,除了禁止同时征收反补贴税和采取报复措施(第 4 条第 10 款和第 7 条第 8 款)外,对于反补贴措施,没有特殊规则。

在"美国热轧钢案"(DS 184)中,美国提出,《反倾销协定》第 17 条第 6 款所规定的专家组审查标准应当适用于有关反补贴措施的案件。上诉机构驳回了美国的请求。[②]

[①] 若实施补贴的成员选择消除不利影响,而非选择撤销补贴,则该消除的不利影响不仅包括已经实施的补贴造成的不利影响,还有未来继续该补贴所造成的不利影响。参见"美国陆地棉案"(DS 267)第 2.15 条程序上诉机构报告第 236—238 段。

[②] 1994 年《关于根据〈关于实施 1994 年关税与贸易总协定第 6 条的协定〉或〈补贴与反补贴措施协定〉第五部分解决争端的宣言》提出:"认识到在根据《关于实施 1994 年关税与贸易总协定第 6 条的协定》或《补贴与反补贴措施协定》第五部分解决争端方面,需要对反倾销和反补贴税措施引起的争端采取一致的解决办法。1994 年《关于审〈关于实施 1994 年关税与贸易总协定第 6 条的协定〉第 17 条第 6 款的决定》规定,《关于实施 1994 年关税与贸易总协定第 6 条的协定》第 17 条第 6 款所指的审查标准,应在 3 年后进行审议,以期考虑该标准是否可以普遍适用的问题。"

上诉机构认为,第一个宣言并没有要求将《反倾销协定》第 17 条第 6 款的规定适用于反补贴措施的争端;该决定只是提到有必要使反倾销和反补贴措施的争端解决保持一致,而没有提出具体的措施,更没有特别提到审查标准适用的问题。从第二个决定可以看出,部长们计划对《反倾销协定》第 17 条第 6 款是否可以适用于其他协定的问题进行审议,因此该款当时只适用于有关反倾销措施的争端,而不适用于有关反补贴措施的争端。到上诉机构审理该案时,DSB 并没有对这一条款进行审议。

参见"美国热轧钢案"(DS 184)上诉机构报告第 47—51 段。

三、《纺织品与服装协定》

为监督《纺织品与服装协定》的实施,审查根据该协定采取的所有措施及其与该协定的一致性,并采取该协定具体要求的行动,WTO 设立了纺织品监督机构(TMB)。TMB 由 1 名主席和 10 名成员组成,选择成员应考虑成员资格的平衡,其成员应广泛代表 WTO 各成员,并定期轮换。TMB 成员由货物贸易理事会指定的 WTO 成员任命,并以个人身份履行职责。

TMB 有自己的工作程序。[1] TMB 采取协商一致的决策机制,但如果审议的问题涉及某个 TMB 成员的所属国家,则决策不需要获得该成员的同意或赞成。TMB 是常设机构,几乎每月召开会议,以履行协定规定的职责。TMB 在履行其职责时,应依靠各成员根据该协定有关条款提供的通知和信息,并以各成员可能提交或 TMB 可能决定向各成员寻求的任何额外信息或必要细节作为补充。TMB 还可依靠提交 WTO 其他机构的通知以及这些机构和 TMB 认为适当的其他来源所提供的报告。

WTO 成员在对影响协定运作的任何事项产生争议时,应当进行磋商;如果双边磋商未能达成双方满意的解决办法[2],则 TMB 应在两成员中任一成员请求下,对有关事项进行全面和迅速的审议,并向有关成员提出建议。

如果一成员认为任何特定事项损害了自己依据该协定享有的利益,并且与有关成员的磋商未能达成双方满意的解决办法,则 TMB 应迅速审议该事项,并且就此类事项向有关成员提出其认为适当的意见。

在形成其建议或意见之前,TMB 应邀请可能会直接受所涉事项影响的成员参加。只要 TMB 被要求提出建议或调查结果,则应尽快提出建议或调查结果,最好在 30 天内。所有此类建议或调查结果应告知直接有

---

[1] 参见 TMB 第 1 次会议报告,1995 年,G/TMB/R/1。
[2] 应当注意的是,达成双方满意的解决办法后,不能对进口施加新的限制。参见 TMB 第 46 次会议报告,2000 年,G/TMB/R/45,第 33—34 段。另外,根据《纺织品与服装协定》第 6.10 条的措辞,在审议期间采取的过渡性保障措施应是前瞻性的,不应是追溯性的。另参见"美国内衣案"(DS 24)上诉机构报告第 14 页。

关的成员,并告知货物贸易理事会以供其参考。

各成员应尽力全面接受 TMB 的建议。但是,在"美国羊毛衬衫案"(DS 33)中,专家组认为,TMB 的建议没有约束力。① 因此,TMB 应对此类建议的执行进行适当的监督。如一成员认为自己不能遵守 TMB 的建议,则应在收到此类建议之日起 1 个月内(从 TMB 建议或意见正式告知该成员时起算)②向 TMB 提供理由。在对该成员提供的理由进行全面审议后,TMB 应立刻提出其认为适当的进一步建议。如在提出此类进一步建议后,问题仍未解决,则两成员中任何一个成员均可将此事项提交 DSB,并援引 GATT 1994 第 23 条第 2 款及 DSU 的有关规定。从这个规定可以看出,当事方可直接请求设立专家组而不必进行 DSU 所规定的磋商程序。③ 由于 DSB 的争端解决程序独立于 TMB,因此对于 TMB 批准采取的限制措施,DSB 可能会认定其违反《纺织品与服装协定》。④

DSB 的裁决可以是授权违反协定的成员对一体化的步骤进行调整。⑤

从上述规定可以看出,WTO 成员之间有关纺织品的争议一般应当首先进行磋商,然后提交 TMB 作出建议或意见;如果争议仍然没有解决,就可以援用 DSU 规定的争端解决程序。但是,在"土耳其纺织品案"(DS 34)中,土耳其提出,印度应当首先用尽 TMB 程序,然后才能提交 DSB。专家组指出,TMB 的特殊规则只有在措施是根据《纺织品与服装协定》采取的情况下,才应首先提交 TMB 解决。在本案中,土耳其认为其对纺织品的数量限制是根据它与欧盟的区域贸易安排作出的,印度的

---

① 参见"美国羊毛衬衫案"(DS 33)专家组报告第 7.57 段。
② 参见 TMB 第 84 次会议报告,2001 年,G/TMB/R/83,第 25 段。
③ 参见"美国羊毛衬衫案"(DS 33)专家组报告第 7.19 段。专家组认为,根据《纺织品与服装协定》第 8 条第 10 款,TMB 程序一旦结束,对 TMB 的建议不满意的当事方就可以直接请求设立专家组而不必进行 DSU 第 4 条所规定的磋商;TMB 程序可以代替 DSU 中的磋商程序。
④ 在"美国羊毛衬衫案"(DS 33)中,TMB 认为,美国对来自印度的纺织品采取的过渡性保障措施是符合《纺织品与服装协定》的。印度将此案提交 DSB。后专家组认定美国的措施违反了《纺织品与服装协定》。参见"美国羊毛衬衫案"(DS 33)专家组报告第 8.1 段。
⑤ 《纺织品与服装协定》第 2 条第 14 款规定:"除非货物贸易理事会或争端解决机构根据第 8 条第 12 款另有决定,否则每一项剩余限制的水平应在本协定随后各阶段每年以不低于下列水平的比例增长:(a) 在第二阶段(自《WTO 协定》生效后第 37 个月起至第 84 个月止,含该月),第一阶段各限制水平的增长率再分别增长 25%;(b) 在第三阶段(自《WTO 协定》生效后第 85 个月起至第 120 个月止,含该月),第二阶段各限制水平的增长率再分别增长 27%。"

主张也是根据 GATT 1994 提出的,并且区域贸易安排的问题显然也不属于 TMB 管理的范围。因此,专家组认为,本案没有必要在提交 DSB 之前先提交 TMB。①

在"美国羊毛衬衫案"(DS 33)中,专家组认为,纺织品争端解决是一种"双轨机制",即 TMB 机制和 DSU 机制,这两个机制有实质性的差别。不同于专家组,TMB 并没有"职权范围"一说,它全面监督《纺织品与服装协定》的实施情况。根据协定,如果一成员对 TMB 的建议仍不满意,可以请求设立专家组。这是指 TMB 程序可以替代 DSU 程序中的磋商阶段,但与专家组的正式程序不同。② 印度在上诉时认为,专家组对这种"双轨机制"的理解是错误的;《纺织品与服装协定》与 DSU 是"两阶段程序":同样的措施,先提交 TMB,在其建议未被接受的情况下,再提交 DSB。上诉机构没有对这个问题作出裁决。③

四、其他协定

1. SPS 协定

SPS 协定第 11 条第 2 款规定,在涉及科学或技术问题的争端中,专家组应寻求与争端各方磋商后选定的专家的意见。④ 为此,专家组可主动或应争端双方中任何一方请求,设立一技术专家小组,或咨询有关国际组织。由于卫生和植物卫生争端常常涉及科学或技术问题,因此这种案件的专家组一般都要咨询科学专家。⑤ 关于国际组织,SPS 协定提到了食品法典委员会、国际兽医组织以及在《国际植物保护公约》范围内运作

---

① 参见"土耳其纺织品案"(DS 34)专家组报告第 9.15、9.85 段。
② 参见"美国羊毛衬衫案"(DS 33)专家组报告第 7.19 段。
③ 参见"美国羊毛衬衫案"(DS 33)上诉机构报告第Ⅱ.A.2、Ⅴ部分。
④ 专家组有义务在选择专家时与当事方进行磋商,这对保护当事方的正当程序权利非常重要。参见"美国持续中止案"(DS 320)上诉机构报告第 436、473 段。
⑤ 例如,在"欧共体荷尔蒙案(美国诉)"(DS 26)中,涉及荷尔蒙在动物饲料中的使用问题,专家组认为有必要咨询专家意见。国际组织食品法典委员会和癌症研究机构提供了候选人名单及简历。参见"欧共体荷尔蒙案"(DS 26,DS 48)上诉机构报告第Ⅱ.1—Ⅱ.5 段。
在"澳大利亚鲑鱼案"(DS 18)中,专家组咨询了国际兽医组织推荐的专家,参见"澳大利亚鲑鱼案"(DS 18)专家组报告第 2.18—2.26 段。
在"日本农产品Ⅱ案"(DS 76)中,专家组咨询了《国际植物保护公约》和当事方推荐的专家,参见"日本农产品Ⅱ案"(DS 76)专家组报告第 6.2 段。

的有关国际和区域组织。①

2. TBT 协定

TBT 协定第 14 条第 2—4 款规定,专家组可自行或应一争端方请求,设立技术专家小组,就需要由专家详细研究的技术性问题提供协助。②

为此,TBT 协定附件 2 专门对技术专家小组作出了规定:(1) 技术专家小组受专家组的管辖,其职权范围和具体工作程序应由专家组决定,并应向专家组报告。(2) 参加技术专家小组的人员仅限于在所设领域具有专业名望和经验的个人。(3) 未经争端各方一致同意,争端各方的公民不得在技术专家小组中任职,除非在例外情况下,专家组认为非其参加不能满足在特定科学知识方面的需要。争端各方的政府官员不得在技术专家小组中任职。技术专家小组成员应以个人身份任职,不得作为政府代表,也不得作为任何组织的代表。因此,政府或组织不得就技术专家小组处理的事项向其成员发出指示。(4) 技术专家小组可向其认为适当的任何来源进行咨询以及寻求信息和技术建议。技术专家小组向在一成员管辖范围内的来源寻求此类信息或建议之前,应通知该成员政府。任何成员应迅速和全面地答复技术专家小组提出的提供其认为必要和适当的信息的任何请求。(5) 争端各方应可获得提供给技术专家小组的所有有关信息,除非信息属机密性质。对于向技术专家小组提供的机密信息,未经提供该信息的政府、组织或个人的正式授权不得发布。如要求从技术专家小组处获得此类信息,而技术专家小组未获准发布此类信息,则提供信息的政府、组织或个人将提供此类信息的非机密摘要。(6) 技术专家小组应向有关成员提供报告草案,以期征求它们的意见,并酌情在最终报告中考虑这些意见。最终报告在提交专家组时也应散发有关成员。这些规定与 DSU 附录 4"专家审议小组"的规定基本相同,只是后者在最后提到

---

① 参见 TBT 协定序言。
② 在涉及 TBT 协定的"欧共体沙丁鱼案"(DS 231)中,没有设立技术专家小组。参见"欧共体沙丁鱼案"(DS 231)专家组报告。在"欧共体石棉案"(DS 135)中,专家组咨询了一位专家的意见,但没有设立技术专家小组。欧盟认为此举不符合 TBT 协定第 14 条第 2 款。专家组认为,该第 14 条第 2 款的措辞是专家组"可以"设立技术专家小组,此规定并非强制性。参见"欧共体石棉案"(DS 135)专家组报告第 8.10 段。

"专家审议小组的最终报告仅属咨询性质"。

3.《海关估价协定》

WTO设立了海关估价技术委员会(以下简称"技术委员会")。①《海关估价协定》第19条第3—5款规定了技术委员会在争端解决方面的作用。

技术委员会经请求应向进行磋商的成员提供建议和协助。

为审查有关争端而设立的专家组可在争端一方请求下或自行请求技术委员会对任何需要作技术性审议的问题进行审查。专家组应确定技术委员会对特定争端的职权范围,并设定接受技术委员会报告的时间。专家组应考虑技术委员会的报告。如技术委员会无法就提交其处理的事项协商一致,则专家组应向争端各方提供就该事项向专家组提出意见的机会。

未经提供机密信息的个人、机构或主管机关的正式授权,向专家组提供的信息不得对外披露。如要求专家组提供此类信息,而专家组未获得发布此类信息的授权,则经提供信息的个人、机构或主管机关授权,可提供此类信息的非机密摘要。

4. GATS

GATS第22条第3款规定,对于双方之间达成的与避免双重征税有关的国际协定范围内的措施,援引第17条国民待遇义务产生争议的,不得诉诸GATS的争端解决程序。这类争议应提交服务贸易理事会。但是,对于在《WTO协定》生效之日已存在的避免双重征税协定,此类事项只有在经该协定各参加方同意后方可提交服务贸易理事会。服务贸易理事会应将此类事项提交仲裁。仲裁裁决为最终的,并对各成员具有约束力。

---

① 《海关估价协定》附件2第2条"海关估价技术委员会"规定:"技术委员会的职责应包括下列内容:(a) 审查各成员在海关估价制度的日常管理中产生的具体技术问题,并依据提出的事实就适当的解决办法提供咨询意见;(b) 按请求,研究与本协定有关的估价法律、程序和做法,并就此类研究的结果准备报告;(c) 就本协定的运用和法律地位的技术方面制定和散发年度报告;(d) 就任何成员或委员会可能要求的、就有关进口货物海关估价的任何事项提供信息和建议,此类信息和建议可采取咨询意见、评论或解释性说明的形式;(e) 按请求,便利对各成员的技术援助,以期促进本协定的国际接受;(f) 对专家组根据本协定第19条向其提交的事项进行审查;以及(g)行使委员会可能指定的其他职责。"

GATS第23条第3款规定,如任何成员认为其根据另一成员的具体承诺可合理预期获得的任何利益,由于实施与本协定规定并无抵触的任何措施而丧失或减损,则可援用DSU(即"非违反之诉")。如DSB确定该措施使此种利益丧失或减损,则受影响的成员有权依据GATS第21条第2款要求作出双方满意的调整,其中可包括修改或撤销该措施。① 如在有关成员之间不能达成协议,则应适用DSU第22条,即可以开始中止减让程序。

对于空运服务,GATS的争端解决程序只有在有关成员已承担义务或具体承诺,并且双边和其他多边协定或安排中的争端解决程序已用尽的情况下方可援引。②

对于金融服务,关于审慎措施和其他金融事项争端的专家组应具备与争议中的具体金融服务有关的必要的专门知识。③

为促进服务贸易方面争议的解决,1994年《关于GATS部分争端解决程序的决定》建议服务贸易理事会在其第一次会议上通过以下决定:(1)应建立专家名册,以帮助选择专家组成员。(2)各成员可提出具有第3段所指资格的个人姓名供列入该名册,并应提供其资格履历,如适用,应标明其具体部门的专门知识。(3)专家组应由对GATS和/或服务贸易问题,包括相关管理问题具有经验的资深政府和/或非政府个人组成。专家应以个人身份而非作为任何政府或组织的代表任职。(4)关于部门问题的争端专家组应具有与争端所涉具体服务部门有关的必要的专门知识。(5)秘书处应保存该名册,并应与理事会主席进行磋商,以制定管理该名册的程序。1995年3月1日,服务贸易理事会通过《关于某些GATS争端解决程序的决定》,要求秘书处准备一份具备行业专业知识的特殊的专家组名单。④

上诉机构曾经指出,服务贸易事项是复杂的,并且是一项新义务,因

---

① GATS第21条第2款规定,一成员的利益可能受到另一成员准备按总协定修改或撤销承诺的影响,则经受影响成员请求,修改成员应进行谈判,以期就任何必要的补偿性调整达成协议。在此类谈判和协定中,有关成员应努力维持互利承诺的总体水平,使其不低于在此类谈判之前具体承诺减让表中规定的对贸易的有利水平。补偿性调整应在最惠国待遇基础上作出。
② 参见GATS《关于空运服务的附件》第4条。
③ 参见GATS《关于金融服务的附件》第4条。
④ 参见WTO文件:S/L/2。

此需要认真、严肃地分析。① 另外，有些措施，如特定货物的分销服务，同时涉及货物贸易协定和服务贸易协定。②

5. 诸边贸易协定

DSU 附录 1 "本谅解的适用协定"列出的诸边贸易协定包括《政府采购协定》和《民用航空器贸易协定》等，要求这些协定的参加方通过一项决定，列出 DSU 适用于该协定的条件，以及特殊或附加规则与程序。

（1）《政府采购协定》

1996 年 7 月 8 日，政府采购委员会向 DSB 通报了其决定，说明《政府采购协定》第 22 条"磋商和争端解决"适用于有关该协定的争端。具体而言，该协定第 22 条第 2—7 款是特殊或附加规则。

第 2 款规定，如任何参加方认为由于另一个或多个参加方未能履行其在本协定项下的义务，或由于另一个或多个参加方实施无论是否违背本协定规定的任何措施，而使其在本协定项下直接或间接获得的利益丧失或减损，或阻碍本协定任何目标的实现，则该参加方可向其认为有关的另一个或多个参加方提出书面交涉或建议，以达成关于该事项的双方满意的解决办法。此种行动应迅速通知 DSB。参加方应当积极考虑向其提出的交涉和建议。

第 3 款规定，DSB 有权设立专家组，通过专家组和上诉机构报告，就有关事项提出建议或作出裁决，监督裁决和建议的执行，并授权中止本协定项下的减让和其他义务，或在不可能撤销被认为不符合本协定的措施时，授权就补救问题进行磋商，但是只有属 WTO 成员的本协定参加方方可参加 DSB 就本协定项下的争端所作出的决定或采取的行动。

第 4 款规定，专家组应具有下列职权范围，除非争端各方在专家组设立后 20 天内另有议定："按照本协定的有关规定和（争端各方引用的任何其他适用协定名称）的有关规定，审查（争端方名称）在……文件中提交 DSB 的事项，并提出调查结果以协助 DSB 提出建议或作出该协定规定的裁决。"在一争端方援引本协定的规定和 DSU 附录 1 所列一个或多个协定规定的情况下，上述关于 DSB 的职权只适用于专家组报告中有关解释

---

① 参见"加拿大汽车案（欧共体诉）"（DS 142）上诉机构报告第 184 段。
② 参见"欧共体香蕉Ⅲ案"（DS 27）上诉机构报告第 220 段。

和适用本协定的部分。

第 5 款规定,DSB 设立审查本协定项下争端的专家组应包括政府采购领域的合格人士。

第 6 款规定,应尽量加快争端解决程序。专家组应尽量在专家组组成和职权范围议定后 4 个月内向争端各方提交最后报告,如有迟延,则不迟于 7 个月提交最后报告。对于 DSU 第 20 条规定的 DSB 应当在 9 个月或 12 个月内通过专家组或上诉机构报告的要求,以及第 21 条第 4 款规定的应当在 15 个月或 18 个月内确定实施裁决合理期限的要求,对于政府采购案件应尽量缩减 2 个月。另外,对于当事方是否执行裁决的专家组报告,专家组应当争取在 60 天内作出决定。

第 7 款规定,"交叉报复"不适用于本协定,即由于其他协定的争端而引起的中止或减让,不得中止本协定的义务;基于本协定的争端,也不得导致中止或减让其他协定项下的义务。

(2)《民用航空器贸易协定》

民用航空器贸易委员会没有就 DSU 及特殊规则的适用问题向 DSB 作出通报,但《民用航空器贸易协定》第 8 条第 8 款规定,DSU 应当适用于有关本协定的争端。同时,该协定第 8 条第 6、7 款规定了特殊程序。

第 6 款规定,各签署方应当在启动国内程序以确定任何补贴的存在、程度和作用之前,先行在委员会中与其他签署方进行磋商;如果没有先行磋商就开始了国内调查程序,应将开始此类程序的情况立即通知委员会,并同时进行磋商,以寻求共同商定的、无须采用反补贴措施的解决办法。

第 7 款规定,如一签署方认为其在民用航空器制造、修理、维护、改造、改型或改装方面的贸易利益已经或有可能受到另一签署方任何行动的不利影响,则该签署方可请求委员会审议该事项。应此种请求,委员会应在 30 天内召开会议,并应尽快审议此事项,以期尽可能迅速地解决所涉及的问题,特别是应在别处最终解决这些问题之前。在这方面,委员会可作出适当的建议或裁决。该审议不得损害各签署方在 GATT 项下或 GATT 主持的多边谈判达成的法律文件项下影响民用航空器贸易的权利。为帮助审议 GATT 项下和此类法律文件项下涉及的问题,委员会可提供适当的技术援助。

第四编
新回合争端解决机制谈判

WTO 争端解决机制被誉为"WTO 皇冠上的明珠",目前仍在进行中的 DSU 谈判就是在擦拭这颗"明珠",将直接影响众多成员的长远利益。本编第一部分对 1997—2001 年多哈回合前 DSU 审议进展情况进行了回顾。第二部分分阶段对 2002—2018 年多哈回合 DSU 谈判进展情况进行了梳理和介绍。第三部分介绍了多哈回合 WTO 争端解决机制谈判的主要情况,按照 DSU 条款,具体分析了谈判涉及的内容、范围和 WTO 主要成员的立场。第四部分对 DSU 谈判所面临的问题、挑战和相关原因进行了简要评论。

一、1997—2001年：多哈回合前DSU审议进展情况回顾

如果仅从谈判的时间来看，截至2017年，对DSU进行修改的谈判已经进行了约20年，远长于多哈回合中的其他议题，是一个冗长的过程。在多哈回合启动之前，从1997年开始，WTO成员就开始对DSU进行审议和谈判。虽然经过了几个阶段和多次努力，但直至2001年年底多哈部长会议召开前，仍未达成任何实质性的协议。《多哈部长宣言》（以下简称《多哈宣言》）重新启动了对DSU修改的谈判，并特别指出，谈判应当基于已经进行的工作和成员新的提案。

从这个角度来看，多哈回合所启动的DSU谈判，是一个从1997年开始的DSU审议活动的延续，因此对于多哈回合前DSU审议的整体情况进行概要式回顾颇有必要。

（一）1997年：DSU审议的启动

对于WTO争端解决规则与程序进行谈判，并非WTO成立之后自发产生的一种需求，而是乌拉圭回合中一种"担忧"的结果。

乌拉圭回合对于GATT争端解决机制进行了革新性的修正，增加了上诉程序，使得专家组的设立、专家组和上诉机构报告的通过以及报复授权等成为"准自动"行为。对于这些革新可能产生的结果和反应，乌拉圭回合的谈判者们当时并不能完全确定。为了防止发生"不可控"和"预想外"的情况，在乌拉圭回合谈判临近结束的时候，DSU的谈判者们还达成了一个决定，即1994年摩洛哥马拉喀什部长会议《关于实施和审议〈关于

争端解决规则与程序的谅解〉的决定》。该决定指出,在 WTO 成立后 4 年内,即 1999 年 1 月 1 日以前,应完成对争端解决规则与程序的全面审议,并在完成审议后的第一次(部长)会议上,就是否继续、修改或终止此类争端解决的规则与程序作出决定。这成为在 WTO 框架下审议 DSU 的起始授权。

1997 年 11 月 18 日,DSB 开始启动执行 DSU 审议决定的行动,审议 DSU 的事项在 DSB 会议上首次被提及。1998 年 4—6 月,DSB 主席就 DSU 审议的程序问题组织举行了多次的非正式磋商。其中,6 月 10 日召开的非正式磋商主要讨论了邀请外部专家以及上诉机构成员参与 DSU 审议进程的想法,但是并没有达成具体成果。

与此同时,开始有成员陆续提出正式或者非正式的 DSU 修改意见和建议。① 1998 年 2 月,委内瑞拉率先提出了一份文件。② 1998 年 5 月,日本提交了一份关于对 DSU 进行修改的详细文件。③ 1998 年 6 月,韩国散发了一份文件,④中国香港也提交了一份提案。⑤ 1998 年 8 月 31 日,秘书处根据 DSB 主席的要求散发了准备的汇编文件,包括成员对于 DSU 审议的非正式建议,⑥以及对于争端解决情况的统计数据。⑦

1998 年 10 月 1 日,DSB 主席组织召开了一次 DSB 非正式会议,就秘书处汇编的相关成员的非正式建议和如何组织后续谈判等事项进行讨论。此后,有的成员又提交了书面文件。但是,有的成员对于提交非正式建议的回应不怎么积极,特别是欧美。欧美直到 1998 年 10 月还没有提交任何正式或者非正式的关于修改 DSU 的建议,而它们当时是争端解决机制最主要的使用方。欧美的消极态度直接导致谈判到 1998 年 10 月仍

---

① See WT/DSB/M/45,WT/DSB/M/46.
② See Comments on the Review of the Dispute Settlement Mechanism, Non-Paper by Venezuela, 24 February 1998.
③ See The Review of the Dispute Settlement Understanding—Informal Suggestions with Respect to the Issues to Be Considered for Evaluation and Review by the Government of Japan, 29 May 1998, Job No. 3150.
④ See Issues Relevant to the DSU Review—Informal Suggestions by Korea, Job No. 3224.
⑤ See Job No. 3339.
⑥ See Job No. 4762.
⑦ See Job No. 4750.

未能有实质性的进展,而这时候距离原定的1998年12月31日的期限只剩下两个多月的时间。回过头去看,欧美(特别是美国)之所以在1998年前期和中期没有积极踊跃地率先提出提案,不仅是因为内部工作需要时间,更有深刻的现实原因。WTO争端解决案件在1998年出现了一些值得关注的发展和变化,DSU的实践变得更加丰富和复杂,欧美在一些案件中面临一些DSU没有明确规定的程序问题,如顺序问题、报复问题。这些因素交织在一起,对DSU谈判的进展产生了不可小觑的影响。既然存在这么多重要的现实问题,欧美自然不可能在这些问题理清眉目之前贸然提出观点和提案,宁可采取"等等看"的态度。当然,欧美在提交提案方面的延迟绝不代表它们对于DSU谈判持无所谓的态度。相反,它们是在分析实践,深思熟虑。

1998年10月,欧盟提出了关于DSU审议的提案。[①] 这个提案具有丰富的内容:建议设立一个常设专家组;建议公开向专家组和上诉机构提交的书面陈述等文件,公开专家组和上诉机构听证会,允许利害关系方("法庭之友")向专家组表达观点;在上诉阶段增加发回重审权;区分强制性法律和裁量性法律;在执行阶段增加磋商因素;等等。

1998年11月,美国也通过散发非正式文件的方式提出了修改DSU的建议,[②]重点涉及执行和透明度。美国为了给自己的提案增加说服力,还试图说服同样支持增强透明度的加拿大在"加拿大奶制品案(美国诉)"(DS 103)中同意开放专家组听证会,以便为开放专家组听证会树立范例。但是,加拿大拒绝了美国的建议,坚持只在DSU审议中谈论透明度问题。[③]

除了美国和欧盟这两个主导成员外,其他成员的动向也值得注意。印度于1998年11月提出修改DSU的建议,[④]集中在发展中国家成员的

[①] See Review of the Dispute Settlement Understanding—Discussion Paper from the European Communities, Job No. 5602.

[②] See Preliminary Views of the United States Regarding Review of the DSU, 29 October 1998.

[③] See Riggiero Places Onus for Additional Transparency on WTO Members, Inside US Trade, July 24, 1998.

[④] See Review of the Dispute Settlement Understanding—Discussion Paper by India (undated).

特殊和差别待遇问题上。此外,阿根廷、危地马拉、巴基斯坦、新加坡、泰国、匈牙利、土耳其、挪威和澳大利亚也先后提出各自修改 DSU 的提案或想法。截至 1998 年 12 月,共有 17 个成员提出了建议。① 其中,巴基斯坦、新加坡和泰国的提案均要求修改 DSU,规定不得接受"法庭之友"的陈述,明确禁止专家组接受未经寻求的来自非政府组织的书面陈述,而这些建议是实际上是对上诉机构在"美国虾案"(DS 58)中裁决专家组和上诉机构有权接受此类陈述的明确反对。

伴随着这些提案的提出,一些非正式的磋商会议也陆续进行。在 1998 年 12 月 8 日召开的 DSB 会议上,DSB 决定向总理事会申请将 DSU 审议的期限延长到 1999 年 7 月底。1998 年 12 月 18 日,总理事会通过了这项延期决定。②

(二) 1999 年:DSU 审议在西雅图部长会议上无果而终

经过了 1998 年的一些初步讨论,特别是伴随着以"欧共体香蕉Ⅲ案"(DS 27)为代表的 WTO 争端解决实践在 1998 年下半年的发展,1999 年上半年的 DSU 审议一改 1998 年的初步和分散,逐步集中到核心问题上,特别是关于 DSU 第 21.5 条程序与第 22 条报复程序的顺序问题。从 1998 年年底到 1999 年的讨论来看,在顺序问题上,除美国以外,其他表态的成员几乎都认为,从法律上应当先通过第 21.5 条程序的多边裁决之后才能够进行报复程序。只有美国坚持认为,根据 DSU 第 22 条的规定,在执行合理期间结束后可以立即要求报复。

此外,在 1999 年的 DSU 审议过程中,对 DSU 审议关注较多的成员在一些积极成员的召集下,开始经常聚在一起进行非正式磋商和技术性讨论。因为在正式谈判会议上很难进行技术性讨论,成员多是表述立场,所以这种非正式的技术性讨论对于使谈判更加深入和细致起了积极作用。最初,这种会议是由委内瑞拉和中国香港发起的。1999 年 2 月,总理事会实际上将欧盟寻求对顺序问题作出权威解释的要求推回 DSB 会

---

① See Compilation of Comments Submitted by Members, 7 December 1998, Rev. 3, Job No. 6654.
② See WT/GC/M/32.

议。作为应对,1999年3月5日,委内瑞拉和中国香港代表团邀请12个其他成员(阿根廷、澳大利亚、加拿大、印度、日本、韩国、马来西亚、墨西哥、新西兰、挪威、坦桑尼亚、突尼斯),讨论对于顺序问题的妥善解决办法。后来,这种会议主要由日本代表团副代表铃木(Suzuki)召集,所以在这个团体里面谈成的案文被称为"铃木草案"。

1999年上半年的谈判相较于1998年的谈判具有较多的技术性,涉及的主要内容除了顺序问题外,还有透明度、"法庭之友"、发展中国家成员的差别待遇等问题。

由于WTO成员之间存在着诸多不一致,短期内又看不到妥协的余地,因此无法在1999年7月达成协议就不足为怪了。不仅如此,1999年7月就DSU审议准备的一份总结报告也因无法获得成员的一致同意而流产。在这种情况下,DSB面临着继续进行DSU审议还是终止审议的选择。虽经过多轮磋商,但直至西雅图部长会议前,各成员仍然没有达成一致。

日本在1999年11月18日又作出一次努力,牵头将经过进一步调整修改后的"铃木草案"向1999年12月召开的西雅图部长会议提交,寻求部长们的同意。但是,此次会议整体失败了,提交会议的DSU修改提案也未能幸免于流产的命运。[①] 不仅DSU审议没有达成协议,其他诸多事项也都无果而返,因此单独就DSU达成协议似乎"不合时宜"。

值得关注的是,在西雅图部长会议上,初步显现了发展中国家成员在WTO逐渐增加的话语权。随着发展中国家成员在争端解决方面参与积极性的提高,如果DSU修改不注重它们的关切,甚至与它们的意愿背道而驰,那么谈判就会遇到更大的困难。

(三) 2000—2001年:DSU审议的停顿和潜行

在西雅图部长会议失败后,WTO成员都进行了暂时的反思和分析,各种谈判失去了前进的动力,当然也包括DSU审议。在西雅图部长会议

---

① See WT/DSB/M/72.

空手而归之后，DSU 审议的事项就不再出现在 DSB 会议日程中了。没有部长会议的授权，没有总理事会的同意，没有 DSB 会议的决定，正式继续进行 DSU 审议存在程序和法律方面的问题，谈判停顿成了一个必然结果。

虽然 DSB 已经不再继续进行有关 DSU 审议的讨论，但是 WTO 争端解决活动仍旧在进行，并且逐渐上升到更高层次。2000—2001 年，案件较多，一些重要的争端解决程序问题更加凸现，如轮换报复问题、顺序问题、"法庭之友"陈述问题。随着对争端解决案件的参与和经验的增多，很多成员也逐渐形成和改变自己在 DSU 审议中的立场和观点。

2000 年下半年，日本等几个 DSU 谈判的积极推动者又"重新上路"，再次积极推动 DSU 的审议问题。在向西雅图部长会议提交的"铃木草案"的基础上，2000 年 9 月 29 日，日本联合多个成员，包括原来的支持者加拿大、哥斯达黎加、厄瓜多尔、韩国、新西兰、挪威、秘鲁、瑞士和委内瑞拉以及新的支持者哥伦比亚，再次向总理事会提交了新的建议修改 DSU 的案文。① 2001 年，虽然日本代表提案方几次要求将提案列入总理事会会议议程，但由于各方观点一如既往，总理事会举行几次正式会议讨论② 以及会后一些非正式磋商都没有取得明显进展，主要的阻碍还在于持反对态度的美国和欧盟。2001 年 10 月，日本代表向各提案方散发了将向多哈部长会议提交的建议案文。③ 除了日本牵头提交的案文之外，泰国、菲律宾也向多哈部长会议提交了关于 DSU 审议的提案。

2001 年 11 月，WTO 第四次部长会议在多哈召开。由于成员未能就 DSU 审议达成一致，没有任何关于 DSU 审议成果的决定向部长会议提交，部长会议也就无从就 DSU 审议作出决定。

不过，由于成员普遍认为需要继续 DSU 审议的谈判，多哈部长会议成功启动的新一轮谈判（多哈发展议程）也包括 DSU 谈判，可以说是对 DSU 审议的重新授权。这奠定了 2002 年至今 DSU 谈判的基础。

---

① See WT/GC/W/410.
② See WT/GC/M/63, 65, 66, 69.
③ See WT/GC/W/410/Rev. 1.

二、2002—2018 年：多哈回合 DSU 谈判进展概况

2001 年 11 月 9—14 日，WTO 第四次部长会议在多哈召开，WTO 成员终于又一次就谈判达成了一致，通过了一个全面的工作计划，包括谈判议程和其他重要的决定，具体体现在《多哈宣言》中。《多哈宣言》正式启动了以发展为目标的多哈议程，其中就包括修改争端解决规则。

（一）多哈授权和谈判的组织

《多哈宣言》第 30 段指出："成员同意进行谈判，以改进和澄清 DSU。谈判必须建立在原有工作及成员进一步的提案基础上，在 2003 年 5 月以前就 DSU 的改进和澄清达成一致意见，并采取相应步骤确保结果尽快付诸实施。"

同时，《多哈宣言》第 47 段规定："除 DSU 的改进和澄清外，谈判的进行、结束以及谈判结果的生效应被视为一揽子承诺。但是，早期达成的协议可在临时或最终基础上实施。早期协议应在评估谈判的总体平衡时予以考虑。"

从授权来看，《多哈宣言》对 DSU 谈判的态度是很清楚的，并非要将现有规则推倒重来和进行体制上的变动，而是"改进和澄清"，并争取尽快达成协议而付诸实施；不作为多哈回合一揽子协议的一部分，不涉及各方成员在多哈谈判成果中总体权利义务平衡问题。

不过，此种授权语言也存在模糊性，只要是成员一致同意的结果，不管是改进、澄清还是体制性修改，其法律效果都是一样的。当然，该授权

本身的实践意义在于,它可以成为某些反对大规模修改DSU规则的成员谈判时的一个重要依据。这也是如何界定"改进和澄清"在谈判过程中成为一个经常被提及的话题的原因。

《多哈宣言》要求"(DSU)谈判必须建立在原有工作及成员进一步的提案基础上"。从这个意义上说,多哈回合DSU谈判是乌拉圭回合谈判决定启动的审议的延续,彼此之间存在承递关系。多哈回合之所以对DSU谈判进行授权,主要原因是1997—2001年的DSU审议无果而终。通过先前四年的审议讨论,成员普遍认为存在继续讨论修改DSU的必要,但又碍于先前的谈判授权已经过期。在此种情况下,由多哈部长会议再次授权是"顺理成章"的。

与此同时,这种承递关系在实践中的意义有限。实践证明,2002年开始的多哈回合的DSU谈判提案和形式与1997—2001年的DSU审议谈判并没有建立任何正式联系:以前的提案不再使用,成员需要重新提出新的提案;谈判会议鲜见提及以前审议谈判的情况;曾经结成的谈判联盟或者小组也不再继续保持,而是重新"站队"。

更重要的一点是,2002年开始的DSU谈判与1997年开始的DSU审议的背景情况存在很大不同。相对于1997年,截至2002年年初,WTO案件总体数量有了大幅增加,WTO争端解决主要程序都接受过实际案件的检验,主要成员的经验、教训都比以前丰富,对于WTO争端解决程序在实践中的问题也体会得更深刻,对于彼此提案背后的利益需求也认识得更为清楚。在这种情况下,成员一方面梳理和调整自己的立场和观点,另一方面也在充实和调整自己的提案,参与积极性也更强,谈判涵盖的范围和深度都超过之前,达成一致的难度进一步增大。

多哈回合的DSU谈判在DSB特别会议中进行,实际上仍然是一个全部成员都参加的谈判会议。2002年4月16日,DSB召开了第一次特别会议,匈牙利驻WTO大使彼得·巴拉斯(Péter Balás)被选为特别会议主席,领导WTO成员进行谈判工作。

自2002年4月DSB第一次特别会议以来,DSU谈判经历了几个阶段。在各阶段,会议讨论方式和内容、成员参与情况和方式、谈判背景都存在一些不同,这些因素都直接或者间接影响到是否能达成最终结果。以下将按时间顺序,对自2002年以来的DSU谈判情况进行概要梳理。

(二) 2002—2003 年:从多哈会议到坎昆会议

从 2002 年 4 月到 2003 年 5 月底,DSB 特别会议共召开了 13 次正式会议,讨论 DSU 修改问题,这是当时谈判的主要形式。① 此外,特别会议主席还时常将 DSB 特别会议转入不进行记录的"非正式模式",同时召集一些小范围的、只邀请参与较积极的成员参加的非正式磋商。根据巴拉斯主席向贸易谈判委员会提交的报告②统计,在这期间,共收到成员提交的提案 42 份。

问题是,自第一次 DSB 特别会议开始,DSU 谈判的进展一直都不顺利。虽然各个成员都表示支持对 DSU 进行改进和澄清,但是在具体问题上的争执和分歧导致谈判举步维艰,而且不同成员对于谈判的期望并不相同,发达国家成员之间、发达国家成员与发展中国家成员之间以及发展中国家成员之间的立场存在较大的差异。同时,多哈回合整体进展的停滞对 DSU 谈判也有影响。2003 年 2 月,多哈农业谈判未能取得突破,日本东京小型部长会议也无果而终,成员普遍将取得突破的希望寄托在 2003 年 9 月举行的坎昆部长会议上。

在此种情况下,巴拉斯主席面临很大的压力,他主动采取"进攻姿态",提出主席案文,"逼"成员进行讨论,寻求达成最终一致的机会。2003 年 5 月 16 日,巴拉斯主席推出了"主席案文"Job（03）/91;5 月 28 日,他又推出修改版本 Job（03）/91/Rev.1,为最终的冲刺努力。2003 年 5 月 28 日,第 13 次 DSB 特别会议召开,成员未能就 DSU 谈判达成成果,导致最终错过 2003 年 5 月底的期限。

2003 年 7 月 24 日,总理事会主席在总理事会上对 DSU 谈判提出三点建议并获得通过:(1) 将 DSU 谈判时间延长到 2004 年 5 月底;(2) 谈

---

① See TN/DS/M/1, TN/DS/M/2, TN/DS/M/3, TN/DS/M/4, TN/DS/M/5, TN/DS/M/6, TN/DS/M/7, TN/DS/M/8, TN/DS/M9, TN/DS/M/10. DSB 特别会议向 TNC 报告文件参见 TN/DS/1, TN/DS/2, TN/DS/3, TN/DS/4, TN/DS/5, TN/DS/6, TN/DS/7, TN/DS/8, TN/DS/9。

② See TN/DS/9.

判应当在现有基础上进行,包括成员的提案和主席的案文;(3) DSB 特别会议恢复后的第一次会议应当讨论 DSU 修改概念问题。①

2003 年 9 月,WTO 第五次部长会议在墨西哥海滨城市坎昆召开。虽然本次会议旨在为多哈谈判进展提供推动力,但是并没有产生太多的积极成果,可以说是一个近乎失败的会议。2003 年 12 月 11 日,巴拉斯主席散发了其要求秘书处准备的 WTO 争端解决实际情况方面的统计资料汇编。② 这份文件较详细地反映了自 WTO 成立以来争端解决的情况和存在的问题,对于成员进行有针对性的讨论起到了积极的作用。如果在整个 DSU 谈判开始的时候就有此类统计作为基础,那么或许会对谈判的进程有更大的促进作用。在坎昆会议失败之后,多哈回合主要议题的谈判迟迟未能有所进展。在农业、非农产品等问题上,主要谈判方没有新的积极动向,整个谈判气氛沉闷。这种状况一直延续到 2004 年 5—6 月,而这种整体不利的气氛不可避免地对 DSU 谈判也产生了消极影响。

2004 年 3 月,澳大利亚驻 WTO 大使大卫·斯宾塞(David Spencer)开始担任 DSB 特别会议主席。在这次会议上,斯宾塞主席指出,DSB 特别会议面临的谈判前景不容乐观。在多哈议程举步维艰的情况下,要在 3 个月内完成 DSU 谈判极具挑战性。同时,如果要达成一致,成员应当改变此前那种"与主席谈判而不是相互之间进行谈判的倾向"。③随后,从 3 月到 5 月,斯宾塞主席举行了多轮磋商,但仍无法取得明显进展。鉴于已经无法在 2004 年 5 月底前达成协议,斯宾塞主席表示其计划向贸易谈判委员会报告如下:谈判在这一年内取得了一定的进展,并且各成员都同意继续进行谈判,建议贸易谈判委员会和总理事会授权 DSB 特别会议继续进行谈判。但是,他同时表示,将不会提及谈判应延期多长时间,关于将来谈判的基准和指导方针可以留待以后再讨论。④ 虽然有些成员认为不设定新的谈判时限的方式可能无法对谈判进展产生"促进"作用,但实际上成员们也普遍感受到再次设定谈判时限已经没有什么"可信度"。⑤

---

① See WT/GC/M/81.

② See Job (03)/225, Statistical Information on Recourse to WTO Dispute Settlement Procedures (1 January 1995-31 October 2003), Background Note by the Secretariat.

③ See TN/DS/M/16.

④ See TN/DS/M/18.

⑤ See TN/DS/M/19.

DSU修改谈判又一次错过设定的时限。

(三) 2004—2005年：从七月框架到香港部长会议

多哈回合自2002年年初开始以来并不顺利，特别是在坎昆会议失败之后，谈判前景在哪里，是否应当进行某些调整，这些问题都没有定论。这种迷茫情绪严重影响了谈判具体议题的进展。2004年7月，WTO成员再次进行艰苦努力，经过两周密集磋商和连续近四十个小时的谈判，终于在2004年7月31日夜里就多哈回合"发展"议程的主要议题前行路线和范围等达成框架协议（以下简称"七月框架"），这是多哈回合的一个重要的阶段性成果。2004年8月1日，WTO总理事会通过七月框架文件。

七月框架(f)段特别指出："总理事会注意到DSB特别会议向贸易谈判委员会提交的报告，并对成员在此领域根据多哈部长会议授权进行谈判的努力表示肯定。总理事会同意贸易谈判委员会关于谈判应在特别会议主席提交的贸易谈判委员会报告中所述基础之上继续进行的建议。"

(f)段的规定为继续进行WTO争端解决机制修改谈判提供了新的授权和契机，从而恢复了成员修改和完善争端解决规则的信心。由于(f)段没有设定截止期限，而且DSU谈判独立于多哈议程一揽子议题之外，因此DSU谈判在法律上没有时间限制。

自2004年下半年起，除了斯宾塞由主席牵头召集的非正式磋商以外，墨西哥驻WTO代表团在召集非正式磋商方面非常积极，经常召集参与DSU谈判较积极的成员（大约二三十个）进行非正式讨论，内容涵盖宏观和具体问题，并逐渐成为一个除了DSB特别会议之外成员讨论DSU谈判具体问题的主要场所，约定俗成地被称为"墨西哥组"。

从2005年年初的情况来看，在七月框架后，多哈主要议题谈判虽未取得实质成果，但已经有所进步，主要成员和总干事帕斯卡尔·拉米(Pascal Lamy)等也多次表示希望2006年年底结束多哈谈判。加上2005年年底将召开香港部长会议，如果DSU谈判要在香港部长会议前取得一定的成果，就需在2005年加快谈判进程。鉴于2003年秋坎昆会议之后，许多议题如赔偿问题、报复问题、特殊与差别待遇问题并未被详细涉及，因此谈判工作计划和安排具有一定的紧迫性。可以说，从主要成员关注、提案数量增加和主席强化谈判模式这几个方面来看,从 2005 年 3 月起,DSU 谈判渐有起色。

从 2005 年 2、3 月开始,欧美等主要成员和特别会议主席均对 DSU 谈判加大关注和投入,这并非"心血来潮",而是与多哈谈判大环境息息相关。2005 年上半年,多哈谈判出现了积极动向,美国、欧盟、巴西、印度等主要成员都积极表态要加紧谈判,争取 2006 年年底完成谈判。在这种气氛的推动下,DSU 谈判又进入密集状态,连续召开了十余轮谈判会议。① 11 月 25 日,在香港部长会议前夕,斯宾塞主席向贸易谈判委员会提交了非常简短的 DSB 特别会议谈判情况报告,指出成员承担着推动谈判和弥合分歧的任务,建议香港部长会议"注意到 DSU 谈判取得的进展",同时要求 DSB 特别会议"继续进行并尽快结束谈判"。②

2005 年 12 月 13—18 日,WTO 第六次部长会议在香港召开。由于 2003 年坎昆部长会议的失败,这次会议又正值多哈回合在农业、非农产品市场准入问题上的僵局无法打破的困难背景,因此会议能否成功引起全球贸易和经济界的关注。

在六昼夜不停的谈判和磋商中,伴随着香港街道上此起彼伏的抗议声,来自 149 个 WTO 成员的代表围绕多哈回合谈判中的五个重要议题(农业、非农产品市场准入、服务贸易、发展问题和 WTO 规则)展开了激烈的谈判,并最终于 12 月 18 日就《香港部长宣言》达成一致,使得这次会议取得了一些成绩。正如拉米所指出的,在香港峰会上,各成员的代表用开放的心态、用胆识和勇气推动谈判,取得了相当的进展。

总的来看,香港部长会议所取得的成果大体包含:第一,WTO 成员终于就取消农产品补贴的期限达成一致,即在 2013 年年底前取消所有形式的农产品出口补贴。这一问题是香港部长会议最为核心的问题。第二,发达国家成员承诺将于 2006 年取消对棉花的出口补贴。第三,发达国家成员和部分有能力的发展中国家成员将于 2008 年前向最不发达国家成员所有产品提供免关税、免配额的市场准入。这一成果的达成是多哈回合"发展"主题的直接体现。同时,香港部长会议的成果虽来之不易,

---

① DSU Talks to Run Parallel to Doha Round to Provide More Momentum, Inside US Trade, March 18, 2005.

② See TN/DS/14.

但又是有限的:非农产品和服务贸易等议题没有取得任何进展;即便是在农产品问题上,各主要成员仍在农产品关税削减的模式和系数上存在巨大分歧;发展问题没有得到明确体现;反倾销等规则谈判也没有任何进展。在这种大背景下,就很容易理解为什么 DSU 谈判根本未引起任何成员的关注和重视,从而成为一个不引人注目的议题。当然,这种不引人注目并非意味着 DSU 谈判毫无意义,只是在农业、非农产品市场准入等具有核心利益直接碰撞问题的阴影下,DSU 这个宏观议题很难获得优先性。

值得庆幸的是,香港部长会议没有忘记 DSU 谈判。2005 年 12 月 18 日通过的《香港部长宣言》第 34 段指出:"我们(部长们)注意到 DSB 特别会议主席报告中所反映的 DSU 谈判取得的进展,要求 DSB 特别会议继续进行并尽快结束谈判。"[①]

(四) 2006—2016 年:敬业的主席,未竟的使命

1. 2006—2008 年

2006 年 2 月,DSB 第 33 次特别会议召开。本次特别会议是 WTO 香港部长会议之后召开的第一次会议,同时也是新任主席——哥斯达黎加大使罗纳尔多·萨博里奥·索托(Ronald Saborio Soto)上任的会议,这是 DSB 特别会议迎来的第三位主席,这位主席一干就是十年。

在此次会议之后,受到多哈回合"跑步前进"的鼓舞,一些成员积极提出提案。例如,七国小组(阿根廷、巴西、加拿大、印度、墨西哥、新西兰、挪威)提交了一份关于第三方权利的提案(Job(05)/19/Rev. 1);加拿大提交了关于严格机密信息认定和使用的提案(Job(06)/56);美国提交了关于如何界定"涉案措施"的提案(TN/DS/W/82/Add. 2);中国香港提交了改进第三方加入磋商的提案(Job(06)/89);日本、欧盟提交了后报复期

---

① WT/MIN(05)/DEC, Ministerial Declaration, adopted on 18 December 2005, para. 34: "We take note of the progress made in the Dispute Settlement Understanding negotiations as reflected in the report by the Chairman of the Special Session of the Dispute Settlement Body to the Trade Negotiations Committee (TNC) and direct the Special Session to continue to work towards a rapid conclusion of the negotiations."

终止报复的提案(Job(05)/47/Add.1);美国提交了提高透明度问题的提案(TN/DS/W/86);等等。但是,好景不长,2006年7月的多哈回合谈判几乎走进了死胡同。7月27日,WTO总干事拉米向WTO总理事会提出,鉴于主要成员在农业、非农产品市场准入等主要问题上存在巨大分歧,而且短期内没有可能达成一致,面对持续的谈判僵局,唯一的行动方案就是全面中止各议题的谈判,以使各参加方能够认真进行反思。此种中止意味着所有谈判组的所有工作都应该中止,包括各组所面对的谈判截止日期。

从后来的谈判发展来看,拉米于2006年7月宣布中止谈判,似乎是一种以退为进的策略,旨在为成员"制造"紧迫感,提高各国领导人对WTO多哈回合的重视程度。这种策略在当时虽然收到了一定的效果,但从整个谈判进展来看,并没有产生多少积极的推动作用。到2006年11月,在主要成员已经有了继续谈判的意愿、继续"中止"下去恐怕会成为"终止"等综合因素的影响下,拉米于11月16日主持召开贸易谈判委员会非正式会议,提出恢复多哈谈判的建议。成员一致同意恢复多哈谈判所有议题的多边技术磋商,但不设任何具体时间表。各谈判机构主席可根据成员意见和具体情况设定磋商方式和进程安排。

在得到贸易谈判委员会的指示后,索托主席也开始考虑如何继续进行DSU谈判。2006年12月上旬,索托主席召集或约见有关成员进行意见征询和磋商,听取了主要成员对DSU谈判进展的意见。2007年1月,在拉米要求加快各个主题谈判进程的情况下,索托主席作了一个密集的DSU谈判安排:2007年2—7月,每个月举行一次为期一周的DSU谈判;形式以索托主席主导的小范围谈判(因为主要在F房间开会,又称"F房间磋商")为主;谈判情况将通过非正式的DSB特别会议的形式通报全体WTO成员;参与小范围谈判的成员由主席确定,基本上涵盖对DSU谈判感兴趣并长期积极参与的成员。2007年8月30日,秘书处按时散发了2007年1—7月密集磋商的有关提案汇编文件Job(07)/135。

2017年下半年的谈判形式与上半年略有不同,开始采取主题方式,即在秘书处对2007年上半年讨论的成员提案汇编文件Job(07)/135的基础上,对成员提案涉及的问题进行讨论。同时,主席也加强了在诸议题上的"协调"力度,在讨论中时常提出折中或变通方案,寻求成员的意见。

谈判以汇编文件Job（07）/135为基础，实际上变相"界定"了此后DSU谈判的范围，这个范围大大小于2002年至2004年间DSB特别会议讨论的范围和2003年巴拉斯主席案文涵盖的范围。这种谈判范围的缩小，很大程度上是因为很多2002年至2004年间的提案在2005年后提案成员不再继续主张而被置之不理，尽管有些提案本身具有价值。这从另一方面也表明，提议成员和谈判者一定要具有恒心和毅力才有可能取得谈判的最终成功。

2008年5月，索托主席指出，在前期密集进行小范围谈判、与成员单独约见磋商的基础上，预计将在7月左右推出主席案文。这是索托主席第一次较明确地就新主席案文提出想法，引起较多成员的期待。

2008年6—7月，WTO总部日内瓦的谈判会议一场接着一场。总干事拉米透露要在7月举行小型部长会议，邀请主要成员部长前往日内瓦就多哈谈判的核心问题——农业问题和非农产品市场准入问题进行"攻坚战"，希望能够取得真正的突破，以便达成在2008年结束多哈谈判的目标。然而，2008年7月30日，经过将近两周的"绿屋会"、七国小组及总干事密室磋商，由于美国和印度首先表示无法在非农产品特殊保障机制上达成一致，拉米黯然宣布日内瓦小型部长会议失败。一时间，国际上的消极评论比比皆是，将此次会议的失败称为"WTO成立以来的最严重打击，多边贸易体系面临巨大挑战和困难"。

在这种情况下，索托主席显然不可能采取什么积极行动以推动DSU修改谈判。但是，他并没有消极等待，而是在7月中旬悄悄地"抛出"其许诺的新主席案文。[①] 从内容上看，Job（08）/81案文在很大程度上仍是一种"变相"的提案汇编，除了在第三方权利等少数问题上进行了独立加工，提出了有独创性的案文外，在其他问题上均未提出新建议，而多是将提案成员的案文放在方括号内，作为备选。这种情况实际上也应了索托主席在5月所提到的各个问题的"成熟度"不同，说明鉴于成员谈判立场的差异太大，主席无法就大多数问题找到折中点，谈判在短期内不可能取得实质性进展。

---

① See Job（08）/81.

2. 2009—2012 年

从 2008 年 9 月开始,农业和非农议题的谈判又逐渐恢复,一系列关于其他谈判议题的会议也随之召开,7 月的失败阴影似乎在逐渐淡去。但是,实际上,在这种谈判恢复的同时,在日内瓦也弥漫着一种预期。绝大多数成员认为,在 2008 年内结束谈判已经是不可能完成的任务,能在 2009 年甚至 2010 年完成谈判就已经是很理想的结果了。

在缓慢恢复的大背景下,从 2008 年 10 月开始,索托主席也逐步采取行动,与主要成员单独进行双边接触,询问、琢磨成员的底线或者意向,并于 2009 年再次启动谈判——从 2009 年到 2010 年 3 月,召开了至少六轮会议。这些谈判均以 Job(08)/81 案文为基础,总体进展不大,仅取得一些技术性进展。不过,其积极意义在于,将 Job(08)/81 案文中的所有问题都过了一遍,明确了各相关问题上的主要分歧。[①]

从 2010 年 5 月开始,多哈回合谈判又有些起色,虽然大范围的一揽子议题不可能同步推进,但部分成员开始认真考虑就某些部分实现早期收获,一些谈判委员会的主席也开始积极推动谈判。为此,索托主席从 2010 年 5 月到 2012 年 11 月又召开了 20 轮 DSU 谈判磋商会议,每一轮会议为期一周。这些密集的讨论促使一些立场差异较小的问题取得一些进展,如加强成员控制(中止专家组程序)、达成双方满意的解决办法(通报和透明度)、通报报复水平、第三方权利等。但是,很遗憾,谈判总体上进展仍不大,对大多数核心问题没有找到解决方案。当然,高强度密集讨论的一个好处是,各方在相关争议议题上的主要观点和分歧更加清晰,从而有助于各成员和主席考虑就各个争议议题达成协议的可能性有多大,以及能否和如何找到各方满意的方案。

从谈判的角度看,索托主席对谈判有很大的兴趣和积极性,个人投入也很大,在这个阶段拼尽全力推动谈判进展。

3. 2013—2016 年

从 2013 年开始,伴随着多哈回合颓势渐显,索托主席或许也感觉到

[①] See TN/DS/24.

沿用前两年所采取的主席召集、以成员提案为基础进行讨论的模式已无法促使成果的达成,因此转而采取"横向进程"以推动谈判。"横向进程"主要以成员推动为主,且对相关问题的讨论并不仅限于有关成员的提案,而是寻求各成员对相关问题可能的解决方案所需要的核心要点、概念的一致意见。

在这个阶段,谈判的强度和密集度都比较高。2014年4月,索托主席在向谈判委员会提交的报告中指出,"横向进程"取得一些进展:在一些领域(如发回补充审查、后报复期、第三方权利、严格保密信息),成员们提出了一些可作为解决方案的核心要点。虽然成员们参与谈判仍然很积极,但下一步的谈判工作要取得进展,仍需全体成员表现出灵活性。截至2014年下半年,在"横向进程"模式下,Job(08)/81案文中所涉及的全部12个主要问题又被讨论了一遍。在四五个问题上,成员们就解决方案所应包括的部分核心要点取得了较一致的意见,对个别问题还形成了具有较高接受度的案文。

不过,列出核心要点并不表明就找到了问题解决办法或很快会形成修改案文,这种核心要点实际上只是为找到问题解决办法奠定了可能性基础,是一种法理性、指引性、概念性的描述,与确切的修改案文之间还有很大距离。正因如此,索托主席在2015年1月的报告中指出,并非所有问题都取得了同样程度的进展,各个问题所面临的情况非常不同,即使目前讨论到核心要点或元素,并不代表成员们达成了一致意见,也不代表成员们认为那些核心要点集合起来可以促成一种权利和义务的平衡。

2015年,DSU谈判继续进行,索托主席将重点放在就相关问题存在的分歧进行关于概念性核心要素的讨论,希望能够尽量缩小分歧,取得更多共识,从而为将来重返案文谈判打下基础。同时,部分有提案的成员在概念性讨论过程中不断调整、修正原有案文,也赢得了更多的支持,个别提案已基本达成一致。

在多数问题上,由于成员间仍然存在较多分歧,因此索托主席在2015年8月的报告中建议继续进行讨论和谈判,并建议成员们考虑在达成的核心要素基础上尽快转回以案文为基础的谈判。

应当说,索托主席的这个设想令人备受鼓舞,但也很理想化。一方面,由于具有法律教育背景,索托主席个人对DSU谈判很感兴趣,希望通过自己的努力和主席的身份为 DSU 的修改和完善做出贡献。另一方面，由于 WTO 谈判是成员主导和协商一致的过程，主席的作用是组织和引导谈判，其本身不是谈判的一方，因此其个人关于 DSU 相关问题的理解或看法并不能反映在谈判中，有时候对谈判进展缓慢也无能为力。2016 年年初，由于不再担任哥斯达黎加驻 WTO 大使，索托从 DSU 谈判特别会议主席的职位上离任。

（五）2016 年至今：新主席，新征程！新轮回？

在索托主席离任后，DSB 谈判特别会议主席出现空缺。经过多方遴选，2016 年 5 月，DSB 谈判特别会议通过新主席任命，肯尼亚大使史蒂芬·卡鲁（Stephen Karau）当选新一任主席。

卡鲁主席上任后，与成员进行了广泛接触，试图摸清成员对 DSU 谈判的真实看法。根据卡鲁主席的报告，[①]他在与成员们广泛接触的过程中发现，成员们对于此前索托主席汇编的案文中 12 个方面问题的意见分歧很大：有些成员表示应继续以这 12 个方面问题为基础进行谈判，有些成员对讨论新的问题持开放态度，还有些成员则认为部分问题可以删除而无须再谈。在广泛接触中，作为新主席，卡鲁也尝试了解成员对于采取新的谈判模式或思路的看法，以及成员对 2017 年年底召开的第 11 次部长会议在 DSU 谈判方面有何期待。对此，成员们莫衷一是：有的成员认为人为设定期限不利于谈判，有的成员表示以第 11 次部长会议作为一个临时目标有助于推动谈判，还有的成员认为应当选择那些争议小的问题组成一个"小一揽子"成果。

在此种情况下，卡鲁主席经过考虑，还是继续按照索托主席所总结的 12 个问题进行讨论，并在讨论期间观察是否可能采取新的方式。当然，作为新主席，卡鲁的进取意愿比较强烈，希望能够给谈判带来一些新意，推动谈判取得进展。因此，在他主持的谈判中，成员并未按 DSU 条款顺序进行讨论，而是根据已经讨论的问题的成熟度，先讨论那些争议已经较小的问题。从 2016 年下半年到 2017 年上半年，DSU 谈判重点讨论了两

---

① See TN/DS/29.

个问题(双方满意的解决办法和第三方权利),卡鲁主席根据谈判情况推出了主席案文。

不过,就在卡鲁主席准备"撸起袖子加油干"的时候,他在 2017 年 4 月底被选为更重要的农业谈判特别会议主席,因此不得不交棒。

2017 年 5 月,WTO 成员选择塞内加尔常驻联合国日内瓦办事处代表马梅·巴巴·西塞(Mame Baba Cisse)为 DSU 谈判主席。主席的临时更换不可避免地会使一些原本预定的 2017 年下半年 DSU 谈判工作有所延缓。新主席虽然表示将延续卡鲁主席所确定的工作路线,但也需要时间消化吸收此前谈判已有的成果并整理自己的推进思路。

同时,自 2017 年开始,日益凸显的上诉机构成员补选僵局问题正越来越严重地影响上诉机构的正常运转,部分成员在"WTO 改革"的名义下提出针对上诉机构成员选任和工作程序的一些建议,与 DSU 谈判有关的议题形成重叠和冲突。是否和如何处理此类优先问题,如何协调 DSU 整体谈判和解决局部问题的关系等,成了 DSU 谈判不可回避的问题。

DSU 谈判开始踏上一个新的征程!下一步如何走?WTO 成员作为参与者、决策者,是坐等观望,还是翘首以待?是有所作为,还是刻意阻挠?唯有时间和实践能给出答案。

三、多哈回合 WTO 争端解决机制谈判:内容和范围

(一) 谈判内容、范围及其演变

如同其他谈判议题一样,多哈回合 DSU 谈判自始至终基于成员提案进行。虽然《多哈宣言》授权指出 DSU"谈判必须建立在原有工作及成员进一步的提案基础上",但是实践中谈判更明显地体现为建立在"成员进一步的提案基础上"。如同前文指出的,"原有工作"(1997—2001 年 DSU 审议谈判)中讨论的文件在 2002 年之后很少再被提及,多哈回合 DSU 谈判在提案和谈判形式上与"原有工作"并没有建立任何正式联系,突出表现为以前的提案不再使用,成员需要提出新的提案,谈判会议也鲜少提及先前审议谈判的情况,曾经结成的谈判联盟或者小组也不再继续保持,而是重新"站队"。从这个角度追溯和分析,《多哈宣言》第 30 段的用语反映了 2001 年下半年多哈会议前成员对是否和如何继续进行 DSU 谈判及范围问题的不同态度。如本书第四编第二部分"2002—2018 年:多哈回合 DSU 谈判进展概况"所提及的,2001 年下半年,绝大多数成员赞同继续谈判,但在谈判范围上存在分歧:以日本为代表的成员想要将谈判范围限定在新"铃木草案"(WT/GC/W/410/Rev.1)这个"原有工作"之内,以便能够在 2003 年 6 月前从速完成谈判;而以欧盟、美国为代表的成员则仍坚持谈判范围应当广泛并具有雄心,因而关注成员进一步的提案。两者要求的融合就表现为《多哈宣言》第 30 段"谈判必须建立在原有工作及成员进一步的提案基础上"的授权上。

回顾 2002—2017 年 DSU 谈判的内容和范围,总体上可分为四个阶

段,并呈现出明显的缩减趋势。

1. 第一阶段(2002—2003年):范围全面的谈判

自 2002 年 3 月以来,随着多哈回合各议题谈判陆续启动,成员们提出了大量正式提案和一些非正式提案。截至 2003 年 5 月 31 日第一次授权期限到期,根据 DSU 谈判主席向贸易谈判委员会提交的报告[①]统计,共收到成员提交的提案 42 份。在此阶段,由于需要对每一个成员的每一个提案的每一个问题都进行讨论,因此 DSU 谈判的范围最广泛、问题最全面。

从这些提案涉及的范围来看,成员提出的修改 DSU 的地方相当多,对绝大多数 DSU 条款都有修改建议;从提案内容来看,建议修改 DSU 的程度非常深入,难以认为未超出通常所理解的"改进和澄清"的范围。

总体上,成员的提案可以分为两类:一类属于技术性的、非实质性的修改,如文字方面的调整,或者将目前争端解决中已经实行的做法放到 DSU 里面。在这些方面,各个成员之间的分歧并不大,只是需要做一些澄清和说明工作。反过来说,这些提案的价值并不是很大。另一类属于实质性修改程序和增减义务条款,会对参加争端解决的成员产生较重大的实体权利或义务影响,如增加某些程序、延长或者缩短某阶段时间等。这些提案和问题是 DSU 谈判的主要内容。由于各成员的出发点和考虑问题角度的不同,因此对这些问题的讨论通常非常激烈,很多时间被用来讨论这些实质性修改提案。

2. 第二阶段(2004—2006年):主要问题的持续

从 2004 年开始的 DSU 谈判仍以讨论成员提案的方式进行,但成员以 TN/DS/W/* 文件形式提出新提案的情形逐渐减少,谈判内容主要是成员对 2002—2003 年的提案以 Job 标号的修改文件。

更重要的是,由于 2002—2003 年提交的提案被讨论过,因此在 2004 年开始的谈判中,如原提案成员不主动提出修改案文或未主动将原案文再次提交 DSB 特别会议讨论,原案文就处于一种类似"自动放弃"的状

[①] See TN/DS/9.

态,尽管有些提案也具有较高价值。

由于只有部分成员在不断"坚持"提出修改案文或者要求DSB特别会议再讨论,因此这一阶段DSU谈判的范围和议题相对于2002—2003年缩小和减少很多,颇有"大浪淘沙"的感觉。但是,主要WTO成员关注的主要问题均一直得到讨论,并且相关提案不断得到修改。这种"坚持",实际上很好地体现了这些成员的多边谈判能力和策略。

3. 第三阶段(2007—2009年):最终范围的界定

从2007年年初开始的密集的DSU谈判建立在2004—2006年所讨论内容的基础上,没有任何成员再提出新的提案,讨论的提案多是以Job标号的非正式修改文件;只有在提案成员主动要求DSB特别会议讨论时,提案才被列入会议议程。由于能够继续"坚持"的提案成员又有所减少,因此谈判议题的范围更加集中,提案成员修改各自提案的频率也比以前降低。

2007年8月,在经过半年的多轮密集磋商后,秘书处应DSB特别会议主席要求,发布了DSU谈判文件汇编Job(07)/135。在很大程度上,这份文件界定了2007年之后DSU谈判的内容和范围,很可能也是DSU谈判有望取得最终成果的最大可能范围。相比之下,1999年的"铃木草案"、2003年的巴拉斯主席案文都已成为历史,尽管其中也蕴含很多谈判努力。2008年7月,在拉米召集的部长会议冲刺失败后,DSB特别会议主席索托低调散发2008年汇编案文(Job(08)/81)。这个文件的基本内容与Job(07)/135相同,主要是按照条款汇总了各成员此前提交的提案,并首次按照相关性将其归纳为12个方面问题:(1)第三方权利;(2)专家组组成;(3)发回补充审查;(4)双方满意的解决办法;(5)严格保密信息;(6)顺序问题;(7)后报复期;(8)透明度和"法庭之友"陈述;(9)加快争端解决时间;(10)发展中国家利益,包括特殊和差别待遇;(11)增加灵活性和成员控制;(12)有效执行。

2008年汇编案文构成了此后多年DSU谈判的基础性汇编文件。

4. 第四阶段(2009—2017年):现有议题的深入讨论

自2009年开始,随着多哈回合谈判的整体动力恢复,DSU谈判在

DSB 特别会议主席索托的带领下，逐步恢复并增加了强度。2009—2012年，每年召开的谈判会议通常在六轮以上，每次为期一周左右。在此期间，谈判所涉及的 12 个方面问题没有再继续扩大，更多是在 2008 年汇编案文的基础上，对成员案文按议题分类进行多次讨论，提案方则在此过程中对案文通过非正式文件的方式进行修改和调整。这种非正式文件通常不是成员的正式提案，在 WTO 文件系统中查询不到，但在谈判过程中所起到的作用与正式提案相同。

自 2013 年开始，随着多哈回合谈判的整体动力不足，DSU 的谈判力度也有所减弱，但谈判的范围并没有缩减，仍然围绕 2008 年汇编案文所涉及的 12 个方面问题进行。

2016 年，卡鲁主席就任后，主要引导谈判先集中在争议较小的少部分问题上，对其他问题的涉及有所减少，但谈判的整体范围并未缩减，成员之间的讨论仍在继续，有关提案方也没有放弃提出相关提案的意愿。因此，在可预见的一段时间内，谈判仍将围绕 2008 年汇编案文所涉及的 12 个方面问题展开。

（二）DSU 总则部分

对于 DSU 第 1 条（范围和适用）和第 2 条（管理），几乎未有成员提出过提案要求进行修改，只有澳大利亚的一份提案（TN/DS/W/49）涉及第 1 条。第 3 条（总则）规定了一系列处理 WTO 争端的适用原则，在 WTO 争端解决体系中具有很重要的指导意义，因而有较多提案对此条提出修改建议。

1. WTO 规则内在冲突的解决

这涉及 DSU 第 3 条第 2 款的规定。针对 WTO 争端解决案件中可能出现的适用协定条款之间或者适用协定之间的冲突，非洲集团建议在 DSU 第 3 条第 2 款末尾增加一句，规定："在专家组或上诉机构审查案件过程中，如问题涉及是否在 WTO 某适用协定条款之间或者 WTO 适用协定之间存在冲突，则专家组和上诉机构应将此事项提交 WTO 总理事会寻求解决。在达成协定时,总理事会可行使《WTO协定》第9条第2款①所赋予的权力。"②

此建议在2003年上半年曾被讨论,成员意见不一。在2004年之后的谈判中,非洲集团未再要求讨论此建议。

2. 关于"双方满意的解决办法"的通报

这涉及DSU第3条第6款的规定。该条款的主要目的在于提高透明度,保证双方满意的解决办法符合WTO规则并且不损害其他成员利益。但是,该条款在操作性上存在一定缺陷,如时限不明、对通报内容要求不明等,导致在WTO实践中成员的通报参差不齐,有些成员甚至不通报。

对此,日本建议为DSU第3条第6款中的"通知"加一脚注,规定:"迅速,在任何情况下不应迟于办法达成后两个月,通知任何双方满意的解决办法是争端双方的义务。通知应以足够详细的方式描述方案的内容,以使其他成员能够理解和评估。"③

非洲集团的修改建议则比较复杂,重点在特殊和差别待遇方面:对发展中或者最不发达国家成员采取措施并在磋商期间或者磋商前90天内撤销措施的发达国家成员,应在撤销后60天内向WTO进行通报,并说明撤销理由和原措施对发展中或最不发达国家成员造成的损害。对于损害,发展中或最不发达国家成员可要求DSB授权给予金钱或者其他形式的补偿,补偿金额可通过仲裁确定。④

印度(同时代表古巴、多米尼加、埃及、洪都拉斯、牙买加和马来西亚)建议对DSU第3条第6款进行文字修改,要求"争端一方应在双方满意

---

① 《WTO协定》第9条第2款规定:"部长级会议和总理事会拥有通过对本协定和多边贸易协定所作解释的专有权力。对附件1中—多边贸易协定的解释,部长级会议和总理事会应根据监督该协定实施情况的理事会的建议行使其权力。通过一项解释的决定应由成员的四分之三多数作出。本款不得以损害第10条中有关修正规定的方式使用。"该条款从法律上确定了WTO部长会议和总理事会对WTO规定的最终和专属解释权。
② TN/DS/W/42.
③ TN/DS/W/32.
④ See TN/DS/W/42.

的解决办法达成 60 天内以足够详细的方式"向 WTO 通报"办法的条款"。①

印度、古巴、埃及、巴基斯坦、马来西亚组成的"类似观点集团"在此基础上进一步建议,将 DSU 第 3 条第 6 款修改为:"对于根据适用协定的磋商和争端解决规定正式提出的任何事项的任何双方满意的解决办法,争端一方应在办法达成 60 天内通报 DSB 及有关理事会和委员会。在这些机构中,任何成员均可提出与此有关的任何问题。"②

瑞士对 DSU 第 3 条第 6 款的修改提案要求通报双方满意的解决办法的"主要内容"。③

自 2003 年至今,增强双方满意的解决办法的透明度是一直未中断的谈判话题,多数成员对于设定时限、通报主要内容等修改原则上无明显分歧,但技术细节尚需进一步讨论,特别是提案方之间需要先达成一致。

2017 年卡鲁主席案文提出的对 DSU 第 3 条第 6 款进行修改的主要内容是:当争端各方就依据相关适用协定项下的磋商和争端规定提出的事项达成双方满意的解决办法时,各争端方应向 DSB 与有关委员会和理事会进行通报。通报应在双方满意的解决办法达成 30 日内进行,并详细说明解决办法的内容。各争端方可联合进行通报,也可在一方有分别通报的意愿时分别通报。任何成员均可就通报内容提出问题。

3. 协商延长 DSU 规定的时限

现行 DSU 为争端解决各阶段规定了较明确的时限。为增加程序的灵活度,欧盟建议新增 DSU 第 3 条第 13 款,规定:"经争端双方一致同意,可延长 DSU 中规定的任何时间期限。在此情形下,应对发展中国家成员利益给予特别注意。"④

在 2003 年的讨论中,多数成员对于增加一些灵活度以适应 WTO 实践不持异议,但对 DSU 所有时限是否都可延长则存在分歧,在特殊和差别待遇处理上也未达成一致。2004 年之后的 DSU 谈判未再讨论此

---

① See TN/DS/W/47.
② Job (06)/222.
③ See Job (06)/224/Rev.1.
④ TN/DS/W/1.

问题。

4. 关于诉讼费用的承担

由于WTO争端解决过程的法律化,WTO成员在诉讼过程中往往要聘请有经验的律师辅助工作,并且需要赴日内瓦参加专家组和上诉机构开庭,这些都需要不菲的资金。实践中,这些资金对发展中国家成员是不小的负担。

印度(同时代表古巴、多米尼加、埃及、洪都拉斯、牙买加和马来西亚)曾就诉讼费用提出提案,要求在涉及发展中国家成员和发达国家成员分别作为起诉方和被诉方的争端中(反之亦然),如专家组或上诉机构报告未对发展中国家成员不利,则专家组或上诉机构应要求发达国家成员补偿发展中国家成员的诉讼费用。[①]

在谈判中,有关成员对此提案提出包括平等性问题、执行问题、计算问题、范围和监督问题在内的一系列问题,而发达国家成员普遍持消极态度。2006年7月,"类似观点集团"就此提出新提案,建议在涉及发展中国家成员与发达国家成员的争端中,如专家组支持发展中国家成员一主张或拒绝发达国家成员一主张,则应就合理的诉讼费用作出裁定。在考虑发展中国家成员在上诉阶段的额外诉讼费用的情况下,上诉机构可修改专家组关于诉讼费用的裁定。诉讼费用裁定应是专家组和上诉机构建议的一部分。[②]

就诉讼费用问题进行的谈判迄今无明显进展,发展中国家成员与发达国家成员的政治立场对立明显,技术问题也需进一步解决。在印度、巴基斯坦等提案成员的坚持下,在中国等成员的支持与呼应下,对此问题的讨论在谈判中一直未中断。

(三)磋 商 阶 段

根据现行DSU,磋商是WTO争端解决程序的首要阶段。针对磋商

---

① See TN/DS/W/47.
② See Job(06)/222.

阶段，成员提出若干修改提案，涉及如下几方面：

1. 磋商进展的通报

根据 DSU，磋商可能有几种结果：达成一致，没有达成一致而进入专家组阶段，没有达成一致但案件在 DSB 无进一步进展。

瑞士认为实践缺乏透明度，其提案要求提高磋商阶段的透明度，建议在 DSU 第 3 条第 6 款后增加一款，规定："在收到磋商请求 60 天内以及此后每 60 天，起诉成员应向 DSB 通报磋商情况，除非该成员已通报双方满意的解决办法、已提出设立专家组请求或者书面通知 DSB 告知其不再追诉此事项。此款不适用于日期待定前提出的磋商请求。"①

由于增加此要求对成员来说不免带来工作负担，因此多数成员持消极态度。

2. 磋商期限的缩短

这涉及 DSU 第 4 条第 7 款的规定。根据该条款，在争端方进行磋商的情况下，60 天是磋商阶段的最短期限。但是，有 WTO 成员认为，对于无法通过磋商解决的争端来说，60 天的时限太长，不利于受损成员，也不符合快速解决争端的宗旨。

欧盟建议对 DSU 第 4 条第 7 款进行修改，将 60 天改为 30 天。同时，为顾及发展中国家成员，建议为第 4 条第 7 款增加一脚注，规定："在各争端方中一个或多个为发展中国家成员时，如各争端方同意，该（30 天）期限可最多增加 30 天。任何其他争端方都应对发展中国家成员的上述延期请求给予同情考虑。"②

日本提案建立在上述欧盟案文的基础之上，也是建议通过增加脚注来解决特殊和差别待遇问题，进而建议："如争端方无法达成一致，则发展中国家成员可诉诸第 12 条第 10 款。"③

中国也提出修改 DSU 第 4 条第 7 款，建议将 60 天期限改为 30 天，并在第 4 条第 7 款的脚注中规定："在各争端方中一个或多个为发展中国

---

① Job (06)/224/Rev.1.
② TN/DS/W/1.
③ TN/DS/W/32.

家成员时,如发展中国家成员要求,则该(30天)期限应被延长最多30天。"①

可见,在发展中国家成员特殊和差别待遇问题的处理方法上,中国的提案明显区别于欧盟、日本的提案,更具自动性和实用性。

发展中国家成员与发达国家成员在特殊和差别待遇问题上存在根本分歧,到目前为止,各方在此问题上没有取得明显进展。

3. 对发展中国家成员的特别关注

这涉及 DSU 第 4 条第 10 款的规定。由于实践中此条款对发展中国家成员来说基本无实际效果,因此有成员认为应增强执行力度。

欧盟在提案中建议将 DSU 第 4 条第 10 款中的"should"改为"shall",②使关注发展中国家成员特殊问题和利益成为强制性义务。海地代表最不发达国家成员集团建议修改第 4 条第 10 款,规定:"在磋商中,各成员应(shall)考虑发展中国家特别是最不发达国家成员的特殊问题和利益。应总是寻求在最不发达国家成员首都磋商的可能并作出共同纪要,在提出专家组请求或诉诸其他程序情况下应考虑该纪要。"③印度等认为第 4 条第 10 款中的"give special attention to"(给予特别关注)欠明确,提出提案要求在第 4 条第 10 款中规定,应以如下方式关注发展中国家成员利益:其一,如果起诉方是发达国家成员,并且要求设立专家组,在设立专家组的请求和提交专家组的书面陈述中应叙述其怎样对被诉方发展中国家成员的特殊问题和利益给予了特别关注;其二,如果发达国家成员是被诉方,在书面陈述中应陈述其已经对有关发展中国家成员的特殊问题和利益给予了特别关注;其三,专家组应对该事项予以裁决。④"类似观点集团"在提案中建议增加第 4 条第 10 款之二:在发展中国家成员与发达国家成员的争端中,发展中国家成员应有机会向发达国家成员就磋商举行或争端解决的有关事项提出要求。如发达国家成员拒绝此请求任何部分,则应提交书面理由以及其如何对发展中国家成员的特殊问

---

① TN/DS/W/51.
② See TN/DS/W/1.
③ TN/DS/W/37.
④ See TN/DS/W/47.

题和利益给予关注的说明。①

发展中国家成员与发达国家成员在此问题上的立场差异较大,谈判无明显进展。

4. 加入磋商问题

这涉及 DSU 第 4 条第 11 款的规定。哥斯达黎加建议:对于第 4 条第 11 款中分别使用的"实质贸易利益"和"实质利益"两词,应统一使用"实质利益";提出加入磋商请求的成员应自动被允许加入磋商,删去"只要磋商请求所针对的成员同意实质利益的主张是有理由的"这个条件。② 中国台北的提案对加入磋商问题颇费笔墨,建议 DSU 增加附录 5,主要内容为:任何对争端具有实质贸易利益的成员,在提出加入磋商请求后,应被允许加入磋商;除非被诉方不认为要求加入方有实质贸易利益并在 10 天内向 DSB 说明具体理由,否则提出请求方应被允许加入磋商。③ 阿根廷、巴西、加拿大、印度、墨西哥、新西兰和挪威组成的七国小组提出了修正提案,主要内容为:要求加入磋商的成员应被允许加入磋商,除非被诉方在 10 天内通知 DSB 其不接受任何成员加入磋商。④ 七国小组还认为其建议采取的"全部或没有"方式可以很好地解决实践中存在的接受某一成员而拒绝另一成员的歧视行为。中国香港提案则采取"双重否定"方式,建议要求加入磋商的成员应被允许加入磋商,除非争端各方均在 10 天内通知 DSB 其不接受任何成员加入磋商。⑤ 中国香港认为其提案可以防止被诉方滥用拒绝权,同时为某些特定情况留下灵活性。日本的建议则是对现有规则的微调,主要内容为:要求加入磋商的成员应被允许加入磋商,除非被诉方在日期待定阶段书面通知 DSB 其具有实质利益的主张不成立。⑥

加入磋商是从 DSU 谈判开始就一直被讨论的问题,各方的分歧和焦点在于如何限定被诉方选择或拒绝加入磋商的请求权的,而在此问题上,

---

① See Job (06)/222.
② See TN/DS/W/12.
③ See TN/DS/W/3.
④ See Job (05)/19/Rev.1.
⑤ See Job (06)/89.
⑥ See Job (06)/175.

提案方之间和成员之间各自都有不同考虑。随着谈判的深入,成员之间的分歧有所减少。

2017年卡鲁主席案文对DSU第4条第11款的主要修改是:如一成员认为其对磋商事项具有实质性贸易利益,可在磋商请求散发后10天内向被诉方提出加入磋商请求。如被诉方认为提出请求的成员关于实质性贸易利益的主张成立,则应同意其加入磋商,并向DSB通报。被诉方至少应在磋商开始前5天书面通知提出请求的成员是否接受其加入磋商。如果加入磋商请求未被接受,则提出请求的成员可依据有关协定的条款自行选择提出磋商请求。

5. 磋商请求的撤回、过期

在WTO实践中,很多案件在磋商请求提交后就没有进展了,既未提出设立专家组请求,也未通报双方已经解决了问题,成为"休眠"案件。从DSU程序上看,理论上,此类案件一直处于磋商阶段,因此起诉方随时有权要求设立专家组。

对此问题,欧盟建议,磋商请求可在任何时候撤回。如在磋商请求提交18个月后起诉方仍未提出专家组请求,则磋商请求应被视为撤回。[①] 约旦建议:磋商请求可在专家组请求提出前的任何时间撤回。如在提交磋商请求12个月后起诉方仍未提出专家组请求,则磋商请求应被视为撤回。[②] 上述欧盟、约旦的提案都意在清除那些技术上仍可能但成员实际上不想继续下去的案件,在成员间获得较多响应。但是,在2004年以后的DSU谈判中,无成员再提及和讨论此问题。

(四)斡旋、调解和调停程序

1. 斡旋、调解和调停的强制适用和时限

这涉及DSU第5条第1款的规定。巴拉圭的提案建议在第5条第1款中增加一句:"对涉及发展中国家成员的争端,应任一争端方的请求,斡

[①] See TN/DS/W/1.
[②] See TN/DS/W/53.

旋、调解和调停程序应是强制性的。"①约旦的提案与巴拉圭类似：在涉及发展中或最不发达国家成员的争端中，斡旋、调解和调停应是强制性的。② 在建议规定斡旋、调解和调停应强制适用的同时，有关提案也对斡旋、调解和调停的时限提出建议。巴拉圭建议，斡旋、调解和调停程序不得超过 90 天。③ 约旦则建议，斡旋、调解和调停的时限最多为 60 天。④ 在 2004 年以后的 DSU 谈判中，无成员再提及和讨论此问题。

2. 斡旋、调解和调停的继续进行

这涉及 DSU 第 5 条第 5 款的规定。巴拉圭建议，如争端各方同意，并且一争端方是发展中国家成员，斡旋、调解或调停程序应（shall）在专家组程序进行的同时继续进行。⑤ 约旦建议，如一争端方是发展中或最不发达国家成员，斡旋、调解或调停程序应（shall）在专家组程序进行的同时继续进行，除非争端各方均同意不进行。⑥ 在谈判中，巴拉圭和约旦的以上建议并未引起其他成员太大的兴趣，应者寥寥。在 2004 年以后的 DSU 谈判中，无成员再提及和讨论此问题。

（五）专家组阶段

1. 专家组的设立时间

这涉及 DSU 第 6 条第 1 款的规定。实践中，几乎全部初始专家组均是诉诸两次 DSB 会议才能设立。对此，日本建议修改第 6 条第 1 款：如起诉方请求，专家组应在此项请求第一次被列入 DSB 议程的会议上设立，除非 DSB 一致决定不设立。对被诉方为发展中国家成员的争端，起诉方应对被诉方因特殊情况提出的推迟专家组设立的请求给予同情考

---

① See TN/DS/W/16.
② See TN/DS/W/43.
③ See TN/DS/W/16.
④ See TN/DS/W/43.
⑤ See TN/DS/W/16.
⑥ See TN/DS/W/43.

虑。① 欧盟的建议与日本类似。② 中国建议:专家组应在此项请求第一次被列入 DSB 议程的会议上设立。对被诉方为发展中国家成员的争端,如发展中国家成员要求,则专家组应推迟至专家组请求首次作为一项议题被列入 DSB 议程的会议之后的 DSB 会议上设立。澳大利亚建议:专家组应在此项请求第一次被列入 DSB 议程的会议上设立。但是,对被诉方为发展中国家成员的争端,被诉方可提前 5 天提出要求 DSB 延期设立专家组的书面请求,起诉方对此应给予同情考虑并在 DSB 会议前答复。

总体来看,在谈判中,多数成员对于加快专家组设立本身不持异议,分歧点在于特殊和差别待遇问题的处理方式——发展中国家成员要求可自行掌握的机会,而发达成员只愿给予同情考虑。

2. 专家组请求应说明对发展中国家成员的特别关注

这涉及 DSU 第 6 条第 2 款的规定。"类似观点集团"曾就第 6 条第 2 款提出提案,要求增加一句:"在专家组请求是由发达国家成员针对发展中国家成员措施提出的情况下,该发达国家成员还应就其如何根据第 4 条第 10 款的要求对发展中国家成员的特殊问题和利益给予关注,并就其如何考虑有关适用协定对发展中国家成员的差别和更优惠待遇给出详细说明。"③

在谈判中,发达国家成员对此建议的责难颇多,"类似观点集团"成员则一直积极推动,主要发展中国家成员也都给予支持。

3. 专家组请求的撤回

向 DSB 提出专家组请求后,起诉方是否可要求撤回?对此,DSU 未予规定。实践中,有起诉方在 DSB 审议其专家组请求前就声明撤回的情形,也有在经过一次 DSB 会议后不再继续要求 DSB 设立专家组的情形。以上情形多因争端双方达成满意的解决办法,鲜见专家组设立后再声明撤回的情形。

对此,欧盟建议增加 DSU 第 6 条第 3 款:"起诉方可在专家组散发最

---

① See TN/DS/W/32.
② See TN/DS/W/38.
③ See Job (06)/222.

终报告前撤回专家组请求;一旦专家组请求被撤回,专家组职权即失效。"①约旦也建议:起诉方可在专家组组成前的任何时间撤回专家组请求。②

专家组请求是否可撤回,关键之一是对时间点的界定。此外,对于撤回专家组请求后能否再次提出,也是需要予以明确的。因成员意见不一,2004年后的DSU谈判未再讨论此问题。

4. 专家组的职权范围

DSU第7条规定了专家组的职权范围,有关提案主要针对特殊和差别待遇问题。

最不发达国家成员集团提案建议新增DSU第7条第4款:"当最不发达国家成员为争端方或第三方时,专家组应就案件涉及问题的发展影响进行考虑以及作出具体裁定,并对裁定可能对最不发达国家成员社会经济福利造成的负面影响进行具体考虑。DSB在作出建议和裁决时应充分考虑这些裁定。"③非洲集团提案则较最不发达国家成员集团更成熟,也建议新增DSU第7条第4款:"当发展中国家成员或最不发达国家成员为争端方时,专家组(如必要,可与有关发展机构磋商)应就案件涉及问题的发展影响进行考虑以及作出具体裁定,并对裁定可能对发展中国家成员或最不发达国家成员社会经济福利造成的负面影响进行具体考虑。DSB在作出建议和裁决时应充分考虑这些裁定。"④非洲集团还建议增加DSU第7条第5款:"DSU是实现WTO各适用协定发展目标的重要机制。因此,专家组和上诉机构的裁定以及DSB的建议和裁决应充分考虑发展中国家成员和最不发达国家成员的发展需求。总理事会应当每五年审议一次DSU,以便考虑和采取适当改进来确保WTO各适用协定发展目标的实现。"⑤

虽然非洲集团和最不发达国家成员集团的提案仍是宏观性的,但也

---

① See TN/DS/W/1.
② See TN/DS/W/53.
③ See TN/DS/W/37.
④ See TN/DS/W/42.
⑤ Ibid.

客观反映了WTO成员国情的多样性和复杂性,这就要求专家组在法律裁定中不能过于机械化,而应当关注发展中国家成员或最不发达国家成员的发展阶段和特殊情况。不过,由于非洲集团和最不发达国家成员集团的推动力度不大,谈判能力有限,在2004年后的谈判中未有成员再提及此问题。

5. 专家组的组成

(1) 改革组成方式——常任专家组成员

根据DSU第8条,当前WTO实践中每个专家组都是临时组成的,专家们以兼职的身份履行职责。由于认为现行程序存在专家组组成过程冗长、专家经验不足等问题,①因此一些成员在DSU谈判中提出提案,要求改进现行专家组组成机制。

① 欧盟提案

欧盟最先提出从常任专家名册中选择成员组成专家组的建议,②后对提案进行了修正,取消了建立常任专家名册的内容,仍建议通过一次性提出候选专家的方式组成个案专家组,试图在解决成员普遍关切的同时,能够推动争端各方加快专家组组成目的之实现。欧盟提案的主要内容为,通过DSB决定方式规定专家组组成方式。除非争端各方另有议定,否则应适用以下程序:

第一,在DSB设立专家组后,秘书处应要求各争端方表明其希望专家应当具有的条件(如资质或经验)。秘书处应提出一个包括秘书处知晓的在最大可能范围内满足至少一项/任一项条件的专家的唯一名单,该名单通常应包括12—20人并随附其简历,除非争端各方另有议定。

第二,如秘书处建议名单不超过10人,每一争端方可拒绝一名候选专家;如在11人至20人之间,则可拒绝两名;如超过20人,则可拒绝三名。除此之外,争端方仅可在发生《DSU行为守则》规定的利益冲突的情况下拒绝秘书处建议的候选专家。在此种情况下,该争端方必须证实其理由并提交相应的证据。秘书处不应考虑其他性质的拒绝。此后,每一

---

① See TN/DS/W/1,TN/DS/W/41.
② See TN/DS/W/1.

争端方应向秘书处提交一份对所有建议的专家(除了那些被拒绝的提名以及秘书处认定存在利益冲突而撤到提名外的专家),根据倾向性的顺序排名。

第三,秘书处应当通过汇总被诉方和起诉方给出的排名,确定哪些提名获得最高的综合倾向性。此后,秘书处应当核实这些人员是否可任职、争端各方是否同意专家组组成的结果以及专家组主席的人选。

第四,在特殊情况下,并且争端各方一致要求,秘书处可提出一个扩大的第二次建议名单,以重复上述程序。

第五,当争端发生在发展中国家成员与发达国家成员之间,并且发展中国家成员如此要求时,应至少有一名专家组成员来自发展中国家成员。为此,获得最高综合倾向性的发展中国家成员的公民应成为专家组成员。

第六,如争端方在专家组设立后20天内未就专家组组成达成一致,则任一争端方可要求总干事根据DSU第8条第7款组成专家组。总干事在与争端各方磋商后,应从秘书处推荐的名单中任命其认为最适当的人选组成专家组,除了那些已被拒绝的提名。

对于欧盟的这份提案,一些成员表现出一定的兴趣,但接受程度仍有限,尚未取得明显进展。

② 加拿大提案

受欧盟提案的启发,加拿大提案在不改变现行选择程序的情况下重点强调提高专家水平,对DSU第8条的修改建议主要有:

第一,提高资质要求。专家组成员应当"在法律、国际贸易和各适用协定所涉主题方面具有公认的专门知识"。

第二,以专家名单替代例示清单。秘书处应当保存一份专家名单。每一成员可向专家名单推荐一名人员(不必然为本国国民),同时提交一份确定该人员能力符合有关资质要求的声明。由总理事会主席、DSB主席等组成的委员会审核各成员推荐的候选人以确认其符合有关资质要求,然后将专家名单提交总理事会批准。获批准后的专家可被列入专家名单五年,任期届满,经批准可再被列入专家名单五年。如一专家辞职或无法再履职,原提名成员可再推荐一继任人选供考虑,经以上程序后可被列入专家名单。

第三,优先适用专家名单。秘书处应从专家名单中推荐人选。争端方也可自行推荐额外人选。如自专家组设立之日起 15 天内仍未组成专家组,则应争端方请求,总干事应从专家名单中选定专家组的组成人员。只有当总干事认为就某一特殊争端专家名单内的人员的专业知识不足时,方可任命专家名单外的人员。①

此外,加拿大还建议提高专家的工作报酬。

③ 泰国提案

泰国提案受到欧盟提案的启发,不过并不建议修改 DSU 第 8 条文本,而是建议采取 DSB 决定方式改进现行机制,特点是设立专家组主席名单。其主要内容有:

第一,DSB 通过一份由可通过抽签担任专家组主席的人选组成的专家组主席名单,人数应根据需求水平确定。总干事应准备一份专家组主席名单候选人例示清单,候选人均应具有 DSU 第 8 条规定的资质、先前的专家组成员经验以及能在需要时履职专家组主席。

第二,秘书处依据 DSU 第 8 条第 6 款向争端各方建议专家组成员提名时,不应推荐专家组主席名单中的人选。总干事依据 DSU 第 8 条第 7 款组成专家组时,可包括专家组主席名单中的人选,但应通过抽签决定。

第三,在秘书处提名的基础上,争端各方可通过协商确定专家组的组成。

第四,如在专家组设立后 20 天内仍未组成专家组,任一争端方均可请求总干事在 10 天内:(a) 通过抽签从专家组主席名单中选定专家组主席;或(b) 在主席已得到任命或/和争端各方对秘书处提名的一名专家组成员已达成协议的基础上,决定专家组的组成。②

(2) 发展中国家成员特殊和差别待遇

DSU 第 8 条第 10 款规定:"当争端发生在发展中国家成员与发达国家成员之间时,如发展中国家成员提出请求,专家组应至少有 1 名成员来自发展中国家成员。"

① 最不发达国家成员集团建议将第 8 条第 10 款修改为:

第一,当争端发生在发展中国家成员与发达国家成员之间时,专家组

---

① See TN/DS/W/41.
② See TN/DS/W/31.

应至少有 1 名成员来自发展中国家成员。如发展中国家成员提出请求,则应有另一名成员来自发展中国家成员。

第二,当争端发生在发展中国家成员与最不发达国家成员之间时,专家组应至少有 1 名成员来自最不发达国家成员。如最不发达国家成员提出请求,则应有另一名成员来自最不发达国家成员。[①]

② 约旦对第 8 条第 10 款的修改建议为:

第一,当争端发生在发展中国家成员与发达国家成员之间时,应发展中国家成员在专家组设立后 5 天内的要求,专家组应至少有 1 名成员来自发展中国家成员。

第二,当争端发生在最不发达国家成员与发达国家成员之间时,应最不发达国家成员在专家组设立后 5 天内的要求,专家组应至少有 1 名成员来自最不发达国家成员。

第三,当争端发生在最不发达国家成员与发展中国家成员之间时,应最不发达国家成员或/和发展中国家成员在专家组设立后 5 天内的要求,专家组应至少有 1 名成员来自最不发达国家成员或/和发展中国家成员。

由于无成员继续推动以上提案,2004 年后的谈判未再涉及专家组组成方面的发展中国家成员特殊和差别待遇问题。

6. 第三方权利

DSU 第 10 条第 2 款规定:"任何对专家组审议的事项有实质利益且已将其利益通知 DSB 的成员('第三方')应由专家组给予听取其意见并向专家组提出书面陈述的机会。这些书面陈述也应提交争端各方,并应反映在专家组报告中。"

DSU 第 10 条第 3 款规定:"第三方应收到争端各方提交专家组首次会议的陈述。"

(1) 作为第三方的时限要求

DSU 第 10 条第 2 款未规定作为第三方的时限。由于专家组的组成涉及第三方专家问题,因此实践中 DSB 采取在专家组设立后 10 天内声

[①] See TN/DS/W/37.

明是否作为第三方的做法。欧盟①、哥斯达黎加②、中国台北③、约旦④、中国⑤、七国小组⑥均建议将此做法写入第 10 条第 2 款。成员对此均无异议。

（2）扩大第三方权利

根据 DSU 第 10 条第 2、3 款,第三方在专家组程序中拥有一定参与权；有权提交第三方书面陈述且应反映在专家组报告中；有权收到起诉方、被诉方第一份书面陈述以及其他第三方的书面陈述；有权参加第一次实质性会议期间专门为第三方举行的会议并作口头陈述,有权回答专家组对第三方提出的问题。

在个案实践中,曾出现专家组应第三方请求扩大第三方参与权的情况。但是,在绝大多数案件中,第三方权利限于 DSU 规定。由于作为第三方具有灵活性,因此很多成员希望扩大第三方权利。

欧盟建议将 DSU 第 10 条第 3 款修改为：第三方应收到提交给专家组的所有文件或信息的副本,当事方指定为机密信息和专家组中期报告后提交的文件除外。在不违反第 10 条第 2 款情况下,第三方可出席专家组与争端方的实质性会议,但讨论机密信息的会议部分除外。⑦ 日本的建议与欧盟相同。⑧ 哥斯达黎加建议在第 10 条第 2 款中增加如下内容：第三方应有权出席和参与专家组与争端方的所有实质性会议。对于第三方的陈述,专家组在其报告裁定中对于与其职权范围有关的第三方论据和观点应尽量给予阐述。⑨ 关于第 10 条第 3 款,哥斯达黎加的建议与欧盟略有不同：第三方应收到提交给专家组的所有文件或信息的副本,当事方指定为机密信息的除外。在不违反第 10 条第 2 款的情况下,第三方可出席专家组与争端方的实质性会议,讨论机密信息的会议部分除外。⑩

---

① See TN/DS/W/1.
② See TN/DS/W/12/Rev.1.
③ See TN/DS/W/36.
④ See TN/DS/W/43.
⑤ See TN/DS/W/51.
⑥ See Job (05)/19/Rev.1.
⑦ See TN/DS/W/38.
⑧ See TN/DS/W/32.
⑨ See TN/DS/W/12/Rev.1.
⑩ Ibid.

中国台北对于第 10 条第 3 款的修改建议与哥斯达黎加相同。①

七国小组提案对第三方权利的规定更为具体明确,主要内容有:① 第三方有权出席中期报告散发前专家组与争端方的所有实质性会议,讨论机密信息的会议部分除外;在第一次实质性会议前提交书面陈述;在第一次实质性会议期间专门为第三方举行的会议上作口头陈述并回答问题;对专门会议上的问题进行书面答复。经争端各方同意,专家组可授予第三方额外的权利。② ② 争端方提交专家组的任何文件(专家组中期报告散发后提交的文件除外)应同时提交第三方,当事方指定为机密信息的除外。第三方提交专家组的任何文件(专家组中期报告散发后提交的文件除外)应同时提交争端方和其他第三方。专家组应在其报告中反映这些书面陈述。③

扩大第三方权利是 DSU 谈判中成员分歧较小的问题,仅在范围上存在一些分歧。2017 年 5 月,卡鲁主席建议对 DSU 第 10 条第 2、3 款进行修改,主要内容有:① 任何对专家组审查事项具有实质利益并向 DSB 作出通知的成员,均应有机会向专家组提交书面陈述并进行发言。② 向 DSB 作出通知应当在专家组设立之后 10 天内进行。③ 第三方有如下权利:第一,参加专家组与争端方在中期报告散发之前举行的各次实质性会议(除了涉及机密信息的部分);第二,得到争端方提交的第一份书面陈述;第三,在第一次实质性会议之前提交第三方书面陈述;第四,在第三方专门会议上进行发言并口头回答问题;第五,在第三方专门会议之后就相关问题提交书面答复;第六,第三方的意见应当在专家组报告中有所反映。

7. 专家组工作程序

(1) 第三方的参与

DSU 第 12 条和附录 3 规定了专家组的基本工作程序。不过,这些程序主要针对争端方,对于第三方言之甚少。

为此,哥斯达黎加对 DSU 第 12 条第 4—6 款均提出小幅修改建议,

---

① See TN/DS/W/36.
② See Job (05)/19/Rev.1.
③ Ibid.

即增加 DSU 对第三方的适用:"4. 在确定专家组程序的时间表时,专家组应为争端各方和第三方提供充分的时间准备陈述。5. 专家组应明确设定争端各方和第三方提供书面陈述的最后期限,各方和第三方应遵守此最后期限。6. 每一争端方和第三方应将其书面陈述交存秘书处,以便立即转交专家组、其他争端方和第三方。"①中国台北对第 12 条第 4—5 款也提出了同样的建议。

(2) 争端方协商删除专家组报告部分裁定

这涉及 DSU 第 12 条第 7 款的规定。美国和智利联合提案建议修改第 12 条第 7 款,建议案文为:如争端各方未达成双方满意的解决办法,专家组应以书面报告形式向 DSB 提交调查结果。在此种情况下,专家组应在其报告中列出对事实的调查结果、有关规定的适用性以及其所作任何调查结果和建议所包含的基本理由。专家组在其向成员散发的报告中不应包括争端各方已一致同意不包括在内的任何调查结果、带有基本理由的任何调查结果或任何调查结果之后的基本理由(如一项调查结果之后有不止一项基本理由)。如争端各方已找到争议事项的解决办法,则专家组报告应只限于简要描述案件以及报告解决办法已达成。②

美国和智利声称其提案旨在增强成员的控制力,减少专家组报告发生错误的机会。但是,成员普遍担心此建议的实施可能带来的负面影响,对其认可度较低。不过,由于美国持续不断地推动,它一直是 2004 年后 DSU 谈判的重要内容。

(3) 发展中国家成员特殊和差别待遇

① DSU 第 12 条第 10 款

欧盟在建议缩短磋商时限时曾同时提出,如果争端方对发展中国家成员延长时限的请求不能达成一致,那么发展中国家成员可求助于 DSU 第 12 条第 10 款。③ 鉴于第 12 条第 10 款较空泛,实践中 DSB 主席并未作出过延长决定。印度等成员建议将第 12 条第 10 款第 2—4 句修改为:如果磋商期限结束而各方就磋商已完成未达成一致,应发展中国家成员的请求,DSB 主席应决定延长相关期限,在第 4 条第 8 款规定的紧急情况

---

① TN/DS/W/12/Rev.1.
② See TN/DS/W/89.
③ See TN/DS/W/1.

下延长不少于 15 天,在其他正常情况下不少于 30 天。此外,在审查针对发展中国家成员的起诉时,专家组应给予该发展中国家成员充分的时间,在正常情形下不少于额外两周以使该发展中国家成员准备和提交其第一份书面陈述,在此后需提交陈述或文件的任何阶段不少于额外一周。以上额外时间应被加入第 20 条和第 21 条第 4 款规定的时限中。①

"类似观点集团"新提案建议,在 DSU 第 12 条第 10 款第 1 句后增加一句并将该款修改为:在涉及发展中国家成员所采取措施的磋商过程中,各方可同意延长第 4 条第 7 款和第 8 款所确定的期限。如磋商一方为发达国家成员,则该成员应同意延长第 4 条第 7 款和第 8 款所定期限,分别为 30 天和 15 天。如有关期限已过,进行磋商的各方不能同意磋商已经完成,则 DSB 主席应在与各方磋商后,决定是否延长有关期限,以及决定延长时延长多久。此外,在审查针对发展中国家成员的起诉时,专家组应给予该发展中国家成员充分的时间以准备和提交论据。第 20 条第 1 款和第 21 条第 4 款的规定不受按照本款所采取任何行动的影响。②

修改 DSU 第 12 条第 10 款,将特殊和差别待遇具体化,是 DSU 谈判的重要内容,以印度、巴基斯坦为代表的"类似观点集团"一直在推动,但由于发达国家成员的反对,迄今成果甚微。

② DSU 第 12 条第 11 款

最不发达国家成员集团提案建议在 DSU 第 12 条第 11 款中强调最不发达国家成员的待遇,修改为:如一个或多个争端方为发展中或最不发达国家成员,则专家组报告应明确考虑适用协定中有关发展中或最不发达国家成员的差别和更优惠待遇规定。③

(4) 增加中止专家组程序

这涉及 DSU 第 12 条第 12 款的规定。美国和智利联合提案建议增强当事方的控制力,在第 12 条第 12 款增加:"如争端各方均同意,专家组应(shall)中止工作。"

对此,成员的分歧在于,允许双方协议中止的时间是中期报告散发前

---

① See TN/DS/W/47.
② See Job (06)/222.
③ See TN/DS/W/37.

还是最终报告散发前。2004年以后的DSU谈判未再涉及此问题。

（5）增加终止专家组程序

为加强当事方对于专家组程序的掌控,欧盟提案建议:在专家组中期报告散发前的任何时间,起诉方可终止专家组程序。在专家组中期报告散发后至最终报告通过前,只有主要争端方共同要求才能终止专家组程序。①

谈判中,成员的分歧在于,专家组程序终止后能否再基于原有磋商要求设立专家组。2004年后的DSU谈判未再涉及此问题。

8. 保密与专家组成员意见具名

这涉及DSU第14条第3款的规定。据此条款,成员无从知晓专家组成员的具体意见及其分歧等。在个别案件中,即使专家组报告就某个问题说明有专家存在不同意见,也不会指出具体是哪个专家。

对此,最不发达国家成员集团建议修改DSU第14条第3款:在报告中,每一专家组成员应对问题给出单独的书面意见并作出裁定;在专家组成员意见一致的情况下,可给出联合裁定;占多数的裁定应为专家组的决定。② 非洲集团提案也涉及此问题:每一专家组成员应就哪一当事方在争端中占优给出推理充分及单独的书面意见;在两个或以上专家组成员意见一致的情况下,他们可出具联合意见;占多数的意见应为专家组的决定。③

多数成员不赞同以上修改。在2004年后的DSU谈判中,无成员再提及此问题。

9. 中期审议阶段

DSU第15条规定了专家组提供中期报告以及对报告进行审议的程序,包括举行中期审议会议。

---

① See TN/DS/W/38.
② See TN/DS/W/37.
③ See TN/DS/W/42.

(1) 第 15 条第 1 款:报告草案描述部分

哥斯达黎加提案①和中国台北提案②均建议修改第 15 条第 1 款,明确专家组报告草案描述部分也需同时提交第三方。2002 年 3 月的欧盟提案则建议删除关于专家组应单独提交报告草案描述部分的规定,将该部分延后与裁定部分一并作为中期报告提交。③

(2) 第 15 条第 2 款:中期报告审议程序

如上所述,欧盟提案建议专家组一次性提交包括报告草案描述部分和专家组调查结果、结论的中期报告,无须事先提交报告草案描述部分。同时,欧盟建议取消争端方可要求举行中期审议会议的规定,以节省时间。④ 日本也建议取消中期审议会议。⑤

10. 专家组报告的通过

DSU 第 16 条规定了专家组报告通过的程序和时间要求。

美国、智利联合建议在此过程中增加成员对专家组报告内容的控制力。⑥ 2005 年 10 月⑦、2007 年 5 月⑧的美国、智利提案均继续强调这一点,建议在 DSU 第 16 条第 4 款中增加一句规定:DSB 可一致决定不通过报告中的一项调查结果或一项调查结果后的基本理由。

成员对美国、利智提案的认可度较低。不过,由于美国不断推动,此问题一直是 2004 年后 DSU 谈判的重要内容。

(六) 上诉审议机构

1. 常设上诉机构

(1) 修改上诉机构成员数量

这涉及 DSU 第 17 条第 1 款的规定。欧盟提案指出,鉴于上诉机构

---

① See TN/DS/W/12.
② See TN/DS/W/36.
③ See TN/DS/W/1.
④ Ibid.
⑤ See TN/DS/W/32.
⑥ See TN/DS/W/52.
⑦ See TN/DS/W/82.
⑧ See TN/DS/W/89.

的工作负担和实践,可考虑将上诉机构成员的工作转为全职工作,并建议修改第17条第1款:上诉机构至少由7人组成;总理事会可不定期调整人数。① 泰国提出②并于2003年1月修正的提案建议,由于在多个案件中上诉机构报告散发超时,因此上诉机构应由9人组成,而且DSB可根据情况调整人数。③ 日本提案则建议不在DSU中规定上诉机构的具体人数,留待总理事会根据需要决定和调整。④

由于成员不再提议,2004年后的DSU谈判未再讨论此方面的问题。

(2) 调整任职期限

这涉及DSU第17条第2款的规定。为了提高上诉机构成员的独立性,印度等⑤建议:上诉机构成员任期为6年,不可连任。⑥ 欧盟在提案中表示支持印度等将上诉机构成员任期固定为6年的建议。⑦

在谈判中,成员对以上建议的分歧较大。由于提案方未再提议,2004年后的DSU谈判未再讨论此问题。

2. 上诉阶段的第三方权利

根据DSU第17条第4款,只有争端各方,而非第三方,可对专家组报告进行上诉。同时,根据DSU第10条第2款,已通知DSB其对该事项有实质利益的第三方,可向上诉机构提出书面陈述,并应被给予听取其意见的机会。

(1) 明确第三方权利

由于认为DSU第17条第4款对第三方权利的界定不尽明确,非洲集团提案要求将该条款修改为:争端各方可对专家组报告进行上诉。专家组程序中的第三方,如其请求,应享有参加程序和被上诉机构给予听取其意见以及向上诉机构提出书面陈述的机会。其书面陈述应同时给予争

---

① See TN/DS/W/1.
② See TN/DS/W/2.
③ See TN/DS/W/30.
④ See TN/DS/W/32.
⑤ See TN/DS/W/18.
⑥ See TN/DS/W/47.
⑦ See TN/DS/W/38.

端各方并反映在上诉机构报告中。①

印度等也就此提出案文,建议相对简洁:按照DSU第10条第2款已通知DSB其对该事项有实质利益的第三方应被上诉机构给予听取其意见以及向上诉机构提出书面陈述的机会。这些陈述应反映在上诉机构报告中。②

(2) 新第三方的参与

根据DSU第17条第4款,只有专家组阶段的第三方才有权在上诉阶段继续作为第三方参与。哥斯达黎加提出③并于2003年3月修改的提案要求扩大成员作为第三方参与的机会,建议在DSU第17条第4款增加如下规定:未按照第10条第2款通知DSB其对该事项有实质利益,但此后在上诉通知提出后10天内向上诉机构和DSB通知其实质利益的成员,可向上诉机构提出书面陈述,并应被给予听取其意见的机会。上诉机构在其调查结果中应尽量解决第三方表达的与上诉事项有关的论据和主张。④

在2004年后的谈判中,虽然印度、非洲集团、哥斯达黎加等不再继续要求就以上问题进行谈判,但七国小组提案重新激活了这两个问题。七国小组建议将DSU第17条第4款修改为:只有争端各方,而非第三方,可对专家组报告进行上诉。但是,任何第三方均有向上诉机构提出书面陈述并被给予听取其意见的机会。任何其他成员,只要在上诉通知散发之日起5天内将其如此行事的兴趣通知上诉机构、DSB和争端各方,即可参加上诉机构审查程序。此成员应有向上诉机构提出书面陈述并被给予听取其意见的机会。⑤

在七国小组的推动下,此问题一直是谈判重点。谈判中,成员的主要讨论点在于新第三方的参与及其对上诉审议的影响。

---

① See TN/DS/W/4.
② See TN/DS/W/47.
③ See TN/DS/W/12.
④ See TN/DS/W/12/Rev.1.
⑤ See Job(05)/19/Rev.1.

3. 提高上诉通知的确定性

DSU 第 17 条仅规定上诉程序自一争端方正式提出上诉通知开始,未明确上诉通知应达到的要求。相对而言,DSU 第 6 条第 2 款就对专家组请求的内容要求作出了规定。

为提高上诉通知的确定性,便利上诉机构审查,印度等于 2003 年 2 月提出的提案建议明确上诉通知的标准:启动上诉程序的上诉通知应当足够清楚地确认专家组报告涉及的法律问题和专家组所作的法律解释,以使其他争端方和第三方理解上诉针对的问题。①

在 2004 年后的谈判中,由于提案方不再推动,谈判未再涉及此问题。不过,2005 年 1 月修改后的《上诉审议工作程序》新增对上诉通知的要求,已解决了此问题。②

4. 增设中期审议阶段和延长上诉程序时限

DSU 第 17 条第 5 款明确要求上诉程序绝不能超过 90 天。实践中,由于第 17 条未如同第 15 条那样规定中期审议阶段,争端各方对上诉机构报告在最终散发前无审查评论机会,上诉机构在审议案件后便直接作出最终报告。

出于提高上诉机构报告质量、增加当事方达成双方满意的解决办法的机会、增强成员控制力等考虑,美国、智利联合提案③建议在上诉程序中仿照专家组阶段增设中期审议阶段,并将上诉程序期限延长 30 天,即将第 17 条第 5 款修改为:诉讼程序自一争端方正式通知其上诉决定之日起至上诉机构散发其报告之日止,通常不得超过 90 天。在确定其时间表时,上诉机构应在必要时考虑第 4 条第 9 款的规定。当上诉机构认为不

---

① See TN/DS/W/47.
② 根据《上诉审议工作程序》第 20 条第 2 款,上诉通知应包含对上诉性质的简要说明,包括:
(1) 指明专家组报告中涉及的法律问题或专家组的法律解释声称的错误;
(2) 列出专家组在适用和解释方面存在声称的错误的适用协定条款的清单;
(3) 在不影响上诉方在其上诉上下文中提及专家组报告的其他段落的能力的情况下,列出专家组报告中包含声称的错误的段落的指示性清单。
③ See TN/DS/W/52.

能在 90 天内提交报告时,应书面通知 DSB 迟延的原因以及提交报告的估计期限。但是,该诉讼程序绝不能超过 120 天。在考虑书面辩驳和口头辩论后,上诉机构应向争端各方提交一份中期报告,既包括描述部分也包括上诉机构的调查结果和结论。在上诉机构设定的期限内,一方可提出书面请求,请求上诉机构在最终报告散发各成员之前审议中期报告中的具体方面。应一方请求,上诉机构应就书面意见中所确认的问题与各方再次召开会议。如在征求意见期间未收到任何一方的意见,中期报告应被视为最终报告,并迅速散发各成员。最终报告中的调查结果应包括在中期审议阶段对论据的讨论情况。①

在谈判中,成员对此提案的必要性和时限延长等存在分歧。在 2004 年后的谈判中,美国、智利在其 2005 年 10 月②、2007 年 5 月③的联合提案中均继续要求增设上诉中期审议阶段。在美国的推动下,此问题一直是谈判的重要内容。

5. 中止上诉审查程序

为加强当事方对上诉程序的控制力,参照专家组阶段的中止程序,美国、智利建议在 DSU 第 17 条第 5 款中增加争端双方可合议中止上诉审查程序的规定;如争端各方同意,上诉机构应中止其工作。在此种情况下,第 17 条第 5 款、第 20 条和第 21 条第 4 款规定的时限相应延长。④

在 2004 年后的谈判中,美国、智利在其 2005 年 10 月⑤、2007 年 5 月⑥的联合提案中仍包括增加中止上诉审查程序的建议。在美国的推动下,此问题一直是谈判的重要内容。

6. 保密与上诉机构成员意见具名

DSU 第 17 条第 11 款规定:"上诉机构报告中由任职于上诉机构的个人发表的意见应匿名。"据此,成员无从知晓上诉机构成员的具体意见

---

① See TN/DS/W/52.
② See TN/DS/W/82.
③ See TN/DS/W/89.
④ See TN/DS/W/52.
⑤ See TN/DS/W/82.
⑥ See TN/DS/W/89.

及其分歧等。在个别案件中,即使上诉机构报告就某个问题说明有成员存在不同意见,也不会指出具体是哪个成员。

对此,最不发达国家成员集团建议修改 DSU 第 17 条第 11 款:在报告中,每一上诉机构成员应对问题给出单独的书面意见并作出裁定;在上诉机构成员意见一致的情况下,可给出联合裁定;占多数的裁定应为上诉机构的决定。① 非洲集团提案也涉及此问题:每一上诉机构成员应就哪一当事方在争端中占优给出推理充分及单独的书面意见;在两个或以上上诉机构成员意见一致的情况下,他们可出具联合意见;占多数的意见应为上诉机构的决定。②

多数成员不赞同以上修改。在 2004 年后的 DSB 谈判中,无成员再提及此问题。

7. 发回补充审查权

DSU 第 17 条第 6 款规定:"上诉应限于专家组报告涉及的法律问题和专家组所作的法律解释。"第 17 条第 12 款规定:"上诉机构应在上诉程序中处理依照第 6 款提出的每一问题。"

据此,上诉机构无权对事实问题进行审查,而应依赖于专家组作出的事实予以认定。实践中,在某些案件中出现专家组报告未包含足够的事实认定而导致上诉机构无法作出法律结论的情况,这对相关案件的快速解决产生了不利影响。

(1) 欧盟提案

欧盟建议修改 DSU 第 17 条第 12 款,增加如下规定:在专家组报告未含有足够事实以使上诉机构解决争端的情况下,上诉机构应在上诉报告中详细解释此种具体事实认定的不足,以便一争端方请求将这些问题发回原专家组。上诉机构应阐明必要的法律裁定或其他指导,以便于专家组履行其职权。争端方可在上诉机构报告通过后 10 天内要求发回原专家组。上诉机构应就专家组完成工作的时间作出建议。③ 为此,欧盟同时建议专门增加题为"发回重审权"的第 17 条之二,就重审如何进行作

---

① See TN/DS/W/37.
② See TN/DS/W/42.
③ See TN/DS/W/38.

出具体规定:① 在上诉机构报告通过后,如有发回重审请求提出,则 DSB 应在 5 天内设立专家组,由原专家组成员组成。② 重审专家组应根据上诉机构给出的指导进行审查。③ 重审专家组应在上诉机构规定的时间内向成员散发报告,如不能如期散发,则应书面通知 DSB 并说明原因。但是,无论如何,从重审专家组设立到向成员散发不得超过六个月。④ 在重审专家组报告散发后,争端方即可要求 DSB 通过,除非一方提出上诉,否则 DSB 应通过。⑤ 对重审专家组报告的上诉根据第 17 条进行。①

(2) 七国小组提案

七国小组建议修改 DSU 第 17 条第 12 款,增加如下规定:① 如上诉机构认定专家组报告未能提供充分事实基础以使其完成关于某些问题的分析,上诉机构应在报告中给出完成有关这个问题的分析所需裁定类型的详细描述。② 在前述情况下,争端一方可根据第 17 条之二的规定,要求将一个或以上这些问题提交原专家组。③ 本款及第 17 条之二的规定不影响专家组和上诉机构报告的通过以及 DSB 建议和裁决的执行。② 对于发回补充审查程序,七国小组建议:① 争端方应在上诉机构报告通过后 30 天内向 DSB 提出设立专家组,审查上诉机构认定存在事实不足而不能完成分析的任何问题。② 该请求应以书面方式提出,并指出寻求解决的具体问题以及上诉机构报告的具体段落。③ DSB 应以一次会议设立专家组,除非一致同意不设立。④ 重审专家组应尽可能由原专家组成员组成。⑤ 重审专家组仅审查争端方在书面请求文件中指出的上诉机构认定存在事实不足而不能完成分析的问题。⑥ 重审专家组应根据上诉机构报告提供的指导,作出可协助 DSB 提出建议和裁决的调查结果和建议。⑦ 重审专家组应在事项提交其 90 天内散发报告。重审专家组经与争端方磋商,可修改或简化其工作程序。⑧ 如一争端方就重审专家组报告提出上诉,上诉程序及上诉报告的通过适用第 17 条及第 17 条之二规定的程序。③

成员们在此问题上存在较大的分歧,即便支持的成员也认为七国小组提案仍欠完善。经过继续讨论,七国小组在 2008 年 4 月以非正式文件

---

① TN/DS/W/38.
② See Job (04)/52/Rev.1.
③ Ibid.

的方式提出新修改版本的发回重审案文：① 如上诉机构认定专家组报告未能提供充分无争议的事实或者事实裁定以使其完成关于某些问题的分析，上诉机构应在报告中给出完成有关这个问题的分析所需裁定的类型的详细描述，以便解决争议。② 尽管有关问题可被提交至专家组，但为使争端得到迅速而有效的解决，上诉机构应依据第19条作出适当、充分而准确的认定和建议。③ 本款及第17条之二的规定不影响专家组和上诉机构报告的通过以及DSB建议和裁决的执行。

目前，该议题的谈判仍存较大分歧。

8. 上诉机构报告内容及通过

（1）上诉机构报告的内容

这涉及DSU第17条第13款的规定。参照DSU第12条第7款关于专家组报告应包括内容的规定，同时为增强当事方对于上诉程序控制力，美国、智利于2003年3月提出修改第17条第13款，建议增加：上诉机构应当在其报告中包括有关规定的适用性以及其所作任何裁定和建议所包含的基本理由，上诉机构报告不得包括争端各方一致要求不包括的裁定或基本理由。①

在2004年后的谈判中，美国、智利在其2005年10月②、2007年5月③的联合提案中仍包含修改DSU第17条第13款的建议，而且案文相对更加完善：如争端各方未能形成双方满意的解决办法，上诉机构应以书面报告形式向DSB提交调查结果。在此种情况下，上诉机构报告应列出有关规定的适用性以及其所作任何裁定和建议所包含的基本理由。上诉机构可维持、修改或撤销专家组的法律调查结果和结论。上诉机构不得在其向成员散发的报告中包括争端各方同意不应包含的任何裁定、任何裁定及其基本理由或某一裁定所包含的某一基本理由（如一裁定包含一项以上基本理由）。如争端各方找到解决问题的办法，上诉机构报告应只限于对案件的简要描述，并报告已达成解决办法，专家组报告应无效且不具法律效力。如争端各方就上诉达成解决办法：① 上诉机构报告应只限

---

① See TN/DS/W/52.
② See TN/DS/W/82.
③ See TN/DS/W/89.

于对案件的简要描述,并报告就上诉已达成解决办法;及② 如争端一方要求,DSB应在上诉机构报告散发后21天内通过专家组报告,除非DSB一致同意不通过报告。①

对于美国、智利提案的核心争议在于,是否允许争端各方删减上诉机构报告。在国际、国内司法实践中,此种增强当事方控制力的做法实属罕见,值得深入讨论。

(2) 上诉机构报告的通过

这涉及DSU第17条第14款的规定。本着增强成员对争端解决程序控制力的目的,美国、智利建议修改第17条第14款,增加如下规定:DSB可一致同意决定不通过上诉机构报告中的某项裁定或某项裁定所包含的基本理由。争端一方无须接受DSB未通过的任何裁定或基本理由。② 同时,美国、智利还就如何要求DSB部分通过报告提出程序建议:建议DSB不应通过专家组报告或上诉机构报告中的一项裁定或一项裁定所包含的基本理由的成员,应在召开考虑此报告的DSB会议通知散发后三天内(如第三天为WTO非工作日,则为第三天之后的第一个WTO工作日)向DSB提出书面建议。该成员应在建议中指明该项裁定或该项裁定所包含的基本理由,并简要说明要求DSB不通过的原因。③ 在2004年后的谈判中,美国仍持续不停地推动其提案,并于在2005年10月④、2007年5月⑤两次提出修改案文。其中,2007年提案仍建议修改第17条第14款:DSB应当通过上诉机构报告,除非在上诉机构报告散发给成员30天内,DSB经协商一致决定不通过该报告。DSB可协商一致决定不通过报告中的一项裁定或一项裁定所包含的基本理由。⑥

美国、智利提案的核心争议在于,删减属于上诉机构报告有机组成部分的一项裁定是否可行和合适。在国际、国内司法实践中,此种做法实属罕见,因此成员普遍对此持保留态度,认为应深入细致讨论。

---

① See TN/DS/W/89.
② See TN/DS/W/52.
③ Ibid.
④ See TN/DS/W/82.
⑤ See TN/DS/W/89.
⑥ Ibid.

（七）DSB 裁定执行阶段

1. 合理期限的确定

这涉及 DSU 第 21 条第 3 款的规定。关于合理期限的确定，提案成员一般认为确定合理期限花费的时间过长，相关建议大多集中在缩短确定合理期限的时间上。

欧盟提案建议取消 DSU 第 21 条第 3 款（b）项中双方同意的期限在 45 天内达成的时限要求，直接规定合理期限为双方同意的期限，而且在无法达成一致的情况下，任一争端方可在建议和裁决通过之日起 30 天内要求仲裁。如果争端方无法在提交仲裁之日起 10 天内就仲裁员人选达成一致，则应依据 DSU 第 8 条确定仲裁员。仲裁员应在接受任命之日起 45 天内作出裁决。①

韩国认为，根据 DSU 第 21 条第 3 款（c）项，通过仲裁确定合理期限这一程序花费的时间过长，而且有进一步增加的趋势。通过对过去 7 年通过仲裁确定合理期限所用时间的统计，每一次仲裁平均所需的时间为 137 天，大大超过时间框架中的 90 天期限。② 这是由于从专家组/上诉机构报告通过到成员根据第 21 条第 3 款宣布其意图的 30 天内，成员通常并未就执行作出实质性的努力。因此，韩国认为应当授予起诉方明确的权利，使其在专家组/上诉机构报告通过后立即与被诉方就合理的时间期限进行双边讨论。如果争端各方未能在专家组/上诉机构报告通过后 30 天内就合理的时间期限或仲裁员的人选达成一致，则起诉方可以在 DSB 会议上宣布其请求总干事在 10 天内任命仲裁员的意图。这样，才能确保在一般的案件中仲裁裁决在第 21 条第 3 款（c）项规定的 90 天期限内作出，以符合第 21 条第 1 款迅速执行的原则。从专家组/上诉机构报告发布到 DSB 通过，有相当长一段时间可供被诉方为执行 DSB 的建议和裁

---

① See TN/DS/W/38.
② See TN/DS/W/11.

决作准备。① 本着这种原则,韩国 2003 年 1 月提出的提案建议在第 21 条第 3 款(b)项增加如下规定:尽管有此种规定,但如果胜诉方认为在专家组/上诉报告通过后 30 天内召开的 DSB 会议前寻求双方同意的合理期间未有进展,那么胜诉方可以在 DSB 会议上要求根据第 21 条第 3 款(c)项进行仲裁。总干事应在胜诉方提出此要求后 10 天内任命仲裁员。②

约旦提案是比较少见的延长合理期限确定时限的,建议在无法就合理期限达成一致的情况下,任一争端方可在建议和裁决通过之日起 60 天内要求仲裁。争端方如不能在提交仲裁之日起 10 天内就仲裁员人选达成一致,则由总干事在 10 天内任命。仲裁员应在接受任命之日起 45 天内作出裁决。也就是说,合理期限裁决最迟可在建议和裁决通过之日起 125 天内作出,甚至超过了 DSU 中 90 天的规定。此外,约旦还提出,执行合理期限不超过仲裁员接受任命之日起 15 个月。③

日本等 14 国建议为 DSU 第 21 条第 3 款的"合理期限"增加一个脚注:为了 DSU 的目的,合理期限应包括 SCM 协定第 4 条第 7 款关于补贴措施规定的期间。④ 欧盟提案还包括对 SCM 协定第 4 条第 9 款的修改建议。⑤

古巴、印度、马来西亚、埃及和巴基斯坦的联合提案虽涉及合理期限的确定问题,但并未提出实质性修改建议。⑥

2. 合理期限内关于执行的磋商

DSU 并没有规定在执行的合理期限内争端方就执行建议和裁决达成双方满意的解决办法进行磋商问题。

欧盟提案建议,改写 DSU 第 21 条第 5 款为:在合理期限内,争端任何一方都应对争端另一方请求磋商的要求给予考虑,以期对 DSB 的建议

---

① See TN/DS/W/11.
② See TN/DS/W/35.
③ See TN/DS/W/43.
④ See TN/DS/W/2.
⑤ See TN/DS/W/1.
⑥ See Job (06)/222/Corr.1 and Add.1.

或判决达成双方满意的解决办法。① 哥斯达黎加②、厄瓜多尔③、日本④也提出了类似的提案,并增加了在该磋商程序中争端各方应第三方的请求应准许第三方有充足机会表达意见的规定。2005年,欧盟、日本的联合提案在以往提案的基础上对磋商开始时间作了修改:在合理期限过半或在没有合理期限的情况下,在第22条第3款规定的DSB会议召开之后,争端任何一方都应对争端另一方请求磋商的要求给予考虑,以期对DSB的建议或判决达成双方满意的解决办法。⑤

3. DSB对执行建议和裁决的监督

关于DSB监督执行问题,DSU第21条第6款规定,在建议或裁决通过后,任何成员可随时在DSB提出有关执行问题。除非DSB另有决定,否则执行建议或裁决的问题在确定合理期限之日起6个月后,应列入DSB会议的议程,并应保留在DSB的议程上,直到该问题解决。在DSB每一次这种会议召开前至少10天,有关成员应向DSB提交一份关于执行建议或裁决进展的书面情况报告。

为保证DSB建议或裁决的有效执行,各成员提案对执行报告的提交时间和内容作出了更细化的规定,强化了DSB对于执行的监督。

日本提案建议对DSU第21条第6款进行修改,更具体地规定DSB对已通过的建议或裁决执行的监督,对败诉方提出了更详细的要求,主要内容包括:任何成员对建议或裁决的执行问题可在DSB会议上在建议或裁决通过后的任何时候提出。相关成员应自通过DSB建议或裁决之日起6个月后和合理期间中间时段的较早时候,开始在DSB会议上报告对DSB的建议或裁决的执行状况。同时,任何成员可提出任何观点,直到争端各方一致同意该问题已得到解决,或DSB根据欧盟、日本提案建议设置的第21条之二(执行的确定),认为有关执行已符合DSB建议或裁定。基于对DSB建议或裁决的遵守,相关成员应最迟于合理期限到期前

---

① See TN/DS/W/1.
② See TN/DS/W/12/Rev.1.
③ See TN/DS/W/33.
④ See TN/DS/W/32.
⑤ See Job(05)/71/Rev.1.

20 天向 DSB 提交一份执行通知,包含其已在合理期限到期前采取的措施或拟采取的措施;在相关成员拟采取措施的情况下,应在不迟于合理期限到期日向 DSB 提交一份书面补充通知,声明其已经或仍未采取该种措施,并声明其中的变化。此通知要求不应被解释为对合理期限的缩短。① 欧盟 2002 年 3 月提出的建议与此相近,唯一的区别是,相关成员报告执行情况的起始时间应被固定在 DSB 建议或裁决通过后 6 个月。② 中国提案关于执行通知的规定更为简化,即基于对 DSB 建议或裁决的遵守,应向 DSB 提交执行通知;如果相关成员不能在合理期限届满前 20 天提交此通知,则应提交通知说明其已采取和拟采取的措施。③ 其他成员对于增加合理期限内 DSB 对执行加以监督管理方面的案文没有提出反对意见,但对案文的某些部分提出疑问,希望得到澄清,如当事方同意免除提交报告、提前 20 天等问题。欧盟和日本后来的联合提案建议,有关成员应立即将其完全履行 DSB 建议或裁决的情况通知 DSB,通知应包括对所采取措施的描述以及对措施如何消除不一致性或解决利益损害的事实与法律解释。如果未能提交此通知,在合理期限到期前,相关成员应书面告知 DSB 其已采取或拟采取的措施。④

4. 顺序问题

针对 DSU 第 21 条第 5 款和第 22 条规定的顺序问题,欧盟⑤和日本⑥的提案内容相近,也最详细:修改第 21 条第 5 款的内容,增加第 21 条之二,即由执行专家组判断争端方是否已履行裁决;同时,大幅修改第 22 条第 1 款和第 2 款的内容,将执行专家组或上诉机构认定相关成员未能使被认定与一适应协定不一致的措施符合该协定或符合 DSB 建议或裁决,作为可以要求进行补偿谈判或者授权报复的前提之一。⑦ 欧盟和日

---

① 参见日本等在多哈回合前的提案:WT/MIN(01)/W/6。具体内容可参见:TN/DS/W/22。
② See TN/DS/W/1.
③ See TN/DS/W/51.
④ See Job(05)/71/Rev.1.
⑤ See TN/DS/W/38.
⑥ See TN/DS/W/32.
⑦ See TN/DS/W/1.

本提案的区别在于,欧盟提案将执行专家组或上诉机构的报告作为提出补偿谈判的一种前提,补偿谈判不成的,起诉方可要求 DSB 授权中止减让;而日本提案则只将报告作为请求授权中止减让的前提,启动补偿谈判与执行专家组或上诉机构是否作出报告无关。

澳大利亚提案建议:以备忘录的形式规定顺序问题,以后的争端当事方可以通过协议决定是否采用备忘录的规定。建议包括两种方式:其一,DSU 第 21 条第 5 款和第 22 条规定的程序同时启动。然后,第 22 条规定的报复程序暂时中止,直到第 21 条第 5 款规定的程序完成。如被告在第 21 条第 5 款规定的程序结束后没有遵守专家组的裁定,原告可以采取根据第 22 条已经发动的报复程序。其二,第 21 条第 5 款规定的程序在第 22 条规定的程序前启动。如果报复程序有 30 天的限制,被告必须同意报复程序不能被阻碍,因为请求授权是在 30 天之外作出的。[1]2003 年 2 月的澳大利亚提案简化为:直接规定启动第 22 条规定的程序要以完成第 21 条第 5 款规定的程序为前提。[2]

牙买加提案对于 DSU 第 21 条第 5 款和第 22 条规定的程序问题的意见为:(1)按照第 4 条进行磋商或者按照第 5 条进行争端解决程序;(2)请求设立专家组,包括诉诸原专家组;(3)上诉权;(4)适用第 22 条。[3]

厄瓜多尔提案建议,将执行专家组或上诉机构报告认定相关成员未能使其措施符合 DSB 建议或裁决作为启动补偿谈判的一种前提。谈判不成的,可向 DSB 申请授权中止减让。[4]

欧盟和日本[5]以及阿根廷、巴西、加拿大、印度、新西兰和挪威[6]分别提出联合提案,建议增加 DSU 第 22 条第 2 款之二,明确 DSB 对有关当事方未能使其措施与 DSB 建议和裁决一致的裁决是寻求 DSB 授权中止减让的一种前提。

消除 DSU 在先后顺序方面的法律模糊性,对于争端解决程序的澄清

---

[1] See TN/DS/W/8.
[2] See TN/DS/W/49.
[3] See TN/DS/W/21.
[4] See TN/DS/W/33.
[5] See Job(05)/71/Rev.1.
[6] See Job(04)/52/Rev.1.

是有益的。各方的提案基本上都主张,在要求补偿和授权报复之前,如果有关成员在 DSB 建议和裁决是否得到履行上存在分歧,应当先就这个分歧进行裁决,然后才能据此要求补偿和授权报复。现有规定会为败诉方履行裁决争取更多的时间,而且从法律角度和 DSU 的基本精神来看,应当是先确定是否已经履行了建议和裁决,然后才能采取下一步的行动,但涉案成员自己无权决定建议和裁决是否得到了履行。

虽然提案成员在 DSU 第 21 条第 5 款和第 22 条的顺序问题上的观点较为一致,但以美国为代表的成员认为根据 DSU 的现有规定,两个仲裁可以同时进行。这些成员暂时也不会在这一问题上妥协。可以想见,在今后的谈判中,顺序问题还将是争论的焦点。

5. 执行专家组程序

关于执行专家组的设立和程序,DSU 第 21 条第 5 款有简要的规定,即"此争端也应通过援用这些争端解决程序加以决定,包括只要可能即求助于原专家组。专家组应在此事项提交其后 90 天内散发其报告。如专家组认为在此时限内不能提交其报告,则应书面通知 DSB 延迟的原因和提交报告的估计期限"。

成员的提案主要从执行专家组的设立、职能、程序和时限等几个方面对执行专家组程序提出了更细化的建议。

欧盟提案建议增设 DSU 第 21 条之二"执行的确定",专门规定裁决执行措施是否符合 DSB 建议或裁决的执行专家组程序,[①] 主要内容包括:(1) 磋商程序。在相关成员声称其不需要执行的合理期限、已提交了符合 DSB 建议或裁决的通知、合理期限届满 30 天前这三个时间点的较早时候,起诉方可以要求就执行是否符合 DSB 建议或裁决问题进行磋商。磋商应在请求散发之日起 20 天内开始,并给第三方参与和表达意见的机会。(2) 设立执行专家组。若未能磋商或任一方认为磋商未能解决争端,则起诉方可要求设立执行专家组。DSB 应在请求后 10 天内召开会议,设立执行专家组,专家组应由原专家组成员组成;如不能,则应在专家组设立后 5 天内指定替代人选。(3) 专家组的职权范围。争端方可在专

---

① See TN/DS/W/1, TN/DS/W/38.

家组设立后5天内就专家组的职权范围达成一致,否则将适用DSU第7条规定的专家组标准职权范围。(4)专家组报告。专家组应自设立之日起90天内散发报告。DSB应自争端方提出要求之日起10天内召开会议,通过此报告,除非一方上诉或DSB一致决定不通过此报告。(5)专家组报告可上诉。上诉程序适用DSU第17条的规定。(6)若专家组或上诉机构报告认定相关成员未能符合适用协定、DSB建议或裁决,此相关成员无权增加执行的合理期限,起诉方可以依据DSU第22条的规定要求授权中止减让或其他义务。(7)工作程序。执行专家组应建立自己的工作程序,DSU的相关条款可适用于执行专家组程序。

日本提案中提出增设DSU第21条之二"执行的确定",其中的执行专家组程序与欧盟相近,不同点在于:(1)未规定申请设立执行专家组前的磋商程序,起诉方可在相关成员声称其不需要执行的合理期限、已提交了符合DSB建议或裁决的通知和合理期限届满10天前这三个时间点的较早时候,直接要求设立执行专家组。(2)在专家组或上诉机构报告认定相关成员未能符合相关协定、DSB建议或裁决的情况下,未在本条中规定起诉方要求授权中止减让或其他义务的权利,而是在第22条第2款中规定。[1]

韩国提案对DSU第22条第5款的文字修改较为简单,但内容改动较大,直接赋予执行专家组确认利益丧失或减损程度的权力:在相关成员的做法符合相关协定或DSB建议和裁决的情况下,执行专家组应在提交此事项之日起90天内散发报告;若不符合,专家组应继续确定利益丧失或减损程度,并在120天内散发报告。上诉机构修订执行专家组认定的法律事实和结论导致利益丧失或减损程度的,上诉机构应确定利益减损的最终程度。[2]

欧盟、日本的新联合提案建议增加DSU第21条第7款,明确规定执行专家组程序,由执行专家组裁定败诉方是否履行了DSB裁决。此提案设计的程序较之欧盟、日本之前的提案更加简化,同时双方在不需磋商的问题上取得了共识,主要内容包括:(1)DSB应原起诉方请求设立执行专

---

[1] See TN/DS/W/32,Article 21bis.

[2] See TN/DS/W/35.

家组,专家组应经一次 DSB 会议设立,除非 DBS 一致决定不设立专家组;只要有可能,应求助于原专家组;如不能,则由总干事商当事方后在专家组设立之日起 7 天内指定专家组人选。(2) 在请求设立执行专家组前不需要磋商。(3) 专家组在设立后 90 天内散发报告;如在 90 天内无法散发报告,则应向 DSB 书面说明原因以及拟散发报告的时间。(4) 在此程序下,成员无权增加执行的合理期限。①

阿根廷、巴西、加拿大、印度、新西兰和挪威(以下简称"六国集团")的提案与欧盟、日本联合提案大体相同,也是建议设立执行专家组,DSB 根据专家组报告作出的相关成员采取的措施未与 DSB 建议或裁决相一致的裁决,是授权中止减让或其他义务的前提。所不同的是,在六国集团提案中,任一争端方均可请求设立执行专家组,而不局限于原诉方。②

6. 关注发展中国家成员利益问题

DSU 第 21 条第 2 款规定,对于需进行争端解决的措施,应(should)特别注意影响发展中国家成员利益的事项。

欧盟、最不发达国家成员集团、非洲集团和印度均对 DSU 第 21 条第 2 款的修改提交了案文。从案文来看,欧盟的最为简单,只是将"should"改为"shall"。③ 最不发达国家成员集团提案要求在文字上增加"最不发达国家";同时,在新增注释中强调特别注意发展中国家和最不发达国家成员利益也适用于第 21 条第 1 款规定的迅速遵守 DSB 建议或裁决。④ 非洲集团提案要求,在发展中国家成员存在不符合 WTO 规则的措施时,根据发展中国家成员的要求,DSB 可以建议依据 DSU 第 25 条有关快速仲裁的规定进行仲裁,以便发展中国家成员逐渐履行裁决。⑤ 印度提案最详细,提出了执行裁决的具体时间和方式,还对发展中国家成员和发达国家成员作为起诉方或被诉方的不同情况分别作了规定,在合理期限方面给予发展中国家成员更优惠的规定,并要求发达国家成员在执行迟延

---

① See Job (05)/71/Rev.1.
② See Job (04)/52/Rev.1.
③ See TN/DS/W/1.
④ See TN/DS/W/37.
⑤ See TN/DS/W/42.

时给予发展中国家成员相应补偿。①

从提案和讨论来看,由于DSU第21条第2款只是一个概括性条款,因此进行结构性修改的可行性较小。2004年以后的提案也未涉及这一问题。

7. 对发展中国家成员作为起诉方的特殊考虑

DSU第21条第8款规定了DSB对发展中国家成员作为起诉方案件的特殊考虑:"如案件是由发展中国家成员提出的,则在考虑可能采取何种适当行动时,DSB不但要考虑被起诉措施所涉及的贸易范围,还要考虑其对有关发展中国家成员经济的影响。"

非洲集团和最不发达国家成员集团的提案都对DSU第21条第8款提出了修改意见,核心都是增加规定:对于发展中国家成员对发达国家成员提起的案件,DSB要考虑现金或者其他适当的补偿问题;在补偿数额的起算时间上,应当自采取被确定为违反相关规定的措施之日起。② 两个提案的区别是,最不发达国家成员集团提案还特别提出将最不发达国家成员与发展中国家成员并列问题。此外,关于DSB对于现金等补偿问题的考虑,非洲集团用的是"可以"(may),而最不发达国家成员集团用的是"应当"(shall)。

这些提案引起一些成员的关注。欧盟认为,提案要求现金补偿是不合适的,因为DSU规定的补偿是自愿的,并且只有在合理期间内不能履行裁决的情况下才提供补偿,而现在的提案内容似乎是即使有关成员履行了裁决也要进行补偿,这些都与DSU关于争端解决的基本原则不一致。美国认为,最不发达国家成员集团要求在DSU第21条第8款中加上"最不发达国家成员"的提案存在问题,因为WTO众多协定对于发展中国家成员和最不发达国家成员并没有进行区分。如果在DSU中刻意进行区分和强调,是否隐含着在没有同时表述两者时可能存在不同待遇的意思?对于现金补偿,美国指出这仍需仔细研究,特别是补偿方式和起算时间的追溯问题。以色列则明确表示,不支持现金补偿的要求,补偿计

---

① See TN/DS/W/47.
② See TN/DS/W/37.

算追溯到措施采取之日的提案也是不可行的。

非洲集团和最不发达国家成员集团的提案对于保护发展中国家成员的利益是有利的,但是要求现金补偿涉及WTO争端解决机制的根本性修改,发展中国家成员和发达国家成员在此方面的利益冲突比较尖锐。同时,现有提案的基本思想虽然比较清楚,但操作性还存在问题;同时,不够成熟,也不能很好地与DSU其他条款衔接起来。例如,在补偿数额的确定上,上述提案均要求DSB作出建议,而根据DSU的基本做法,诉诸仲裁更符合现有规范,也更具有可操作性。再如,按照最不发达国家成员的提案,DSB是有义务(shall)作出补偿建议的;非洲集团提案则规定,DSB可以(may)作出补偿建议。两者似乎都不妥当。相较之下,应发展中国家成员的要求,DSB可以作出补偿的建议更为可行。鉴于特别会议讨论的情况,巴拉斯主席的案文没有涉及DSU第21条第8款的修改内容。2004年以后的提案也未涉及这一问题。

8. 对已决措施的快速程序

在向DSB提交的提案中,巴西提出了一个比较独特的建议:对于已经被先前的专家组或者上诉机构报告裁定为违反WTO规则的相同措施所引起的争端,有关成员可以要求采取快速解决程序予以解决。在快速程序下,有关成员可以直接要求建立专家组,而无须先提出磋商请求。提案同时规定了快速程序的一些具体方面,如专家组认定是否为相同措施问题、对一般专家组程序的回归以及快速程序在各个阶段的时限等。[①]巴西指出,创设快速程序旨在加快某些争端的解决、缩短时间,对于已经被裁定为违反WTO规则的措施再次引起的争端,若再沿用普通程序的时间框架,对于利益受到损害的成员来说是不利的;同时,由于快速程序是可以由成员选择的,并不是一种强制程序,因此可以作为解决争端的一般程序的替代方式。

这个提案在特别会议上引起了很多成员的兴趣,日本、美国、中国台北、中国香港、欧盟、加拿大、智利、墨西哥等成员纷纷表示关注,并提出了一些问题:对"措施"范围的界定、是否为相同措施的判断标准、快速程序

---

① See TN/DS/W/45.

时间框架的合理性、快速程序与合理期间的关系、适用快速程序时进行上诉审查的必要性、快速程序无须提起磋商的可行性、第三方参加快速程序问题、WTO 先前的报告对于以后案件的效力问题等。有成员指出,现有案文规定的措施包括政府机构的法律、法规、政策、方法和采取的行为等,是一个很广泛的概念,不是一个仅适用于快速程序的概念,可能导致实际适用时存在争议。也有成员指出,依照法律对某一种产品采取的保障措施被裁定为违反 WTO 规则,而依照这个法律对于其他产品采取的保障措施则不一定也是违反 WTO 规则的。还有成员指出,在 WTO 的报告中会明确说明报告只对当事方有效,那么适用快速程序,依据以前的报告作出决定的法律基础是什么,尚需进行说明。

从理论上看,巴西的建议对于某些争端的快速解决能够起到积极作用,但存在的现实问题也很多,包括概念、程序以及实际可操作性方面的问题。同时,考虑到 WTO 成员之间争端的复杂性,适用快速程序的前提似乎并不很充分。此外,从各国法律规定的诉讼程序来看,适用简易程序或者快速程序的前提一般是案件情况简单或者诉讼双方对于事实问题等分歧较小,但这些情况在 WTO 争端中似乎并不存在。从讨论结果来看,在 DSU 中增加快速程序的可能性和可行性比较小。2006 年后,该提案再未被提及。

9. 关于第 21 条中其他条款的提案

关于 DSB 裁决执行条款的提案,除以上八个最主要的方面外,还有一些成员提出了较为零散的提案。

对于 DSU 第 21 条第 7 款规定的对发展中国家成员提出有关事项的特殊考虑,最不发达国家成员集团 2003 年 1 月提出的提案建议,在文字上增加"最不发达国家成员"。[①]

厄瓜多尔提案建议增加 DSU 第 3 条之二和第 3 条之三:在被诉方无法立即执行 DSB 建议和裁决的情况下,在援引第 22 条第 2 款前,起诉方可对利益年度丧失或减损程度要求仲裁。若此仲裁在合理期限确定之前启动,则也可确定合理期限。在执行专家组作出裁决之后,仲裁员还应修

---

① See TN/DS/W/37.

订利益年度丧失或减损程度。同时,该提案还对发展中国家成员利益考虑作出了规定。①

由于此类提案的代表性不强,也未能反映 DSU 在实践中遇到的关键问题,因此附和的成员很少。2004 年后的提案均未涉及这些内容。

(八) 补偿和中止减让阶段

根据 DSU 第 22 条,补偿和中止减让或其他义务属于临时措施。补偿和中止减让是很敏感的问题,成员们对于本条的修改提出了很多建议。有一些是针对条款的具体的修改建议并提交了具体案文;还有一些则仅是一种修改想法的表述或者观点的表达,并没有形成具体的修改案文。这些提案涉及各个方面,其中比较有代表性的有以下几个方面:

1. 补偿谈判和请求授权中止减让的启动条件

DSU 第 22 条第 2 款规定了补偿谈判和请求授权中止减让的启动条件:"在按照第 21 条第 3 款确定的合理期限内,如有关成员未能使被认定与一适用协定不一致的措施符合该协定,或未能遵守建议和裁决,则该成员如收到请求,应在不迟于合理期限届满前,与援引争端解决程序的任何一方进行谈判,以期形成双方均可接受的补偿。如在合理期限届满之日起 20 天内未能议定令人满意的补偿,则援引争端解决程序的任何一方可向 DSB 请求授权中止对有关成员实施适用协定项下的减让或其他义务。"

关于补偿谈判和请求授权中止减让的启动,有一个重要问题已在本部分"(六)DSB 裁定执行阶段"中论述过了,即是否以 DSU 第 21 条第 5 款执行专家组程序的完结为前提。因此,这里关注的重点是启动补偿谈判和请求授权中止减让的其他条件以及请求授权中止减让是否以进行了补偿谈判为前提。

欧盟提案重写了 DSU 第 22 条第 2 款,细化了补偿谈判的启动条件,提出的补偿谈判与请求授权中止减让的关系同 DSU 的规定一致,即补偿

---

① See TN/DS/W/33.

谈判无法达成一致的,可请求授权中止减让。主要内容为:(1) 相关成员未通知 DSB 其履行建议或裁决的意图;(2) 相关成员未在规定时间内提交执行通知;(3) 执行专家组或上诉机构报告认定相关成员未能使不符措施符合相关协定、DSB 建议或裁决;(4) 执行专家组或上诉机构报告认定相关成员的行为不符合 DSU 第 3 条第 6 款下通知 DSB 的双方满意的解决办法。上述四种情况发生一种,原诉方即可要求进行补偿谈判。相关成员未在请求谈判之日起 30 天内提交贸易补偿建议,或双方未在 30 天内就补偿达成一致的,起诉方有权要求 DSB 授权中止减让或其他义务。① 厄瓜多尔 2003 年 1 月提交的提案与欧盟提案的内容类似,但其中没有启动补偿谈判的条件和上述四项规定。②

墨西哥提案的重点在于将补偿谈判时间提前,提出 DSB 建议或裁决未立即执行的,应要求相关成员进行补偿谈判;此后 20 天内未就补偿达成一致的,原诉方可向 DSB 要求授权中止减让。③

日本提案建议在 DSU 第 22 条第 1、2 款分别规定补偿谈判和请求授权中止减让的启动条件。其中,第 22 条第 1 款规定,起诉方通过评估相关成员提交的具体执行情况报告,认为其不能在合理期限内履行 DSB 建议或裁决的,可以要求启动补偿谈判。相关成员应在请求之日起 20 天内开始与起诉方磋商,除非宣称其可以在合理期限内完全符合 DSB 建议或裁决。④ 第 22 条第 2 款规定,(1) 相关成员未通知 DSB 其履行建议或裁决的意图;(2) 相关成员未在规定时间内提交执行通知;(3) 执行专家组或上诉机构报告认定相关成员未能使不符措施符合相关协定、DSB 建议或裁决,上述三个条件满足一个,起诉方就可以向 DSB 要求授权中止减让或其他义务。⑤ 也就是说,在日本提案中,补偿谈判不是请求授权中止减让的条件,两者之间也无时间顺序的要求。

在索托主席支持的谈判中,有成员对此问题继续提出提案,大体可分为两类:一类是将补偿谈判和请求授权中止减让作为并行程序,分别规定

---

① See TN/DS/W/1.
② See TN/DS/W/33.
③ See TN/DS/W/40.
④ See TN/DS/W/32.
⑤ Ibid.

启动条件；另一类是基本维持 DSU 第 22 条第 2 款原有的规定，以将补偿谈判时间提前为重点。

欧盟、日本联合提案属于第一类，分别规定了补偿谈判和请求授权中止减让的条件。提案建议修改 DSU 第 22 条第 2 款，规定有关成员未能立即或在合理期限内使被认定与一适用协定不一致的措施符合该协定、DSB 建议或裁决的，如起诉方要求，则该相关成员应在请求之日起 10 天内开始与其谈判。同时，提案建议增设第 22 条第 2 款之二，规定请求授权中止减让的条件：(1) 相关成员未通知 DSB 其履行建议或裁决的意图；(2) 相关成员未在合理期限届满前通知 DSB 其已完全履行 DSB 建议或裁决；(3) 根据执行专家组程序，DSB 认定相关成员未能使不符措施符合相关协定、DSB 建议或裁决。上述三个条件满足一个，起诉方就可以向 DSB 要求授权中止减让或其他义务。① 六国集团 2007 年 5 月提出的提案与欧盟、日本联合提案大体相同，区别在于在请求授权中止减让的启动条件中增加了相关成员通知 DSB 其不准备执行 DSB 建议或裁决这一种情况，以及通知 DSB 其完全履行 DSB 建议或裁决的时限在合理期限届满之日起 20 天内。②

另一类以墨西哥提案为代表，建议：相关成员未立即执行 DSB 建议或裁决的，应要求其进行补偿谈判。③

虽然从提案个数上看，支持要求启动补偿谈判与请求授权中止减让并行的提案较多，但并不能说明此种观点已占主流，因为未对此提出修改建议的成员很可能是支持 DSU 现行规定的。

2. 补偿谈判的程序

DSU 对于补偿谈判的具体程序没有作详细规定，仅在第 22 条第 2 款简单规定了时限，要求补偿谈判在合理期限届满前开始，"如在合理期限届满之日起 20 天内未能议定令人满意的补偿，则援引争端解决程序的任何一方可向 DSB 请求授权中止对有关成员实施适用协定项下的减让或其他义务"。也就是说，补偿谈判的最后期限一般在合理期限届满之日

---

① See Job (05)/71/Rev. 1.
② See Job (05)/52/Rev. 1.
③ See TN/DS/W/91.

起20天内。

关于补偿谈判的程序,欧盟提案建议,相关成员应在自请求之日起30天内向另一方提交双方可接受的贸易补偿建议,双方应在建议提交之日起30天内达成一致,否则原诉方可向DSB请求授权中止减让。[1] 厄瓜多尔2003年1月提出的提案与欧盟提案类似。[2] 澳大利提案建议,相关成员应在要求原诉方磋商后10天内开始进行磋商。[3] 墨西哥提案规定了磋商的时限,建议:应当事方请求进行补偿谈判,谈判开始后20天内未达成一致的,原诉方可向DSB请求中止减让授权。[4]

各成员的提案虽然各异,但可以看出它们的共同点是将磋商期限计算与合理期限脱钩。2004年以后的谈判中没有成员就此问题再提出提案,此问题也再未被讨论。

3. 补偿的形式与程度

DSU对于补偿的形式与程度均没有作出明确规定,仅在第22条第1款规定,"补偿是自愿的,如果给予,应与有关适用协定一致"。

牙买加提案主张,在涉及发展中国家成员的争端中,在胜诉的发展中国家成员的请求下,还应有除提高进口产品关税以外的别的补偿措施,如提高发达国家成员市场开放的水平。[5] 厄瓜多尔提案建议,补偿应是部分或全部以金钱形式进行的;如果已进行了利益丧失或减损程度仲裁,补偿建议应与裁决相符;如果起诉方是发展中国家成员,而被诉方是发达国家成员,补偿还要考虑DSU第21条第8款的规定。[6] 墨西哥提案建议,在DSU第22条第1款中增加对补偿形式的规定,即对发展中国家成员的补偿应以货币形式进行,但并不排除在一致同意的情况下发达国家成员获得货币补偿的可能性。[7]

---

[1] See TN/DS/W/1.
[2] See TN/DS/W/33.
[3] See TN/DS/W/49.
[4] See TN/DS/W/40.
[5] See TN/DS/W/21.
[6] See TN/DS/W/33.
[7] See TN/DS/W/91.

4. 补偿的最惠国待遇问题

澳大利亚提案认为,DSU 规定补偿是在建议或裁决未在合理期限内执行时可获得的临时措施,并且应该符合有关的协定,其中应包括最惠国待遇条款。但是,目前的趋势是,当事方就补偿达成一个没有执行时间表的双边协定,从而损害了其他成员的利益。因此,建议成员充分遵守 DSU 第 3 条第 7 款,把补偿限制为撤销与适用协定不一致的措施前采取的临时措施;如果补偿违反成员义务,就不得采用,以避免被滥用。当补偿不可行时,可依据 DSU 第 25 条提起仲裁。就非当事方的利益而言,成员就补偿问题达成的协议不应构成对其义务的豁免。另外,被诉方应尽可能寻求其他成员可以广泛获得的补偿措施。① 澳大利亚 2003 年 2 月提出的提案在上述观点的基础上提出对争端第三方的补偿问题,即任何原诉方与相关成员就补偿达成一致,但此补偿未给予争端第三方的,相关成员应第三方的请求,应同意进行 DSU 第 25 条项下的快速仲裁以确定第三方获得补偿的权利。②

2004 年以后的提案均未涉及此方面内容。

5. 强化补偿机制

很多成员就强化补偿机制的作用提出提案。欧盟认为,授权中止减让违反 WTO 贸易体制的可预测性这个基本原则,因此在被诉方未能执行 DSB 建议或裁决时,补偿无疑是中止减让更现实的替代方式。欧盟认为,应当加强补偿的作用,使其成为首要的临时性替代方式。③

最不发达国家成员集团提案建议删除 DSU 第 22 条第 2 款中的"如收到请求",从而使该条款规定的补偿谈判具有强制性。④ 厄瓜多尔提案认为,现实情况表明,补偿只是该机制的一个点缀,并未真正实施过。因此,应当加强补偿的作用,使之在被诉方不执行 DSB 建议或裁决的情况下成为恢复争端各方权利义务平衡的临时性救济手段。同时,在适用补

---

① See TN/DS/W/8.
② See TN/DS/W/49.
③ See TN/DS/W/1.
④ See TN/DS/W/17.

偿措施时,应当注意由此带来的违反最惠国待遇的问题,而且应当选择对同一适用协定下的其他成员不利影响最小的补偿方式。①

2004 年以后的提案均未涉及此方面内容。

6. 中止减让的范围问题

在考虑中止哪些减让或其他义务时,DSU 第 22 条第 3 款规定了适用原则,即首先寻求对与专家组或上诉机构认定有违反义务或其他造成利益丧失或减损情形的部门相同的部门中止减让或其他义务;只有在相同部门中止减让或其他义务不可行或无效的情况下,才能寻求中止同一协定项下其他部门或其他协定项下的减让。

墨西哥和印度建议修改 DSU 第 22 条第 3 款,扩大中止减让的范围。墨西哥提案建议删除第 22 条第 3 款的规定,认为受到损失的成员有权中止任何部门的减让,不管是发展中国家成员还是发达国家成员,只要中止减让的水平与利益丧失或减损水平一致即可。② 印度提案建议增加一款规定,发展中国家成员在诉发达国家成员时,可以寻求中止所有适用协定和部门项下的减让。③

对这方面的提案,美国认为,修改的目的在于增强发展中国家成员的报复能力,而依据现有的规定同样可以进行跨部门的中止减让,因此没有修改的必要。日本则对仅发展中国家成员可以寻求中止所有适用协定和部门项下的减让表示关注。欧盟认为,因为贸易领域的中止减让通常以禁止性关税的形式出现,所以应当为在途货物提供特定的豁免。因此,欧盟和日本提案建议将适用中止减让之前或之时的在途产品排除在中止减让的范围之外。④

古巴、印度、马来西亚、埃及和巴基斯坦联合提案提出增加 DSU 第 22 条第 3 款之二,规定在发展中国家成员和发达国家成员的争端中,发展中国家成员可以寻求授权中止任何适用协定项下任何部门的减让或其

---

① See TN/DS/W/9.
② See TN/DS/W/40.
③ See TN/DS/W/47.
④ See TN/DS/W/1,TN/DS/W/32.

他义务。①

扩大中止减让的部门和协定的范围可以增强发展中国家成员的报复能力。目前的规定虽然也可以实现跨部门和协定报复,但是程序烦琐,而且需要满足一定的条件。因此,简化程序,放松条件,授权发展中国家成员自由选择中止减让的部门和协定范围,对于发展中国家成员是有益的。不过,仅授予发展中国家成员跨部门报复的选择权利能否为发达国家成员所接受,尚需考虑。

7. 中止减让程度仲裁的程序

关于中止减让程度仲裁,根据 DSU 第 22 条第 6 款的规定,如有关成员反对提议的中止程度,或认为在一起诉方根据第 3 款(b)项或(c)项请求授权中止减让或其他义务时,第 3 款所列原则和程序未得到遵守,则该事项应提交仲裁。如原专家组成员仍可请到,则此类仲裁应由原专家组作出,或由经总干事任命的仲裁人作出。仲裁应在合理期限结束之日起 60 天内完成。减让或其他义务不得在仲裁过程中止。

欧盟认为,对于中止减让的仲裁,DSU 第 22 条第 6 款含有一个"合理期限结束起 60 天"的最后期限。为防不存在此类合理期限,对这一时间期限新的起算点应当作出规定。因此,欧盟和日本提案对中止减让程度仲裁的专家组组成和时限提出了修改建议:如原专家组成员仍可请到,则此类仲裁应由原专家组作出;原专家组成员是否可请到,由总干事决定;如原专家组成员请不到,而且争端方不能就人选达成一致,则总干事应在事项提交仲裁之日起 5 天内任命替代人选;仲裁应在事项提交之日起 45 天内完成。② 墨西哥提案建议将仲裁时限修改为在提交仲裁之日起 60 天内完成,并就仲裁期间不得中止减让这一规定提出例外:在专家组程序中,为防止损害或威胁已被授权而采取措施的除外。③ 泰国和菲律宾联合提案对仲裁步骤提出了具体方案:仲裁员首先应确定利益丧失或减损的程度;起诉方应向仲裁员提交拟中止减让或其他义务的清单,仲裁员确定清单中的拟中止减让程度与利益丧失或减损的程度是否相等;

---

① See Job (06)/222/Corr. 1 and Add. 1.
② See TN/DS/W/1,TN/DS/W/32.
③ See TN/DS/W/40.

若仲裁员认为不相等,则起诉方应修改清单,直到仲裁员认为程度相等为止。①

此外,一些成员还设计出单独的利益丧失或减损程度仲裁程序。欧盟和日本提案建议,在请求授权中止减让前的任何时候,争端方一致同意的,可要求对利益丧失或减损程度进行仲裁。如原专家组成员仍可请到,则此类仲裁应由原专家组作出。如原专家组成员请不到,而且争端方不能就人选达成一致,则由总干事指定。仲裁应在提交事项之日起45天内完成。裁定是终局性的,争端方应接受其为DSU第22条第6款项下中止减让程度仲裁程序的利益丧失和损害程度。在此程序已启动的情况下,第22条第6款项下中止减让程度仲裁的时限为30天。② 墨西哥提案则建议在专家组程序中规定确定利益丧失或减损程度的程序。如果专家组程序未对利益丧失或减损程度作出决定,而且相关成员反对中止减让程度,则可以提起仲裁。③

欧盟和日本④以及阿根廷、巴西、加拿大、印度、新西兰和挪威⑤后来提出的两个联合提案对DSU第22条第6款的修订只有两点建议:一是将仲裁结束时间修改为仲裁员接受任命之日起60天内;二是弱化仲裁期间不得中止减让的限制,由"shall not"改为"may not"。

8. 利益丧失和减损程度的确定

DSU并没有规定计算利益丧失或减损程度的开始时间,这在一定程度上导致了法律的模糊性。

日本和墨西哥在各自的提案中对于计算利益丧失和减损程度的起算标准提出了建议。墨西哥提案给出了三种选择:从不符措施采取时开始、从要求磋商开始、从请求设立专家组开始。⑥ 日本提案规定的计算标准包含预期损害,即利益丧失和减损程度不限于不符措施已造成的损害,还要计算不符措施在符合之前将造成的损害。同时,对损害程度的计算还

---

① See TD/DS/W/3.
② See TN/DS/W/1,TN/DS/W/32.
③ See TN/DS/W/40.
④ See Job (05)/71/Rev.1.
⑤ See Job (04)/52/Rev.1.
⑥ See TN/DS/W/40.

要考虑不符措施的频率、程序和影响程度。① 除此之外,欧盟、挪威、巴西、哥伦比亚等多个成员对于计算标准也给予了很多关注。欧盟指出,确定利益丧失或减损水平的仲裁员在仲裁时会综合考虑多方面的情况,一个具体的计算标准不一定适用于所有的争端。巴西指出,对于部分执行了建议或裁决的情况,如何确定减损程度问题没有得到解决。挪威认为,这些标准实施起来可能不现实。墨西哥后来再次提出的提案涉及计算标准问题,不再将损害的起算时间固定为某一具体时间点,而是规定如果未给予补偿或未对补偿达成一致,则仲裁员应请求应额外确定合理期限内的利益丧失或减损程度。②

为利益丧失或减损程度的确定建立一个大的原则性标准对于其顺利确定是有益的,但考虑到不同争端所涉措施的不同情况,一个具体的、客观的标准又似乎是不现实的。不管是从措施实施起算,还是从请求磋商或者设立专家组开始计算,都欠缺普遍性。从 WTO 已有的案件来看,在没有固定标准的情况下,经过仲裁确定的中止减让或利益减损程度也是能够为当事方所接受的;由于授权进行报复的争端很少,因此当前保持这种灵活性对于顺利仲裁应该是有帮助的。

9. 中止减让的授权和监督

关于中止减让的授权和监督,根据 DSU 第 22 条第 6 款的规定,如发生第 2 款所述情况,则应请求;DSB 应在合理期限结束后 30 天内,给予中止减让或其他义务的授权,除非 DSB 经协商一致决定拒绝该请求。第 22 条第 8 款规定,依照第 21 条第 6 款,DSB 应继续监督已通过的建议或裁决的执行,包括那些已提供补偿或已中止减让或其他义务而未执行旨在使一措施符合有关适用协定的建议的案件。

在中止减让授权问题上,成员提案的建议主要集中于以请求授权日替代合理期限作为时限的起算点。欧盟提案、日本提案和厄瓜多尔提案均提出,DSB 会议应在授权中止请求提出后 10 天内召开,除非起诉方要求延后召开。DSB 应在此次会议上给予授权,除非 DSB 经协商一致决定

---

① See TN/DS/W/32.
② See TN/DS/W/91.

拒绝该请求。① 墨西哥提案提出,应要求,DSB 应在请求之日起 30 天内授权中止减让,除非 DSB 经协商一致决定拒绝该请求。② 澳大利亚提案提出,应要求,DSB 应授权中止减让,除非 DSB 经协商一致决定拒绝该请求。③ 欧盟和日本④以及阿根廷、巴西、加拿大、印度、新西兰和挪威⑤的两个联合提案提出,在可以要求授权中止减让的情况发生时,应请求,DSB 应授权中止减让,除非 DSB 经协商一致决定拒绝该请求。关于对中止减让的监督,墨西哥提案提出,被授权中止减让成员应在 DSB 授权后 3 个月内通知 DSB 及相关 WTO 机构其中止减让的措施,此后每 6 个月通知一次,直到中止减让停止适用。⑥

10. 发展中国家成员特殊和差别待遇问题

在授权中止减让问题上,DSU 并未规定给予发展中国家成员特殊和差别待遇。非洲集团和最不发达国家成员集团提案提出对 DSU 第 22 条第 6 款进行修改,核心是设立集体报复权,增加发展中国家成员报复的能力和手段。

最不发达国家成员集团提案建议,在最不发达国家成员对发达国家成员请求报复时,根据其要求,DSB 应当授权所有成员中止减让或者其他义务(即集体报复),以保证相关成员及时、有效地执行裁决;在 DSB 授权所有成员中止减让时,每个成员中止减让的程度应为仲裁确定的损害程度的适当比例;在由最不发达国家成员提起的案件中,每个成员中止减让的程度应为最不发达国家成员的受损程度。中止减让的程度由仲裁决定,应当包括合理期待利益并足以促使被裁定为不符的措施被撤回,同时还要考虑对实现 WTO 发展目标的障碍、中止对哪些部门的减让可促使不符措施被撤回以及可能给最不发达国家成员造成的不利影响等因素。⑦ 非洲集团提案与最不发达国家成员集团提案的内容相近,但是适

---

① See TN/DS/W/1,TN/DS/W/32,TN/DS/W/33.
② See TN/DS/W/40.
③ See TN/DS/W/49.
④ See Job (05)/71/Rev.1.
⑤ See Job (04)/52/Rev.1.
⑥ See TN/DS/W/40.
⑦ See TN/DS/W/17,TN/DS/W/37.

用案件的范围更大,可以适用于最不发达国家成员和发展中国家成员对发达国家成员提起的案件,可被授权进行报复的范围是发展中或最不发达国家成员和任何其他成员。① 厄瓜多尔提案建议,在发展中国家成员对发达国家成员提起的案件中,DSB授权中止减让要考虑发展中国家成员受到的影响,包括不符措施给发展中国家成员经济造成的影响程度。②

这些提案引起美国、欧盟、日本、智利、委内瑞拉、匈牙利、墨西哥等成员的广泛关注。美国认为,这些提案实际上并不可行,能够足以促使不符措施被撤回的中止减让程度的确定标准无从知晓,合理期待利益如何认定无从掌握,而授权全体成员进行报复也是不切实际的。欧盟同样认为现有提案不具有可行性,虽然发展中国家成员和最不发达国家成员在报复方面存在困难和能力不足问题,但是授权进行集体报复没有合理依据,授权没有受到损害的成员进行报复的建议与DSU有关报复的规定也是不一致的。从特别会议讨论情况来看,集体报复虽然能够有效增强发展中国家成员的报复能力,但是需要解决的问题也不少。从报复授权来看,集体报复的授权首先需要分摊原来一个成员可以进行的报复水平,从而导致单一成员报复水平的下降;如果其他得到授权的成员不进行报复,那么最后的结果反而是报复水平降低;如果得到授权的其他成员必须行使报复权,那么这种强制义务似乎难以为多数成员所接受。同时,要进行具体操作,还需解决损害水平认定、报复份额分担等具体问题。鉴于最不发达国家成员与发达国家成员在这方面尖锐的利益对立和提案的复杂性,特别会议并没有在这方面达成一致。

2004年以后的主要提案均未涉及这方面的问题。

11. 报复权的转让

墨西哥提案建议,增加DSU第22条第7款之二,规定中止减让或其他义务的权利可以转让给一个或者多个成员,但这种转让需要得到DSB的批准,而且不能超过DSB授权的中止程度。③ 这个提案得到成员的广泛关注,多数成员对转让提出了质疑,认为虽然提案的本意是让违反规则

---

① See TN/DS/W/15, TN/DS/W/42.
② See TN/DS/W/33.
③ See TN/DS/W/40.

的成员受到报复,但这种转让不仅操作性不强,而且不符合 WTO 争端解决机制授权报复的初衷,还可能产生一些意料不到的问题,如政治问题等。

墨西哥提案的立意在于,通过将报复权转让给有能力的成员,使违反规则的成员受到报复。但是,这个制度本身存在缺陷,需要 DSB 授权的机制也使得其在实际上不可行。同时,在目前的体制下,多数成员认为报复权并非一种可以转让的权利,DSU 应通过授权跨部门报复等方法来增强某些成员的报复能力。因此,这个建议最终没有得到多数成员的支持。

2004 年以后的主要提案均未涉及这一问题。

12. 中止减让授权的变更

根据 DSU 第 22 条第 7 款的规定,各方应将中止减让程度仲裁的决定视为最终决定予以接受,有关各方不得寻求第二次仲裁。

一些成员提案建议,在利益丧失或减损程度变更时,可以再次寻求仲裁,进而要求 DSB 变更授权。墨西哥提案提出,如果利益丧失或减损程度变化,争端方可以要求 DSB 修改授权或寻求新的仲裁。[①] 澳大利亚提案提出,只有在修改技术性错误或后来的发展使减让或其他义务无效时,相关成员方可请求变更中止减让。在变更的情况下,另一成员保留寻求 DSU 第 22 条第 6 款项下仲裁的权利。[②] 泰国和菲律宾提案提出,在 DSB 授权后,起诉方可以基于技术目的向仲裁员提出调整中止减让清单。仲裁员应审查调整清单中的中止减让程度与利益丧失或减损程度是否相等。起诉方根据仲裁员的决定,向 DSB 申请授权为技术目的调整中止减让清单的,除非 DSB 一致反对,否则 DSB 应授权调整。非经以上程序或起诉方与相关成员一致同意,不得变更中止减让清单。[③] 还有一种变更中止减让授权的情况,是和后中止程序即终止授权程序联系在一起的,即作为要求审查中止减让后相关成员是否履行 DSB 建议或裁决的一种结果,相关提案将在下一个问题中具体介绍。墨西哥在 2007 年的新提案中建议为 DSU 第 22 条第 7 款增加注释规定,如果利益丧失或减损程度在

[①] See TN/DS/W/40.
[②] See TN/DS/W/49.
[③] See TN/DS/W/3.

授权之后变化,任一方均可要求 DSB 变更授权或寻求新的仲裁。此类仲裁的频率不能超过每年一次。①

13. 后报复期程序——授权中止减让的终止

DSU 第 22 条第 8 款规定,减让或其他义务的中止应是临时性的,而且只应维持至被认定与适用协定不一致的措施已取消,或必须执行建议或裁决的成员对利益丧失或减损已提供解决方法,或已达成双方满意的解决办法。但是,对于中止减让的终止程序以及如何判定与适用协定不一致措施已取消,DSU 并没有规定。

对此,欧盟认为,应当在 DSU 中针对一成员被授权中止减让或其他义务后另一成员执行了 DSB 建议或裁决的情况作出特定的程序规定,并在确定成员仍未能执行 DSB 的建议或裁决时,为重新评估损害或利益丧失的程度设定特定的仲裁程序。② 欧盟和日本提案建议增加后中止程序,主要内容包括:(1) DSB 授权中止减让后,相关成员基于其已消除不符措施或利益的丧失或减损,可以要求 DSB 终止授权。DSB 应在此要求提出之日起 20 天内开会,撤销中止减让的授权,除非 DSB 一致反对撤销或是原诉方反对。(2) 在原诉方反对的情况下,应启动执行专家组程序。如果执行专家组报告或上诉报告认定相关成员并不存在不符合适用协定的情况且符合 DSB 建议或裁决,在报告散发之后,相关成员可以要求 DSB 终止授权。DSB 应在 10 天内开会撤销授权,除非 DSB 一致反对撤销。(3) DSB 撤销授权后,起诉方不得维持中止减让或其他义务。③ 欧盟在终止授权的基础上,进一步提出了对于执行专家组或上诉机构裁定相关成员仍不符合适用协定或未履行 DSB 建议或裁定的处理方法:在这种情况下,任何一方可要求仲裁确定相关措施造成的利益丧失或减损程度。如果仲裁确定的利益丧失或减损程度与 DSU 第 22 条第 6 款规定的程度不同,相关成员可以要求 DSB 召开会议变更授权中止减让程度。DSB 应在此要求提出后 10 天内召开会议变更授权,除非 DSB 一致决定不变更。

---

① See TN/DS/W/91.
② See TN/DS/W/1.
③ See TN/DS/W/1,TN/DS/W/32.

起诉方应使其中止减让程度与DSB变更的授权一致。① 墨西哥提案对中止减让的终止建议较为简单,即中止减让应持续到中止的程度与从采取不符措施开始(或从要求磋商开始,或从请求设立专家组开始)的利益减损程度相等。②

欧盟和日本联合提出的新提案对后中止程序进行了修订。相较于旧提案,新提案增加了磋商程序,终止授权的条件更加明晰,将利益减损仲裁的提起方限定为被中止减让方,主要内容是:(1) DSB授权中止减让后,相关成员可以通知DSB其已完全消除了不符措施或提出了对利益减损的解决方案。应被授权方要求,相关成员应与被授权方就通知进行磋商。(2) 如果被授权方未在通知散发后60天内要求设立执行专家组,或经过执行专家组程序,DSB裁定不符措施已完全消除或提出了对利益减损的解决方案,DSB应请求,应撤销中止减让授权,除非DSB一致反对撤销。(3) 在DSB未作出不符措施已消除或提出解决方案的裁定的情况下,执行专家组程序中的起诉方可以要求DSB变更中止减让程度。如果相关成员反对此变更,则可寻求仲裁。在起诉方未要求变更的情况下,相关成员也可寻求仲裁。(4) 不经DSB变更,起诉方必须维持既有授权。③ 阿根廷、巴西、加拿大、印度、新西兰和挪威联合提案也对后中止程序提出了建议,主要内容是:(1) DSB授权中止减让后,若对采取的措施与DSB建议或裁决是否一致有争议,相关成员应寻求启动执行专家组程序。(2) 若DSB认定采取的措施并非与DSB建议或裁决不符,应相关成员请求,DSB应撤销中止减让授权,除非DSB一致反对撤销。(3) 如果DSB未认定相符,任一争端方均可寻求DSU第22条第6款项下的仲裁;确定新的中止减让程度。(4) 应任一争端方请求,DSB应变更中止减让授权,除非DSB一致决定拒绝此请求。④ 此外,墨西哥新提案还强调中止减让可维持到程度与合理期限内的损害程度相等时方终止。⑤

---

① See TN/DS/W/1.
② See TN/DS/W/40.
③ See Job (05)/47/Rev.1.
④ See Job (04)/52/Rev.1.
⑤ See TD/DS/W/91.

14. 对双方满意的解决办法的审查

DSU 第 3 条第 6 款规定:"对于根据适用协定的磋商和争端解决规定正式提出事项的双方满意的解决办法,应通知 DSB 及有关理事会和委员会,而在这些机构中,任何成员都可能提出与此有关的任何问题。"但是,DSU 并没有对双方满意的解决办法的执行作出任何规定。

对此,欧盟提案建议增加 DSU 第 22 条之二,规定对双方满意的解决办法的审查。起诉方和相关成员对于相关成员的行为是否符合双方满意的解决办法存在不同意见的,应通过执行专家组程序来解决。如果执行专家组或上诉机构报告认定相关成员采取的措施确实与解决办法不符时,起诉方可依据第 22 条要求 DSB 授权中止减让或其他义务。①

2004 年以后的谈判未涉及此问题。

(九) 综合性问题

1. 透明度和"法庭之友"问题

对于 WTO 争端解决程序应当具有的透明度问题的讨论,涉及争端解决程序的多个阶段,在 1997 开始的 DSU 审议和 2002 年开始的多哈 DSU 谈判中均是焦点问题之一。

根据 DSU 的规定,当前 WTO 争端解决程序的透明度和公开性主要体现为:专家组、上诉机构的最终报告向公众公开;争端方均可自行披露有关其参与争端解决案件自身立场的陈述。

除此之外,从 DSU 规则上看,WTO 争端解决程序的保密性较强,主要表现为:专家组和上诉机构的听证会应不公开;提交专家组和上诉机构的书面陈述应保密;专家组的审议情况应保密;专家组和上诉机构报告自作出后至散发 WTO 成员前应保密;专家组和上诉机构成员在报告中的个人意见不具名。

从谈判的情况来看,透明度问题涉及多个方面,包括若干方面的具体

---

① See TN/DS/W/1.

内容：禁止单方面联系、公开书面陈述、公开听证会、提前公布报告等。除此之外，一些成员认为"法庭之友"参与、机密信息的处理也属于透明度问题的范畴。

对于透明度问题，欧盟认为，可以继续保持 WTO 争端解决机制的保密性；同时，DSU 应当为双方提供充分的灵活性，以决定专家组或上诉机构程序中的特定部分是否可以向公众开放；第三方也应当有权决定它们的参加是否应在公开会议或是秘密会议中进行。但是，专家组或上诉机构应当能够对于程序的开放施加限制和正当性要求，特别是在处理机密信息时。①

对于上诉机构解释在争端解决过程中允许"法庭之友"基于个案提交书面陈述的情况，欧盟建议对"法庭之友"进行全面的规定，主要内容包括：任何自然人或者法人都可以申请成为"法庭之友"，只要专家组或者上诉机构认为其和案件争端有事实上或者法律上的关系。但是，专家组或者上诉机构没必要在报告中阐述其观点，并且接受"法庭之友"的陈述不应当导致程序的延误或者对发展中国家成员制造实质性的额外负担；同时，应当为提交"法庭之友"陈述和当事方审查这些陈述提供充分的时间。此外，欧盟还建议，规定"法庭之友"的申请程序、"法庭之友"提交书面陈述的相关要求等。②

美国也就透明度提出提案，③建议 WTO 争端解决机制效仿多数国际机构的争端解决机制，扩大透明度，主要内容有：专家组、上诉机构、仲裁等阶段的实质性会议向公众开放；除机密信息外，向专家组、上诉机构和仲裁员提供的所有陈述材料均应公开；当事方获得专家组报告的同时，该报告亦应对外公布；对于"法庭之友"提供的材料，可借鉴专家组和上诉机构现在的做法，即允许提供有关信息，同时成员可讨论制定相应的指南。美国认为，DSB 不向公众开放，与 WTO 在国际社会上的地位不符，也不符合国际组织争端解决机制的发展方向（以国际法院、国际海洋法法庭、前南战犯法庭、卢旺达问题国际刑事法庭、欧洲人权法院和非洲人权与民族权法院的做法作为证明）；同时，公开有利于争端的解决，有利于 DSB

---

① See TN/DS/W/1.
② Ibid.
③ See TN/DS/W/13.

裁定的执行,有助于非成员对 DSU 的了解,有助于发展中国家成员熟悉 DSU 的运作、积累经验,还可以帮助成员决定是否作为第三方参加某一争端的解决。美国认为,应当公开争端解决过程中当事方提交论辩和举证的所有书面及口头陈述,争端解决的程序,"法庭之友"的书面陈述,专家组、上诉机构和仲裁会议程序,以及专家组或上诉机构的最后报告,除非上述内容涉及商业秘密或国家安全和机密。

古巴等九国的立场是,没有必要规定接受"法庭之友"提交的书面陈述。它们进一步建议,在 DSU 第 13 条下增加如下脚注:"寻求信息"是指那些专家组要求、请求的信息;对未经专家组要求、请求的信息不能加以考虑。① 该脚注也适用于DSU项下的上诉机构和仲裁员。②

对于美国的建议,只有欧盟、挪威等少数成员表示支持,其他多数成员表示反对。反对美国提案的成员认为,WTO 本质上是政府间机构,也代表了各成员的总体国家利益,讨论和解决成员权利和义务平衡的问题,无须非政府组织的过多参与;"法庭之友"并非简单地表现为透明度问题,而且不在《多哈宣言》的授权范围之内;鉴于"法庭之友"一般仅代表某个利益集团,因此除非专家组或上诉机构寻求信息,否则它无权主动提供材料,也不存在为此制定指南的必要。此外,一些成员还批评了美国为满足国内法的需要而要求其他成员承担额外义务的做法。

特别会议关于此问题的讨论非常激烈,尚未达成任何一致。

2. WTO 裁决机构处理案件方法的有关问题③

自 2005 年以来,针对 WTO 争端解决实践中专家组和上诉机构在处理案件中的一些司法方式和技术手段等,美国提炼出来一些问题,提交成员们讨论,希望引起成员们的关注。需要指出的是,美国在指出这些方面存在问题和需要予以关注的同时,并没有提出具体的解决方案。事实上,讨论多是在法律理论层面进行的,内容较抽象,具有一定挑战性。

(1) 司法经济问题

在司法经济问题上,美国并未提出具体案文,而是希望成员考虑如下

---

① See TN/DS/W/18.
② Ibid.
③ See TN/DS/W/82.

问题:成员对于司法经济是如何理解的?专家组和上诉机构在什么情况下适用司法经济原则对成员是有帮助的?在什么情况下是没有帮助的?司法经济是否会导致"虚假的经济"?适用司法经济原则对于争端解决机制的益处是什么?……

(2) 专家组和上诉机构运用解释填补法律漏洞和消除模糊性问题

对于填补法律漏洞和消除模糊性,美国提出了一些观点:WTO裁决机构在增加或者减少WTO各适用协定规定的权利和义务方面应受到约束;WTO各适用协定反映了成员不同的谈判目标和立场,包括一些妥协,不能因为协定中某一处规定的目的而推理认为相关成员在其他方面存在相同目的;WTO各适用协定存在一些具有建设性作用的模糊之处,如果模糊性是谈判时有意设定的,则WTO裁决机构不应对此进行裁决。

因此,在填补法律漏洞或者消除模糊性上,至少有两个方面不能通过司法而应通过谈判进行:① 对于WTO各适用协定文本中没有规定的权利或者义务,不能通过从其他不同条款中引述得来;② 不能以增加或者减少WTO各适用协定项下权利或者义务的方式消除模糊性。WTO成员未授权裁决机构承担填补WTO各适用协定法律漏洞的职责。

(3) 专家组和上诉机构援用国际公法问题

对于援用国际公法的问题,美国指出,应认可国际公法在WTO争端解决中发挥一定的作用。因为WTO各适用协定就是国际公法,DSU规定WTO争端解决机制应当依照解释国际公法的惯例澄清WTO各适用协定的规则,而且在WTO各适用协定中有些地方还提及其他国际公法。尽管如此,由于WTO争端解决机制的适用范围是"确定WTO各适用协定项下的权利义务",因此国际公法不能用来确定WTO各适用协定范围之外的权利义务。不过,在争端解决程序规则方面,由于WTO裁决机构承担着管理自身审查程序的任务,因此这些裁决机构可以考虑和参考其他类似国际裁决机构是如何行事的。但是,此方面的裁量权并不是根据国际公法解释适用协定的问题。

(4) 关于被审议的措施问题

对于在审理过程中如何界定被审议的措施,美国指出了一些问题:

① 分析顺序

WTO争端解决机制的目的在于解决争议,而非"造法",因此WTO

裁决机构应当避免作出那些不以解决案件为目的的裁定。同时,根据《WTO 协定》,WTO 裁决机构也无权对 WTO 规则作出权威性解释。因此,WTO 裁决机构所遵循的分析顺序应当确保其报告中的裁定与"影响 WTO 适用协定实施有关的措施"相关。此外,分析顺序还意味着,对于磋商请求提交前已经过期或者并不存在的措施,WTO 争端解决不应处理,因为它们已经不再影响 WTO 各适用协定的实施。

② 措施的界定

WTO 各适用协定并未界定"措施"这个术语,因为在个案中情况不同。上诉机构曾指出,成员含有规则或者规范的文件可以(could)构成措施,而不管这些规则或者规范在特定情况下是如何适用的。"可以"的表述表明了分析的出发点,那就是并非所有此种文件都构成措施,也并非所有措施都是此种文件。此外,成员的不作为也可以是一种措施。例如,措施不应包括:不含有法律效力的立法历史;仅是表达个人观点的立法者的声明;在个案裁决中,裁判者的"附带意见"或者"不同意见"。

③ 强制性措施与任意性措施

WTO 仲裁机构不应假定成员会选择违反 WTO 规则。因此,在一项措施给成员提供了符合 WTO 规则的裁量权的情况下,该项措施不应被裁定违反 WTO 规则,即使此种裁量权非常宽泛,以致其可能使得该成员以违反 WTO 规则的方式实施。

四、结　语

从 1997 年 DSU 审议,到 2001 年 DSU 谈判,再到 2018 年,谈判仍在进行中。二十多年过去了,路径波折,多次错过期限,蹒跚至今,成员们仍不折不挠。一部 DSU,几十个条款,成员们耗费二十多年进行讨论研究,未修得正果,仍不离不弃。

DSU 谈判名义上不在多哈回合一揽子协议的范围内,但又无时无刻不受多边贸易体制发展进程的影响。由于发达国家成员和发展中国家成员追求的目标有很大差异,各方囿于自己的利益而难以作出更多让步,数次部长会议破裂,多边贸易体制的吸引力和信誉都受到很大冲击,原先的多哈回合已名存实亡。在此背景下,作为多哈回合中一个重要但远非主要或核心议题的争端解决谈判,近几年来仍继续进行的推动力量更多来自主席而非成员本身。

关于 DSU 谈判为何没有按时完成,各方恐怕没有办法给出一个简单的回答,而谈判的魅力之一就是其不确定性。实际上,各个成员对此也有不同的看法。在编者看来,以下几方面应被考虑在内(当然,很可能并不仅限于这几方面):

第一,由于 DSU 的程序法特点,各个成员的利益所在和优先关注差异太大。这一方面导致谈判焦点分散,谈判涉及问题太多;另一方面,也导致成员之间的相互质疑和责问。可以说,除了在特殊和差别待遇、透明度问题上成员阵营相对明确,在其他问题的讨论上往往是"一团混战",导致主席案文难以同时满足各方诉求。

第二,谈判的紧迫性不足。如同其他多哈回合议题一样,DSU 谈判从一开始就不甚顺利,屡次错过期限,而且各方普遍认为 WTO 争端解决机制在运作中的效果总体上还是可以接受的。在此种情况下,成员们普遍没有达成协议的紧迫感,没有认为这是一个千载难逢的修改机会。在这种不紧迫的心理状态下,任凭DSB主席如何敦促,对于成员来说,如果修改不能带来"触手可及"的益处,或者某些修改对自己将构成潜在的问题,或者不认为谈判结果是平衡的,那么拖着也无所谓,从而没有一方愿意轻易接受一个谈判结果。

第三,主要成员在一些问题上的立场存在较大差异。发达国家成员与发展中国家成员存在集团性的利益冲突和内部矛盾,使得谈判从最基本的谈判范围问题到各个具体问题都一直没有找到非常合适的"着陆点"。例如,需要解决的问题焦点不明确,甚至可以说分散:欧盟关注专家组设立、发回补充审查权、后报复期以及顺序问题等;美国关注提高成员控制力,从而弱化争端解决机制司法化的特点,以及增强透明度等问题;发展中国家成员则反对增强透明度,关注如何增强报复能力、特殊和差别待遇等问题。各方相互之间又不愿意进行妥协和交换。又如,主要成员欧盟和美国希望进行广泛的DSU修改,特别是要包括它们所关注的问题,在此目标未实现之前不愿终结谈判,这使得那些希望逐个确定较小DSU谈判成果的成员的愿望无法实现。

第四,《多哈宣言》明确指出DSU谈判不在多哈最终一揽子协议的范围之内,这也在一定程度上将DSU谈判与其他谈判割裂开来。这种割裂不仅仅是时间进度上的割裂,更隐含着在利益交换方面的割裂,使得DSU规则修改所需要的利益交换只能在DSU范围内进行,而各方在DSU范围内可以相互交换的筹码并不太多。同时,各方对于这种交换的基本观点也存在重大分歧。简单地认为DSU是技术性规则,因而不应当有利益交换的想法,在现实化的谈判中过于理想化,也忽视了各成员提出提案的背景和现实状况。实际上,在DSU谈判早期,主要成员都避免在谈判进展上过于积极,以免被认为是谈判的要价者,更没有或明或暗地表现出进行利益交换的意图,而是不断地强调自己的立场、观点、理由,希望对方能够"明白",DSB特别会议主席也难以主动协调利益交换,从而使得谈判无法收尾。

从技术角度来看,不可否认的是,很多DSU修改提案具有"双刃剑"的效果,同时存在利弊两个方面,有成员看到的利多一些,有成员看到的弊多一些。DSU规则的抽象性和不可量化又使得这种迥异立场很难通过沟通和相互说服加以解决,时常出现"你说你的、我说我的"的情况。在无外力推动且整体环境不佳的情况下,DSB特别会议主席也是颇感无奈,多年来的谈判也已证明单凭主席推动,进展并不显著。

二十多年来,在WTO争端解决机制下,案件不断出现、发展和得到解决。虽然技术上大大小小的问题不断出现,也日益凸显出一些体制性问题,但从总体观瞻,在形象上又瑕不掩瑜,整体上运作尚好。在DSU谈判举步维艰、DSU实践运作良好的情况下,如何继续下一步谈判,如何激发WTO成员代表谈判的热情和投入,如何引起WTO成员的高层政治领导对DSU谈判的重视,是DSB特别会议主席现在面临的主要问题。

往前走,DSB特别会议主席可以选择中庸但稳妥的路径,继续就12个方面问题进行讨论,实现"积跬步以至千里"。即使看似"原地踏步"的谈判,也能使提案方通过每次会议向反对方的立场逐步逼近。当然,主席也可以选择具有挑战性的路径,主动推出主席案文,但这面临着很大风险,特别是在其他重要议题的谈判没有积极进展、成员仍旧分歧巨大的情况下。如遭到一致反对,则主席下一步牵头组织和协调的影响力会大打折扣。

此外,二十多年后,DSU谈判的原动力和自我推动力已逐渐呈弱化之势,参与谈判的各成员的激情和投入也逐渐衰退,支撑成员们继续进行高强度谈判的动力不足。

希望的有无,在很大程度上取决于看问题的角度和态度。尽管DSU谈判踟蹰二十多年,尽管成员们在如何修改完善WTO争端解决机制上存在很大分歧,却仍有一个可谓广泛的共识,即WTO争端机制值得珍惜,对其存在的问题需予以改进。这种共识是DSU谈判可继续进行下去的最重要的原因。

附 录

1. Understanding on Rules and Procedures Governing the Settlement of Disputes

Members hereby *agree* as follows:

Article 1
Coverage and Application

1. The rules and procedures of this Understanding shall apply to disputes brought pursuant to the consultation and dispute settlement provisions of the agreements listed in Appendix 1 to this Understanding (referred to in this Understanding as the "covered agreements"). The rules and procedures of this Understanding shall also apply to consultations and the settlement of disputes between Members concerning their rights and obligations under the provisions of the Agreement Establishing the World Trade Organization (referred to in this Understanding as the "WTO Agreement") and of this Understanding taken in isolation or in combination with any other covered agreement.

2. The rules and procedures of this Understanding shall apply subject to such special or additional rules and procedures on dispute settlement contained in the covered agreements as are identified in Appendix 2 to this Understanding. To the extent that there is a difference between the rules and procedures of this Understanding and the special or additional rules and procedures set forth in Appendix 2, the special or additional rules and procedures in Appendix 2 shall prevail. In disputes involving rules and procedures under more than one covered agreement, if there is a conflict between special or additional rules and procedures of such agreements under review, and where the parties to the dispute cannot agree on rules and procedures within 20 days of the establishment of the panel, the Chairman of the Dispute

Settlement Body provided for in paragraph 1 of Article 2 (referred to in this Understanding as the "DSB"), in consultation with the parties to the dispute, shall determine the rules and procedures to be followed within 10 days after a request by either Member. The Chairman shall be guided by the principle that special or additional rules and procedures should be used where possible, and the rules and procedures set out in this Understanding should be used to the extent necessary to avoid conflict.

Article 2
Administration

1. The Dispute Settlement Body is hereby established to administer these rules and procedures and, except as otherwise provided in a covered agreement, the consultation and dispute settlement provisions of the covered agreements. Accordingly, the DSB shall have the authority to establish panels, adopt panel and Appellate Body reports, maintain surveillance of implementation of rulings and recommendations, and authorize suspension of concessions and other obligations under the covered agreements. With respect to disputes arising under a covered agreement which is a Plurilateral Trade Agreement, the term "Member" as used herein shall refer only to those Members that are parties to the relevant Plurilateral Trade Agreement. Where the DSB administers the dispute settlement provisions of a Plurilateral Trade Agreement, only those Members that are parties to that Agreement may participate in decisions or actions taken by the DSB with respect to that dispute.

2. The DSB shall inform the relevant WTO Councils and Committees of any developments in disputes related to provisions of the respective covered agreements.

3. The DSB shall meet as often as necessary to carry out its functions within the time-frames provided in this Understanding.

4. Where the rules and procedures of this Understanding provide for the DSB to take a decision, it shall do so by consensus. ①

Article 3
General Provisions

1. Members affirm their adherence to the principles for the management of disputes heretofore applied under Articles XXII and XXIII of GATT 1947, and the rules and procedures as further elaborated and modified herein.

2. The dispute settlement system of the WTO is a central element in providing security and predictability to the multilateral trading system. The Members recognize that it serves to preserve the rights and obligations of Members under the covered agreements, and to clarify the existing provisions of those agreements in accordance with customary rules of interpretation of public international law. Recommendations and rulings of the DSB cannot add to or diminish the rights and obligations provided in the covered agreements.

3. The prompt settlement of situations in which a Member considers that any benefits accruing to it directly or indirectly under the covered agreements are being impaired by measures taken by another Member is essential to the effective functioning of the WTO and the maintenance of a proper balance between the rights and obligations of Members.

4. Recommendations or rulings made by the DSB shall be aimed at achieving a satisfactory settlement of the matter in accordance with the rights and obligations under this Understanding and under the covered agreements.

5. All solutions to matters formally raised under the consultation

---

① The DSB shall be deemed to have decided by consensus on a matter submitted for its consideration, if no Member, present at the meeting of the DSB when the decision is taken, formally objects to the proposed decision.

and dispute settlement provisions of the covered agreements, including arbitration awards, shall be consistent with those agreements and shall not nullify or impair benefits accruing to any Member under those agreements, nor impede the attainment of any objective of those agreements.

6. Mutually agreed solutions to matters formally raised under the consultation and dispute settlement provisions of the covered agreements shall be notified to the DSB and the relevant Councils and Committees, where any Member may raise any point relating thereto.

7. Before bringing a case, a Member shall exercise its judgement as to whether action under these procedures would be fruitful. The aim of the dispute settlement mechanism is to secure a positive solution to a dispute. A solution mutually acceptable to the parties to a dispute and consistent with the covered agreements is clearly to be preferred. In the absence of a mutually agreed solution, the first objective of the dispute settlement mechanism is usually to secure the withdrawal of the measures concerned if these are found to be inconsistent with the provisions of any of the covered agreements. The provision of compensation should be resorted to only if the immediate withdrawal of the measure is impracticable and as a temporary measure pending the withdrawal of the measure which is inconsistent with a covered agreement. The last resort which this Understanding provides to the Member invoking the dispute settlement procedures is the possibility of suspending the application of concessions or other obligations under the covered agreements on a discriminatory basis vis-à-vis the other Member, subject to authorization by the DSB of such measures.

8. In cases where there is an infringement of the obligations assumed under a covered agreement, the action is considered *prima facie* to constitute a case of nullification or impairment. This means that there is normally a presumption that a breach of the rules has an adverse impact on other Members parties to that covered agreement,

and in such cases, it shall be up to the Member against whom the complaint has been brought to rebut the charge.

9. The provisions of this Understanding are without prejudice to the rights of Members to seek authoritative interpretation of provisions of a covered agreement through decision-making under the WTO Agreement or a covered agreement which is a Plurilateral Trade Agreement.

10. It is understood that requests for conciliation and the use of the dispute settlement procedures should not be intended or considered as contentious acts and that, if a dispute arises, all Members will engage in these procedures in good faith in an effort to resolve the dispute. It is also understood that complaints and counter-complaints in regard to distinct matters should not be linked.

11. This Understanding shall be applied only with respect to new requests for consultations under the consultation provisions of the covered agreements made on or after the date of entry into force of the WTO Agreement. With respect to disputes for which the request for consultations was made under GATT 1947 or under any other predecessor agreement to the covered agreements before the date of entry into force of the WTO Agreement, the relevant dispute settlement rules and procedures in effect immediately prior to the date of entry into force of the WTO Agreement shall continue to apply. [1]

12. Notwithstanding paragraph 11, if a complaint based on any of the covered agreements is brought by a developing country Member against a developed country Member, the complaining party shall have the right to invoke, as an alternative to the provisions contained in Articles 4, 5, 6 and 12 of this Understanding, the corresponding provisions of the Decision of 5 April 1966 (BISD 14S/18), except that

---

[1] This paragraph shall also be applied to disputes on which panel reports have not been adopted or fully implemented.

where the Panel considers that the time-frame provided for in paragraph 7 of that Decision is insufficient to provide its report and with the agreement of the complaining party, that time-frame may be extended. To the extent that there is a difference between the rules and procedures of Articles 4, 5, 6 and 12 and the corresponding rules and procedures of the Decision, the latter shall prevail.

Article 4
Consultations

1. Members affirm their resolve to strengthen and improve the effectiveness of the consultation procedures employed by Members.

2. Each Member undertakes to accord sympathetic consideration to and afford adequate opportunity for consultation regarding any representations made by another Member concerning measures affecting the operation of any covered agreement taken within the territory of the former.[①]

3. If a request for consultations is made pursuant to a covered agreement, the Member to which the request is made shall, unless otherwise mutually agreed, reply to the request within 10 days after the date of its receipt and shall enter into consultations in good faith within a period of no more than 30 days after the date of receipt of the request, with a view to reaching a mutually satisfactory solution. If the Member does not respond within 10 days after the date of receipt of the request, or does not enter into consultations within a period of no more than 30 days, or a period otherwise mutually agreed, after the date of receipt of the request, then the Member that requested the holding of consultations may proceed directly to request the establishment of a

---

① Where the provisions of any other covered agreement concerning measures taken by regional or local governments or authorities within the territory of a Member contain provisions different from the provisions of this paragraph, the provisions of such other covered agreement shall prevail.

panel.

4. All such requests for consultations shall be notified to the DSB and the relevant Councils and Committees by the Member which requests consultations. Any request for consultations shall be submitted in writing and shall give the reasons for the request, including identification of the measures at issue and an indication of the legal basis for the complaint.

5. In the course of consultations in accordance with the provisions of a covered agreement, before resorting to further action under this Understanding, Members should attempt to obtain satisfactory adjustment of the matter.

6. Consultations shall be confidential, and without prejudice to the rights of any Member in any further proceedings.

7. If the consultations fail to settle a dispute within 60 days after the date of receipt of the request for consultations, the complaining party may request the establishment of a panel. The complaining party may request a panel during the 60-day period if the consulting parties jointly consider that consultations have failed to settle the dispute.

8. In cases of urgency, including those which concern perishable goods, Members shall enter into consultations within a period of no more than 10 days after the date of receipt of the request. If the consultations have failed to settle the dispute within a period of 20 days after the date of receipt of the request, the complaining party may request the establishment of a panel.

9. In cases of urgency, including those which concern perishable goods, the parties to the dispute, panels and the Appellate Body shall make every effort to accelerate the proceedings to the greatest extent possible.

10. During consultations Members should give special attention to the particular problems and interests of developing country Members.

11. Whenever a Member other than the consulting Members

considers that it has a substantial trade interest in consultations being held pursuant to paragraph 1 of Article XXII of GATT 1994, paragraph 1 of Article XXII of GATS, or the corresponding provisions in other covered agreements①, such Member may notify the consulting Members and the DSB, within 10 days after the date of the circulation of the request for consultations under said Article, of its desire to be joined in the consultations. Such Member shall be joined in the consultations, provided that the Member to which the request for consultations was addressed agrees that the claim of substantial interest is well-founded. In that event they shall so inform the DSB. If the request to be joined in the consultations is not accepted, the applicant Member shall be free to request consultations under paragraph 1 of Article XXII or paragraph 1 of Article XXIII of GATT 1994, paragraph 1 of Article XXII or paragraph 1 of Article XXIII of GATS, or the corresponding provisions in other covered agreements.

Article 5

Good Offices, Conciliation and Mediation

1. Good offices, conciliation and mediation are procedures that are undertaken voluntarily if the parties to the dispute so agree.

2. Proceedings involving good offices, conciliation and mediation,

---

① The corresponding consultation provisions in the covered agreements are listed hereunder: Agreement on Agriculture, Article 19; Agreement on the Application of Sanitary and Phytosanitary Measures, paragraph 1 of Article 11; Agreement on Textiles and Clothing, paragraph 4 of Article 8; Agreement on Technical Barriers to Trade, paragraph 1 of Article 14; Agreement on Trade-Related Investment Measures, Article 8; Agreement on Implementation of Article VI of GATT 1994, paragraph 2 of Article 17; Agreement on Implementation of Article VII of GATT 1994, paragraph 2 of Article 19; Agreement on Preshipment Inspection, Article 7; Agreement on Rules of Origin, Article 7; Agreement on Import Licensing Procedures, Article 6; Agreement on Subsidies and Countervailing Measures, Article 30; Agreement on Safeguards, Article 14; Agreement on Trade-Related Aspects of Intellectual Property Rights, Article 64.1; and any corresponding consultation provisions in Plurilateral Trade Agreements as determined by the competent bodies of each Agreement and as notified to the DSB.

and in particular positions taken by the parties to the dispute during these proceedings, shall be confidential, and without prejudice to the rights of either party in any further proceedings under these procedures.

3. Good offices, conciliation or mediation may be requested at any time by any party to a dispute. They may begin at any time and be terminated at any time. Once procedures for good offices, conciliation or mediation are terminated, a complaining party may then proceed with a request for the establishment of a panel.

4. When good offices, conciliation or mediation are entered into within 60 days after the date of receipt of a request for consultations, the complaining party must allow a period of 60 days after the date of receipt of the request for consultations before requesting the establishment of a panel. The complaining party may request the establishment of a panel during the 60-day period if the parties to the dispute jointly consider that the good offices, conciliation or mediation process has failed to settle the dispute.

5. If the parties to a dispute agree, procedures for good offices, conciliation or mediation may continue while the panel process proceeds.

6. The Director-General may, acting in an *ex officio* capacity, offer good offices, conciliation or mediation with the view to assisting Members to settle a dispute.

Article 6
Establishment of Panels

1. If the complaining party so requests, a panel shall be established at the latest at the DSB meeting following that at which the request first appears as an item on the DSB's agenda, unless at that meeting the DSB decides by consensus not to establish a panel. ①

---

① If the complaining party so requests, a meeting of the DSB shall be convened for this purpose within 15 days of the request, provided that at least 10 days' advance notice of the meeting is given.

2. The request for the establishment of a panel shall be made in writing. It shall indicate whether consultations were held, identify the specific measures at issue and provide a brief summary of the legal basis of the complaint sufficient to present the problem clearly. In case the applicant requests the establishment of a panel with other than standard terms of reference, the written request shall include the proposed text of special terms of reference.

Article 7
Terms of Reference of Panels

1. Panels shall have the following terms of reference unless the parties to the dispute agree otherwise within 20 days from the establishment of the panel:

To examine, in the light of the relevant provisions in (name of the covered agreement(s) cited by the parties to the dispute), the matter referred to the DSB by (name of party) in document... and to make such findings as will assist the DSB in making the recommendations or in giving the rulings provided for in that/those agreement(s).

2. Panels shall address the relevant provisions in any covered agreement or agreements cited by the parties to the dispute.

3. In establishing a panel, the DSB may authorize its Chairman to draw up the terms of reference of the panel in consultation with the parties to the dispute, subject to the provisions of paragraph 1. The terms of reference thus drawn up shall be circulated to all Members. If other than standard terms of reference are agreed upon, any Member may raise any point relating thereto in the DSB.

Article 8
Composition of Panels

1. Panels shall be composed of well-qualified governmental and/or

non-governmental individuals, including persons who have served on or presented a case to a panel, served as a representative of a Member or of a contracting party to GATT 1947 or as a representative to the Council or Committee of any covered agreement or its predecessor agreement, or in the Secretariat, taught or published on international trade law or policy, or served as a senior trade policy official of a Member.

2. Panel members should be selected with a view to ensuring the independence of the members, a sufficiently diverse background and a wide spectrum of experience.

3. Citizens of Members whose governments[①] are parties to the dispute or third parties as defined in paragraph 2 of Article 10 shall not serve on a panel concerned with that dispute, unless the parties to the dispute agree otherwise.

4. To assist in the selection of panelists, the Secretariat shall maintain an indicative list of governmental and non-governmental individuals possessing the qualifications outlined in paragraph 1, from which panelists may be drawn as appropriate. That list shall include the roster of non-governmental panelists established on 30 November 1984 (BISD 31S/9), and other rosters and indicative lists established under any of the covered agreements, and shall retain the names of persons on those rosters and indicative lists at the time of entry into force of the WTO Agreement. Members may periodically suggest names of governmental and non-governmental individuals for inclusion on the indicative list, providing relevant information on their knowledge of international trade and of the sectors or subject matter of the covered agreements, and those names shall be added to the list upon approval by the DSB. For each of the individuals on the list, the list shall indicate specific areas of experience or expertise of the individuals in the sectors

---

① In the case where customs unions or common markets are parties to a dispute, this provision applies to citizens of all member countries of the customs unions or common markets.

or subject matter of the covered agreements.

5. Panels shall be composed of three panelists unless the parties to the dispute agree, within 10 days from the establishment of the panel, to a panel composed of five panelists. Members shall be informed promptly of the composition of the panel.

6. The Secretariat shall propose nominations for the panel to the parties to the dispute. The parties to the dispute shall not oppose nominations except for compelling reasons.

7. If there is no agreement on the panelists within 20 days after the date of the establishment of a panel, at the request of either party, the Director-General, in consultation with the Chairman of the DSB and the Chairman of the relevant Council or Committee, shall determine the composition of the panel by appointing the panelists whom the Director-General considers most appropriate in accordance with any relevant special or additional rules or procedures of the covered agreement or covered agreements which are at issue in the dispute, after consulting with the parties to the dispute. The Chairman of the DSB shall inform the Members of the composition of the panel thus formed no later than 10 days after the date the Chairman receives such a request.

8. Members shall undertake, as a general rule, to permit their officials to serve as panelists.

9. Panelists shall serve in their individual capacities and not as government representatives, nor as representatives of any organization. Members shall therefore not give them instructions nor seek to influence them as individuals with regard to matters before a panel.

10. When a dispute is between a developing country Member and a developed country Member the panel shall, if the developing country Member so requests, include at least one panelist from a developing country Member.

11. Panelists' expenses, including travel and subsistence allowance, shall be met from the WTO budget in accordance with criteria to be adopted

by the General Council, based on recommendations of the Committee on Budget, Finance and Administration.

Article 9
Procedures for Multiple Complainants

1. Where more than one Member requests the establishment of a panel related to the same matter, a single panel may be established to examine these complaints taking into account the rights of all Members concerned. A single panel should be established to examine such complaints whenever feasible.

2. The single panel shall organize its examination and present its findings to the DSB in such a manner that the rights which the parties to the dispute would have enjoyed had separate panels examined the complaints are in no way impaired. If one of the parties to the dispute so requests, the panel shall submit separate reports on the dispute concerned. The written submissions by each of the complainants shall be made available to the other complainants, and each complainant shall have the right to be present when any one of the other complainants presents its views to the panel.

3. If more than one panel is established to examine the complaints related to the same matter, to the greatest extent possible the same persons shall serve as panelists on each of the separate panels and the timetable for the panel process in such disputes shall be harmonized.

Article 10
Third Parties

1. The interests of the parties to a dispute and those of other Members under a covered agreement at issue in the dispute shall be fully taken into account during the panel process.

2. Any Member having a substantial interest in a matter before a panel and having notified its interest to the DSB (referred to in this

Understanding as a "third party") shall have an opportunity to be heard by the panel and to make written submissions to the panel. These submissions shall also be given to the parties to the dispute and shall be reflected in the panel report.

3. Third parties shall receive the submissions of the parties to the dispute to the first meeting of the panel.

4. If a third party considers that a measure already the subject of a panel proceeding nullifies or impairs benefits accruing to it under any covered agreement, that Member may have recourse to normal dispute settlement procedures under this Understanding. Such a dispute shall be referred to the original panel wherever possible.

Article 11
Function of Panels

The function of panels is to assist the DSB in discharging its responsibilities under this Understanding and the covered agreements. Accordingly, a panel should make an objective assessment of the matter before it, including an objective assessment of the facts of the case and the applicability of and conformity with the relevant covered agreements, and make such other findings as will assist the DSB in making the recommendations or in giving the rulings provided for in the covered agreements. Panels should consult regularly with the parties to the dispute and give them adequate opportunity to develop a mutually satisfactory solution.

Article 12
Panel Procedures

1. Panels shall follow the Working Procedures in Appendix 3 unless the panel decides otherwise after consulting the parties to the dispute.

2. Panel procedures should provide sufficient flexibility so as to

ensure high-quality panel reports, while not unduly delaying the panel process.

3. After consulting the parties to the dispute, the panelists shall, as soon as practicable and whenever possible within one week after the composition and terms of reference of the panel have been agreed upon, fix the timetable for the panel process, taking into account the provisions of paragraph 9 of Article 4, if relevant.

4. In determining the timetable for the panel process, the panel shall provide sufficient time for the parties to the dispute to prepare their submissions.

5. Panels should set precise deadlines for written submissions by the parties and the parties should respect those deadlines.

6. Each party to the dispute shall deposit its written submissions with the Secretariat for immediate transmission to the panel and to the other party or parties to the dispute. The complaining party shall submit its first submission in advance of the responding party's first submission unless the panel decides, in fixing the timetable referred to in paragraph 3 and after consultations with the parties to the dispute, that the parties should submit their first submissions simultaneously. When there are sequential arrangements for the deposit of first submissions, the panel shall establish a firm time-period for receipt of the responding party's submission. Any subsequent written submissions shall be submitted simultaneously.

7. Where the parties to the dispute have failed to develop a mutually satisfactory solution, the panel shall submit its findings in the form of a written report to the DSB. In such cases, the report of a panel shall set out the findings of fact, the applicability of relevant provisions and the basic rationale behind any findings and recommendations that it makes. Where a settlement of the matter among the parties to the dispute has been found, the report of the panel shall be confined to a brief description of the case and to reporting that a solution has been

reached.

8. In order to make the procedures more efficient, the period in which the panel shall conduct its examination, from the date that the composition and terms of reference of the panel have been agreed upon until the date the final report is issued to the parties to the dispute, shall, as a general rule, not exceed six months. In cases of urgency, including those relating to perishable goods, the panel shall aim to issue its report to the parties to the dispute within three months.

9. When the panel considers that it cannot issue its report within six months, or within three months in cases of urgency, it shall inform the DSB in writing of the reasons for the delay together with an estimate of the period within which it will issue its report. In no case should the period from the establishment of the panel to the circulation of the report to the Members exceed nine months.

10. In the context of consultations involving a measure taken by a developing country Member, the parties may agree to extend the periods established in paragraphs 7 and 8 of Article 4. If, after the relevant period has elapsed, the consulting parties cannot agree that the consultations have concluded, the Chairman of the DSB shall decide, after consultation with the parties, whether to extend the relevant period and, if so, for how long. In addition, in examining a complaint against a developing country Member, the panel shall accord sufficient time for the developing country Member to prepare and present its argumentation. The provisions of paragraph 1 of Article 20 and paragraph 4 of Article 21 are not affected by any action pursuant to this paragraph.

11. Where one or more of the parties is a developing country Member, the panel's report shall explicitly indicate the form in which account has been taken of relevant provisions on differential and more-favourable treatment for developing country Members that form part of the covered agreements which have been raised by the developing

country Member in the course of the dispute settlement procedures.

12. The panel may suspend its work at any time at the request of the complaining party for a period not to exceed 12 months. In the event of such a suspension, the time-frames set out in paragraphs 8 and 9 of this Article, paragraph 1 of Article 20, and paragraph 4 of Article 21 shall be extended by the amount of time that the work was suspended. If the work of the panel has been suspended for more than 12 months, the authority for establishment of the panel shall lapse.

Article 13
Right to Seek Information

1. Each panel shall have the right to seek information and technical advice from any individual or body which it deems appropriate. However, before a panel seeks such information or advice from any individual or body within the jurisdiction of a Member it shall inform the authorities of that Member. A Member should respond promptly and fully to any request by a panel for such information as the panel considers necessary and appropriate. Confidential information which is provided shall not be revealed without formal authorization from the individual, body, or authorities of the Member providing the information.

2. Panels may seek information from any relevant source and may consult experts to obtain their opinion on certain aspects of the matter. With respect to a factual issue concerning a scientific or other technical matter raised by a party to a dispute, a panel may request an advisory report in writing from an expert review group. Rules for the establishment of such a group and its procedures are set forth in Appendix 4.

Article 14
Confidentiality

1. Panel deliberations shall be confidential.

2. The reports of panels shall be drafted without the presence of the parties to the dispute in the light of the information provided and the statements made.

3. Opinions expressed in the panel report by individual panelists shall be anonymous.

Article 15
Interim Review Stage

1. Following the consideration of rebuttal submissions and oral arguments, the panel shall issue the descriptive (factual and argument) sections of its draft report to the parties to the dispute. Within a period of time set by the panel, the parties shall submit their comments in writing.

2. Following the expiration of the set period of time for receipt of comments from the parties to the dispute, the panel shall issue an interim report to the parties, including both the descriptive sections and the panel's findings and conclusions. Within a period of time set by the panel, a party may submit a written request for the panel to review precise aspects of the interim report prior to circulation of the final report to the Members. At the request of a party, the panel shall hold a further meeting with the parties on the issues identified in the written comments. If no comments are received from any party within the comment period, the interim report shall be considered the final panel report and circulated promptly to the Members.

3. The findings of the final panel report shall include a discussion of the arguments made at the interim review stage. The interim review stage shall be conducted within the time-period set out in paragraph 8 of

Article 12.

Article 16
Adoption of Panel Reports

1. In order to provide sufficient time for the Members to consider panel reports, the reports shall not be considered for adoption by the DSB until 20 days after the date they have been circulated to the Members.

2. Members having objections to a panel report shall give written reasons to explain their objections for circulation at least 10 days prior to the DSB meeting at which the panel report will be considered.

3. The parties to a dispute shall have the right to participate fully in the consideration of the panel report by the DSB, and their views shall be fully recorded.

4. Within 60 days after the date of circulation of a panel report to the Members, the report shall be adopted at a DSB meeting[①] unless a party to the dispute formally notifies the DSB of its decision to appeal or the DSB decides by consensus not to adopt the report. If a party has notified its decision to appeal, the report by the panel shall not be considered for adoption by the DSB until after completion of the appeal. This adoption procedure is without prejudice to the right of Members to express their views on a panel report.

Article 17
Appellate Review

Standing Appellate Body

1. A standing Appellate Body shall be established by the DSB. The Appellate Body shall hear appeals from panel cases. It shall be

---

① If a meeting of the DSB is not scheduled within this period at a time that enables the requirements of paragraphs 1 and 4 of Article 16 to be met, a meeting of the DSB shall be held for this purpose.

composed of seven persons, three of whom shall serve on any one case. Persons serving on the Appellate Body shall serve in rotation. Such rotation shall be determined in the working procedures of the Appellate Body.

2. The DSB shall appoint persons to serve on the Appellate Body for a four-year term, and each person may be reappointed once. However, the terms of three of the seven persons appointed immediately after the entry into force of the WTO Agreement shall expire at the end of two years, to be determined by lot. Vacancies shall be filled as they arise. A person appointed to replace a person whose term of office has not expired shall hold office for the remainder of the predecessor's term.

3. The Appellate Body shall comprise persons of recognized authority, with demonstrated expertise in law, international trade and the subject matter of the covered agreements generally. They shall be unaffiliated with any government. The Appellate Body membership shall be broadly representative of membership in the WTO. All persons serving on the Appellate Body shall be available at all times and on short notice, and shall stay abreast of dispute settlement activities and other relevant activities of the WTO. They shall not participate in the consideration of any disputes that would create a direct or indirect conflict of interest.

4. Only parties to the dispute, not third parties, may appeal a panel report. Third parties which have notified the DSB of a substantial interest in the matter pursuant to paragraph 2 of Article 10 may make written submissions to, and be given an opportunity to be heard by, the Appellate Body.

5. As a general rule, the proceedings shall not exceed 60 days from the date a party to the dispute formally notifies its decision to appeal to the date the Appellate Body circulates its report. In fixing its timetable the Appellate Body shall take into account the provisions of paragraph 9 of Article 4, if relevant. When the Appellate Body considers that it

cannot provide its report within 60 days, it shall inform the DSB in writing of the reasons for the delay together with an estimate of the period within which it will submit its report. In no case shall the proceedings exceed 90 days.

6. An appeal shall be limited to issues of law covered in the panel report and legal interpretations developed by the panel.

7. The Appellate Body shall be provided with appropriate administrative and legal support as it requires.

8. The expenses of persons serving on the Appellate Body, including travel and subsistence allowance, shall be met from the WTO budget in accordance with criteria to be adopted by the General Council, based on recommendations of the Committee on Budget, Finance and Administration.

Procedures for Appellate Review

9. Working procedures shall be drawn up by the Appellate Body in consultation with the Chairman of the DSB and the Director-General, and communicated to the Members for their information.

10. The proceedings of the Appellate Body shall be confidential. The reports of the Appellate Body shall be drafted without the presence of the parties to the dispute and in the light of the information provided and the statements made.

11. Opinions expressed in the Appellate Body report by individuals serving on the Appellate Body shall be anonymous.

12. The Appellate Body shall address each of the issues raised in accordance with paragraph 6 during the appellate proceeding.

13. The Appellate Body may uphold, modify or reverse the legal findings and conclusions of the panel.

Adoption of Appellate Body Reports

14. An Appellate Body report shall be adopted by the DSB and unconditionally accepted by the parties to the dispute unless the DSB decides by consensus not to adopt the Appellate Body report within 30

days following its circulation to the Members.① This adoption procedure is without prejudice to the right of Members to express their views on an Appellate Body report.

Article 18
Communications with the Panel or Appellate Body

1. There shall be no *ex parte* communications with the panel or Appellate Body concerning matters under consideration by the panel or Appellate Body.

2. Written submissions to the panel or the Appellate Body shall be treated as confidential, but shall be made available to the parties to the dispute. Nothing in this Understanding shall preclude a party to a dispute from disclosing statements of its own positions to the public. Members shall treat as confidential information submitted by another Member to the panel or the Appellate Body which that Member has designated as confidential. A party to a dispute shall also, upon request of a Member, provide a non-confidential summary of the information contained in its written submissions that could be disclosed to the public.

Article 19
Panel and Appellate Body Recommendations

1. Where a panel or the Appellate Body concludes that a measure is inconsistent with a covered agreement, it shall recommend that the Member concerned② bring the measure into conformity with that agreement.③ In addition to its recommendations, the panel or Appellate

---

① If a meeting of the DSB is not scheduled during this period, such a meeting of the DSB shall be held for this purpose.

② The "Member concerned" is the party to the dispute to which the panel or Appellate Body recommendations are directed.

③ With respect to recommendations in cases not involving a violation of GATT 1994 or any other covered agreement, see Article 26.

Body may suggest ways in which the Member concerned could implement the recommendations.

2. In accordance with paragraph 2 of Article 3, in their findings and recommendations, the panel and Appellate Body cannot add to or diminish the rights and obligations provided in the covered agreements.

Article 20
Time-frame for DSB Decisions

Unless otherwise agreed to by the parties to the dispute, the period from the date of establishment of the panel by the DSB until the date the DSB considers the panel or appellate report for adoption shall as a general rule not exceed nine months where the panel report is not appealed or 12 months where the report is appealed. Where either the panel or the Appellate Body has acted, pursuant to paragraph 9 of Article 12 or paragraph 5 of Article 17, to extend the time for providing its report, the additional time taken shall be added to the above periods.

Article 21
Surveillance of Implementation of Recommendations and Rulings

1. Prompt compliance with recommendations or rulings of the DSB is essential in order to ensure effective resolution of disputes to the benefit of all Members.

2. Particular attention should be paid to matters affecting the interests of developing country Members with respect to measures which have been subject to dispute settlement.

3. At a DSB meeting held within 30 days[①] after the date of adoption of the panel or Appellate Body report, the Member concerned shall inform the DSB of its intentions in respect of implementation of the

---

① If a meeting of the DSB is not scheduled during this period, such a meeting of the DSB shall be held for this purpose.

recommendations and rulings of the DSB. If it is impracticable to comply immediately with the recommendations and rulings, the Member concerned shall have a reasonable period of time in which to do so. The reasonable period of time shall be:

(a) the period of time proposed by the Member concerned, provided that such period is approved by the DSB; or, in the absence of such approval,

(b) a period of time mutually agreed by the parties to the dispute within 45 days after the date of adoption of the recommendations and rulings; or, in the absence of such agreement,

(c) a period of time determined through binding arbitration within 90 days after the date of adoption of the recommendations and rulings.① In such arbitration, a guideline for the arbitrator② should be that the reasonable period of time to implement panel or Appellate Body recommendations should not exceed 15 months from the date of adoption of a panel or Appellate Body report. However, that time may be shorter or longer, depending upon the particular circumstances.

4. Except where the panel or the Appellate Body has extended, pursuant to paragraph 9 of Article 12 or paragraph 5 of Article 17, the time of providing its report, the period from the date of establishment of the panel by the DSB until the date of determination of the reasonable period of time shall not exceed 15 months unless the parties to the dispute agree otherwise. Where either the panel or the Appellate Body has acted to extend the time of providing its report, the additional time taken shall be added to the 15-month period; provided that unless the parties to the dispute agree that there are exceptional circumstances, the

---

① If the parties cannot agree on an arbitrator within ten days after referring the matter to arbitration, the arbitrator shall be appointed by the Director-General within ten days, after consulting the parties.

② The expression "arbitrator" shall be interpreted as referring either to an individual or a group.

total time shall not exceed 18 months.

5. Where there is disagreement as to the existence or consistency with a covered agreement of measures taken to comply with the recommendations and rulings such dispute shall be decided through recourse to these dispute settlement procedures, including wherever possible resort to the original panel. The panel shall circulate its report within 90 days after the date of referral of the matter to it. When the panel considers that it cannot provide its report within this time frame, it shall inform the DSB in writing of the reasons for the delay together with an estimate of the period within which it will submit its report.

6. The DSB shall keep under surveillance the implementation of adopted recommendations or rulings. The issue of implementation of the recommendations or rulings may be raised at the DSB by any Member at any time following their adoption. Unless the DSB decides otherwise, the issue of implementation of the recommendations or rulings shall be placed on the agenda of the DSB meeting after six months following the date of establishment of the reasonable period of time pursuant to paragraph 3 and shall remain on the DSB's agenda until the issue is resolved. At least 10 days prior to each such DSB meeting, the Member concerned shall provide the DSB with a status report in writing of its progress in the implementation of the recommendations or rulings.

7. If the matter is one which has been raised by a developing country Member, the DSB shall consider what further action it might take which would be appropriate to the circumstances.

8. If the case is one brought by a developing country Member, in considering what appropriate action might be taken, the DSB shall take into account not only the trade coverage of measures complained of, but also their impact on the economy of developing country Members concerned.

Article 22

Compensation and the Suspension of Concessions

1. Compensation and the suspension of concessions or other obligations are temporary measures available in the event that the recommendations and rulings are not implemented within a reasonable period of time. However, neither compensation nor the suspension of concessions or other obligations is preferred to full implementation of a recommendation to bring a measure into conformity with the covered agreements. Compensation is voluntary and, if granted, shall be consistent with the covered agreements.

2. If the Member concerned fails to bring the measure found to be inconsistent with a covered agreement into compliance therewith or otherwise comply with the recommendations and rulings within the reasonable period of time determined pursuant to paragraph 3 of Article 21, such Member shall, if so requested, and no later than the expiry of the reasonable period of time, enter into negotiations with any party having invoked the dispute settlement procedures, with a view to developing mutually acceptable compensation. If no satisfactory compensation has been agreed within 20 days after the date of expiry of the reasonable period of time, any party having invoked the dispute settlement procedures may request authorization from the DSB to suspend the application to the Member concerned of concessions or other obligations under the covered agreements.

3. In considering what concessions or other obligations to suspend, the complaining party shall apply the following principles and procedures:

(a) the general principle is that the complaining party should first seek to suspend concessions or other obligations with respect to the same sector(s) as that in which the panel or Appellate Body has found a violation or other nullification or impairment;

(b) if that party considers that it is not practicable or effective to suspend concessions or other obligations with respect to the same sector (s), it may seek to suspend concessions or other obligations in other sectors under the same agreement;

(c) if that party considers that it is not practicable or effective to suspend concessions or other obligations with respect to other sectors under the same agreement, and that the circumstances are serious enough, it may seek to suspend concessions or other obligations under another covered agreement;

(d) in applying the above principles, that party shall take into account:

(i) the trade in the sector or under the agreement under which the panel or Appellate Body has found a violation or other nullification or impairment, and the importance of such trade to that party;

(ii) the broader economic elements related to the nullification or impairment and the broader economic consequences of the suspension of concessions or other obligations;

(e) if that party decides to request authorization to suspend concessions or other obligations pursuant to subparagraphs (b) or (c), it shall state the reasons therefor in its request. At the same time as the request is forwarded to the DSB, it also shall be forwarded to the relevant Councils and also, in the case of a request pursuant to subparagraph (b), the relevant sectoral bodies;

(f) for purposes of this paragraph, "sector" means:

(i) with respect to goods, all goods;

(ii) with respect to services, a principal sector as identified in the current "Services Sectoral Classification List" which identifies such sectors;①

(iii) with respect to trade-related intellectual property rights, each of the categories of intellectual property rights covered in Section 1, or Section 2, or Section 3, or Section 4, or Section 5, or Section 6, or Section 7 of Part II, or the obligations under Part III, or Part IV of the Agreement on TRIPS;

(g) for purposes of this paragraph, "agreement" means:

(i) with respect to goods, the agreements listed in Annex 1A of the WTO Agreement, taken as a whole as well as the Plurilateral Trade Agreements in so far as the relevant parties to the dispute are parties to these agreements;

(ii) with respect to services, the GATS;

(iii) with respect to intellectual property rights, the Agreement on TRIPS.

4. The level of the suspension of concessions or other obligations authorized by the DSB shall be equivalent to the level of the nullification or impairment.

5. The DSB shall not authorize suspension of concessions or other obligations if a covered agreement prohibits such suspension.

6. When the situation described in paragraph 2 occurs, the DSB, upon request, shall grant authorization to suspend concessions or other obligations within 30 days of the expiry of the reasonable period of time unless the DSB decides by consensus to reject the request. However, if the Member concerned objects to the level of suspension proposed, or claims that the principles and procedures set forth in paragraph 3 have not been followed where a complaining party has requested authorization to suspend concessions or other obligations pursuant to paragraph 3(b) or (c), the matter shall be referred to arbitration. Such arbitration shall

---

① The list in document MTN. GNS/W/120 identifies eleven sectors.

be carried out by the original panel, if members are available, or by an arbitrator① appointed by the Director-General and shall be completed within 60 days after the date of expiry of the reasonable period of time. Concessions or other obligations shall not be suspended during the course of the arbitration.

7. The arbitrator② acting pursuant to paragraph 6 shall not examine the nature of the concessions or other obligations to be suspended but shall determine whether the level of such suspension is equivalent to the level of nullification or impairment. The arbitrator may also determine if the proposed suspension of concessions or other obligations is allowed under the covered agreement. However, if the matter referred to arbitration includes a claim that the principles and procedures set forth in paragraph 3 have not been followed, the arbitrator shall examine that claim. In the event the arbitrator determines that those principles and procedures have not been followed, the complaining party shall apply them consistent with paragraph 3. The parties shall accept the arbitrator's decision as final and the parties concerned shall not seek a second arbitration. The DSB shall be informed promptly of the decision of the arbitrator and shall upon request, grant authorization to suspend concessions or other obligations where the request is consistent with the decision of the arbitrator, unless the DSB decides by consensus to reject the request.

8. The suspension of concessions or other obligations shall be temporary and shall only be applied until such time as the measure found to be inconsistent with a covered agreement has been removed, or the Member that must implement recommendations or rulings provides a solution to the nullification or impairment of benefits, or a mutually

---

① The expression "arbitrator" shall be interpreted as referring either to an individual or a group.

② The expression "arbitrator" shall be interpreted as referring either to an individual or a group or to the members of the original panel when serving in the capacity of arbitrator.

satisfactory solution is reached. In accordance with paragraph 6 of Article 21, the DSB shall continue to keep under surveillance the implementation of adopted recommendations or rulings, including those cases where compensation has been provided or concessions or other obligations have been suspended but the recommendations to bring a measure into conformity with the covered agreements have not been implemented.

9. The dispute settlement provisions of the covered agreements may be invoked in respect of measures affecting their observance taken by regional or local governments or authorities within the territory of a Member. When the DSB has ruled that a provision of a covered agreement has not been observed, the responsible Member shall take such reasonable measures as may be available to it to ensure its observance. The provisions of the covered agreements and this Understanding relating to compensation and suspension of concessions or other obligations apply in cases where it has not been possible to secure such observance.[①]

Article 23

Strengthening of the Multilateral System

1. When Members seek the redress of a violation of obligations or other nullification or impairment of benefits under the covered agreements or an impediment to the attainment of any objective of the covered agreements, they shall have recourse to, and abide by, the rules and procedures of this Understanding.

2. In such cases, Members shall:

(a) not make a determination to the effect that a violation has occurred, that benefits have been nullified or impaired or that the

---

① Where the provisions of any covered agreement concerning measures taken by regional or local governments or authorities within the territory of a Member contain provisions different from the provisions of this paragraph, the provisions of such covered agreement shall prevail.

attainment of any objective of the covered agreements has been impeded, except through recourse to dispute settlement in accordance with the rules and procedures of this Understanding, and shall make any such determination consistent with the findings contained in the panel or Appellate Body report adopted by the DSB or an arbitration award rendered under this Understanding;

(b) follow the procedures set forth in Article 21 to determine the reasonable period of time for the Member concerned to implement the recommendations and rulings; and

(c) follow the procedures set forth in Article 22 to determine the level of suspension of concessions or other obligations and obtain DSB authorization in accordance with those procedures before suspending concessions or other obligations under the covered agreements in response to the failure of the Member concerned to implement the recommendations and rulings within that reasonable period of time.

Article 24
Special Procedures Involving Least-Developed Country Members

1. At all stages of the determination of the causes of a dispute and of dispute settlement procedures involving a least-developed country Member, particular consideration shall be given to the special situation of least-developed country Members. In this regard, Members shall exercise due restraint in raising matters under these procedures involving a least-developed country Member. If nullification or impairment is found to result from a measure taken by a least-developed country Member, complaining parties shall exercise due restraint in asking for compensation or seeking authorization to suspend the application of concessions or other obligations pursuant to these procedures.

2. In dispute settlement cases involving a least-developed country Member, where a satisfactory solution has not been found in the course

of consultations the Director-General or the Chairman of the DSB shall, upon request by a least-developed country Member offer their good offices, conciliation and mediation with a view to assisting the parties to settle the dispute, before a request for a panel is made. The Director-General or the Chairman of the DSB, in providing the above assistance, may consult any source which either deems appropriate.

Article 25
Arbitration

1. Expeditious arbitration within the WTO as an alternative means of dispute settlement can facilitate the solution of certain disputes that concern issues that are clearly defined by both parties.

2. Except as otherwise provided in this Understanding, resort to arbitration shall be subject to mutual agreement of the parties which shall agree on the procedures to be followed. Agreements to resort to arbitration shall be notified to all Members sufficiently in advance of the actual commencement of the arbitration process.

3. Other Members may become party to an arbitration proceeding only upon the agreement of the parties which have agreed to have recourse to arbitration. The parties to the proceeding shall agree to abide by the arbitration award. Arbitration awards shall be notified to the DSB and the Council or Committee of any relevant agreement where any Member may raise any point relating thereto.

4. Articles 21 and 22 of this Understanding shall apply *mutatis mutandis* to arbitration awards.

Article 26

1. *Non-Violation Complaints of the Type Described in Paragraph 1(b) of Article XXIII of GATT 1994*

Where the provisions of paragraph 1(b) of Article XXIII of GATT 1994 are applicable to a covered agreement, a panel or the Appellate

Body may only make rulings and recommendations where a party to the dispute considers that any benefit accruing to it directly or indirectly under the relevant covered agreement is being nullified or impaired or the attainment of any objective of that Agreement is being impeded as a result of the application by a Member of any measure, whether or not it conflicts with the provisions of that Agreement. Where and to the extent that such party considers and a panel or the Appellate Body determines that a case concerns a measure that does not conflict with the provisions of a covered agreement to which the provisions of paragraph 1 (b) of Article XXIII of GATT 1994 are applicable, the procedures in this Understanding shall apply, subject to the following:

(a) the complaining party shall present a detailed justification in support of any complaint relating to a measure which does not conflict with the relevant covered agreement;

(b) where a measure has been found to nullify or impair benefits under, or impede the attainment of objectives, of the relevant covered agreement without violation thereof, there is no obligation to withdraw the measure. However, in such cases, the panel or the Appellate Body shall recommend that the Member concerned make a mutually satisfactory adjustment;

(c) notwithstanding the provisions of Article 21, the arbitration provided for in paragraph 3 of Article 21, upon request of either party, may include a determination of the level of benefits which have been nullified or impaired, and may also suggest ways and means of reaching a mutually satisfactory adjustment; such suggestions shall not be binding upon the parties to the dispute;

(d) notwithstanding the provisions of paragraph 1 of Article 22, compensation may be part of a mutually satisfactory adjustment as final settlement of the dispute.

2. *Complaints of the Type Described in Paragraph 1(c) of Article XXIII of GATT 1994*

Where the provisions of paragraph 1(c) of Article XXIII of GATT 1994 are applicable to a covered agreement, a panel may only make rulings and recommendations where a party considers that any benefit accruing to it directly or indirectly under the relevant covered agreement is being nullified or impaired or the attainment of any objective of that Agreement is being impeded as a result of the existence of any situation other than those to which the provisions of paragraphs 1(a) and 1(b) of Article XXIII of GATT 1994 are applicable. Where and to the extent that such party considers and a panel determines that the matter is covered by this paragraph, the procedures of this Understanding shall apply only up to and including the point in the proceedings where the panel report has been circulated to the Members. The dispute settlement rules and procedures contained in the Decision of 12 April 1989 (BISD 36S/61-67) shall apply to consideration for adoption, and surveillance and implementation of recommendations and rulings. The following shall also apply:

(a) the complaining party shall present a detailed justification in support of any argument made with respect to issues covered under this paragraph;

(b) in cases involving matters covered by this paragraph, if a panel finds that cases also involve dispute settlement matters other than those covered by this paragraph, the panel shall circulate a report to the DSB addressing any such matters and a separate report on matters falling under this paragraph.

Article 27

Responsibilities of the Secretariat

1. The Secretariat shall have the responsibility of assisting panels, especially on the legal, historical and procedural aspects of the matters

dealt with, and of providing secretarial and technical support.

2. While the Secretariat assists Members in respect of dispute settlement at their request, there may also be a need to provide additional legal advice and assistance in respect of dispute settlement to developing country Members. To this end, the Secretariat shall make available a qualified legal expert from the WTO technical cooperation services to any developing country Member which so requests. This expert shall assist the developing country Member in a manner ensuring the continued impartiality of the Secretariat.

3. The Secretariat shall conduct special training courses for interested Members concerning these dispute settlement procedures and practices so as to enable Members' experts to be better informed in this regard.

Appendix 1
Agreements Covered by the Understanding

(A) Agreement Establishing the World Trade Organization

(B) Multilateral Trade Agreements

Annex 1A: Multilateral Agreements on Trade in Goods

Annex 1B: General Agreement on Trade in Services

Annex 1C: Agreement on Trade-Related Aspects of Intellectual Property Rights

Annex 2: Understanding on Rules and Procedures Governing the Settlement of Disputes

(C) Plurilateral Trade Agreements

Annex 4: Agreement on Trade in Civil Aircraft

Agreement on Government Procurement

International Dairy Agreement

International Bovine Meat Agreement

The applicability of this Understanding to the Plurilateral Trade Agreements shall be subject to the adoption of a decision by the parties to each agreement setting out the terms for the application of the Understanding to the individual agreement, including any special or additional rules or procedures for inclusion in Appendix 2, as notified to the DSB.

Appendix 2

Special or Additional Rules and Procedures

Contained in the Covered Agreements

Agreement	Rules and Procedures
Agreement on the Application of Sanitary and Phytosanitary Measures	11.2
Agreement on Textiles and Clothing	2.14, 2.21, 4.4, 5.2, 5.4, 5.6, 6.9, 6.10, 6.11, 8.1 through 8.12
Agreement on Technical Barriers to Trade	14.2 through 14.4, Annex 2
Agreement on Implementation of Article VI of GATT 1994	17.4 through 17.7
Agreement on Implementation of Article VII of GATT 1994	19.3 through 19.5, Annex II.2(f), 3, 9, 21
Agreement on Subsidies and Countervailing Measures	4.2 through 4.12, 6.6, 7.2 through 7.10, 8.5, footnote 35, 24.4, 27.7, Annex V
General Agreement on Trade in Services	XXII 3, XXIII 3
Annex on Financial Services	4
Annex on Air Transport Services	4
Decision on Certain Dispute Settlement Procedures for the GATS	1 through 5

The list of rules and procedures in this Appendix includes provisions where only a part of the provision may be relevant in this context.

Any special or additional rules or procedures in the Plurilateral Trade Agreements as determined by the competent bodies of each agreement and as notified to the DSB.

Appendix 3
Working Procedures

1. In its proceedings the panel shall follow the relevant provisions of this Understanding. In addition, the following working procedures shall apply.

2. The panel shall meet in closed session. The parties to the dispute, and interested parties, shall be present at the meetings only when invited by the panel to appear before it.

3. The deliberations of the panel and the documents submitted to it shall be kept confidential. Nothing in this Understanding shall preclude a party to a dispute from disclosing statements of its own positions to the public. Members shall treat as confidential information submitted by another Member to the panel which that Member has designated as confidential. Where a party to a dispute submits a confidential version of its written submissions to the panel, it shall also, upon request of a Member, provide a non-confidential summary of the information contained in its submissions that could be disclosed to the public.

4. Before the first substantive meeting of the panel with the parties, the parties to the dispute shall transmit to the panel written submissions in which they present the facts of the case and their arguments.

5. At its first substantive meeting with the parties, the panel shall ask the party which has brought the complaint to present its case. Subsequently, and still at the same meeting, the party against which the

complaint has been brought shall be asked to present its point of view.

6. All third parties which have notified their interest in the dispute to the DSB shall be invited in writing to present their views during a session of the first substantive meeting of the panel set aside for that purpose. All such third parties may be present during the entirety of this session.

7. Formal rebuttals shall be made at a second substantive meeting of the panel. The party complained against shall have the right to take the floor first to be followed by the complaining party. The parties shall submit, prior to that meeting, written rebuttals to the panel.

8. The panel may at any time put questions to the parties and ask them for explanations either in the course of a meeting with the parties or in writing.

9. The parties to the dispute and any third party invited to present its views in accordance with Article 10 shall make available to the panel a written version of their oral statements.

10. In the interest of full transparency, the presentations, rebuttals and statements referred to in paragraphs 5 to 9 shall be made in the presence of the parties. Moreover, each party's written submissions, including any comments on the descriptive part of the report and responses to questions put by the panel, shall be made available to the other party or parties.

11. Any additional procedures specific to the panel.

12. Proposed timetable for panel work:

(a) Receipt of first written submissions of the parties:

(1) complaining Party: .... 3-6 weeks

(2) Party complained against: .... 2-3 weeks

(b) Date, time and place of first substantive .... 1-2 weeks
meeting with the parties; third party session:

(c) Receipt of written rebuttals of the .... 2-3 weeks
parties:

(d) Date, time and place of second ········· 1-2 weeks
substantive meeting with the parties;

(e) Issuance of descriptive part of the ········· 2-4 weeks
report to the parties;

(f) Receipt of comments by the parties on ········· 2 weeks
the descriptive part of the report;

(g) Issuance of the interim report, including ········· 2-4 weeks
the findings and conclusions, to the parties;

(h) Deadline for party to request review of ········· 1 week
part(s) of report;

(i) Period of review by panel, including ········· 2 weeks
possible additional meeting with parties;

(j) Issuance of final report to parties to ········· 2 weeks
dispute;

(k) Circulation of the final report to the ········· 3 weeks
Members;

The above calendar may be changed in the light of unforeseen developments. Additional meetings with the parties shall be scheduled if required.

Appendix 4
Expert Review Groups

The following rules and procedures shall apply to expert review groups established in accordance with the provisions of paragraph 2 of Article 13.

1. Expert review groups are under the panel's authority. Their terms of reference and detailed working procedures shall be decided by the panel, and they shall report to the panel.

2. Participation in expert review groups shall be restricted to persons of professional standing and experience in the field in question.

3. Citizens of parties to the dispute shall not serve on an expert

review group without the joint agreement of the parties to the dispute, except in exceptional circumstances when the panel considers that the need for specialized scientific expertise cannot be fulfilled otherwise. Government officials of parties to the dispute shall not serve on an expert review group. Members of expert review groups shall serve in their individual capacities and not as government representatives, nor as representatives of any organization. Governments or organizations shall therefore not give them instructions with regard to matters before an expert review group.

4. Expert review groups may consult and seek information and technical advice from any source they deem appropriate. Before an expert review group seeks such information or advice from a source within the jurisdiction of a Member, it shall inform the government of that Member. Any Member shall respond promptly and fully to any request by an expert review group for such information as the expert review group considers necessary and appropriate.

5. The parties to a dispute shall have access to all relevant information provided to an expert review group, unless it is of a confidential nature. Confidential information provided to the expert review group shall not be released without formal authorization from the government, organization or person providing the information. Where such information is requested from the expert review group but release of such information by the expert review group is not authorized, a non-confidential summary of the information will be provided by the government, organization or person supplying the information.

6. The expert review group shall submit a draft report to the parties to the dispute with a view to obtaining their comments, and taking them into account, as appropriate, in the final report, which shall also be issued to the parties to the dispute when it is submitted to the panel. The final report of the expert review group shall be advisory only.

2. WTO 争端解决案件简称[①]

案件英文简称、起诉方和编号	案件中文简称
Argentina-Ceramic Tiles —Complainant：European Communities（DS 189）	阿根廷瓷砖案
Argentina-Cotton —Complainant：Brazil（DS 190）	阿根廷棉花案
Argentina-Financial Services —Complainant：Panama（DS 453）	阿根廷金融服务案
Argentina-Footwear（EC） —Complainant：European Communities（DS 121）	阿根廷鞋案（欧共体诉）
Argentina-Footwear（US） —Complainant：United States（DS 164）	阿根廷鞋案（美国诉）
Argentina-Hides and Leather —Complainant：European Communities（DS 155）	阿根廷皮革案
Argentina-Import Measures —Complainant：European Union（DS 438） —Complainant：United States（DS 444） —Complainant：Japan（DS 445）	阿根廷进口措施案
Argentina-Poultry Anti-Dumping Duties —Complainant：Brazil（DS 241）	阿根廷禽肉反倾销税案
Argentina-Preserved Peaches —Complainant：Chile（DS 238）	阿根廷罐头桃子案
Argentina-Textiles and Apparel —Complainant：United States（DS 56）	阿根廷纺织品与服装案
Argentina-Textiles and Clothing —Complainant：European Communities（DS 77）	阿根廷纺织品与衣物案
Australia-Apples —Complainant：New Zealand（DS 367）	澳大利亚苹果案
Australia-Automotive Leather Ⅰ —Complainant：United States（DS 106）	澳大利亚车用皮革Ⅰ案

[①] 资料来源：https://www.wto.org/english/tratop_e/dispu_e/dispu_by_short_title_e.htm，2018年8月16日访问。案件中文简称由华东政法大学朱榄叶教授提供。

（续表）

案件英文简称、起诉方和编号	案件中文简称
Australia -Automotive Leather Ⅱ —Complainant：United States（DS 126）	澳大利亚车用皮革Ⅱ案
Australia-Fresh Fruit and Vegetables —Complainant：Philippines（DS 270）	澳大利亚新鲜水果和蔬菜案
Australia-Quarantine Regime —Complainant：European Communities（DS 287）	澳大利亚检疫系统案
Australia-Salmon —Complainant：Canada（DS 18）	澳大利亚鲑鱼案
Australia-Salmonids —Complainant：United States（DS 21）	澳大利亚鲑类案
Australia-Tobacco Plain Packaging（Dominican Republic） —Complainant：Dominican Republic（DS 441）	澳大利亚烟草平庄案（多米尼加诉）
Australia-Tobacco Plain Packaging（Honduras） —Complainant：Honduras（DS 435）	澳大利亚烟草平庄案（洪都拉斯诉）
Australia-Tobacco Plain Packaging（Indonesia） —Complainant：Indonesia（DS 467）	澳大利亚烟草平庄案（印尼诉）
Australia-Tobacco Plain Packaging（Ukraine） —Complainant：Ukraine（DS 434）	澳大利亚烟草平庄案（乌克兰诉）
Belgium-Rice —Complainant：United States（DS 210）	比利时大米案
Brazil-Aircraft —Complainant：Canada（DS 46）	巴西飞机案
Brazil-Anti-Dumping Measures on Resins —Complainant：Argentina（DS 355）	巴西树脂反倾销措施案
Brazil-Desiccated Coconut —Complainant：Philippines（DS 22）	巴西椰子干案
Brazil-Patent Protection —Complainant：United States（DS 199）	巴西专利保护案
Brazil-Retreaded Tyres —Complainant：European Communities（DS 332）	巴西翻新轮胎案
Brazil-Taxation（Japan） —Complainant：Japan（DS 497）	巴西税收案（日本诉）

(续表)

案件英文简称、起诉方和编号	案件中文简称
Brazil-Taxation —Complainant：European Union（DS 472）	巴西税收案
Canada-Aircraft Credits and Guarantees —Complainant：Brazil（DS 222）	加拿大飞机信用与担保案
Canada-Aircraft —Complainant：Brazil（DS 70）	加拿大飞机案
Canada-Autos —Complainant：Japan（DS 139） —Complainant：European Communities（DS 142）	加拿大汽车案
Canada-Continued Suspension —Complainant：European Communities（DS 321）	加拿大持续中止案
Canada-Dairy —Complainant：United States（DS 103） —Complainant：New Zealand（DS 113）	加拿大奶制品案
Canada-Feed-In Tariff Program —Complainant：European Union（DS 426）	加拿大接入价项目案
Canada-Patent Term —Complainant：United States（DS 170）	加拿大专利保护期案
Canada-Periodicals —Complainant：United States（DS 31）	加拿大期刊案
Canada-Pharmaceutical Patents —Complainant：European Communities（DS 114）	加拿大药品专利案
Canada-Renewable Energy —Complainant：Japan（DS 412）	加拿大可再生能源案
Canada-Welded Pipe —Complainant：Chinese Taipei（DS 482）	加拿大焊接管案
Canada-Wheat Exports and Grain Imports —Complainant：United States（DS 276）	加拿大小麦出口和谷物进口案
Chile-Alcoholic Beverages —Complainant：European Communities（DS 110） —Complainant：European Communities（DS 87）	智利含酒精饮料案

(续表)

案件英文简称、起诉方和编号	案件中文简称
Chile-Milk Safeguards —Complainant：Argentina（DS 351） —Complainant：Argentina（DS 356）	智利牛奶保障措施案
Chile-Price Band System —Complainant：Argentina（DS 207）	智利价格限制体系案
Chile-Swordfish —Complainant：European Communities（DS 193）	智利剑鱼案
China-Auto Parts —Complainant：European Communities（DS 339） —Complainant：United States（DS 340） —Complainant：Canada（DS 342）	中国汽车部件案
China-Autos（US） —Complainant：United States（DS 440）	中国汽车案（美国诉）
China-Broiler Products —Complainant：United States（DS 427）	中国肉鸡产品案
China-Cellulose Pulp —Complainant：Canada（DS 483）	中国浆粕案
China-Demonstration Bases —Complainant：United States（DS 489）	中国展示基地案
China-Electronic Payment Services —Complainant：United States（DS 413）	中国电子支付服务案
China-GOES —Complainant：United States（DS 414）	中国取向电工钢（GOES）案
China-HP-SSST（EU） —Complainant：European Union（DS 460）	中国高性能不锈钢无缝钢管 HP-SSST 案（欧盟诉）
China-HP-SSST（Japan） —Complainant：Japan（DS 454）	中国高性能不锈钢无缝钢管 HP-SSST 案（日本诉）
China-Intellectual Property Rights —Complainant：United States（DS 362）	中国知识产权案
China-Publications and Audiovisual Products —Complainant：United States（DS 363）	中国出版物及音像产品案

（续表）

案件英文简称、起诉方和编号	案件中文简称
China-Rare Earths —Complainant: United States (DS 431) —Complainant: European Union (DS 432) —Complainant: Japan (DS 433)	中国稀土案
China-Raw Materials —Complainant: United States (DS 394) —Complainant: European Communities (DS 395) —Complainant: Mexico (DS 398)	中国原料案
China-Taxes —Complainant: United States (DS 358) —Complainant: Mexico (DS 359)	中国税收案
China-X-Ray Equipment —Complainant: European Union (DS 425)	中国X射线设备案
Colombia-Ports of Entry —Complainant: Panama (DS 366)	哥伦比亚入境港案
Colombia-Textiles —Complainant: Panama (DS 461)	哥伦比亚纺织品案
Dominican Republic-Import and Sale of Cigarettes —Complainant: Honduras (DS 302)	多米尼加香烟进口与销售案
Dominican Republic-Safeguard Measures —Complainant: Costa Rica (DS 415) —Complainant: Guatemala (DS 416) —Complainant: Honduras (DS 417) —Complainant: El Salvador (DS 418)	多米尼加保障措施案
EC-Approval and Marketing of Biotech Products —Complainant: United States (DS 291) —Complainant: Canada (DS 292) —Complainant: Argentina (DS 293)	欧共体生物产品批准和销售案
EC-Asbestos —Complainant: Canada (DS 135)	欧共体石棉案
EC-Bananas Ⅲ —Complainants: Ecuador; Guatemala; Honduras; Mexico; United States (DS 27)	欧共体香蕉Ⅲ案

(续表)

案件英文简称、起诉方和编号	案件中文简称
EC-Bed Linen —Complainant: India (DS 141)	欧共体床上用品案
EC-Butter —Complainant: New Zealand (DS 72)	欧共体牛油案
EC-Cereals —Complainant: Canada (DS 9)	欧共体谷物案
EC-Chicken Cuts —Complainant: Brazil (DS 269) —Complainant: Thailand (DS 286)	欧共体鸡块案
EC-Commercial Vessels —Complainant: Korea, Republic of (DS 301)	欧共体商业船舶案
EC-Computer Equipment —Complainant: United States (DS 62) —Complainant: United States (DS 67) —Complainant: United States (DS 68)	欧共体电脑设备案
EC-Countervailing Measures on DRAM Chips —Complainant: Korea, Republic of (DS 299)	欧共体 DRAM 芯片反补贴措施案
EC-Export Subsidies on Sugar —Complainant: Australia (DS 265) —Complainant: Brazil (DS 266) —Complainant: Thailand (DS 283)	欧共体食糖出口补贴案
EC-Fasteners (China) —Complainant: China (DS 397)	欧共体紧固件案（中国诉）
EC-Hormones (Canada) —Complainant: Canada (DS 48)	欧共体荷尔蒙案（加拿大诉）
EC-Hormones —Complainant: United States (DS 26)	欧共体荷尔蒙案
EC-IT Products —Complainant: United States (DS 375) —Complainant: Japan (DS 376) —Complainant: Chinese Taipei (DS 377)	欧共体 IT 产品案
EC-Poultry (US) —Complainant: United States (DS 389)	欧共体禽肉案（美国诉）

（续表）

案件英文简称、起诉方和编号	案件中文简称
EC-Poultry —Complainant：Brazil（DS 69）	欧共体禽肉案
EC-Provisional Steel Safeguards —Complainant：United States（DS 260）	欧共体钢临时保障措施案
EC-Salmon（Norway） —Complainant：Norway（DS 337）	欧共体鲑鱼案（挪威诉）
EC-Sardines —Complainant：Peru（DS 231）	欧共体沙丁鱼案
EC-Scallops（Canada） —Complainant：Canada DS 7）	欧共体贻贝案（加拿大诉）
EC-Scallops —Complainant：Peru（DS 12） —Complainant：Chile（DS 14）	欧共体贻贝案
EC-Seal Products Ⅱ —Complainant：Canada（DS 369）	欧共体海豹产品Ⅱ案
EC-Seal Products —Complainant：Canada（DS 400） —Complainant：Norway（DS 401）	欧共体海豹产品案
EC-Selected Customs Matters —Complainant：United States（DS 315）	欧共体特定海关事项案
EC-Tariff Preferences —Complainant：India（DS 246）	欧共体关税优惠案
EC-Trademarks and Geographical Indications —Complainant：United States（DS 174） —Complainant：Australia（DS 290）	欧共体商标与地理标识案
EC-Tube or Pipe Fittings —Complainant：Brazil（DS 219）	欧共体管子和套件案
EC and certain member States-Large Civil Aircraft —Complainant：United States（DS 316）	欧共体及成员国大型飞机案
EC and certain member States-Large Civil Aircraft（2nd complaint） —Complainant：United States（DS 347）	欧共体及成员国大型飞机案（第二次申诉）

(续表)

案件英文简称、起诉方和编号	案件中文简称
EU-Biodiesel (Indonesia) —Complainant: Indonesia (DS 480)	欧盟生物柴油案(印尼诉)
EU-Biodiesel —Complainant: Argentina (DS 473)	欧盟生物柴油案
EU-Cost Adjustment Methodologies (Russia) —Complainant: Russian Federation (DS 474)	欧盟价格调整方法案(俄罗斯诉)
EU-Energy Package —Complainant: Russian Federation (DS 476)	欧盟能源项目案
EU-Fatty Alcohols (Indonesia) —Complainant: Indonesia (DS 442)	欧盟脂肪醇案
EU-Footwear (China) —Complainant: China (DS 405)	欧盟鞋案(中国诉)
EU-Herring —Complainant: Denmark (DS 469)	欧盟鲱鱼案
EU-PET (Pakistan) —Complainant: Pakistan (DS 486)	欧盟PET案(巴基斯坦诉)
EU-Poultry Meat (China) —Complainant: China (DS 492)	欧盟禽肉案(中国诉)
Egypt-Matches —Complainant: Pakistan (DS 327)	埃及火柴案
Egypt-Steel Rebar —Complainant: Turkey (DS 211)	埃及钢筋案
Guatemala-Cement Ⅰ —Complainant: Mexico (DS 60)	危地马拉水泥Ⅰ案
Guatemala-Cement Ⅱ —Complainant: Mexico (DS 156)	危地马拉水泥Ⅱ案
Hungary-Agricultural Products —Complainants: Argentina; Australia; Canada; New Zealand; Thailand; United States (DS 35)	匈牙利农产品案
India-Additional Import Duties —Complainant: United States (DS 360)	印度额外进口关税案
India-Agricultural Products —Complainant: United States (DS 430)	印度农产品案

(续表)

案件英文简称、起诉方和编号	案件中文简称
India-Autos —Complainant：European Communities（DS 146） —Complainant：United States（DS 175）	印度汽车案
India-Patents（EC） —Complainant：European Communities（DS 79）	印度专利案(欧共体诉)
India-Patents（US） —Complainant：United States（DS 50）	印度专利案(美国诉)
India-Quantitative Restrictions —Complainant：United States（DS 90）	印度数量限制案
India-Solar Cells —Complainant：United States（DS 456）	印度太阳能元件案
India-Wines and Spirits —Complainant：European Communities（DS 352）	印度葡萄酒与烈酒案
Indonesia-Autos —Complainant：European Communities（DS 54） —Complainant：Japan（DS 55） —Complainant：United States（DS 59） —Complainant：Japan（DS 64）	印尼汽车案
Indonesia-Chicken —Complainant：Brazil（DS 484）	印尼鸡案
Indonesia-Horticultural and Animal Products —Complainant：United States（DS 455）	印尼园艺与畜产品案
Indonesia-Import Licensing Regimes（New Zealand） —Complainant：New Zealand（DS 477）	印尼进口许可体系案(新西兰诉)
Indonesia-Import Licensing Regimes（US） —Complainant：United States（DS 478）	印尼进口许可体系案(美国诉)
Indonesia-Iron or Steel Products（Chinese Taipei） —Complainant：Chinese Taipei（DS 490）	印尼钢铁产品案(中国台北诉)
Indonesia-Iron or Steel Products（Viet Nam） —Complainant：Viet Nam（DS 496）	印尼钢铁产品案(越南诉)
Japan-Agricultural Products Ⅱ —Complainant：United States（DS 76）	日本农产品Ⅱ案

(续表)

案件英文简称、起诉方和编号	案件中文简称
Japan-Alcoholic Beverages Ⅱ —Complainant: Canada (DS 10) —Complainant: United States (DS 11) —Complainant: European Communities (DS 8)	日本含酒精饮料Ⅱ案
Japan-Apples —Complainant: United States (DS 245)	日本苹果案
Japan-DRAMS (Korea) —Complainant: Korea, Republic of (DS 336)	日本 DRAMS 案（韩国诉）
Japan-Film —Complainant: United States (DS 44)	日本胶卷案
Japan-Quotas on Laver —Complainant: Korea, Republic of (DS 323)	日本紫菜配额案
Korea-Alcoholic Beverages —Complainant: European Communities (DS 75) —Complainant: United States (DS 84)	韩国含酒精饮料案
Korea-Bovine Meat (Canada) —Complainant: Canada (DS 391)	韩国牛肉案（加拿大诉）
Korea-Certain Paper —Complainant: Indonesia (DS 312)	韩国纸制品案
Korea-Commercial Vessels —Complainant: European Communities (DS 273)	韩国商业船舶案
Korea-Dairy —Complainant: European Communities (DS 98)	韩国奶制品案
Korea-Procurement —Complainant: United States (DS 163)	韩国采购案
Korea-Radionuclides (Japan) —Complainant: Japan (DS 495)	韩国放射性核素案（日本诉）
Korea-Various Measures on Beef —Complainant: United States (DS 161) —Complainant: Australia (DS 169)	韩国涉及牛肉的各种措施案
Mexico-Anti-Dumping Measures on Rice —Complainant: United States (DS 295)	墨西哥大米反倾销措施案

（续表）

案件英文简称、起诉方和编号	案件中文简称
Mexico-Corn Syrup —Complainant: United States (DS 132)	墨西哥糖浆案
Mexico-Olive Oil —Complainant: European Communities (DS 341)	墨西哥橄榄油案
Mexico-Steel Pipes and Tubes —Complainant: Guatemala (DS 331)	墨西哥钢铁管道案
Mexico-Taxes on Soft Drinks —Complainant: United States (DS 308)	墨西哥软饮料税案
Mexico-Telecoms —Complainant: United States (DS 204)	墨西哥电信案
Moldova-Environmental Charge —Complainant: Ukraine (DS 421)	摩尔多瓦环境费案
Nicaragua-Imports from Honduras and Colombia —Complainant: Colombia (DS 188)	尼加拉瓜对洪都拉斯和哥伦比亚的进口品案
Peru-Agricultural Products —Complainant: Guatemala (DS 457)	秘鲁农产品案
Peru-Taxes on Cigarettes —Complainant: Chile (DS 227)	秘鲁香烟税案
Philippines-Distilled Spirits —Complainant: European Communities (DS 396) —Complainant: United States (DS 403)	菲律宾蒸馏酒案
Philippines-Motor Vehicles —Complainant: United States (DS 195)	菲律宾机动车辆案
Russia-Commercial Vehicles —Complainant: European Union (DS 479)	俄罗斯商业车辆案
Russia-Motor Vehicles —Complainant: European Union (DS 462)	俄罗斯机动车辆案
Russia-Pigs (EU) —Complainant: European Union (DS 475)	俄罗斯猪案（欧盟诉）
Russia-Tariff Treatment —Complainant: European Union (DS 485)	俄罗斯关税待遇案
Thailand-Cigarettes (Philippines) —Complainant: Philippines (DS 371)	泰国香烟案（菲律宾诉）

(续表)

案件英文简称、起诉方和编号	案件中文简称
Thailand-H-Beams ——Complainant: Poland (DS 122)	泰国 H 型钢案
Turkey-Fresh Fruit Import Procedures ——Complainant: Ecuador (DS 237)	土耳其新鲜水果进口程序案
Turkey-Rice ——Complainant: United States (DS 334)	土耳其大米案
Turkey-Textiles ——Complainant: India (DS 34)	土耳其纺织品案
US-1916 Act (EC) ——Complainant: European Communities (DS 136)	美国 1916 年法案案(欧共体诉)
US-1916 Act (Japan) ——Complainant: Japan (DS 162)	美国 1916 年法案案(日本诉)
US-Agriculture Subsidies ——Complainant: Canada (DS 357) ——Complainant: Brazil (DS 365)	美国农业补贴案
US-Animals ——Complainant: Argentina (DS 447)	美国动物案
US-Anti-Dumping Measures on Cement ——Complainant: Mexico (DS 281)	美国水泥反倾销措施案
US-Anti-Dumping Measures on Oil Country Tubular Goods ——Complainant: Mexico (DS 282)	美国石油管产品反倾销措施案
US-Anti-Dumping Measures on PET Bags ——Complainant: Thailand (DS 383)	美国 PET 袋反倾销措施案
US-Anti-Dumping Methodologies (China) ——Complainant: China (DS 471)	美国反倾销方法案(中国诉)
US-Anti-Dumping and Countervailing Duties (China) ——Complainant: China (DS 379)	美国反倾销和反补贴措施案(中国诉)
US-COOL ——Complainant: Canada (DS 384) ——Complainant: Mexico (DS 386)	美国 COOL 案
US-Carbon Steel (India) ——Complainant: India (DS 436)	美国碳钢案(印度诉)

(续表)

案件英文简称、起诉方和编号	案件中文简称
US-Carbon Steel (Korea) —Complainant：Korea, Republic of (DS 420)	美国碳钢案(韩国诉)
US-Carbon Steel —Complainant：European Communities (DS 213)	美国碳钢案
US-Certain EC Products —Complainant：European Communities (DS 165)	美国特定欧共体产品案
US-Clove Cigarettes —Complainant：Indonesia (DS 406)	美国丁香香烟案
US-Coated Paper (Indonesia) —Complainant：Indonesia (DS 491)	美国铜版纸案(印尼诉)
US-Continued Suspension —Complainant：European Communities (DS 320)	美国持续中止案
US-Continued Zeroing —Complainant：European Communities (DS 350)	美国继续归零案
US-Corrosion-Resistant Steel Sunset Review —Complainant：Japan (DS 244)	美国不锈钢日落复审案
US-Cotton Yarn —Complainant：Pakistan (DS 192)	美国棉纱案
US-Countervailing Duties on Steel Plate —Complainant：Mexico (DS 280)	美国钢板反补贴税案
US-Countervailing Duty Investigation on DRAMS —Complainant：Korea, Republic of (DS 296)	美国 DRAMS 反补贴调查案
US-Countervailing Measures (China) —Complainant：China (DS 437)	美国反补贴措施案(中国诉)
US-Countervailing Measures on Certain EC Products —Complainant：European Communities (DS 212)	美国对某些欧共体产品的反补贴措施案
US-Countervailing and Anti-Dumping Measures (China) —Complainant：China (DS 449)	美国反补贴和反倾销措施案(中国诉)
US-Customs Bond Directive —Complainant：India (DS 345)	美国—海关保税指令案
US-DRAMS —Complainant：Korea, Republic of (DS 99)	美国 DRAMS 案

（续表）

案件英文简称、起诉方和编号	案件中文简称
US-Export Restraints —Complainant: Canada (DS 194)	美国出口限制案
US-FSC —Complainant: European Communities (DS 108)	美国FSC案
US-Florida Excise Tax —Complainant: Brazil (DS 250)	美国佛罗里达补偿税案
US-Gambling —Complainant: Antigua and Barbuda (DS 285)	美国博彩案
US-Gasoline —Complainant: Venezuela, Bolivarian Republic of (DS 2) —Complainant: Brazil (DS 4)	美国汽油案
US-Helms Burton —Complainant: European Communities (DS 38)	美国赫尔姆斯伯顿法案
US-Hot-Rolled Steel —Complainant: Japan (DS 184)	美国热轧钢案
US-Lamb —Complainant: New Zealand (DS 177) —Complainant: Australia (DS 178)	美国羊肉案
US-Large Civil Aircraft (2nd complaint) —Complainant: European Communities (DS 353)	美国大型民用飞机案（第二次申诉）
US-Large Civil Aircraft —Complainant: European Communities (DS 317)	美国大型民用飞机案
US-Lead and Bismuth II —Complainant: European Communities (DS 138)	美国铅铋钢II案
US-Line Pipe —Complainant: Korea, Republic of (DS 202)	美国碳管案
US-OCTG (Korea) —Complainant: Korea, Republic of (DS 488)	美国OCTG案（韩国诉）
US-Offset Act (Byrd Amendment) —Complainants: Australia; Brazil; Chile; European Communities; India; Indonesia; Japan; Korea, Republic of; Thailand (DS 217) —Complainants: Canada; Mexico (DS 234)	美国抵消法案（伯德修正案）案

（续表）

案件英文简称、起诉方和编号	案件中文简称
US-Oil Country Tubular Goods Sunset Reviews —Complainant: Argentina (DS 268)	美国石油管产品日落复审案
US-Orange Juice (Brazil) —Complainant: Brazil (DS 382)	美国橙汁案(巴西诉)
US-Poultry (China) —Complainant: China (DS 392)	美国禽肉案(中国诉)
US-Procurement —Complainant: European Communities (DS 88) —Complainant: Japan (DS 95)	美国采购案
US-Section 110(5) Copyright Act —Complainant: European Communities (DS 160)	美国版权法第 110(5)节案
US-Section 129(c)(1) URAA —Complainant: Canada (DS 221)	美国 URAA 第 129(c)(1)节案
US-Section 211 Appropriations Act —Complainant: European Communities (DS 176)	美国拨款法第 211 节案
US-Section 301 Trade Act —Complainant: European Communities (DS 152)	美国贸易法第 301 节案
US-Shrimp (Ecuador) —Complainant: Ecuador DS 335)	美国虾案(厄瓜多尔诉)
US-Shrimp (Thailand) —Complainant: Thailand (DS 343)	美国虾案(泰国诉)
US-Shrimp (Viet Nam) —Complainant: Viet Nam (DS 404)	美国虾案(越南诉)
US-Shrimp Ⅱ (Viet Nam) —Complainant: Viet Nam (DS 429)	美国虾Ⅱ案(越南诉)
US-Shrimp and Sawblades —Complainant: China (DS 422)	美国虾和锯片案
US-Shrimp —Complainants: India; Malaysia; Pakistan; Thailand (DS 58)	美国虾案
US-Softwood Lumber Ⅲ —Complainant: Canada (DS 236)	美国针叶木材Ⅲ案

(续表)

案件英文简称、起诉方和编号	案件中文简称
US-Softwood Lumber Ⅳ —Complainant: Canada（DS 257）	美国针叶木材Ⅳ案
US-Softwood Lumber Ⅴ —Complainant: Canada（DS 264）	美国针叶木材Ⅴ案
US-Softwood Lumber Ⅵ —Complainant: Canada（DS 277）	美国针叶木材Ⅵ案
US-Stainless Steel（Mexico） —Complainant: Mexico（DS 344）	美国不锈钢案（墨西哥诉）
US-Stainless Steel —Complainant: Korea, Republic of（DS 179）	美国不锈钢案
US-Steel Plate —Complainant: India（DS 206）	美国钢管案
US-Steel Safeguards —Complainant: European Communities（DS 248） —Complainant: Japan（DS 249） —Complainant: Korea, Republic of（DS 251） —Complainant: China（DS 252） —Complainant: Switzerland（DS 253） —Complainant: Norway（DS 254） —Complainant: New Zealand（DS 258） —Complainant: Brazil（DS 259）	美国钢铁保障措施案
US-Tax Incentives —Complainant: European Union（DS 487）	美国税收激励案
US-Textiles Rules of Origin —Complainant: India（DS 243）	美国纺织品原产地规则案
US-Tuna Ⅱ（Mexico） —Complainant: Mexico（DS 381）	美国金枪鱼Ⅱ案（墨西哥诉）
US-Tyres（China） —Complainant: China（DS 399）	美国轮胎案（中国诉）
US-Underwear —Complainant: Costa Rica（DS 24）	美国内衣案
US-Upland Cotton —Complainant: Brazil（DS 267）	美国陆地棉案

（续表）

案件英文简称、起诉方和编号	案件中文简称
US-Washing Machines —Complainant: Korea, Republic of (DS 464)	美国洗衣机案
US-Wheat Gluten —Complainant: European Communities (DS 166)	美国小麦面筋案
US-Wire Rod and Line Pipe —Complainant: European Communities (DS 214)	美国线材和管材案
US-Wool Coats —Complainant: India (DS 32)	美国羊毛上衣案
US-Wool Shirts and Blouses —Complainant: India (DS 33)	美国羊毛衬衫案
US-Zeroing (EC) —Complainant: European Communities (DS 294)	美国归零案（欧共体诉）
US-Zeroing (Japan) —Complainant: Japan (DS 322)	美国归零案（日本诉）
US-Zeroing (Korea) —Complainant: Korea, Republic of (DS 402)	美国归零案（韩国诉）
Ukraine-Distilled Spirits —Complainant: Moldova, Republic of (DS 423)	乌克兰蒸馏酒案
Ukraine-Passenger Cars —Complainant: Japan (DS 468)	乌克兰客车案
Uruguay-Tax Treatment —Complainant: Chile (DS 261)	乌拉圭税收待遇案